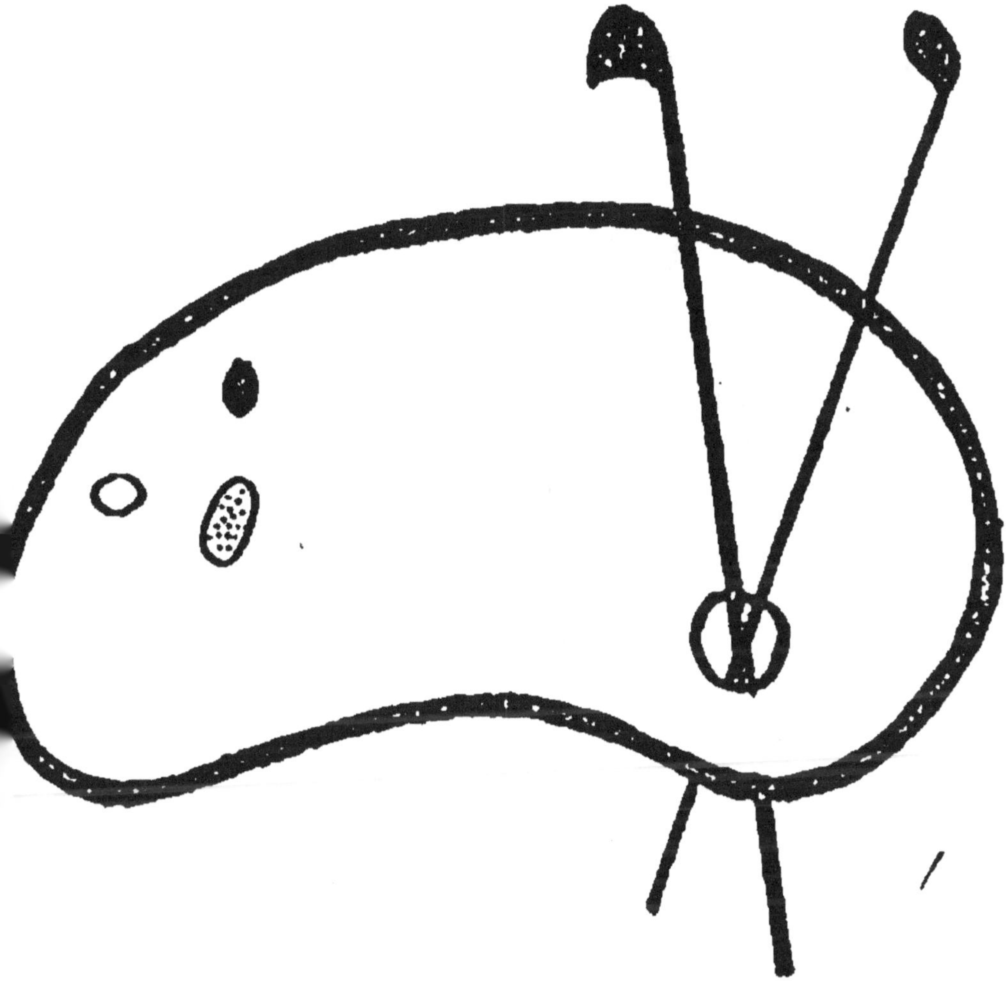

**COUVERTURE SUPERIEURE ET INFERIEURE
EN COULEUR**

BASILIQUE
DE
NOTRE-DAME DE LA TREILLE
ET
SAINT-PIERRE

COMPTE-RENDU
DE LA
PÉRIODE DÉCENNALE
1864-1876

LILLE
IMPRIMERIE DE J. LEFORT
1877

BASILIQUE

DE

NOTRE-DAME DE LA TREILLE

ET SAINT-PIERRE

BASILIQUE

DE

NOTRE-DAME DE LA TREILLE

ET

SAINT-PIERRE

COMPTE-RENDU

DE LA

PÉRIODE DÉCENNALE

1864-1876

LILLE

IMPRIMERIE DE J. LEFORT

1877

COMPTE-RENDU

1864 - 1876

PREMIÈRE PARTIE

Situation morale de l'Œuvre.

Sa vie religieuse, morale et historique.

CHAPITRE I

Exposition générale de l'Œuvre. — Ses origines. — Son caractère. — La nature de son avenir.

Un silence trop long, au gré d'un grand nombre et au gré de la Commission elle-même, a enveloppé l'Œuvre de Notre-Dame de la Treille et Saint-Pierre. Le temps est venu de le rompre et de reprendre des communications que des circonstances d'une nature particulière avaient interrompues.

Les travaux de la Basilique, ralentis dans ces derniers temps, ont pu faire craindre que l'Œuvre si chère à la piété publique ne se fût arrêtée dans la voie de développement et de progrès où elle s'était maintenue jusqu'alors. C'est un devoir pour la Commission de protester contre ces apparences, et c'est un bonheur pour elle de pouvoir le faire. L'Œuvre a marché : elle a fait des pas considérables. Il s'est produit là comme une germination semblable à celle du grain de froment enfoui dans la terre et préparant, dans le secret de sa transformation, la moisson et l'abondance de l'avenir. Ce travail inaperçu et fécond, nous aurons à en manifester les résultats importants et à montrer combien s'en sont accrues la puissance et la vitalité de l'Œuvre.

Mais avant d'entrer dans cet ordre de considérations et d'exposer ce que la situation du présent réserve à l'avenir non pas seulement de promesses et d'espérances mais de garanties sérieuses, nous avons à jeter un regard sur le passé et spécialement sur cette série d'années qui a suivi la période de 1853 à 1863, période de fondation et d'origine dont le premier compte-rendu de la Commission a été l'exposé.

§ I. — Caractère traditionnel de l'Œuvre.

Et tout d'abord, est-il nécessaire de rappeler ce qu'est l'Œuvre de Notre-Dame de la Treille et Saint-Pierre ? Qui n'a compris son caractère spécial ? Ce n'est pas en effet une œuvre secondaire et d'une utilité restreinte. C'est, au sein de nos contrées, une œuvre nécessaire et fondamentale, une œuvre mère qui embrasse dans sa fécondité toute la vie locale. Il y a dans le monde une force essentielle de perpétuité qui préside à l'existence et au développement des familles, des cités, des peuples, de l'humanité tout entière. C'est la tradition. C'est par la tradition que tout se maintient, grandit et progresse dans le monde. Là où la fidélité à la tradition subsiste, la vie morale et la grandeur matérielle elle-même croissent et s'étendent. Là où cette fidélité s'éteint, il se fait un travail lamentable de décadence et de ruine.

L'Œuvre de Notre-Dame de la Treille a donc cet attribut supérieur de grandeur et de puissance : c'est qu'elle est une œuvre traditionnelle ; c'est elle qui résume l'histoire de notre cité, et qui, conservant le dépôt sacré des souvenirs, nous fait le devoir d'être fidèles à ces grands exemples de dévouement, de foi et d'honneur chrétien que nous ont légués les âges antérieurs ; c'est elle qui nous convie à ces efforts que le présent doit au passé dont il a reçu l'héritage et dont il doit compléter l'œuvre ; c'est l'élément d'imitation et de progrès qui impose aux générations présentes le devoir de se rendre dignes de celles qui ont précédé. Pour nous, c'est l'impérieuse et honorable mission de continuer nos ancêtres dans leur générosité et leurs religieuses aspirations ; c'est l'obligation patriotique et sainte de poursuivre le travail dont ils ont été les premiers ouvriers sous le patronage de Celle qui s'est donnée à nous sous le titre de Chancelière du ciel, comme un gage plus assuré des bénédictions et des grâces qu'avait à attendre la cité qui s'était faite la *cité de la Vierge*.

Telle est l'Œuvre de Notre-Dame de la Treille, et lorsque nous la caractérisons ainsi, nous avons devant nous un grand témoignage : le sentiment populaire lui-même. Oui, le cœur du peuple a gardé comme son bien propre l'amour et le culte de Notre-Dame de la Treille, qu'il ne sépare pas du culte et de l'amour de la cité qui est la sienne ; c'est en même temps pour lui le lien patriotique et le lien religieux : il sent instinctivement que là est pour cette noble et bien-aimée cité la vie tout entière. C'est en vain que le temps et les révolutions avaient multiplié les ruines, qu'il ne restait plus pierre sur pierre de cette noble collégiale dont le comte de Flandre Bauduin V avait été l'insigne fondateur et dont l'image de Notre-Dame de la Treille était devenue la plus précieuse richesse ; c'est en vain que la statue miraculeuse conservée elle-même miraculeusement n'avait pas encore retrouvé sa place d'honneur et restait obscure au fond de l'une de nos églises ; c'est en vain, en un mot, que les immenses agitations et les immenses événements du temps avaient comme rompu pour la France la chaîne des traditions : rien n'avait pu éteindre dans la mémoire des populations le souvenir fidèle du patronage béni sous lequel elles étaient placées ; et un hommage particulier de reconnaissance publique doit être rendu au prêtre zélé (1) qui, obéissant à une pensée d'en haut, et attentif à surprendre ces aspirations, sut mettre sa main sur le cœur du peuple dont il comprit les battements, et provoqua, en 1842, la restauration du culte de Notre-Dame de la Treille dans l'église Sainte-Catherine (2).

Et s'il y avait à multiplier les preuves de ces pieuses

---

(1) M. l'abbé Charles-Joseph Bernard, doyen-curé de la paroisse Sainte-Catherine jusqu'en 1815, époque à laquelle S. E. le cardinal Giraud l'appela à Cambrai pour y exercer les fonctions de vicaire général et d'archidiacre de Lille.

(2) 1er mai 1842, lors du jubilé pour la catholique Espagne. Il est remarquable que la restauration du culte de Notre-Dame de la Treille ait eu lieu à l'occasion du Jubilé pour l'Espagne. Personne n'ignore que l'ordre illustre de

et populaires sympathies, n'ont-elles pas éclaté toutes les fois qu'un honneur nouveau a été rendu à la Vierge protectrice? Faut-il rappeler ce mémorable Jubilé de 1854 dont la solennité exceptionnelle a produit une si vive et si durable impression dans toute la catholicité, et où l'allégresse de la foi populaire avait reconnu dans un changement subit du temps, à la sortie de la statue vénérée, sa Vierge aux miracles? Et comment oublier en particulier cette grande et splendide cérémonie du couronnement dont le souvenir est encore si près de nous et qui avait attiré du dehors une affluence telle que la population était littéralement doublée? Et cependant le soir, le chef honoré de l'administration municipale, assistant au banquet offert aux prélats et aux autorités, pouvait constater, sur un rapport émané de la police, que dans cette immense multitude pas l'ombre d'un désordre ne s'était produit. Ce qui s'était produit sur tout le parcours de cette longue et splendide procession qui s'étendait sur un développement de plusieurs kilomètres, c'était un sentiment général de respect et d'amour qui s'était emparé de ces foules comme si elles n'ayaient été qu'une seule âme, et qui les avait tellement pénétrées que jamais, le soir, les lieux publics où les classes ouvrières ont l'habitude de se réunir les jours de fête, ne furent moins fréquentés.

Oui, sans doute, il faut tenir compte de leur persévérance pieuse et patriotique, à ces hommes qui, dans des rangs plus élevés, tenaient les regards de leur cœur

---

la Toison d'or, créé par Philippe le Bon à l'occasion de son mariage avec Isabelle de Portugal, tint son premier chapitre dans la collégiale de Saint-Pierre. Le même jour, 3 décembre 1431, Philippe le Bon consacra ses chevaliers et l'ordre de la Toison d'or à Notre-Dame de la Treille.

et les efforts de leur zèle fixés vers ce grand souvenir de la Vierge chancelière pour le raviver dans le sein de la cité, ne négligeant rien de ce qui pouvait y contribuer. Mais il faut laisser au peuple sa part dans cette fidélité méritoire qui l'a tenu et le tient si étroitement attaché au culte de la puissante Patronne dont il n'a jamais en vain appelé le secours, et que, dans sa reconnaissance et sa piété, il salue comme la Mère de Dieu et la Mère du peuple.

§ II. — Fécondité de l'Œuvre. — Signes de cette fécondité.

Cette foi populaire, cette racine de piété catholique restée si vivace dans le cœur des populations, tel est un des mérites, des bienfaits et des forces qui s'attachent au caractère traditionnel de l'Œuvre de Notre-Dame de la Treille et de Saint-Pierre, et qui en font comme le levier religieux de la cité et de la contrée.

Mais il en est d'autres. C'est l'œuvre mère, a-t-on dit, et à ce titre elle a la mission d'enfanter. Cette mission a-t-elle été accomplie? A Dieu ne plaise qu'une seule parcelle soit enlevée à ces initiatives généreuses qui, grâce au Ciel, sont héréditaires dans notre pays, et qui l'ont doté en tout temps de si nombreuses institutions, nées de l'esprit de charité et de foi. A Dieu ne plaise surtout qu'un éclatant et reconnaissant hommage ne soit pas rendu à cette source de chaleur et de vie où toutes ces générosités sont allées s'animer : à cette magistrale et puissante direction de l'autorité épiscopale qui complète et perfectionne tout; l'impulsion qui sait entreprendre et la prudence qui sait mesurer, la confiance qui méprise les obstacles et la sagesse qui les surmonte, l'activité qui s'empresse et la patience qui persévère. Oui, sans doute, il y a eu là une de ces influences bénies qui font, pour ainsi dire, le tempérament religieux d'un peuple et qui le poussent aux grandes choses.

Mais le sentiment public ne permet-il pas de constater que le plus grand honneur et le plus grand développement donnés au culte de Notre-Dame de la Treille ont produit, au milieu de nous, comme une commotion d'électricité catholique, comme un mouvement de fermentation religieuse dont il a été le levain? Cette pensée n'est-elle pas dans l'esprit de tous? Récemment encore, elle trouvait sa confirmation dans un intéressant écrit (1) dont le but essentiel était de faire apparaître la large et consolante expansion des œuvres chrétiennes au sein de notre cité, à partir du jour où, au milieu des fêtes jubilaires de 1854, le grand et religieux dessein d'élever à l'auguste Patronne de Lille une basilique digne d'Elle et digne de la piété séculaire des populations trouvait sa réalisation naissante dans cette petite pierre qui devait lui servir de fondement et sur laquelle l'Eglise universelle, représentée par Sa Grandeur Monseigneur de Cambrai, assisté de huit évêques (2) venus des divers points de la France et de la Belgique, versait ses bénédictions fécondes et sa puissance de création.

Et s'il est doux à notre patriotisme et à notre foi de constater, avec l'auteur, comment la providence de Celui dont la toute puissante bonté ne se laisse pas vaincre en

(1) Notre-Dame de la Treille, patronne de Lille, couronnée et surnommée Mère de grâce, par S. S. le pape Pie IX (librairie de Bergès, rue Royale, 2).

(2) NN. SS. Parisis, évêque d'Arras; de Salinis, évêque d'Amiens; Cardon de Garsignies, évêque de Soissons et Laon; Wicart, évêque de Fréjus et Toulon; Pallu du Parc, évêque de Blois; Delebecque, évêque de Gand; Malou, évêque de Bruges; et de Montpellier de Verdrin, évêque de Liége.

générosité, a su récompenser ce déploiement du zèle chrétien, soit dans les temps de calme, de prospérité et d'agrandissement, soit dans les périodes de calamité et d'épreuve publique, qu'il nous soit permis d'étendre plus loin les emprunts, et, puisque le cadre de ce travail le comporte, d'y faire entrer, selon leur nature, l'énumération des œuvres qui se sont ainsi multipliées. Il y a là, en effet, des enseignements sur lesquels on ne saurait trop insister, parce que, d'une part, en même temps qu'ils sont l'éloge du passé, ils sont l'encouragement de l'avenir ; et, en face de ce qui reste à faire, cet encouragement est nécessaire, on le verra plus tard ; puis d'une autre part, ces enseignements viennent confirmer cette puissance de fécondation dont le caractère appartient si manifestement à l'Œuvre de Notre-Dame de la Treille.

Et tout d'abord, faut-il parler des églises. On sait quelle était, dès avant même l'agrandissement de la ville, l'insuffisance de leur nombre. Quelques-unes d'entre elles constituaient des paroisses de 15 à 18,000 habitants, et la disparition de tant de chapelles accessoires qui avaient existé autrefois, venait aggraver la situation. La guerre et les révolutions, également fécondes en ruines, avaient laissé là des lacunes lamentables ; et il n'y a pas à s'étonner si le mal, profondément senti par la piété du zèle, avait suscité certaines objections à l'encontre de ce vaste dessein d'où devait sortir la Basilique de Notre-Dame de la Treille et Saint-Pierre.

Pourquoi, disait-on, aborder cette grande entreprise qui doit impliquer de si larges dépenses pour ne doter la ville que d'une église de plus ? De si importantes ressources ne serait-elles pas mieux employées à créer, pour les besoins religieux de la population, des édifices moins spacieux, d'une construction et d'une architecture plus modestes et qui rachèteraient leur simplicité méritoire par une utile multiplication? C'étaient là, certes, des considérations d'une réelle valeur dans le domaine des intérêts religieux de la cité si tristement déshéritée. Et cependant, quel que fût le dévouement notoire de tous à ces intérêts sacrés, la résistance de l'opinion publique fut irrésistible. C'était la Basilique de Notre-Dame de la Treille que l'on voulait avant tout : il y avait dans les cœurs comme un instinct mystérieux qui appelait cette œuvre comme l'œuvre réparatrice et génératrice ; c'est d'elle qu'on attendait en quelque sorte les nouvelles destinées religieuses qui devaient changer l'état des choses et donner satisfaction aux légitimes aspirations de la piété publique.

Cet instinct a-t-il été trompeur? N'est-ce pas, tout d'abord, à cet esprit traditionnel dont l'Œuvre de Notre-Dame de la Treille avait été le réveil éclatant, qu'il faut reporter le bienfait de la restauration et de l'agrandissement de cette vénérable église Saint-Maurice, laissée si longtemps dans l'oubli et soustraite si tard à la ruine qui la menaçait? Puis, plus tard, un autre progrès se réalise. Il y avait particulièrement un quartier de la ville où une chapelle était nécessaire, soit à cause de l'éloignement des églises existantes, soit à raison de la population qui s'y trouvait condensée. C'était le quartier intermédiaire entre l'église Saint-Maurice et l'église Saint-Sauveur. Les RR. PP. Rédemptoristes y pourvurent. Et l'on sait comment l'avénement, à Lille, de cet ordre religieux, si sympathique aux classes ouvrières qu'il évangélise avec tant de zèle et de succès, se relie directement à l'Œuvre de Notre-Dame de la Treille ;

comment le chef vénéré du diocèse, obéissant au dessein, dès longtemps conçu, d'appeler d'aussi précieux auxiliaires au secours de besoins religieux chaque jour plus étendus, suggéra la pensée, réalisée avec empressement, de confier aux Révérends Pères la mission de desservir, au moins à titre temporaire, la *chapelle provisoire*, que la Commission de l'OEuvre, empressée à lui donner dès le début le cachet de la piété et le secours de la prière, avait organisée dans un vaste local, dépendant de la propriété acquise et servant antérieurement de magasin à la douane. Et c'est ainsi que s'éleva en 1857, le 21 février, sur les terrains du Cirque occupés par l'administration de la douane, au milieu de la nombreuse population pressée autour d'elle, cette édifiante et vaste chapelle sous la protection de laquelle put s'abriter la fondation définitive des PP. Rédemptoristes. Et ne peut-on pas dire que Notre-Dame de la Treille a été leur introductrice dans notre cité, comme pour récompenser, par ce bienfait, le peuple qui s'était montré si fidèle à son culte?

Et lorsque vint cette époque d'agrandissement où la ville, brisant la trop étroite ceinture de ses fortifications, se développa dans ses nouvelles et larges limites ; lorsque la population, plus que doublée d'abord et constamment progressive, fit apparaître, au milieu de la ville nouvelle, couverte de constructions nombreuses, remarquables la plupart par le luxe de leur architecture, le vide que rendait plus sensible la magnificence des rues, des squares, des jardins et des monuments publics ; lorsqu'en un mot on eut à constater qu'au sein de ces vastes agglomérations d'âmes humaines, la place de Dieu n'était pas faite ; qu'il ne pouvait suffire à tant de besoins religieux, destinés à s'agrandir chaque jour, de la seule église dont le Conseil municipal avait voté la construction, celle qui, par une heureuse inspiration, a été placée sous le vocable de Saint-Michel ; devant cette lacune lamentable et accusatrice, un mouvement se fit dans les cœurs ; un mouvement, n'en doutons pas, auquel l'impulsion donnée par l'Œuvre de Notre-Dame de la Treille ne fut pas étrangère, et auquel les zélateurs de cette Œuvre ne manquèrent pas d'apporter leur concours empressé. Et alors surgit, sous la forme d'une société civile, l'œuvre des nouvelles églises qui se donna la généreuse mission de suppléer l'action municipale, condamnée tout au moins à des lenteurs indéfinies, et de lui rendre plus facile l'achèvement de ce qui aurait été commencé. Et c'est ainsi que, dès à présent, au moyen d'achats de terrains, la place est assurée à deux églises, dont l'une, sous le vocable de Saint-Joseph, trouve déjà son salutaire fonctionnement dans l'enceinte d'une construction provisoire.

C'est à cet élan qu'appartient également l'église du Sacré-Cœur, témoignage d'une pieuse reconnaissance pour ce grand bienfait par lequel la Providence a permis que la cité de la Vierge, bien moins défendue encore par ses murs que par la protection de sa puissante Patronne, restât inaccessible à l'invasion et aux sévices de l'étranger ; en même temps qu'elle s'associait ainsi, à l'avance, à cet acte rédempteur du Souverain-Pontife, consacrant la catholicité toute entière au Cœur divin qui a tant aimé le monde, et préparant ainsi l'époque de régénération qu'invoquent tant de maux et tant de prières.

Ce n'est pas tout ; et à la suite des RR. PP. Rédemptoristes, de ces dignes religieux dont Notre-Dame de la Treille avait été comme l'introductrice au sein de notre cité, les saintes stimulations du dévouement poussèrent vers elle les nouveaux ouvriers évangéliques qu'appelaient ses besoins plus grands encore que ses richesses, ses misères plus étendues encore que ses prospérités, et que sollicitait en particulier l'intérêt spirituel de ces classes laborieuses dont les âmes ont leurs droits à revendiquer. Dans cette ville du travail, il y avait le travail à sanctifier, afin qu'il fût béni et allégé pour tous ; il fallait que les fronts, courbés vers la terre par les nécessités matérielles, pussent être relevés vers le ciel par la pensée de Dieu. C'est à cette mission salutaire et méritoire que les membres des divers ordres, les Liguoriens, les Frères prêcheurs, les Récollets, vinrent successivement, et à de courts intervalles, apporter leur concours. Et aucune de ces saintes résidences ne se constituant sans que la prière n'y trouvât son foyer, le nombre des sanctuaires se trouva ainsi multiplié sur les points de la ville nouvelle où ils étaient le plus nécessaires.

Il est donc vrai de dire que l'Œuvre de Notre-Dame de la Treille, bien loin d'être un obstacle et une force d'absorption, a été au contraire une puissance d'expansion et comme le signal donné à toutes les entreprises pieuses et charitables dont le désir et la pensée germaient dans des cœurs dévoués, en face de ce vaste champ de la foi et de la charité que tant de mains avaient à fertiliser et qui est loin d'avoir fourni la pleine abondance de ses moissons. Cette sainte hardiesse à laquelle sont dus la création de tant d'œuvres nouvelles et le développement de tant d'œuvres déjà existantes, c'est l'Œuvre de Notre-Dame de la Treille qui l'a inspirée et qui en a montré l'exemple. Elle a été la source qui sourdit sur le point élevé et qui attire dans son cours ces mille affluents dont les eaux forment bientôt un grand fleuve. C'est elle qui a déterminé le courant; c'est elle qui a grandi la confiance. C'est la pluie de grâces que la grande Chancelière du ciel a fait descendre sur cette ville qu'elle a faite sienne et qui peut lui demander beaucoup parce qu'elle peut tout obtenir. Et supposez, s'il était possible d'admettre une si triste hypothèse, que la puissante Patronne de Lille eût été délaissée par la piété publique, que son culte n'eût pas été rétabli, que la Basilique qui s'élève en son honneur n'eût pas pris naissance, que les solennités dont elle a été entourée eussent manqué à cette ville où la présence, les prières, la parole et les bénédictions de tant de princes de l'Eglise, d'évêques, de prélats, de saints religieux ont comme introduit une atmosphère religieuse, et où la visite deux fois répétée du Nonce de Sa Sainteté a fait apparaître au milieu de nous la représentation du Souverain-Pontife lui-même, nous le demandons, tout le bien qui s'est fait se serait-il accompli, et se serait-il accompli dans la même mesure et avec la même puissance d'impulsion?

C'est donc la main, le secours, l'inspiration, la protection de Notre-Dame de la Treille qui se retrouvent dans toutes ces œuvres intelligentes et généreuses dont la naissance et le progrès ont répondu, dans une si consolante mesure, aux besoins religieux de notre cité.

Et s'il était invoqué, quel témoignage éclatant n'en serait-il pas apporté par tous ceux qui ont été les ouvriers courageux, confiants, zélés de ces œuvres saintes : œuvres de foi, de piété, de charité, d'enseignement et d'éducation; œuvres de patronage, d'orphe-

linat ; œuvres de comités et de propagande religieuse
livrées à l'étude et à la solution pratique de toutes les
questions de régénération chrétienne que soulève notre
société si profondément troublée ; œuvres des cercles
catholiques, les uns appelant dans leur sein la jeunesse
sortie de nos écoles supérieures, les autres ouverts à
ces classes ouvrières si dignes de sollicitude et trop
abandonnées jusqu'alors aux tristesses de l'isolement ou
aux attractions des réunions dangereuses. Qu'on le
demande à ces ordres religieux qui sont venus au milieu
de nous grossir les rangs de la milice sacerdotale et qui,
véritables soldats de la foi et de la charité, savent multiplier sous tant de formes les applications de leur
zèle ; qu'on le demande à toutes ces communautés de
prêtres, de Frères et de Sœurs qui se dévouent à l'éducation soit des enfants des classes aisées, soit des enfants
du peuple et qui, dans ces derniers temps, y ont apporté
un concours si agrandi et si précieux ; les Dominicains,
les Récollets, les Jésuites, les Rédemptoristes, les
Frères des Ecoles chrétiennes ; les Sœurs de Notre-
Dame de la Treille, les Dames de Saint-Maur, les Dames
de la Mère de Dieu, les Sœurs de Saint-Vincent de
Paul, les Sœurs de la Sagesse, les Sœurs de l'Enfant-
Jésus, les Dames de la Sainte-Union, etc., etc. Comment
compléter une telle énumération et comment faire connaître tant d'œuvres, tant d'associations pieuses qui
répondent à toutes les aspirations du dévouement catholique (1) ? Mais comment douter que de toutes ces bouches

---

(1) Nous donnons ci-après, aux *Pièces et documents à l'appui*, page 177, *l'énumération aussi détaillée et aussi complète que possible des œuvres qui, dans la ville de Lille et dans sa banlieue, concourent à la sanctification des âmes.*

et de tous ces cœurs ne sortît un hommage de reconnaissance et d'amour pour Celle qui, étendant sa divine et puissante protection sur toute la cité, a été l'Auxiliatrice de tous ces travaux, de tous ces efforts, de tous ces succès.

Et si l'on veut en trouver des preuves saisissantes, voyez comme cette Basilique naissante de Notre-Dame de la Treille devient en toute occasion le foyer du zèle de l'action, de la manifestation catholique.

C'est là que les foules pieuses se portent dans les jours de joie comme dans les jours de deuil ; c'est là que chaque année, sur l'invitation du chef vénéré du diocèse, les Membres des Conférences de Saint-Vincent de Paul du Nord et du Pas-de-Calais viennent chercher dans la prière, l'adoration et la réception du Sacrement de charité, les fruits de leurs réunions annuelles ; c'est là encore que les Conférences de la ville de Lille viennent accomplir leurs retraites réglementaires ; là que des groupes d'ouvriers chrétiens se réunissent chaque année pour maintenir le caractère religieux de leur association ; c'est là qu'a pris naissance le Cours de conférences institué par les RR. PP. Dominicains en faveur des classes populaires ; c'est là qu'affluent les pèlerinages, ceux qu'appellent de consolantes et glorieuses traditions, ceux qu'attirent les jours de deuil et d'épreuve ; comme on l'a vu le 24 octobre 1870 et les jours suivants, alors que les associations pieuses et les populations venaient, en esprit d'expiation, implorer la sainte Protectrice de Lille, et par Elle, la divine Miséricorde, pour obtenir que notre malheureuse France, envahie par l'étranger, vît le terme de ses humiliations et de ses désastres ; c'est là que, quelques années auparavant et à des époques rapprochées, le représentant de l'immortel Pie IX avait deux fois présidé, avec la pompe pontificale, aux splendides cérémonies de l'Eglise, dans deux circonstances solennelles sur lesquelles nous aurons à nous arrêter plus tard. Mgr Chigi aimait la France, et il avait un attrait particulier pour ce grand et illustre diocèse de Cambrai où le dévouement au Saint-Siége est si hautement enseigné et pratiqué; et il aimait en particulier la ville de Lille, dont le culte expansif pour Notre-Dame de la Treille lui était un attrait, comme il l'est pour le Souverain-Pontife lui-même, qui a répandu sur l'Œuvre à laquelle notre puissante Patronne donne son nom, tant de bénédictions et de grâces, et qui ne manque jamais de s'enquérir, toutes les fois qu'il en trouve l'occasion, des progrès de cette Œuvre dont l'exil de Gaëte a été en quelque sorte le berceau (1).

Et c'est ainsi que la Basilique naissante de Notre-Dame de la Treille et Saint-Pierre, devenue comme le centre de la foi et de la piété publique dans notre cité, justifie le caractère qui lui a été en quelque sorte imprimé par les deux illustres prélats qui se sont succédé sur le trône archiépiscopal de Cambrai, le cardinal Giraud d'abord, qui, le 6 mai 1849, à la suite d'un pénible et périlleux voyage, venait consacrer à Notre-Dame de la Treille sa personne et son diocèse, et ensuite le cardinal Régnier, lorsqu'il signalait le pieux édifice qui s'élevait comme devant être l'église non pas de telle ou telle partie de la population, mais l'église de tous.

(1) Voir dans le premier compte-rendu décennal (page 8) la lettre adressée par le souverain-pontife Pie IX à S. E. le cardinal Giraud, archevêque de Cambrai, le 19 mars 1849.

§ III. — **L'Œuvre de Notre-Dame de la Treille est la restauration et la continuation de l'Œuvre de la Collégiale de Saint-Pierre dans ses conditions définitives : la Basilique-Cathédrale, l'Evêché et l'Université catholique.**

Les détails qui précèdent ont fait ressortir, bien que d'une façon incomplète, cette force vivifiante qui appartient à l'Œuvre de Notre-Dame de la Treille, et qui s'est manifestée de tant de manières, sous tant de formes et dans un si grand nombre d'œuvres diverses. Ce travail d'enfantement est-il achevé ? Loin de nous une telle pensée, qui n'aurait à rencontrer que la réprobation de l'esprit chrétien. Car c'est pour lui surtout que le progrès n'est pas une vaine parole. L'esprit chrétien n'a pas à s'arrêter, parce qu'il a l'infini devant lui. Les œuvres accomplies ne sont que des étapes de cette longue route que les âmes ont à parcourir en montant toujours vers des régions supérieures où la pensée du bien embrasse de plus larges horizons. C'est un travail continuel de préparation pour atteindre des résultats plus complets et plus étendus. Et cette loi générale du prosélytisme catholique trouve son application spéciale dans le domaine religieux où se place l'Œuvre de Notre-Dame de la Treille et Saint-Pierre.

Non, il ne saurait suffire à cette Œuvre, issue de nos traditions religieuses et historiques, d'avoir donné naissance à une Basilique si notable qu'elle puisse se montrer dans l'avenir comme témoignage de la piété publique et comme monument insigne de l'art architectural, ni même d'avoir contribué à stimuler le zèle religieux dans le sein de notre catholique cité. Outre ces résultats, si précieux qu'ils soient, il en est d'autres d'une nature particulière et d'une importance spéciale que l'Œuvre de Notre-Dame de la Treille et Saint-Pierre a l'impérieuse mission de réaliser, et qui sont plus expressément la part de son avenir, sous peine d'une déchéance que, dans son patriotisme et dans sa foi, nul cœur lillois se saurait accepter.

L'un des éléments les plus considérables de la grandeur de la ville de Lille dans le passé, a été la *Collégiale de Saint-Pierre*. Il faut que cette grande institution qui a brillé d'un si vif éclat, renaisse et se retrouve avec les développements et les splendeurs nouvelles qu'appellent en même temps les besoins publics et l'importance si largement accrue de la grande cité lilloise.

Qu'était donc la Collégiale de Saint-Pierre ?

Qu'il nous soit permis, pour mieux éclairer cette question, de reproduire quelques lignes du remarquable et consciencieux travail (1) dû aux études et aux recherches de M. Desplanque, ancien élève de l'Ecole des Chartes, archiviste du département du Nord, enlevé prématurément aux sympathies publiques aussi bien qu'à la science qu'il cultivait avec tant d'ardeur et d'intelligence.

« Le chapitre de Saint-Pierre de Lille tient une grande
» place dans l'histoire de la Flandre wallonne. Son ori-
» gine se confond avec celle de la ville dont il porte le
» nom ; ses développements ont contribué aux progrès
» de la civilisation dans la campagne environnante ; enfin
» sa longue et glorieuse existence est parallèle à celle
» du corps municipal, avec lequel il a longtemps partagé
» le gouvernement intérieur de la cité.

(1) Ce travail appartient, *in extenso*, au compte-rendu de la première période décennale (1853-1863), où il figure aux pièces annexées, page 107.

» L'influence du chapitre Saint-Pierre dans nos con-
» trées n'est pas moins remarquable au point de vue
» artistique et littéraire qu'au point de vue social. L'en-
» seignement de ses écoles rivalisait, au moyen âge,
» avec celui des plus célèbres universités.

» Sous le rapport religieux, l'insigne Collégiale, avec
» ses quarante chanoines et les nombreux desservants
» attachés aux églises et aux chapelles de sa dépendance,
» satisfaisait aux nécessités du culte, aux fonctions du
» ministère sacerdotal. Elle entretenait la foi dans les
» masses et la discipline au sein du clergé, compensant
» ainsi les inconvénients qui résultaient de l'absence d'un
» évêché à Lille. »

La Collégiale de Saint-Pierre, c'était donc, sous le rapport religieux, une institution remplaçant l'évêché ; sous le rapport littéraire, artistique et scientifique, c'était une université.

Un siége épiscopal, une université catholique : telles sont les grandes choses dont nous avons à poursuivre la conquête avec toute l'énergie et toute la persévérance de nos efforts et de nos sacrifices, pour restituer à la ville de Lille les conditions premières et fondamentales de sa grandeur religieuse et historique.

C'est devant cette noble perspective que nous avons à nous placer, en la considérant dans le passé et dans les exigences nouvelles et pressantes que le temps et la succession des événements ont fait surgir.

Et à ce dernier point de vue, il sera utile de nous arrêter à cette action secrète de la Providence par laquelle pendant que les hommes s'agitent Dieu les mène, et qui s'est si particulièrement révélée dans l'œuvre dont nous avons à retracer les progrès, de manière à nous faire mieux comprendre le devoir qui nous est fait de poursuivre ce grand labeur de restauration.

Ce n'étaient pas, chacune dans son ordre, de médiocres puissances que celles qui se trouvaient réunies dans la Collégiale de Saint-Pierre.

Bauduin V, le second fondateur de Lille, avait compris, avec la hauteur de son esprit religieux et politique, toute l'importance de créer dans le sein de la magistrale cité une autorité ecclésiastique qui pût remplacer celle de l'évêque que la proximité du siége de Tournai ne permettait pas d'obtenir.

Mais l'érection de la Collégiale avait un caractère d'utilité et même de nécessité si manifeste que les évêques de Tournai eux-mêmes, sous la juridiction desquels Lille se trouvait placé, et d'autres évêques appartenant à la région, se plurent à lui faire de nombreuses concessions, imitant ainsi l'exemple des Souverains-Pontifes, « qui entouraient » de leur protection spéciale cette église capitulaire, au » développement de laquelle les évêques de la région du » Nord concouraient si efficacement (1). »

Soustrait à la juridiction de l'Ordinaire par une bulle d'Alexandre II, le chapitre de Saint-Pierre vit s'étendre successivement ses priviléges et le domaine de son action.

C'était donc une grande puissance ecclésiastique que celle dont la Collégiale de Saint-Pierre était en possession : puissance active pour le bien, donnant naissance à de nombreuses églises ; appelant à son aide les congrégations religieuses pour mieux servir le peuple confié à sa juridiction ; multipliant ainsi, sous toutes les formes, les œuvres de charité selon les besoins que les temps faisaient naître ; versant à pleines mains ses bienfaits sur la cité dont elle

(1) *Essai sur la Collégiale de Saint-Pierre.*

était la Providence visible ; prodiguant les institutions hospitalières, les saintes fondations pour protéger l'ouvrier dans sa foi et ses mœurs, pour lui apporter le secours d'un patronage intelligent et efficace, pour le soulager dans tous ses besoins et dans toutes ses infirmités du corps ou de l'âme ; et usant même de la haute influence sociale que lui faisaient tant de services rendus pour aider à l'émancipation des classes populaires ; favorisant, à l'exemple de ce qui se passait dans son propre sein, la sage application du principe électif pour le renouvellement annuel du *Magistrat*.

La Collégiale de Saint-Pierre était, en outre, une grande puissance d'enseignement. « Un résultat frappant de
» l'enseignement professé au moyen âge dans l'école
» capitulaire de Lille, est l'étendue de connaissances et la
» variété d'aptitudes dont firent preuve les élèves qui en
» sortirent, dit l'auteur de l'*Essai sur la Collégiale*. On
» connaît le surnom de *docteur universel*, décerné au
» plus illustre de nos compatriotes. Poëte, orateur,
» mathématicien, par-dessus tout philosophe consommé,
» Alain de Lille résume en sa personne toutes les gloires
» intellectuelles ; or on ne peut douter qu'il n'ait puisé
» dans l'école de Saint-Pierre le germe de son immense
» savoir (1). »

A ce nom si particulièrement illustré se joignent, entre autres, les noms du chanoine Letbert, auteur d'un beau livre sur les Psaumes ; d'Adam de la Bassée, habile compositeur de musique ; le grand chantre Imbert ; le chanoine Hugues de Lobel, très-versé dans la science des antiquités ; le chanoine Floris Vander Haer, auteur de divers ouvrages historiques. A toutes les époques, et dès le onzième

(1) *Essai sur la Collégiale de Saint-Pierre de Lille.*

siècle, on voit le chapitre de Saint-Pierre associé au mouvement philosophique et y apportant cette sagesse de raison qui trouvait sa règle dans un dévouement absolu aux doctrines professées par le Saint-Siége.

Les souvenirs que nous venons de retracer donnent l'idée de ce qu'a été pour la ville de Lille la Collégiale de Saint-Pierre, unie dans ses destinées et dans son action au culte de Notre-Dame de la Treille dont elle était le foyer. Ce culte, on peut en apprécier l'expansion lorsqu'on se rappelle que la confrérie instituée sous le vocable de l'insigne Patronne de Lille, comptait, en 1603, près de 7,000 membres, appartenant non pas seulement à la cité et aux régions environnantes, mais à diverses parties de la France et de l'Europe, et parmi lesquels figuraient des princes de l'Eglise et des têtes couronnées.

§ IV. — **Action de la Providence dans le choix des lieux où se fait la restauration de l'Œuvre de la Collégiale par l'Œuvre de Notre-Dame de la Treille.**

De telles traditions ne sauraient se perdre. Leurs racines sont trop vivaces et plongent trop profondément dans le sol pour que le temps et les révolutions puissent les détruire. Lorsqu'il s'est fait, sur quelque point privilégié de la terre, de si grandes institutions et de si hautes manifestations de la Bonté suprême, il semble qu'il y ait là, dans les desseins de Dieu, une sorte de prédestination sur laquelle repose l'action de sa providence; action mystérieuse et continue qui semble se cacher pendant de certaines périodes, et qui, à un moment donné, se montre à découvert pour faire comprendre aux générations présentes la responsabilité qui s'attache aux grandeurs du passé et leur rappeler le devoir de ne rien laisser périr du glorieux héritage qui leur a été légué.

Nulle part cette intervention providentielle n'a eu un caractère plus manifeste qu'en faveur de l'Œuvre de Notre-Dame de la Treille et Saint-Pierre. Les témoignages en ont été nombreux et éclatants. Il ne saurait être sans intérêt, cependant, d'insister sur ce travail de restauration qui s'accomplit pour cette œuvre comme par la main de Dieu même.

Elle se montre surtout dans le choix des lieux.

Qu'étaient devenus ceux auxquels se rattachent plus spécialement les souvenirs du fondateur de Lille et de la Collégiale dont il avait conçu la pensée ?

La Collégiale était tombée sous le marteau révolutionnaire ;

Le cloître de Saint-Pierre était devenu la proie des acquéreurs des biens de l'Eglise ;

Le collége de Saint-Pierre avait passé entre les mains de la franc-maçonnerie. Le vénérable d'une loge trônait là où Dieu s'était fait une demeure.

Telle avait été l'œuvre de la Révolution.

Et cependant il restait dans ces lieux ainsi déshonorés une puissance inconnue de consécration que des faits, du caractère le plus humble mais le plus significatif, vinrent successivement révéler.

Et c'est là surtout où la Majesté divine avait été le plus outragée, là où l'ennemi avait prétendu établir ouvertement son empire ; c'est de cette loge maçonnique qui s'était établie dans l'ancienne rue du *Glan* (1) aujourd'hui la rue de la Préfecture, et dans l'enclos même

(1) Autrefois appelée *rue des Ecoles,* à cause du Collége Saint-Pierre qui y était situé. L'une des portes donnait rue d'Angleterre, n° 20.

qu'occupait le collège de Saint-Pierre, que partit le premier signal des réparations.

Un humble cercle de catholiques qui portait un nom étrange, le cercle du *Bouillon*, parce qu'il avait pris naissance dans une maison de la rue d'Angleterre où des distributions charitables de soupe avaient lieu en faveur des indigents, se trouvant trop à l'étroit dans le local qui lui était assigné, vint, vers l'année 1828, se placer dans une partie de la maison même qu'occupait la loge. Les deux sociétés n'étaient séparées que par un simple mur mitoyen. C'était là, certes, une coïncidence singulière et une condition d'antagonisme dont le sentiment et la raison ne pouvaient accepter la durée. Quel serait celui des deux adversaires qui aurait le premier à reculer ? Ce terrain était un terrain sacré : celui qui en était l'antique possesseur y maintint ses droits ; et il se trouva qu'un jour les membres du cercle purent s'emparer de la partie si tristement usurpée, renverser le mur de séparation, jeter sur le pavé les décors et les oripeaux de la loge ; et bientôt ce travail de purification se complétant, le cénacle de la franc-maçonnerie fut remplacé par une chapelle expiatoire qui devint en réalité le centre des œuvres catholiques de Lille. C'est de là que surgit la pensée de la société de Saint-Joseph en faveur des ouvriers (1) ; c'est là que s'établit, en 1838, la société de Saint-Vincent de Paul, source de tant d'œuvres de charité et de patronage (2) ; là que prit naissance plus tard l'admirable dévotion

(1) La Société de Saint-Joseph y prit naissance le 1er novembre 1836. Ce n'est qu'un an après, le 12 octobre 1837, qu'elle fut transférée rue Sainte-Catherine, n° 60, dans la maison qu'elle occupe encore actuellement.

(2) Les conférences de Saint-Vincent de Paul, fondées à Paris en 1833, commencèrent à Lille dès 1834. Mais ce ne fut d'abord qu'une simple réunion sans affiliation. Elle se constitua dans une séance, en date du 25 novembre

de l'Adoration nocturne ; et c'est là, en particulier, que s'entretint et se développa cet esprit traditionnel qui, fidèle à la religion des souvenirs et aux aspirations du patriotisme et de la foi, redemandait au passé les grandeurs de la Collégiale (1) appropriées aux besoins de l'époque, et les splendeurs du culte de Notre-Dame de la Treille restitué à la piété publique. C'est là que s'était formée une œuvre de la diffusion des bons livres, premier germe des bibliothèques populaires ; œuvre d'une charité intelligente, et œuvre de propagande modeste mais efficace, qui éveillait le zèle pour Notre-Dame de la Treille dont la statue était placée avec honneur dans la salle de distribution, et dont l'image était empreinte sur chacun des livres prêtés pour en constater la propriété.

Tel a été le point de départ du mouvement dont nous avons vu le développement, et qui de la restauration solennelle du culte de Notre-Dame de la Treille en 1842 (2); de la consécration en 1846 (3) de Mgr Giraud, de sainte

1838, tenue au salon de la bibliothèque catholique. Elle se composait de douze membres, qui élurent pour président, M. Charles Kolb; pour vice-président, M. Jules Mourcou; pour trésorier, M. Romain Peuvion; pour secrétaire, M. Stéphane Jaspar. Il y fut décidé que l'association, dite de Saint-Vincent de Paul, s'établirait à Lille sur le modèle de celle de Paris. Cette séance d'installation fut présidée par M. l'abbé Wicart, doyen-curé de la paroisse Sainte-Catherine. — La création du conseil provincial, siégeant à Lille, pour les diocèses de Cambrai et d'Arras, date du 11 mars 1852. — Le 24 mai 1868, les conférences de la province ecclésiastique de Cambrai se consacrèrent à Notre-Dame de la Treille, dans la crypte de la Basilique.

(1) Voir, aux *Pièces et documents à l'appui*, page 183, *l'Allocution de M. l'abbé Bernard aux membres de la Conférence de Saint-Vincent de Paul, le dimanche de Quasimodo*, 18 avril 1841. (*Extrait des procès-verbaux de la Conférence de Saint-Vincent de Paul.*)

(2) Le 1er mai 1842, à l'occasion du Jubilé pour l'Espagne.

(3) Le 23 février 1846, Mgr Giraud vint à Sainte-Catherine se consacrer, avec son diocèse, à Notre-Dame de la Treille. — En 1849, après son élévation au cardinalat, S. E. le cardinal Giraud vint renouveler cette consécration,

et vénérable mémoire, et de son diocèse à la puissante Patronne de Lille ; de la lettre écrite en 1849 (1) par le Souverain-Pontife du fond de l'exil de Gaëte ; de la parole tombée en 1853 (2) de la bouche apostolique de l'abbé Combalot, et appelant le concours de tous à un grand hommage de la piété et de la reconnaissance publique envers Celle dont tous avaient ressenti les bienfaits ; c'est ce mouvement qui nous a conduits aux fêtes jubilaires de 1854 (3) dont le souvenir restera impérissable, et d'où est sortie la basilique déjà splendide dans sa construction naissante, où la statue vénérée a trouvé l'asile qui lui était dû (4), et où elle apparaît avec la gloire du couronnement (5), signe de cette royauté céleste aux pieds de laquelle, sur les mêmes lieux, s'étaient inclinés le religieux dévouement des royautés humaines et la pieuse gratitude des générations passées.

Et ici se montre de nouveau le travail de la Providence.

Quel est donc, en effet, ce terrain sur lequel s'élève la Basilique de Notre-Dame de la Treille ? Ce terrain, entouré d'un cours d'eau, est celui qui a donné son nom à la ville de Lille (*Insula*). C'est le sol sur lequel, près du

en accomplissement d'un vœu fait à Notre-Dame de la Treille, qui l'avait préservé du naufrage à son retour de Rome.

(1) Le 19 mars, fête de saint Joseph.
(2) Le 28 mars, le lundi de Pâques, à Sainte-Catherine, après avoir prêché la station de Carême à Saint-Maurice.
(3) Elles furent précédées d'une neuvaine prêchée à Sainte-Catherine par le R. P. Souaillard de l'ordre des Frères Prêcheurs. — La neuvaine commencée le 21 juin, se termina par la cérémonie de la pose de la première pierre de la Basilique, qui eut lieu le 1er juillet, et la procession jubilaire du 2 juillet.
(4) Le 21 septembre 1872, aux premières vêpres de la fête de Notre-Dame des Sept-Douleurs, spécialement honorée dans la Collégiale de Saint-Pierre.
(5) Le 21 juin 1874.

palais de Bauduin V (1), s'élevait le château du Buc, sur ce monticule connu dans l'histoire sous le nom de *Motte Madame*, et qui avait été si opportunément enlevé en 1848, par la main des ateliers nationaux. Et c'était spécialement ce monticule qui donnait au châtelain de Lille son titre seigneurial. C'était la base féodale de la châtellenie de Lille qui, après avoir passé par les maisons de Luxembourg, de Bourgogne et de Bourbon, entra enfin dans la maison royale de France en la personne de Henri IV (2); et c'est là même que, comme héritière des anciens droits et comme investie de cette double souveraineté que semblent lui faire en même temps le ciel et la terre, la Vierge reine a pris possession du trône qui lui appartient et du haut duquel descend cette puissance protectrice que tous les cœurs bénissent, et dont le patriotisme lillois doit être fier. L'histoire nous rappelle, en effet, comment le *Magistrat*, c'est-à-dire le corps municipal de Lille, à l'élection duquel le chapitre de Saint-Pierre prenait une large part, était en possession

(1) Le palais de la Salle, près de la Collégiale de Saint-Pierre. C'est dans la partie des jardins du palais située à l'est que la comtesse Jeanne éleva, en 1236, l'*hôpital de Notre-Dame* dit *Comtesse*, qui existe encore aujourd'hui et continue à porter le nom de sa fondatrice.

(2) Le château du Buc, bâti sur la *motte*, était le siége de l'office du châtelain. Phalempin était le chef-lieu de son fief.

Les châtelains de Lille, d'abord simples lieutenants du comte de Flandre, portant le nom du siége de leur office, s'allient successivement aux familles princières et souveraines de Luxembourg, de Bourgogne, de Bourbon, et montent enfin, en la personne du roi de Navarre, sur le trône de France.

La *Motte du châtelain* fut nommée *Motte Saint-Pol*, puis *Motte Madame*, par allusion à Marie de Luxembourg qui, pendant cinquante-un ans de veuvage, porta seule le titre et la charge de châtelaine de Lille.

Antoine de Bourbon, fils de Marie de Luxembourg et de François de Bourbon, mourut le 17 novembre 1562, laissant à son fils Henri, le futur roi de France, la châtellenie héréditaire de Lille.

d'exiger des « souverains qui faisaient leur première
» entrée dans la ville, un serment par lequel ceux-ci
» s'engageaient à respecter les *usages et franchises* de la
» commune (1); » serment placé sous la garde de
Notre-Dame de la Treille, et que, pour sa part, Louis XIV,
maître de Lille, déposa à ses pieds, dans sa chapelle
même.

Assurément les esprits ne sauraient manquer d'être
frappés de cette revendication que la Providence semble
exercer à l'égard de ces lieux divers que la religion et
la piété de nos ancêtres avaient consacrés, qui sont le
berceau de notre cité, qui ont été les témoins de ses
plus fécondes institutions et de ses grandeurs historiques les plus insignes. Il y a là des traits visibles qui
ne sauraient être méconnus, et qui donnent d'une manière
manifeste, à l'Œuvre de Notre-Dame de la Treille, le
caractère qui lui appartient.

Nous n'avons pas tout dit à cet égard, et que de choses
il y aurait à ajouter ! Pourrions-nous oublier cependant
cet ordre nouveau qui s'est fondé sous le nom de
Sœurs de Notre-Dame de la Treille et dont l'heureux
accroissement apporte de si grands secours à notre ville,
soit par le soin des malades à domicile, soit par les
salles de pansement et d'opérations chirurgicales qui,
sur la demande des docteurs, se trouvent ouvertes aux
pauvres dans la maison mère. Et où cette maison mère
est-elle placée? où a-t-elle pu, dans ces derniers temps,
prendre les développements qu'appelaient le grand nombre
des vocations et l'extension donnée aux services charitables? C'est encore l'ancien enclos du collége de Saint-
Pierre qui se trouve reconquis au profit de cette fon-

(1) *Essai sur la Collégiale de Saint-Pierre,*

dation nouvelle ; c'est en quelque sorte dans l'antique domaine de Notre-Dame de la Treille que la congrégation placée sous son vocable béni a complété sa constitution et a pu étendre le foyer de sa charitable mission.

Et, en ce qui concerne le cloître de Saint-Pierre, n'avons-nous pas à faire ressortir une circonstance remarquable ? C'est, en effet, sur les terrains qui en dépendaient que se trouve placée la résidence archiépiscopale. La maison que la main de Dieu lui a assignée, est, sauf sa transformation, celle-là même où résida pendant tant de siècles le Prévôt de la Collégiale de Saint-Pierre.

Puis ajoutons, comme complément de ces considérations, que la place même où fut la Collégiale a trouvé une destination réparatrice, en voyant s'élever le sanctuaire de la justice, noblement et religieusement abrité sous le tabernacle où réside Celui qui juge les justices humaines.

Et serait-il permis de terminer par un vœu : c'est que ce travail de réparation providentielle, sur lequel il nous a paru utile d'insister, vienne un jour atteindre l'édifice, d'ailleurs bien insuffisant aujourd'hui et bien indigne des nouvelles splendeurs de notre cité, qui a donné son nom à la place du Concert et qui s'élève sur l'emplacement même de la chapelle où était vénérée, dans la Collégiale, la statue miraculeuse de Notre-Dame de la Treille. Puisse, à l'exemple de tout ce qui s'est déjà accompli, ce lieu prendre une destination plus conforme à ses pieuses origines ! Puisse-t-il, répondant aux nobles inspirations de l'éloquent zélateur que, dans ses vues de régénération sociale, Dieu a donné aux intérêts des classes ouvrières, et qui, le lendemain du Couronnement de Notre-Dame de la Treille, est venu, par un heureux rapprochement, appeler sur elles l'intérêt de cette grande cité où elles prennent une si large place ; puisse ce lieu où la parole chaleureuse et catholique de M. le comte de Mun a recommandé d'une manière si pressante aux intelligences et aux cœurs cette œuvre des cercles ouvriers, si consolante déjà dans le présent et si féconde pour l'avenir, conserver les échos de sa voix et en voir sortir une transformation qui le rende le foyer d'une œuvre nouvelle et principale dont la moralisation chrétienne des ateliers et des travailleurs seront la méritoire ambition et le but élevé.

§ V. — **L'Œuvre de Notre-Dame de la Treille est la consécration immédiate du principe de l'Evêché de Lille dont il assure la réalisation.**

La résidence archiépiscopale! a-t-il été dit tout-à-l'heure, et c'est là un mot et un fait qui, dans l'ordre des idées qui nous occupe, ne sauraient se borner à une simple mention.

La résidence archiépiscopale ! Pourquoi s'est-elle produite et réalisée ? Quelle nécessité révèle-t-elle ?

Cette nécessité, chaque jour la rend plus manifeste et plus impérieuse : c'est l'érection d'un siége épiscopal à Lille.

Si, dès l'origine de la cité, les besoins de ses populations et de celles qui étaient groupées autour d'elle appelaient une si haute création ; si le fondateur de notre ville, pour y suppléer, avait réalisé l'établissement de la collégiale de Saint-Pierre ; si à diverses époques postérieures l'importance de la capitale de la Flandre et l'étendue de ses besoins religieux avaient suscité cette question de l'évêché de Lille et avaient provoqué des démarches actives pour la faire aboutir à un résultat favorable, combien dans ces derniers temps une solution n'a-t-elle pas paru plus pressante et plus indispensable par suite des développements inattendus qui se sont produits dans la ville elle-même, dans son arrondissement, dans le département du Nord tout entier, où le chiffre de la population, qui, en 1801, était de 794,872 habitants, a suivi une progression croissante qui l'a élevé en 1876 à 1,519,585 habitants. La population de l'arrondissement de Lille seul représente environ 600,000 habitants, c'est-à-dire un nombre tel qu'il dépasse la population de soixante-dix départements de la France. La ville de Lille a passé, de 76,000 habitants environ qu'elle contenait avant son agrandissement, au chiffre de 162,775, d'après le recensement officiel de 1876 (1).

(1) La population de Lille est, d'après le recensement officiel de 1876, de 162,775 habitants, dont 47,031 étrangers. Elle est ainsi répartie entre les cinq cantons : sud-ouest (vieux Lille, Wazemmes, Moulins-Lille et Esquermes) 80,712 habitants; nord-est (vieux Lille, Fives et Saint-Maurice *extra muros*) 36,086; centre, 16,900; sud-est, 15,942; ouest 13,135.

Les 47,031 étrangers sont ainsi partagés : Anglais, Ecossais et Irlandais, 658; Américains, 32; Allemands, 280; Belges, 45,303; Hollandais, 446; Autrichiens-Hongrois, 15; Italiens, 90; Espagnols, 39; Portugais, 2; Suisses, 108; Russes, 39; Suédois, Norwégiens, Danois, 13; Turc, 1; autres, 5.

Catholiques, 159,270; calvinistes, 1,130; luthériens, 572; Israélites, 768; autres cultes, 788; individus ayant déclaré n'avoir aucun culte, 247.

Le nombre des maisons est de 19,961, dont 4,021 pour la banlieue.

Il y a 43,460 ménages, dont 37,082 pour l'agglomération et 6,378 pour la banlieue.

Il y a 47,069 garçons, 28,438 hommes mariés et 3,245 veufs; 48,402 filles, 28,661 femmes mariées et 6,960 veuves.

99,539 habitants sont nés dans le département du Nord; 15,918 hors du département, et 287 sont naturalisés Français. La différence se compose d'étrangers.

La population de Lille était, en chiffres ronds, aux époques ci-après : en 1821, de 64,000 habitants; en 1836, de 72,000; en 1851, de 76,000; en

Ces indications suffisent à faire apprécier l'étendue des besoins religieux auxquels l'administration épiscopale a mission de pourvoir. Et on sait combien cette administration diffère de l'administration civile dans les résultats qu'elle en a vue et dans les moyens d'action qu'elle emploie.

Il n'y a à cet égard aucune analogie à invoquer, et il est bon de le constater pour enlever à la question une complexité qu'elle ne comporte pas et pour qu'il soit bien entendu que la division du diocèse n'implique en aucune façon, ni directement, ni indirectement, la division du département dont les organes administratifs se prêtent sans difficulté à l'extension des intérêts. La multiplicité du nombre n'enlève rien à la condition d'unité qui leur est propre, et elle n'ajoute aucune difficulté à la légalité qui les régit. L'administration civile a surtout devant elle des intérêts collectifs : l'administration religieuse, outre cette nature d'intérêts, pénètre dans une sphère bien plus étendue et dans un ordre d'intérêts bien plus délicats, ceux qui touchent à la personnalité elle-même, au cœur, à la conscience, à l'âme. A l'exemple du divin Maître que l'Evangile nous montre si souvent occupé à instruire, pour ainsi dire, les âmes une à une, l'évêque, pasteur du troupeau, doit pouvoir dire : « Je connais mes brebis, et mes brebis me connaissent. » Il faut qu'il puisse dire encore : « Laissez venir à moi les petits enfants. » Et, en effet, l'Eglise a voulu que l'évêque seul pût leur conférer le sacrement de Confirmation. Et de là ce labeur immense de l'évêque dont la sollicitude embrasse ainsi tous les âges et apporte à tous et à chacun le bienfait

1866, de 155,000 (agrandissement de la ville); en 1872, 158,000; en 1876, de 163,000.

spirituel de sa présence, de sa parole, de son action. Et de là aussi la nécessité de restreindre, dans une certaine mesure, les circonscriptions épiscopales, afin que ces grands devoirs de l'évêque puissent s'accomplir dans toute leur efficacité et que rien ne soit retranché de leur salutaire influence.

Il nous a paru nécessaire d'entrer dans ces considérations pour que la question de l'évêché de Lille reste bien distincte, dans tous les esprits, de la question relative à l'intégrité du département que les plus hautes considérations commandent de respecter.

Est-il nécessaire d'aller plus loin dans l'exposé des motifs qui appellent l'évêché de Lille ? Et, en dehors de la situation générale du diocèse de Cambrai, de son étendue exceptionnelle, de sa population toujours plus nombreuse, de cet élément si considérable qu'y constituent les classes industrielles, de la part de plus en plus grande qu'y prend l'immigration belge, y a-t-il lieu d'invoquer les besoins spéciaux de notre cité devenue si populeuse elle-même depuis son agrandissement, de cette grande et importante cité où tant d'intérêts religieux se recommandent à la sollicitude et à la vigilance de l'autorité supérieure ? C'est le clergé paroissial, réparti bientôt entre quinze paroisses, et qui trouverait dans la présence habituelle d'un chef un accroissement d'unité, de direction et de force ; ce sont les congrégations religieuses d'hommes et de femmes qui se multiplient chaque jour pour faire face à tous les services que de si grandes agglomérations réclament de la charité catholique ; les communautés et les monastères qui s'ouvrent plus largement aux âmes dévorées du zèle de Dieu et qui répandent la prière et les bénédictions sur notre cité ; les œuvres laïques dont, grâces à Dieu, le développement ne s'arrête pas, mais qui n'en ont que plus besoin d'une main puissante pour, en même temps, les régulariser et les stimuler, de manière à les soustraire soit à des tendances d'inertie et de défaillance, soit aux déviations de l'esprit particulier, et à les faire concourir, chacune dans sa mesure, au bien général. Ce sont les exigences de l'enseignement chrétien qui s'étendent sans mesure non-seulement pour le peuple et les enfants du peuple, mais pour les autres classes de la population, et qui, en ce moment, suscitent sous l'œil de Dieu la création de cette université libre dont la ville de Lille, appuyée sur les glorieux souvenirs de sa collégiale, avait le droit de revendiquer, comme un héritage naturel, l'établissement dans son sein. Ce vaste mouvement religieux qui vient d'être si incomplétement retracé et qui reste cependant encore si loin de ce qu'auraient à invoquer le bien public, l'amélioration sociale, le progrès de la moralisation, le soulagement des misères du corps et de l'âme, le relèvement des cœurs et des intelligences, ne justifie-t-il pas pleinement et à titre exceptionnel la nécessité pour la ville de Lille d'un siége épiscopal? et n'y aurait-il pas à s'étonner de cette étrange anomalie qui l'en tiendrait privée, elle que sa population place au cinquième rang d'importance parmi les plus grandes cités de la France, alors que ce précieux privilége est accordé à tant de localités d'un ordre notablement inférieur?

Faut-il rappeler que l'érection de ce siége est particulièrement dans les vœux du Souverain-Pontife, et que ce n'est pas du côté de la cour de Rome qui viendraient à surgir les obstacles?

D'aucun côté, d'ailleurs, cette mesure, si manifestement nécessaire, n'est contestée dans son principe, et ce n'est qu'à l'application que les objections s'adressent. Personne ne refuse l'avenir à cette application ; mais il y a tel formalisme administratif, telles considérations financières et aussi telles hautes convenances qui s'interposent pour la frapper d'un ajournement plus ou moins indéfini.

De ces difficultés il faut tenir compte, sans doute ; mais il faut, en même temps, avancer vers cet avenir qui semble toujours fuir et s'éloigner. N'est-il pas temps qu'une part soit faite au moins aux convictions, aux efforts, aux bonnes volontés qui se manifestent mais qui sont trop facilement disposées à reculer?

Puis, il y a lieu de reconnaître, d'une autre part, que l'érection d'un siége épiscopal est une œuvre laborieuse à laquelle une phase de préparation est indispensable. Ce n'est pas en quelques jours qu'il est possible de pourvoir à ce vaste ensemble d'institutions et d'établissements que comporte une mesure de cette nature. Il y a là des questions délicates et nombreuses dont le temps seul peut amener la solution. Il y a des efforts à faire, des concours à organiser, des ententes à produire. Pour aboutir à l'évêché, il y a préalablement l'œuvre de l'évêché à constituer. Mais rien de cela ne peut être fait si le principe lui-même n'est pas mis hors de cause, s'il n'a pas son existence virtuelle et reconnue qui donne autorité à ce travail préparatoire sans lequel le but ne pourrait jamais être atteint.

Tel est l'ordre d'idées dans lequel les esprits et les cœurs se sont particulièrement unis en ces derniers temps. Ce que l'on demande, ce que l'on désire, c'est la certitude dès à présent acquise de la réalisation future de l'évêché de Lille par la consécration immédiate du principe ; c'est la possibilité d'appeler les efforts du présent à cette promesse de l'avenir, si indéterminé qu'il puisse être ; c'est, en un mot, le droit, non pas de précipiter les solutions, mais de n'être pas pris au dépourvu le jour où la Providence les ferait apparaître.

Telle serait la situation à obtenir. Quelle formule pourrait lui donner satisfaction ? Il n'en est qu'une, ce semble : c'est que le cardinal de la sainte Église, archevêque de Cambrai, fût pourvu en même temps du titre d'évêque de Lille. Ce titre, qui, on a le droit de le penser, serait accordé avec empressement par la cour de Rome, n'engagerait en aucune sorte le gouvernement quant à l'époque où l'érection du nouveau siége aurait lieu d'une manière effective. Il ne s'agirait, pour le présent, que d'une simple dénomination honorifique qui n'impliquerait aucune charge pour l'État et qui laisserait entière sa liberté d'action pour l'avenir.

Il nous suffira d'émettre cette pensée qui a trouvé son expression dans une circonstance récente et solennelle (1), la déposant sous le regard de Celui qui tient entre ses mains les cœurs et les événements (2).

§ VI. — Résumé. — L'Œuvre de Notre-Dame de la Treille est l'autonomie de la cité de la Vierge dans les trois termes qui la constituent : la Basilique-Cathédrale de Notre-Dame de la Treille et Saint-Pierre, l'Évêché de Lille et l'Université catholique.

Et maintenant nous pensons avoir, autant qu'il nous a

(1) La fête de félicitation qui a eu lieu à Cambrai, le 30 septembre 1875, à l'occasion du vingt-cinquième anniversaire de la translation de Mgr Régnier au siége de Cambrai.

(2) Voir, aux *Pièces et documents à l'appui*, page 186, les *Notes et documents concernant la question de l'Évêché de Lille*.

été possible, fait connaître cette OEuvre de Notre-Dame de la Treille et Saint-Pierre à laquelle se sont attachées si vivement les sympathies publiques. Puissions-nous avoir mieux fait comprendre encore les grandes destinées qu'elle est appelée à accomplir dans l'intérêt de notre cité, de nos populations, de ce travail religieux auquel le monde demande le remède de ses misères matérielles, de ses souffrances morales, de ses agitations et de ses angoisses. On a pu reconnaître ce qu'a déjà été, pour les conquêtes du bien, l'influence salutaire et féconde de cette OEuvre, et l'on a pu mieux apprécier quel doit en être le complément et à quels résultats principaux elle doit aboutir.

La ville de Lille a vu naître à son début, comme éléments essentiels de sa grandeur, le culte de Notre-Dame de la Treille, et la Collégiale de Saint-Pierre, qui apparaît dans notre passé comme une sorte de fondation épiscopale d'une part, et d'une autre part comme la représentation d'une université catholique. Notre cité, devenue si importante dans l'ordre des intérêts matériels, si largement ouverte aux progrès du commerce, de l'industrie et des arts, ne saurait déchoir dans l'ordre des intérêts moraux et religieux. Avec le culte de Notre-Dame de la Treille environné de nouvelles splendeurs, elle doit retrouver, dans leur plénitude, les institutions qui ont présidé à son origine et à sa vie historique. Le patronage de Notre-Dame de la Treille, l'évêché, l'université catholique, tels sont les trois termes qui constituent ce qu'on pourrait appeler l'autonomie de notre cité. Demander ces choses qui se tiennent intimement et qui ne sauraient se séparer, travailler à leur réalisation, ce n'est pas innover, c'est maintenir et conserver; c'est continuer l'existence traditionnelle de la ville dont nous sommes fiers d'être les enfants, parce qu'elle porte sur son front l'honneur de son passé, cet honneur dont, comme Lillois, comme Français, comme catholiques nous sommes comptables vis-à-vis de l'avenir.

CHAPITRE II

Grands faits religieux historiques accomplis depuis l'expiration de la première période décennale.

Après avoir constaté le caractère et l'essence de l'OEuvre de Notre-Dame de la Treille et Saint-Pierre, nous avons à mesurer sa vitalité et à reconnaître ses progrès, ceux qui se sont accomplis dans la construction de la Basilique, et ceux surtout qui se sont développés dans son existence intime, dans sa puissance d'action religieuse, dans l'expansion du culte dont elle est le foyer.

La première période décennale avait vu s'achever la construction des cryptes placées sous la chapelle de la Vierge, les quatre chapelles absidales, et la naissance du chœur et des deux chapelles latérales. Le culte avait été introduit et établi dans cette partie souterraine de la Basilique par la consécration de l'autel de la chapelle principale de l'abside, constitué en maître-autel provisoire.

Dieu avait pris possession de l'église naissante, et notre premier compte-rendu décennal contient le récit des solennités qui, pendant deux journées consécutives (1), la première dans l'intérieur même de la crypte, la seconde en

(1) Les samedi 4 et dimanche 5 juin 1859.

plein air, sur la surface de ses voûtes, avait émotionné les foules pieuses que cette grande manifestation avait réunies et dont l'affluence rendait trop étroite l'enceinte destinée à les contenir.

Bientôt après, la construction des cryptes s'étend sous le chœur; une surface de près de 1300 mètres devient ainsi disponible pour y commencer l'église supérieure dont les murs d'enceinte ne tardent pas à s'élever; et en même temps les colonnes viennent poser leurs bases sur les solides fondations qui doivent les supporter, où elles prennent en quelque sorte racine et montent comme des arbres admirables et gigantesques. Ce travail d'ascension se poursuit avec activité. Vers l'année 1867, les murs arrivent à une hauteur suffisante pour qu'il soit possible d'établir une toiture provisoire et une cloison de clôture qui permettent de renfermer ce vaste espace, d'abriter, contre les injures du temps, les progrès de la construction et les travaux d'art; de préparer ainsi cette église provisoire qui existe aujourd'hui et qui impressionne déjà ceux qui la visitent, aussi bien par l'idée qu'elle donne du splendide monument qu'elle sera un jour que par la beauté et la perfection dont les parties achevées portent le caractère.

Le 18 mai 1868, Mgr Régnier vient en personne visiter les travaux. Sa Grandeur veut s'assurer si leur degré d'avancement permet d'espérer que la prise de possession de l'église supérieure pourra avoir lieu au mois de juin 1869, pour solenniser le sixième anniversaire séculaire du jour mémorable où la procession de Lille a été fondée. Sa Grandeur reçoit l'assurance que, grâce à l'impulsion donnée aux travaux, la réalisation de son désir ne saurait être douteuse.

1869. — **26 Juin : Prise de possession et bénédiction de l'église supérieure.
— 3 Juillet : Consécration des autels de Notre-Dame de la Treille, de Saint-Pierre et de Saint-Joseph. — 4 Juillet : Offices pontificaux à la Basilique, par S. E. Mgr Chigi, Nonce du Pape à Paris.**

Tout se prépare, en effet, pour le grand acte religieux qui doit donner une nouvelle et plus large consécration à la Basilique de Notre-Dame de la Treille. Le 26 juin 1869, une neuvaine solennelle de prières est inaugurée comme hommage d'honneur rendu à Notre-Dame de la Treille, pour assurer la plénitude des bénédictions célestes à l'Œuvre mystérieuse et sainte qui doit s'accomplir. Puis le prélat officiant, Mgr Fruchaud, évêque de Limoges, délégué par Mgr l'archevêque de Cambrai, procède aux imposantes cérémonies qui impriment le caractère divin à cet édifice où Dieu daigne entrer et qu'il remplit de sa présence. Et c'est alors que, pour donner à la piété publique les satisfactions qu'elle réclame, s'ouvre la période des pèlerinages qui se succèdent pendant dix-sept jours, et qui attirent dans ce lieu trois fois saint les populations empressées de venir y répandre leurs prières reconnaissantes et les espérances de leurs cœurs chrétiens.

Tout n'est pas fini cependant. Trois autels érigés dans l'église supérieure doivent être l'objet d'une consécration spéciale selon les règles de la liturgie. Cette consécration a lieu le 3 juillet, à savoir, par Mgr D'Herbomez, oblat de Marie Immaculée, évêque de Mélitopolis *in partibus infidelium*, vicaire apostolique de la Colombie britannique (Amérique du Nord), pour l'autel de Notre-

Dame de la Treille ; par Mgr Forcade, évêque de Nevers, pour l'autel Saint-Pierre, et par Mgr Lequette, évêque d'Arras, pour l'autel Saint-Joseph.

La transformation est achevée. L'église nouvelle a conquis toute sa puissance de sainteté et de sanctification. Ce grand bienfait qui donne à l'homme un lieu de plus où il peut se mettre plus directement en communication avec Dieu et où il peut venir demander avec plus d'efficacité les secours qu'invoquent ses besoins, ses misères, ses peines, c'est là une de ces choses dont l'Eglise, dans un sentiment de religieuse reconnaissance, aime à relever la sublimité, aux yeux des fidèles, par ses plus splendides solennités. C'est dans cet esprit que Sa Grandeur Mgr Régnier avait convié Mgr Chigi, Nonce du Souverain-Pontife, à venir leur donner l'éclat et la haute signification de sa présence. Le digne et vénérable représentant du Pape avait bien voulu se rendre à cet appel : et pour que rien ne fût perdu de cette insigne faveur, l'illustre prélat officia pontificalement à la messe et aux vêpres en ce jour trois fois heureux du 4 juillet 1869, où une bénédiction de plus lui fut donnée, alors que tomba de la chaire la parole sainte que fit entendre le P. Monsabré, ce digne successeur des Lacordaire et des Ravignan, pour ne parler que des morts.

Comment retracer la magnificence et le caractère imposant de ces fêtes dans cette église devenue l'épouse mystique à laquelle toutes les parures avaient été prodiguées, où les oriflammes aux couleurs pontificales présentaient de toutes parts leurs trophées élégants à côté des couleurs de la Vierge, où les écussons de la ville de Lille s'associaient aux écussons du Pape, où la multitude des lumières relevait l'éclat des riches tentures qui entouraient le chœur, où de nombreuses inscriptions empruntées aux textes sacrés et à la piété traditionnelle de nos ancêtres pour Notre-Dame de la Treille semblaient donner la parole à chacune des pierres de l'édifice, et faire monter, par leur voix, au ciel des accents de reconnaissance et d'amour pour Dieu, pour la puissante Patronne de Lille et pour le Saint-Père? Que dire de ces chants admirables, écho des harmonies supérieures? Et surtout comment exprimer l'émotion pieuse et profonde que faisait ressentir la vue du représentant du Saint-Père, assis sur son trône, assisté par une multitude de prêtres, et entouré de tous ces vénérables prélats qui étaient venus apporter à cette grande manifestation l'édification et le lustre de leur présence. C'étaient, avec Mgr Régnier, Mgr Lequette, évêque d'Arras; Mgr Boudinet, évêque d'Amiens; Mgr Fruchaud, évêque de Limoges; Mgr Forcade, évêque de Nevers; Mgr d'Herbomez, oblat de Marie Immaculée, évêque de Mélitopolis *in partibus infidelium*, vicaire apostolique de la Colombie britannique (1); Mgr Dubar, S. J., évêque de Canathe, vicaire apostolique du Pékin oriental; Mgr Dupont, résidant à Siam.

Et cependant, un spectacle, plus émouvant encore peut-être devait se produire au moment où, les offices du soir étant terminés, les vénérables prélats, que nous venons de désigner, revêtus de leurs habits pontificaux, la mitre en tête, la crosse en main, vinrent se ranger, à droite et à gauche du Nonce, sur une estrade établie devant le fronton provisoire de l'église nouvelle, en face de ces multitudes qui n'avaient pu y trouver place

---

(1) NN. SS. Lequette, d'Herbomez, Dubar et Dupont, originaires de la province ecclésiastique de Cambrai.

et sur lesquelles descendit la bénédiction donnée en commun par cette imposante réunion de princes de l'Eglise.

Il se fit alors, dans ces foules émues, ce silence religieux où l'on entend pour ainsi dire tous les cœurs battre, et au milieu duquel les paroles saintes prononcées au nom du Dieu tout-puissant « qui a fait le ciel et la terre » arrivent aux âmes avec une puissance surnaturelle qui les envahit et les enlève aux célestes hauteurs. Et lorsque ces foules, qui s'étaient courbées avec respect et avec amour sous cette pluie de grâces qui venait d'être répandues sur elles, se relevèrent dans le sentiment de leur reconnaissance et de leur joie religieuses, quels cris sortirent de ces poitrines dilatées par le bonheur, pour acclamer, avec les saints prélats qui avaient fait un si beau jour à la ville de Lille, le nom suréminent de Pie IX, de ce grand et immortel Pontife qui, par la sublimité de ses vertus, par la constance de sa foi et de son courage au milieu des plus cruelles épreuves, a si bien fait connaître au monde ce que c'est qu'un Pape !

Un épisode digne de cette grande journée vint en marquer la fin. C'était, nous l'avons dit, en vue de solenniser le sixième anniversaire de la fondation de la procession de Lille que la date avait été choisie pour la prise de possession et la bénédiction de l'église supérieure de Notre-Dame de la Treille et Saint-Pierre. Une autre pensée avait surgi en même temps : celle de renouveler cette procession en lui donnant un caractère insigne : la translation de l'image vénérée de la Vierge chancelière, dont l'église Sainte-Catherine était dépositaire, dans le sanctuaire qui s'élevait sous son vocable et dont la piété publique avait hâte qu'elle prît possession. Des obstacles s'élevèrent à ce moment et ne permirent pas de réaliser cette partie capitale du programme dont, par suite, la procession elle-même fut écartée. Il y avait là comme une lacune qui appelait une compensation ; elle ne manqua pas au sentiment pieux de la population qui put accompagner dans son parcours le cortége des vénérables prélats, traversant, sur l'indication de Mgr Régnier, un grand nombre de rues pour accompagner et conduire, à sa résidence, place du Concert, le Nonce, Mgr Chigi. Ce fut une marche triomphale : partout des témoignages de respect et de vénération ; partout des acclamations de : Vive Pie IX ! vive le Souverain-Pontife ! vive le Pape ! vive le Nonce ! qui déposaient des sentiments de profond et entier dévouement dont la catholique cité de Lille est animée pour le Saint-Siége. Ces manifestations, le digne représentant du Souverain-Pontife les recueillit avec bonheur dans son cœur pour les porter au cœur du Saint-Père lui-même et en faire descendre sur notre cité privilégiée une bénédiction nouvelle dont l'efficacité ne lui a certainement pas manqué à cette période de douleurs et de désastres qui devait s'ouvrir dans un avenir si prochain.

1870. — 24 à 28 octobre : Grands pèlerinages à la Basilique à l'occasion du renouvellement du vœu de 1634 et de la consécration de Lille à Notre-Dame de la Treille, pour que Lille et le pays soient préservés de l'invasion étrangère.

L'année suivante, en effet, la guerre avec l'Allemagne était déclarée ; des jours de deuil s'étaient levés pour la France et pour notre ville. Qui nous dira l'élan du peuple lillois et des populations environnantes vers Notre-Dame de la Treille pour implorer son secours puissant contre les dangers d'une invasion qu'aucun obstacle ne paraissait pouvoir écarter ? Les pèlerinages dont les sociétés de Saint-Vincent de Paul avaient pris l'initiative se continuèrent pendant plusieurs jours, et les cœurs retrouvèrent l'espérance et le courage aux pieds de la douce Vierge dont la force est semblable à celle d'une armée rangée en bataille.

1872. — 1ᵉʳ mai : Sacre de Mgr Monnier, évêque de Lydda, auxiliaire de Mgr Régnier, archevêque de Cambrai.

Il faut compter au nombre des consolations que la bonté divine avait ménagées au diocèse de Cambrai et à son chef vénérable et vénéré, au milieu de ces temps de tristesse et de désolation, le sacre de Mgr de Lydda, nommé évêque auxiliaire de Mgr l'Archevêque de Cambrai. Mgr Régnier l'avait appelé de son choix et de son cœur pour partager avec lui le fardeau de plus en plus lourd que faisaient peser sur lui les années et surtout les besoins sans cesse grandissants de sa juridiction épiscopale, l'une des plus étendues et des plus populeuses de l'univers catholique. C'était une joie légitime pour l'éminent Prélat, qui s'attachait ainsi, par des liens plus étroits et par un concours plus large, l'ancien vicaire général, dont il avait pu apprécier, pendant de longues années, les mérites élevés, l'esprit de sagesse et de prudence, le zèle et le dévouement apostoliques ; et aussi l'ancien supérieur du petit séminaire, dont les lumières, l'enseignement, le talent, l'intelligente et pieuse direction avaient donné au diocèse de nombreuses phalanges de prêtres si dignes du ministère laborieux et sacré qui leur a été confié ; phalanges qui sont, pour le vénérable chef à l'autorité paternelle de qui ils sont soumis, sa couronne et sa gloire, et pour l'Eglise tout entière une force et un honneur.

C'était aussi, à ces titres divers, une joie pour ce clergé si hautement édifiant, qui retrouvait plus que jamais, dans Sa Grandeur Mgr de Lydda, un soutien, un guide et un père ; et aussi pour tous les fidèles, aux yeux desquels le nouvel évêque n'était pas un inconnu, qui savaient au contraire quelle avait été, pour le bien du diocèse, la fécondité de son passé, le regardant dans l'avenir comme le continuateur fidèle de ces grandes traditions d'enseignement, de direction, de dévouement à la souveraineté pontificale, qui ont entouré de tant de lustre le siége archiépiscopal de Cambrai.

C'était enfin une joie pour l'Œuvre de Notre-Dame de la Treille et Saint-Pierre, dont Mgr de Lydda s'était toujours montré un zélateur dévoué, et à laquelle son autorité agrandie ne pouvait manquer d'apporter une plus puissante et plus efficace protection.

C'est au milieu des témoignages de la satisfaction publique que la touchante et solennelle cérémonie du sacre de Mgr Monnier, évêque de Lydda, eut lieu avec splendeur, le 1er mai 1872, dans la cathédrale de Cambrai.

1872. — 8 septembre : Guérison miraculeuse de Sophie Druon, dans l'Orphelinat des Filles de la Charité, près de l'église Sainte-Catherine, à Lille, par l'intercession de Notre-Dame de Lourdes.
— 21 septembre : Translation de la statue miraculeuse de Notre-Dame de la Treille dans la Basilique.

Cependant, depuis les fêtes pontificales du 4 juillet 1869, un grand événement s'était accompli dans le silence que commandaient des considérations de diverse nature. D'un côté, la translation de l'image de Notre-Dame de la Treille dans la Basilique, construite en son honneur et suffisamment avancée pour la recevoir, ne pouvait plus être différée devant le sentiment public qui réclamait l'exécution d'un engagement pris vis-à-vis de la générosité des souscripteurs de l'OEuvre. D'un autre côté, il y avait de saints déchirements de cœur qui tendaient à retenir l'Image vénérée dans l'enceinte de l'église Sainte-Catherine : conflit pieux qu'un signe supérieur seul pouvait faire cesser. Ce signe ne manqua pas : ce fut une guérison miraculeuse obtenue, le dimanche, 8 septembre 1872, fête de la Nativité de la sainte Vierge, par l'intercession de Notre-Dame de Lourdes, en faveur d'une orpheline dans la communauté des Sœurs de Saint-Vincent de Paul presque contiguë à l'église Sainte-Catherine (1); faveur insigne par laquelle l'église Sainte-Catherine était comme choisie pour être le lieu où, dans notre ville, le culte de Notre-Dame de Lourdes devait trouver son foyer et son centre. Cette interprétation, qui s'imposa à la foi de tous, écarta toutes les difficultés, et la statue vénérée de Notre-Dame de la Treille vint occuper, le samedi 21 septembre 1872 (2), la place d'honneur qui lui était préparée dans la Basilique naissante.

(1) Voir, aux *Pièces et documents à l'appui*, page 198, la pièce intitulée : « *Une guérison dans l'Orphelinat des Filles de la Charité de Lille.* » — Pièce extraite de la *Semaine religieuse* du diocèse de Cambrai, numéro du 14 septembre 1872. — *Inscription de la pierre placée dans la chapelle de l'Orphelinat en mémoire de cette guérison.*

(2) Le samedi 21 septembre 1872, aux premières vêpres de la Fête de Notre-Dame des Sept-Douleurs, spécialement honorée dans l'insigne Collégiale de Saint-Pierre.

1872. — 6 octobre : Grand pèlerinage national de France à Notre-Dame de Lourdes. — La bannière monumentale de Notre-Dame de la Treille y est acclamée et placée dans le sanctuaire de Notre-Dame de Lourdes, derrière l'autel, entre les bannières de l'Alsace et de la Lorraine.

De grands honneurs attendaient la statue miraculeuse de Notre-Dame de la Treille dans la Basilique. Si des circonstances particulières n'avaient pas permis de les lui rendre au moment de sa translation, à laquelle la piété filiale seule devait présider, le sacre de Sa Grandeur Mgr Delannoy, évêque de Saint-Denis (île de la Réunion), en devint l'occasion. Ce fut alors, à proprement parler, la solennité de la prise de possession de la Basilique par Notre-Dame de la Treille.

Et qui n'admirerait ici l'action de la Providence, associant toujours le nom de Pie IX, le Pontife de l'Immaculée Conception, à tout ce qui s'est fait de grand pour Notre-Dame de la Treille. En 1849, Pie IX, à Gaëte, demande au vénérable cardinal Giraud de relever l'antique Collégiale par l'érection de la Basilique de Notre-Dame de la Treille et Saint-Pierre. Quand la Basilique naissante peut recevoir le culte dans l'église supérieure, Pie IX veut en prendre lui-même, en quelque sorte, possession. Le nonce, Mgr Chigi, vient, en 1869, en Son Nom, présider la prise de possession de l'église supérieure. Et quand la Vierge de Lille, pour hâter l'érection de sa Basilique, vient prendre possession de son sanctuaire inachevé, Pie IX veut rendre le premier ses hommages à la statue miraculeuse, récemment transférée. Le Nonce, Mgr Chigi, vient, en Son Nom, la vénérer dans son nouveau sanctuaire ; et, entouré de nombreux évêques, réunis pour le sacre de Mgr Delannoy, présider le premier pèlerinage solennel fait à Notre-Dame de la Treille dans sa Basilique.

Mais avant de recevoir ces honneurs solennels, au nom de Pie IX, dans sa Basilique, Notre-Dame de la Treille devait en recevoir à une autre extrémité de la France, à Lourdes, en présence de la France entière.

En quittant son sanctuaire de l'église Sainte-Catherine pour monter dans sa Basilique, Notre-Dame de la Treille, Elle aussi, ne voulut pas laisser orphelins les enfants qui, pendant de si longues années, l'avaient entourée de leur dévouement et de leur amour. Sa bonté maternelle ne pouvait laisser sans honneur et sans consolation la place qu'Elle avait occupée. Et c'est par une solennelle et miraculeuse manifestation qu'Elle voulut y maintenir sa protection puissante sous un autre vocable, celui-là même qu'avait proclamé Pie IX et qu'Elle proclamait Elle-même à Lourdes, lorsqu'Elle faisait entendre ces paroles : « *Je suis l'Immaculée Conception.* »

Lourdes devait se montrer reconnaissante de ces honneurs rendus à Lille à sa Vierge miraculeuse ; et quand, dans le grand pèlerinage national de 1872, la bannière monumentale de Notre-Dame de la Treille y parut, elle fut acclamée par la France entière et placée ensuite dans le sanctuaire de Notre-Dame de Lourdes, derrière l'autel, entre les bannières voilées de crêpes de l'Alsace et de la Lorraine.

Qui n'admirerait ces grandes choses et pourrait méconnaître l'action de la Providence dans ces deux faits se répondant aux extrémités de la France : Notre-Dame de la Treille, inaugurant à Lille, dans son ancien sanctuaire, Notre-Dame de Lourdes et son culte ; Notre-Dame de Lourdes, honorant à Lourdes, Notre-Dame de la Treille devant la France entière et plaçant sa bannière dans son sanctuaire à la place d'honneur, doublement consacrée par le sacrifice de l'autel et par les douleurs de la France, représentées par les bannières voilées de crêpes de l'Alsace et de la Lorraine.

Mais nous anticipons sur notre récit.

Les temps douloureux où la France coupable avait vu l'étranger fouler son sol, avaient trouvé quelque apaisement apporté par le temps. Cependant les sombres souvenirs d'un passé récent, les désastres de l'invasion suivis des horreurs de la Commune, les dangers de la société, les incertitudes de l'avenir pesaient douloureusement sur les âmes ; elles y avaient trouvé de graves enseignements : la main de Dieu s'était ouverte pour laisser tomber sur notre noble terre de France les calamités et les humiliations. Un besoin impérieux de prière s'était fait sentir pour que la justice divine se retirât de nous et fît place à la miséricorde. Et c'est alors que se multiplièrent ces grandes manifestations qui poussaient des populations entières vers les lieux bénis signalés par la Providence, pour mettre plus spécialement le Ciel en communication avec les hommes, et pour devenir comme des sources plus abondantes de bénédictions et de grâces.

La province de Cambrai ne pouvait rester étrangère à ce mouvement ; elle avait sa place marquée dans ce grand pèlerinage national qui, le 6 octobre 1872, se dirigeait vers Lourdes. Les pèlerins de Lille portaient une bannière monumentale de Notre-Dame de la Treille, également remarquable par ses dimensions et par sa magnificence, mais plus remarquable encore par l'image de cette Vierge puissante dont la renommée et la gloire ont rempli le monde, sous le vocable de Notre-Dame de la Treille. Aussi, lorsque cette bannière insigne passa devant l'estrade où, pendant la procession des pèlerins, les évêques avaient pris place, obéissant comme à une sorte d'électricité religieuse, tous ces vénérables prélats se levèrent ensemble pour l'acclamer. Et en même temps les centaines de bannières qui représentaient les villes s'agitèrent entre les mains qui les tenaient, comme pour saluer la bannière maîtresse et lui rendre hommage, aux applaudissements de la foule remplie d'un pieux enthousiasme. La bannière de Notre-Dame de la Treille fut placée dans le sanctuaire de Lourdes, derrière le maître-autel, à sa partie centrale, ayant à droite et à gauche la bannière de la Lorraine et celle de l'Alsace, toutes les deux voilées par un crêpe (1).

(1) La page d'histoire écrite à Lourdes, en présence de la France entière, est trop glorieuse pour la Patronne de Lille pour que nous résistions au désir de rapporter ici ce qu'un témoin oculaire des fêtes du grand pèlerinage national de la France à Lourdes, le 6 octobre 1872, écrivait à la *Semaine religieuse* de Cambrai :

« La France entière fut représentée, le 6 octobre 1872, par 312 ban-
» nières.
» Mais, parmi ces deux ou trois cents oriflammes, celle qui concentrait sur-
» tout l'attention des pèlerins était la bannière de *Notre-Dame de la Treille*
» *de Lille;* aucune n'était plus remarquable par sa richesse, par la délica-
» tesse de ses broderies, par son immense développement. Il fallait, à ceux
» qui la portaient, des muscles d'acier, une vigueur trempée dans la foi, pour
» soutenir un tel poids sous le souffle de la brise. Son passage était un
» triomphe. Lorsqu'elle arriva devant NN. SS. les évêques, ils ne purent
» retenir un cri d'admiration et de bonheur; ils se levèrent et l'acclamèrent.
» Les pèlerins s'étaient interdit toute manifestation publique; mais la vue de
» la bannière de *Notre-Dame de la Treille* triomphait de leur volonté, et
» vingt fois j'ai entendu la foule battre des mains au moment où passait l'é-
» tendard de la capitale de la Flandre, et s'écrier, pleine d'enthousiasme :
» *Vive Lille! vive Lille!* Notre bannière a eu le privilége de faire re-

1872. — 12 octobre : Sacre de Mgr Delannoy, Evêque de Saint-Denis (Ile de la Réunion) dans l'église de Saint-André, à Lille : Procession et pèlerinage du Nonce, des Evêques et du nouveau consacré à la statue miraculeuse de Notre-Dame de la Treille, récemment transférée dans la Basilique.

28 octobre : Renouvellement du vœu de 1634, par Mgr Delannoy, et consécration de Sa Grandeur à Notre-Dame de la Treille.

Pendant que Notre-Dame de la Treille était acclamée à Lourdes, devant la France et la catholicité entière, des

» tentir des acclamations, avec les bannières de l'Alsace et de la Lorraine,
» qui ont fait retentir un cri plus noble et plus glorieux encore : *Vive la*
» *France!*

» .... Cependant la tête du cortége avait franchi le pont jeté sur le Gave,
» et s'était avancé vers l'autel dressé sur la grande prairie, au milieu d'arbres
» verdoyants, en face de la grotte et de l'église de l'apparition, et avait défilé
» devant les neuf évêques qui étaient debout, la mitre en tête et la crosse en
» main, sur l'escalier de la haute estrade, et devant vingt-six membres de
» l'Assemblée nationale, occupant des places d'honneur. Les bannières, sur
» l'ordre des maîtres de cérémonies, allèrent se ranger sans confusion autour
» de cette estrade, aux places qui leur avaient été marquées; trois d'entre
» elles seulement eurent le privilége de gravir les marches et d'être arborées près
» de l'autel: c'étaient les bannières voilées de crêpes de Metz et de Strasbourg,
» à l'aspect simple et lugubre, et au milieu au-dessus d'elles, la radieuse ban-
» nière de *Notre-Dame de la Treille de Lille*, dont les broderies formaient
» derrière l'autel une paroi de soie et d'or. Je ne saurais vous dire ce qui se
» passa dans mon âme de catholique et de Français, en voyant la bannière de
» la Flandre abriter en quelque sorte les bannières de l'Alsace et de la Lor-
» raine; ces provinces ravies à la France, sont tout spécialement nos sœurs,
» par l'aspect, par l'industrie, par la langue, par les mœurs, par la date de
» leur réunion à la patrie, par leur esprit de nationalité, par leur foi et leur
» dévotion. Ah ! souvenons-nous qu'à Lourdes notre étendard protégeait en
» quelque sorte leur funèbre linceul, et soyons des amis, des frères pour
» ces Français qui ont préféré l'exil du sol et du toit qui les a vus naître à
» l'exil de la nationalité et de la patrie ! Plusieurs de nos pèlerins du diocèse
» de Cambrai exprimaient ces sentiments, et se disaient que, dans cette ren-
» contre des trois bannières, il y avait un signe de la Providence.

honneurs plus grands encore l'attendaient dans la Basilique. A Lourdes, Notre-Dame de la Treille était honorée en présence de la France et de la Catholicité. A Lille, elle devait être honorée par le Chef même de la Catholicité, le bien-aimé Pie IX, représenté par le Nonce à Paris, Mgr Chigi, venu à Lille à l'occasion du sacre de Mgr Delannoy, évêque de Saint-Denis (Ile de la Réunion).

C'est une grande bénédiction pour une église, pour une ville que le sacre d'un évêque. Pendant les sept siècles de son existence, la Collégiale ne vit dans Lille qu'un seul sacre, celui de l'Electeur de Cologne, par Fénelon, et elle attendit plus de six siècles avant de le voir se réaliser.

Cette bénédiction, Notre-Dame de la Treille voulut la donner à Lille dès sa translation dans la Basilique ; et, sans soulever ici un voile que la discrétion nous oblige de respecter, la reconnaissance ne nous autorise-t-elle pas à dire qu'en accordant cette bénédiction à Lille au moment même de la translation de la statue miraculeuse, Notre-Dame de la Treille a voulu honorer, dans la personne du nouveau consacré, celui qui y avait contribué de la manière la plus efficace et la plus dévouée.

» L'archevêque d'Auch, Mgr Langalerie, prit la parole devant cet auditoire
» de soixante mille personnes.
» .... A cette éloquente allocution succéda la bénédiction solennelle des
» bannières, qui fut faite par les neuf prélats. Le Saint-Sacrement fut ensuite
» exposé, et les soixante mille pèlerins reçurent la bénédiction de Dieu lui-
» même. Toutes les bannières reprirent dans un ordre excellent et au milieu
» du plus grand calme le chemin de l'église paroissiale, en passant par
» l'Ile du Châlet et en suivant les chemins tortueux des coteaux.
» Dans l'église, la bannière de Notre-Dame de la Treille fut placée, comme
» sur l'estrade, derrière l'autel, entre les bannières voilées de crêpes de
» l'Alsace et de la Lorraine. »

Mgr Delannoy, enfant adoptif de Lille, l'un des plus ardents zélateurs du culte de Notre-Dame de la Treille, appelé sur de lointains rivages pour y porter l'ardeur de son zèle apostolique et y agrandir le règne de Dieu, avait reçu cette sainte inspiration que le succès de ses travaux ne pouvait être mieux placé que sous la protection de la puissante et bien-aimée Vierge que dès son entrée dans le saint ministère, étant vicaire à Sainte-Catherine, il s'était accoutumé à invoquer et de qui il avait reçu de si nombreuses faveurs. Consacrer son diocèse, se consacrer lui-même à Notre-Dame de la Treille, c'était, pour lui, donner en même temps satisfaction à un sentiment pieux et à un sentiment patriotique; c'était le moyen, pour son cœur si tendrement uni à Dieu et à son pays natal, de transporter en quelque sorte au delà des mers la patrie absente; c'était au moins se tenir rattaché à elle par le lien le plus fort.

C'est sous l'émotion de ces pensées et de ces sentiments que s'ouvrit cette mémorable journée du 12 octobre 1872, qui devait ajouter un grand souvenir de plus aux fastes religieux de notre cité. L'église Saint-André, dont Mgr Delannoy avait été le pasteur et où il laissait des traces si profondes et si durables de son passage, avait été naturellement choisie pour la cérémonie du sacre. Des estrades avaient été élevées dans les nefs latérales, pour donner accès à une plus grande assistance. Le prélat consécrateur était Mgr Desprez, archevêque de Toulouse, qui appartenait par sa naissance et par le début de sa carrière ecclésiastique au diocèse de Cambrai, et qui, de plus, avait gouverné, pendant plusieurs années, le même diocèse de Saint-Denis où le nouvel évêque allait porter son zèle apostolique. C'était là une coïncidence touchante en même temps qu'honorable pour ce département du Nord qui voyait ainsi reluire sa gloire religieuse dans deux de ses plus nobles enfants. Cette fois encore, le Nonce, Mgr Chigi, avait bien voulu répondre à l'invitation qui lui avait été faite de présider la cérémonie à laquelle assistaient également Mgr Régnier, archevêque de Cambrai; Mgr Desprez, archevêque de Toulouse, prélat consécrateur; NN. SS. Lequette, évêque d'Arras, et Monnier, évêque de Lydda, auxiliaire de Mgr de Cambrai, prélats assistants; Mgr Boudinet, évêque d'Amiens; Mgr Gravez, évêque de Namur; le R. P. abbé de la Trappe de Sainte-Marie du Mont (Mont des Cats); Mgr Burchall, abbé de Westminster, supérieur général des Bénédictins anglais; Mgr Scott, Camérier du Pape; Mgr Lucciardi, secrétaire du Nonce, camérier du Pape.

Après le sacre, se déploya l'immense cortége qui devait conduire à la Basilique de Notre-Dame de la Treille et Saint-Pierre le nouvel évêque, pressé d'offrir à la sainte Patronne de Lille les prémices de sa consécration. Cette procession, l'une des plus belles qu'ait vues notre cité si riche cependant en souvenirs religieux et à laquelle les autorités civiles et militaires avaient donné leur concours, avait ce caractère particulier d'intérêt qu'elle était comme un hommage de la ville toute entière et de son clergé à Notre-Dame de la Treille, et comme l'expression de la satisfaction générale avec laquelle la population avait vu la Vierge protectrice prendre possession du sanctuaire qui lui était destiné. Les six paroisses de Lille qui y étaient représentées, chacune avec ses bannières et ses insignes, avaient, d'un commun accord, choisi cette circonstance pour témoigner de leur piété et de leur amour envers Notre-Dame de Lille, et pour venir déposer, à ses pieds, sur son autel, par les mains de leurs doyens et curés, de magnifiques *ex-voto* qui figuraient des cœurs de grande dimension dorés et incrustés d'émaux. Ces *ex-voto* faisaient pour ainsi dire cortége à celui que le nouveau consacré venait de déposer sur l'autel. En mémoire de ce grand jour, en effet, Mgr Delannoy voulut laisser un souvenir qui fût, auprès de Notre-Dame de la Treille, comme un témoin pendant les longs jours d'absence ; il suspendit à la Treille de la Patronne de Lille, en *ex-voto*, ses armoiries, travail artistique de la plus grande beauté, qui restera dans la Basilique comme un témoignage irrécusable de la magnificence et de la piété du nouvel évêque.

Ce grand jour, qui restera dans la mémoire de nos populations comme une fête religieuse et une fête de famille, a d'autant plus droit à prendre sa place dans les souvenirs de notre histoire locale que Mgr Delannoy est le second évêque consacré à Lille. Le premier a été l'électeur de Cologne par Fénelon. Le lieu du sacre pour le premier était l'église Saint-Pierre ; pour Mgr Delannoy, il a été l'église paroissiale de Saint-André. N'y a-t-il pas là encore un signe visible de cette vie traditionnelle que la Providence continue à la ville de Lille et dont elle favorise si manifestement le plein développement ?

Le 28 octobre suivant, seize jours après les faits que nous venons de rappeler, la fête de l'Adoration du Saint-Sacrement était solennisée à la Basilique. C'était, en outre, le deux cent trente-huitième anniversaire de la consécration de Lille à Notre-Dame de la Treille. C'est ce jour que Mgr Delannoy voulut choisir pour l'acte de consécration qu'il avait lui-même à accomplir, aussi bien pour sa personne que pour son diocèse. Sa Grandeur, après avoir célébré le matin à huit heures la messe pendant laquelle eut lieu la communion générale, officia pontificalement le soir au Salut, et prononça à haute voix l'acte de consécration tel qu'elle-même l'avait formulé (1). Telles furent les dernières circonstances qui précédèrent une séparation et un éloignement dont le sentiment chrétien avait également à s'attrister et à se réjouir, alors que le digne prélat donné à l'Eglise enlevait à la ville de Lille l'un de ses plus zélés pasteurs, l'un de ceux dont le souvenir sera le plus soigneusement conservé dans les sympathies publiques.

1873. — 18 mars : **Mort de M. l'abbé Combalot, l'un des principaux promoteurs de l'érection de la Basilique de Notre-Dame de la Treille et Saint-Pierre.**

Ce fut quelque temps après, le 18 mars 1873, que l'un des plus ardents initiateurs de l'Œuvre de Notre-Dame de la Treille et Saint-Pierre succomba sur ce champ de bataille de la prédication où il s'était dévoué avec tant de zèle dans le cours d'une longue carrière. L'abbé Combalot avait été frappé en descendant de chaire, après un sermon prêché à Saint-Roch, à Paris, sur la très-sainte Vierge. C'est lui, on s'en souvient, qui, le lundi de Pâques, 28 mars 1853, avait produit, une commotion si profonde dans les âmes de ses auditeurs, à Sainte-Catherine, en proclamant, comme un devoir de reconnaissance et de foi, la nécessité d'élever un sanctuaire splendide à Notre-Dame de la Treille. « *Heu-* » *reux*, s'était-il écrié, *heureux ceux qui mettront leur*

(1) Voir, aux *Pièces et documents à l'appui,* page 205, le *renouvellement du vœu de 1631 par Mgr Delannoy, évêque de Saint-Denis (Ile de la Réunion), et consécration de Sa Grandeur à Notre-Dame de la Treille, le* 28 *octobre* 1872.

» *pierre à l'église de Notre-Dame de la Treille, Patronne*
» *de Lille!!!* » Et ces paroles avaient entraîné les volontés, stimulé les ardeurs ; elles avaient aussi indiqué en quelque sorte le caractère de grandeur que devait avoir la Basilique telle que l'appelaient ses grandes destinées. Les cœurs avaient été remués, les âmes avaient été émues. Une souscription fut immédiatement ouverte dans l'église même de Sainte-Catherine. On sait ce qu'a produit cet élan qui n'a pas cessé de grandir et dont l'avenir peut attendre avec confiance la réalisation de ce qui a été commencé : il rattache d'une manière inaltérable le nom béni de l'abbé Combalot à l'Œuvre que sa parole inspirée a si particulièrement contribué à faire surgir. Est-il nécessaire d'ajouter que cette mémoire si chère a été et restera entourée de reconnaissance et de prières dans ce lieu où elle a tant de droits à être conservée et bénie (1).

1873. — 5 août : Bref de S. S. Pie IX autorisant le couronnement de la statue miraculeuse de Notre-Dame de la Treille.

Quel que fût le développement du culte de Notre-Dame de la Treille, et nous aurons occasion d'y revenir d'une manière plus détaillée, et quels que fussent les honneurs rendus à l'illustre Patronne de Lille, il en est un cependant, d'un caractère suprême, que l'Eglise réserve comme la consécration d'un culte fondé sur l'antiquité, sur la foi des fidèles, sur la continuité et la

---

(1) Voir aux *Pièces et Documents à l'appui*, page 208, la *Note relative à M. l'abbé Combalot. — Sa prédication à Sainte-Catherine, le 28 mars 1853, en faveur de l'érection de la Basilique de Notre-Dame de la Treille. — Détails sur sa mort.*

grandeur des bienfaits répandus dans les cœurs et les âmes : c'est le Couronnement. Pouvait-il manquer à Notre-Dame de la Treille ? Combien de vœux ardents s'étaient élevés pour l'obtenir ! Mais ces vœux avaient en quelque sorte été prévenus par la pensée puissante qui règne au Vatican : cette pensée dont l'action se dirige en même temps sur tous les points de l'univers pour y pourvoir à tous les besoins, pour y répandre les enseignements, pour multiplier les bénédictions et les grâces, pour y faire sentir cette tendresse maternelle de l'Eglise, sans cesse occupée à animer et à récompenser la piété de ses enfants, en leur ouvrant avec plus d'abondance les sources de la joie chrétienne. Oui, le couronnement de Notre-Dame de la Treille était dans la pensée du Souverain-Pontife ; et alors qu'on songeait à solliciter cette insigne faveur, ce fut le sujet d'une heureuse surprise d'apprendre que le Pape, *proprio motu* (1), avait décidé que le Couronnement aurait lieu. Dès lors, on se mit sans retard en devoir d'obtenir le bref nécessaire : il parvint à Cambrai le 15 août 1873 (2). Dès ce moment, les pensées se portent vers la perspective de cette insigne solennité, qui se montre dans un avenir rapproché et qui appelle les préparatifs de sa laborieuse organisation.

(1) Le 24 avril 1873, M. l'abbé Bernard, vicaire général de Cambrai, archidiacre de Lille, recevait de Rome la dépêche suivante, que lui adressait son neveu, M. l'abbé Charles Bernard, étudiant au séminaire français : « Le » Saint-Père couronne l'Image miraculeuse de Notre-Dame. »

(2) Voir ci-après, aux *Pièces et documents à l'appui*, page 212, le *Texte et la traduction du Bref de Sa Sainteté Pie IX, en date du 5 août 1873, autorisant le Couronnement de la statue miraculeuse de Notre-Dame de la Treille, Patronne de Lille*, et page 217, la *Lettre pastorale de S. E. le cardinal Régnier, en date du 14 mai 1874, annonçant le Couronnement.*

1873. — 18 août : Pèlerinage à Notre-Dame de Grâce à Cambrai. — Bannière de Notre-Dame de la Treille.
8 septembre : Pèlerinage à Tournai.

Toutefois, et avant de nous y arrêter, nous avons à mentionner deux pèlerinages qui intéressent le culte de Notre-Dame de la Treille. Le premier est celui de Cambrai, en l'honneur de Notre-Dame de Grâce, qui s'ouvrit le 18 août 1873, et qui, pendant dix jours, vit affluer de toutes les parties du diocèse des populations nombreuses. La Basilique de Notre-Dame de la Treille était représentée dans la procession du premier jour, où la députation pieuse de la ville de Lille prenait la plus grande place, par une magnifique bannière destinée à être offerte à Notre-Dame de Grâce avec un cierge et une couronne. Les cordons de la bannière étaient tenus par quatre membres de la députation du Nord (1). La bannière elle-même était portée par des membres de la Société de Saint-Vincent de Paul de Lille. C'est au moment où, dans l'après-dînée, à la suite de la cérémonie à la métropole, pour répondre à l'enthousiasme religieux du peuple rassemblé en une foule compacte sur la place de l'Archevêché, la bannière arrivait sur l'estrade, où, autour de l'image miraculeuse de Notre-Dame de Grâce, se trouvaient réunis avec Mgr l'archevêque et Mgr de Lydda, un certain nombre de membres du clergé et quelques autres personnages, qu'un effroyable effondrement eut lieu, et que le vénérable chef du diocèse disparut sous le plancher brisé. On peut se rendre compte du sentiment de terreur dont toutes les âmes furent saisies. On pouvait

(1) MM Kolb-Bernard, Théry, Pajot et de la Grange.

tout craindre ; mais on devait tout espérer de la puissante protection qui, sous deux appellations, était là présente au moment du danger. La protection ne manqua pas, et c'est aux cris de joie et aux acclamations de la reconnaissance publique que l'on vit bientôt le bien-aimé Père du diocèse remonter, sain et sauf, sur ce qui restait de l'estrade, rassurer lui-même la foule émue, épouvantée, et lui donner rendez-vous au lieu où la cérémonie devait s'achever.

L'autre pèlerinage auquel la Basilique de Notre-Dame de la Treille prit part, fut le grand pèlerinage du Hainaut à Tournai. On sait la pieté antique de cette ville pour Notre-Dame de la Treille et les liens séculaires qui l'attachent à son culte. Plusieurs de ses évêques étaient venus lui consacrer leur personne et leur diocèse. Et en 1659, à la suite de la paix conclue entre la France et l'Espagne, après une guerre dont les provinces belges avaient beaucoup souffert, les habitants de Tournai étaient venus témoigner leur reconnaissance au Ciel par un pèlerinage à Notre-Dame de la Treille. C'était cette pieuse visite que la puissante Patronne de Lille rendait en 1873.

1874. — 19 avril : Pie IX bénit, au Vatican, les deux Couronnes destinées au couronnement de la Statue miraculeuse de Notre-Dame de la Treille et de l'Enfant-Jésus, et accorde à l'occasion du Couronnement, que le titre de Mère de Grâce, *Mater Gratiae*, soit désormais ajouté à celui de Notre-Dame de la Treille, Patronne de Lille.

Cependant l'année 1874 s'était ouverte. La date du 21 juin, jour anniversaire du couronnement de Pie IX, avait été fixée pour la fête triomphale de Notre-Dame de la Treille. Dès le mois de mars, un comité s'était formé pour préparer l'organisation qu'appelait un si grand événement. Les dames s'étaient donné spécialement la mission de pourvoir à tout ce que réclamaient de richesse et d'élégance les couronnes destinées à la Vierge mère et à l'Enfant divin. Cette mission s'était accomplie avec le goût exquis et la sainte profusion qui ne pouvaient faire défaut, et qui ont attaché comme une pierre précieuse de plus aux pieux joyaux.

Dès le 19 avril, les couronnes sont portées à Rome pour recevoir la bénédiction du Souverain-Pontife. Elle est donnée dans l'une des salles du Vatican (1), à l'audience accordée à Son Eminence le cardinal Régnier, venu à Rome pour recevoir des mains du Pape l'anneau cardinalice et le titre de la Sainte-Trinité-du-Mont-Pincio. Le vénérable cardinal était accompagné de M. l'abbé Bernard, vicaire général de Cambrai, archidiacre de Lille, et de M. Sudre, lazariste, supérieur du grand séminaire de Cambrai. Sur la demande de M. l'abbé Bernard, le Souverain-Pontife consent à ce que, à l'occasion du Couronnement, le titre de Mère de grâce, *Mater gratiæ*, soit désormais ajouté à celui de Notre-Dame de la Treille, Patronne de Lille. Il est, en outre, arrêté que Mgr Cataldi, maître des cérémonies de N. S. P. le Pape et du saint Concile Œcuménique du Vatican, protonotaire apostolique, remplira ces fonctions à la fête du Couronnement.

(1) Le dimanche du Bon-Pasteur, 2e après Pâques, 19 avril 1874.

1874. — Mai-Juin : Exposition artistique d'objets d'art religieux. — Concours de poésie. — Concours de composition musicale — à l'occasion du couronnement de Notre-Dame de la Treille.

Pendant que ces choses se passaient à Rome, on se livrait à Lille à des préparatifs non moins importants. La religion catholique, source la plus féconde de la poésie et des arts, avait inspiré d'ouvrir, à l'occasion des fêtes qui se préparaient, un concours de poésie et de composition musicale, et d'y joindre une exposition d'objets d'art religieux. On sait combien les contrées du Nord de la France et la Belgique renferment de richesses artistiques de cette nature, et l'on pouvait prévoir tout ce qu'une semblable exposition pouvait promettre d'intérêt et de jouissances à la curiosité publique et aux études archéologiques. L'attente fut cependant dépassée, et le sentiment général de tous les connaisseurs constata la supériorité de l'exposition de Lille sur toutes celles qui l'avaient précédée. Ce fut un véritable triomphe pour la commission d'organisation qui, chargée de diriger cette grande entreprise, lui apporta, avec les ressources de sa science, le concours de ses infatigables efforts (1).

Nous aurons un mot à dire plus tard du concours de poésie et de composition musicale. Mais, pour rester fidèle à l'ordre chronologique, nous sommes conduit, par l'ouverture de l'Exposition, le 14 juin, au jour même du Couronnement, le 21.

(1) Voir le *Catalogue de l'Exposition d'objets d'art religieux, ouverte à Lille en* 1874.

1874. — 15 juin : Bref de Sa Sainteté Pie IX accueillant la demande de donner le nom de *Pia* **à la cloche principale, commémorative du couronnement :** *Marie Pie de Notre-Dame de la Treille couronnée.*

Nous aurions à parler ici du Bref du Saint-Père accueillant la demande de donner le nom de *Pia* à la cloche principale, commémorative du couronnement : *Marie Pie de Notre-Dame de la Treille couronnée.* Toutefois, la fonte des cloches n'ayant pu avoir lieu au moment du Couronnement, par suite des difficultés et des exigences du travail artistique, nous croyons préférable de donner le texte du Bref et les circonstances qui l'accompagnent, au moment où nous aurons à parler de la bénédiction des cloches (1).

1874. — 21 juin : Couronnement de la statue miraculeuse de Notre-Dame de la Treille et de l'Enfant-Jésus.

Il serait difficile de retracer fidèlement, dans ses détails et ses épisodes multiples, cette sublime solennité qui jette un rayon glorieux de plus sur les fastes de la grande cité lilloise (2). Il serait difficile surtout de faire comprendre l'émotion dont tous les cœurs étaient rem-

(1) Voir ci-après, pages 75 et 80, et aux *Pièces et documents à l'appui*, page 240, *le texte du Bref de Sa Sainteté Pie IX à M. de Corcelles, ambassadeur de France à Rome, en date du 15 juin 1874, accueillant la demande de donner le nom du Saint-Père à la cloche principale, commémorative du Couronnement :* Marie-Pie de Notre-Dame de la Treille couronnée.

(2) Voir aux *Pièces annexées*, page 259, le programme de la procession et du Couronnement : *Couronnement de Notre-Dame de la Treille, Mère de Grâce, Patronne de Lille. — Procession générale, 21 juin 1874.*

plis sur le passage de cette longue procession dont le défilé ne dura pas moins de deux heures, et dans laquelle toutes les inspirations de la foi et de la charité chrétienne avaient leur expression et leur représentation dans les groupes innombrables qui se succédaient. C'étaient en quelque sorte, sous des aspects divers, tous les *redevables* de la religion, tous ceux à qui elle apporte les dons de l'intelligence, les dons du cœur, les dons de sa charité, le dévouement des uns, la reconnaissance des autres ; ceux qui, au nom de Dieu, apportent le bienfait et ceux qui le reçoivent; les pauvres avec ceux qui se sont faits leurs serviteurs ; les riches avec les généreuses inspirations de leur foi et de leur fraternité chrétienne ; les maîtres qui enseignent la vérité, et les enfants, marqués d'un signe céleste, qui l'apprennent et s'en nourrissent ; c'était l'armée du clergé chantant et priant ; c'étaient les bannières des congrégations et les statues des saints et des saintes, entourées de cortéges nombreux de femmes, de jeunes filles, d'hommes, d'enfants, de religieux et de religieuses de tous les ordres qui appelaient le secours du Très-Haut sur Lille et sur la France, et qui symbolisaient chacun des mérites chrétiens à la faveur desquels ce secours peut être obtenu ; c'était, en un mot, la société toute entière telle que le christianisme l'a faite, apportant une consolation à toutes les douleurs, un soulagement à toutes les souffrances, un allégement à toutes les peines, un remède divin à toutes les maladies de l'âme et du cœur ; c'était, rendue visible, la véritable loi du progrès, c'est-à-dire la loi de l'amour planant sur toutes les misères d'ici-bas, faisant tomber sur elles un rayon divin qui les transfigurait et qui les faisait apparaître avec l'expression du bonheur sans limites et sans fin auquel elles conduisent ; c'était, sur la terre, un spectacle du ciel.

Et lorsque, sur l'immense place de la République, le vénérable cardinal, animé de l'on ne sait quelle jeunesse de l'âme sous le poids de tant d'années, eut gravi les degrés de la vaste estrade qui avait été dressée, et qu'entouré d'un nombre considérable d'évêques et de prélats (1) venus de Rome, de la Belgique, de la Suisse et de divers points de la France, il se leva de son trône, dans cette foule immense comme la mer, il se fit un profond et solennel silence. Le maître de cérémonies du Vatican lut le bref du Souverain-Pontife qui déléguait Son Éminence pour le Couronnement de la statue miraculeuse de Notre-Dame de la Treille. Au nom du Souverain-Pontife, le vénéré cardinal prononça les paroles du cérémonial (2), et déposa sur la tête de l'Enfant Jésus et sur celle de Notre-Dame de la Treille les couronnes que le Saint-Père avait voulu bénir lui-même. Alors il se fit comme une tempête d'enthousiasme ; les acclamations, les cris de : « *Vive Notre-Dame de la Treille!* et de *Vive*

---

(1) NN. SS. Fruchaud, archevêque de Tours; Gignoux, évêque de Beauvais; Duquesnay, évêque de Limoges; Freppel, évêque d'Angers; Lequette, évêque d'Arras; Bataille, évêque d'Amiens; Dumont, évêque de Tournai ; de Marguerie, ancien évêque d'Autun; Mermillod, évêque d'Hébron, vicaire apostolique de Genève; Monnier, évêque de Lydda, auxiliaire de S. E. le cardinal-archevêque de Cambrai; Faraud, évêque d'Annemour, vicaire apostolique d'Athabaska, Makensie (Amérique du Nord).

Les RR. abbés mitrés de Notre-Dame du Mont (Mont des Cats), de Port-au-Prince; de Saint-Michel des Prémontrés.

NN. SS. les prélats Cataldi, maître de cérémonies de Sa Sainteté; Namèche, recteur magnifique de Louvain; Scott, Duplessis, Capel et Baud.

(2) Le cérémonial suivi pour le couronnement de Notre-Dame de la Treille est celui qui a été rédigé en 1854, lors de la proclamation du dogme de l'Immaculée-Conception, pour le couronnement de la statue de la Vierge Immaculée vénérée dans la Basilique de Saint-Pierre à Rome.

Pie IX ! » s'élevèrent comme la voix commune de cette multitude, enivrée de l'esprit religieux, et remerciant le Ciel de ce bonheur inconnu que lui apportait un si grand et si majestueux spectacle (1).

Ces émotions vivent certainement encore dans le fond des cœurs, et elles y laisseront des traces durables, témoignage des liens puissants qui rattachent au culte de Notre Dame de la Treille la population de notre religieuse cité (2). Ce n'est pas, d'ailleurs, dans son enceinte seulement que ces liens existent; ils s'étendent au loin, et les pèlerinages qui eurent lieu pendant quinze jours à la fête du Couronnement qu'avait ouverte un *triduum* prêché par Mgr Mermillod, en furent le signe manifeste et consolant. Toutes les localités voisines et toutes les villes du diocèse y furent représentées, et la Basilique se remplissait chaque jour de plusieurs milliers de pieux pèlerins.

Le lendemain de la solennité, la première messe fut dite, devant la Statue couronnée, par Mgr Lequette, évêque d'Arras, en remplacement de Son Eminence.

---

(1) A l'instant où la ville de Lille retentissait des cris de : « Vive Notre-Dame de la Treille ! vive Pie IX ! » aussitôt après le couronnement, les deux télégrammes suivants étaient successivement envoyés au Souverain-Pontife :

« Lille, aux pieds de Notre-Dame de la Treille, couronnée par Sa Sainteté, » offre à Pie IX, couronné à pareil jour, l'hommage de sa reconnaissance et » de sa plus affectueuse vénération. »

« Lille et le diocèse de Cambrai, aux pieds de Sa Sainteté, sollicitent hum- » blement sa bénédiction. »

Le Souverain-Pontife a daigné répondre immédiatement par voie télégraphique :

« Le Saint-Père remercie et bénit de tout son cœur Lille et le diocèse de » Cambrai. » J. Card. Antonelli. »

(2) Voir aux *Pièces et documents à l'appui*, page 229, le *texte et la traduction de l'Acte du couronnement de la statue miraculeuse de Notre-Dame de la Treille, rédigé par Mgr Cataldi, maître des cérémonies de Notre Saint-Père le Pape, chargé des cérémonies du Couronnement.*

1874. — 23 juin : Distribution des prix pour le concours de poésie et de composition musicale. — Cantate du couronnement de Notre-Dame de la Treille. — Compte-rendu de l'exposition d'objets d'art religieux.

Nous avons le devoir de signaler la séance littéraire qui se rattache d'une manière si intime à la fête du Couronnement et qui eut lieu avec éclat le mardi 23 juin, sous la présidence du cardinal et des évêques. Chacun a eu entre les mains l'intéressant et remarquable rapport dans lequel il est rendu compte de l'exposition des objets d'art religieux d'une part, et de l'autre, des concours de musique et de poésie (1).

1874. — 28 juin : Exécution des chants du XIII° siècle à la Basilique. — Discours de M. le comte de Mun pour les cercles catholiques d'ouvriers, à la Salle du Concert.

Pour compléter cette séance et pour permettre au public d'apprécier le mérite des chants du xiii° siècle, ils furent exécutés le dimanche suivant, 28 juin, sous la direction de M. Félix Clément, à la Basilique de Notre-Dame de la Treille, et ils produisirent le plus grand et le plus religieux effet.

Enfin et comme dernier épisode de ces mémorables solennités, nous avons à revenir, par un mot, sur la conférence donnée le même jour par M. le capitaine comte de Mun, en faveur des cercles catholiques d'ouvriers. Nous avons eu déjà précédemment à signaler cette séance. Consacrée spécialement aux intérêts des classes populaires, dans un lieu où s'élevait anciennement

(1) Voir le Bulletin de la Commission formée pour la création d'une Université catholique dans le nord de la France. — 1° année, n° iv. Mai-septembre 1874.

la chapelle même de Notre-Dame de la Treille dans la Collégiale de Saint-Pierre, elle ajoutait un trait harmonique de plus à la physionomie de ces fêtes dont le caractère saillant était le développement de la vie traditionnelle de notre cité et sa fidélité à ses souvenirs historiques et religieux. Ces souvenirs sont sans doute le patrimoine de tous ; mais ils sont surtout le patrimoine du peuple dont ils sont particulièrement la protection, l'enseignement, la joie, la fierté et la grandeur. C'est la religion seule qui a élevé le peuple, en lui apportant, avec la paternité divine, la fraternité des cœurs et l'égalité des âmes. Tout ce qu'on enlève à la vitalité religieuse d'un pays, c'est surtout au peuple, à ses besoins moraux et matériels, à ses consolations, à sa dignité qu'on l'enlève. Et lorsqu'on songe à toutes les bonnes, saines et salutaires impressions que produisent les solennités publiques et extérieures de la religion, on peut comprendre combien les intérêts les plus élevés de l'ordre ont à y gagner avec le progrès moral des populations elles-mêmes.

1875. — 11 et 12 avril : Prières publiques à la Basilique pour Notre Saint-Père le Pape Pie IX.

Le 11 avril 1875 est signalé par les prières publiques qui s'élèvent de toutes les églises de l'univers pour le Souverain-Pontife, à l'occasion de l'anniversaire du retour de Pie IX de Gaëte, en 1850, et à la protection divine qui a préservé ses jours dans l'effondrement du couvent de Sainte-Agnès à Rome, en 1851. Elles sont entourées d'une grande solennité à la Basilique de Notre-Dame de la Treille. M. l'abbé Lannes, doyen-curé de Saint-Géry à Valenciennes, occupe la chaire. Le salut solennel est donné par S. E. le cardinal Régnier. Le lendemain, le vénérable prélat célèbre, dans la Basilique, la sainte messe pendant laquelle a lieu la communion générale.

1875. — 18 novembre : Inauguration solennelle, dans la Basilique, de l'Institut catholique, Université catholique de Lille.

L'un des faits religieux qui terminent l'année 1875, se rapporte à l'*inauguration de l'Institut catholique*, devenu depuis, grâces à Dieu, l'*Université catholique* de Lille.

Le 18 novembre, une messe solennelle du Saint-Esprit est célébrée dans la Basilique de Notre-Dame de la Treille. Mgr Lequette, évêque d'Arras, y assiste. Mgr de Lydda officie pontificalement. Sa Grandeur prononce une remarquable et éloquente allocution à l'occasion de la grande institution qui va s'élever au sein de la cité, et sur laquelle sont appelées les bénédictions d'En Haut. M. l'abbé Hautcœur, recteur de la future université catholique, et MM. les professeurs, assistent à la messe en costume de cérémonie.

Il appartenait sans doute à Notre-Dame de la Treille de recevoir les prémices de cette salutaire et insigne fondation qui relie en quelque sorte la chaîne des temps, et qui a pour mission traditionnelle de continuer sous un autre nom et dans les conditions nouvelles que comportent les changements et les besoins du temps la Collégiale de Saint-Pierre, de religieux et patriotique souvenir. Il y a là des liens d'une nature particulière qui rattachent intimement la nouvelle université à la Basilique, légataire du passé et placée sous le vocable de Notre-Dame de la Treille et Saint-Pierre. A ce titre, la première Patronne de la nouvelle université ne doit-elle pas être Notre-Dame de la Treille elle-même, et n'a-t-elle pas quelque droit de priorité sur saint Joseph, dont le patronage, associé au sien, donnerait satisfaction aux pieuses aspirations qui l'ont choisi pour protecteur de l'œuvre naissante dont l'enseignement supérieur aura à se glorifier ?

Quoi qu'il en soit de ces considérations qui intéressent hautement l'histoire traditionnelle de notre cité et sur lesquelles s'arrêtera sans doute l'attention des hauts dignitaires de l'université catholique de Lille, nous avons à mentionner, comme l'un des premiers faits de l'année 1876, la messe solennelle célébrée le 19 mars, jour de la fête de Saint-Joseph, à l'intention de l'Université Catholique venant, dans la Basilique, honorer son saint patron et invoquer ses secours et sa protection sur les cours, dont l'ouverture se prépare, et sur les élèves appelés à les suivre. Tous les membres de l'université catholique assistent à cette sainte cérémonie. Mgr de Lydda, chargé de la haute direction de l'université, officie pontificalement à la messe et aux vêpres.

1876. — 21 Juin : Bénédiction solennelle des cloches de la Basilique, commémorative du couronnement de Notre-Dame de la Treille, par Mgr Delannoy, évêque de Saint-Denis (Ile de la Réunion). — Allocution de Sa Grandeur. — Bref de Sa Sainteté Pie IX accueillant la demande de donner le nom du Saint-Père à la cloche principale, commémorative du couronnement : *Marie Pie de Notre-Dame de la Treille couronnée.*

Les fêtes du Couronnement, si splendides et si complètes qu'elles fussent, avaient laissé cependant une regrettable lacune. Une cérémonie d'un caractère à la fois touchant et imposant n'avait pu avoir lieu : celle de la bénédiction des cloches destinées à la Basilique de Notre-Dame de la Treille et Saint-Pierre.

Il est nécessaire, à ce sujet, pour ne rien laisser échapper de ce qui intéresse l'histoire de l'Œuvre, de rappeler l'origine de cette œuvre des cloches qui, dans ces derniers temps, a reçu son accomplissement d'une manière si solennelle et avec des circonstances si mémorables.

Dès le commencement de l'année 1869, alors que l'église supérieure, dans ses conditions provisoires mais déjà larges, avait été conquise et allait être livrée à l'exercice du culte, l'instinct religieux avait senti et compris que les deux grandes voix qui ne doivent faire défaut à aucune église, ne pouvaient manquer à la Basilique naissante : l'orgue et la cloche, l'orgue dont les pieuses harmonies devaient lui donner sa voix intérieure, la sonnerie des cloches dont les sons vivants et mélodieux devaient lui donner sa voix extérieure.

L'orgue était commandé : un bienfaiteur généreux voulut en prendre les frais à sa charge pour témoigner à Notre-Dame de la Treille sa reconnaissance à l'occasion d'une grâce insigne de guérison obtenue par son intercession. Mais l'autre voix manquait à la Basilique, cette voix extérieure qu'appelaient des vœux unanimes, par laquelle les cloches viennent entretenir dans l'âme des populations la grande pensée de Dieu et l'associer à tous leurs sentiments, leurs joies publiques et privées, leurs tristesses, leurs deuils, leurs consolations, leurs espérances. C'est pour donner satisfaction à ces pieuses aspirations qu'un appel (1) fut fait à la générosité des

(1) Voir, aux *Pièces et documents à l'appui*, page 235, la pièce publiée en 1869, intitulée : *Eglise monumentale de Notre-Dame de la Treille ;*

fidèles, conviés à faire don de tous les vieux métaux dont ils seraient possesseurs, pour les faire servir à la fonte d'une cloche destinée à être le Bourdon de Notre-Dame de la Treille.

Les dons en nature ne manquèrent pas, non plus même que, à défaut de métaux, des offrandes en argent.

Toutefois, ces ressources étaient de beaucoup insuffisantes pour atteindre un résultat sérieux. Ce n'était d'ailleurs qu'un premier élan vers un but dont l'importance et les moyens de réalisation n'avaient pas été suffisamment mesurés par des études préalables.

Quoi qu'il en soit, l'idée avait été jetée dans le public religieux toujours si sympathique à l'Œuvre de Notre-Dame de la Treille. C'était une semence qui ne pouvait être perdue : elle était tombée sur une terre généreuse et féconde. La germination se fit : elle donna naissance à des desseins plus larges et à des bonnes volontés plus efficaces. On s'était arrêté tout d'abord à la pensée d'une seule cloche. Bientôt cette cloche unique parut insuffisante : trois cloches étaient nécessaires pour donner à la Basilique la sonnerie magistrale à laquelle Notre-Dame de la Treille avait droit. Mais cette sonnerie elle-même, destinée aux offices solennels, en appelait nécessairement une autre moins importante, également composée de trois cloches, pour les offices ordinaires. Et en même temps que le nombre des cloches s'accroissait ainsi, plus empressés devenaient aussi les donateurs et plus importants les dons consacrés à cette pieuse destination.

Fonte d'une cloche, bourdon de Notre-Dame de la Treille, à l'occasion du sixième centenaire de la création de la procession de Notre-Dame de la Treille, Procession de Lille, et de la Prise de possession, et de la Bénédiction solennelle de l'église de Notre-Dame de la Treille et Saint-Pierre. Juin et juillet 1869.

L'administration de l'Œuvre avait suivi ce mouvement avec réserve et prudence; elle avait à craindre d'être entraînée dans des dépenses que ne comportaient pas ses ressources du moment, à peu près épuisées par les charges financières qu'avait amenées la prise de possession de l'église supérieure. Mais enfin, il ne lui appartenait pas de résister à ces élans de générosité; et alors qu'ils assuraient la possibilité de pourvoir à la dépense des cloches elles-mêmes, l'administration ne pouvait refuser son concours, et elle prit à sa charge la construction de la tour, nécessairement assez spacieuse, que réclamait le placement des cloches.

Cette décision fut prise d'autant plus facilement par l'administration que des dons particuliers assuraient le paiement immédiat d'une partie très-notable des frais de la tour. Cette tour, restreinte dans sa hauteur au strict nécessaire, s'éleva, non sans mérite architectural, à une distance telle de la Basilique qu'elle en fut rapprochée le plus possible sans gêner les travaux ultérieurs.

Ce court historique peut faire comprendre comment, dans une œuvre aussi complexe, les retards purent se produire et empêcher non-seulement que la construction de la tour fût achevée, mais que les cloches elles-mêmes fussent disponibles au moment de la fête du Couronnement, fixée pour la cérémonie de leur bénédiction. On sait d'ailleurs combien l'opération de la fonte des cloches est délicate, et combien elle exige de préparations de diverses natures auxquelles aucune précipitation n'est permise.

Cependant, et sous l'empire d'espérances trop faciles à escompter l'avenir, des démarches avaient été faites par la Commission de l'Œuvre près de l'ambassadeur de

France à Rome, M. de Corcelles, pour qu'il voulût bien déposer aux pieds du Souverain-Pontife et recommander de son appui, une supplique tendant à obtenir que le bien-aimé Pie IX daignât accueillir la prière que la cloche principale portât son nom.

Il y avait là, soit de la part du Pontife Suprême, qui avait donné tant de témoignages de sa haute protection en faveur de l'Œuvre de Notre-Dame de la Treille et Saint-Pierre ; soit de la part de l'ambassadeur, que ses sentiments si éminemment catholiques et son titre de représentant du Nord à l'Assemblée Nationale rattachaient par des liens intimes à nos intérêts religieux, des dispositions tout particulièrement favorables sur lesquelles la Commission avait le droit de compter.

Son attente ne fut pas trompée.

Le 12 juin 1874, M. de Corcelles avait fait parvenir au Saint-Père la supplique suivante :

« Rome, le 12 juin 1874.

» Très-Saint Père,

» Le 21 de ce mois, anniversaire du jour où a com-
» mencé, avec le couronnement apostolique de Votre
» Sainteté, la durée providentielle de Son Règne, les
» Lillois vont célébrer le Couronnement de Notre-Dame
» de la Treille dans le vénéré sanctuaire qui les protége.

» La Confrérie (Commission) instituée pour diriger ses
» immenses travaux, pleinement approuvée par Son Emi-
» nence le Cardinal-Archevêque de Cambrai, sollicite l'ins-
» cription du nom de Votre Sainteté sur la principale
» cloche de la Basilique.

» Nous Vous demandons encore, Très-Saint Père,

» d'abondantes bénédictions sur une œuvre si chère et
» sur nous tous.

» Quand la *Pia dulcisona* convoquera aux prières les
» générations présentes et futures de la ville de Lille,
» elle leur rappellera la voix paternelle de Pie IX, la
» voix de la bonté, de la justice, de la vérité, la voix
» de Votre Charité qui peut seule en assurer les victoires.

» Que Votre Sainteté daigne agréer en cette occasion,
» qui m'est précieuse à plus d'un titre, l'hommage de la
» vénération et de l'inexprimable attachement que lui a
» voué à travers tant d'épreuves

» Son bien humble et reconnaissant fils,

» F. DE CORCELLES. »

En réponse à cette supplique, le Saint-Père a daigné envoyer le Bref suivant (1), témoignage de bonté suprême, que le diocèse de Cambrai a recueilli comme un nouveau titre à sa religieuse reconnaissance.

« A notre fils bien-aimé de Corcelles, personnage illustre,
» représentant de Lille à l'Assemblée Nationale de France.

» Pie IX, Pape,

» Fils bien-aimé, personnage illustre, salut et béné-
» diction apostolique.

» Nous nous réjouissons, cher fils, à la pensée de la

---

(1) Voir, aux *Pièces et documents à l'appui*, page 240, le texte du *Bref de S. S. Pie IX*, à M. de Corcelles, ambassadeur de France à Rome, en date du 15 juin 1874, accueillant la demande de donner le nom du Saint-Père à la cloche principale commémorative du Couronnement : MARIE-PIE DE NOTRE-DAME DE LA TREILLE COURONNÉE.

» solennité et de la pompe que la cité de Lille se dispose
» à déployer pour le couronnement de son Image de la
» Mère de Dieu; Nous nous en réjouissons d'autant plus
» que les honneurs rendus à la bienheureuse Vierge n
» peuvent pas ne pas tourner à l'avantage de ceux qui
» les lui offrent : c'est de même avec une grande joie
» que Nous apprenons le projet de donner le nom de *Pia*
» à la cloche qui doit être bénite à cette occasion.

» Ce nom sera, selon Nous, parfaitement en harmonie
» avec la destination de l'airain sacré : désormais, en
» effet, il convoquera le peuple aux louanges du Tout-
» Puissant; il rappellera, le matin comme le soir, l'heure
» à laquelle les fidèles ont coutume de saluer leur Mère;
» il doit enfin annoncer ses fêtes (1), ainsi que celles des
» saints.

» C'est pourquoi Nous accueillons favorablement le
» projet des Lillois que vous Nous avez communiqué; et
» puisse notre vœu se réaliser, puisse la voix de *Pia*,
» chaque fois qu'elle retentira, réveiller en eux les élans
» de la piété.

(1) Ces paroles du Bref ont une portée particulière : elles consacrent les intentions des donateurs. En effet, en donnant à la Basilique la cloche commémorative du couronnement, les donateurs avaient imposé deux conditions : la première, que leurs noms resteraient connus de Dieu seul; la seconde, que la cloche principale, commémorative du Couronnement, *Marie-Pie de Notre-Dame de la Treille couronnée, indiquerait l'heure, sonnerait l'Angelus et annoncerait les fêtes de la sainte Vierge*, en perpétuelle mémoire du Couronnement.

L'indication de l'heure mentionnée dans le Bref du Saint-Père et imposée comme condition au don de la cloche principale, supposait une horloge : l'horloge supposait le tambour du carillon nécessaire pour la sonnerie complète des heures en attendant le carillon lui-même. Ils furent mis à la disposition de l'Œuvre par les donateurs. De plus, voulant perpétuer, avec la mémoire du Couronnement, celle de la translation de la Statue miraculeuse, et rappeler sans cesse la douce et bénigne présence de la Vierge de Lille

» En attendant, comme gage de la faveur divine et
» comme preuve de notre bienveillance paternelle, Nous
» vous accordons de toute l'effusion de notre cœur la
» bénédiction apostolique à vous, fils bien-aimé, per-
» sonnage illustre, et aux populations que vous repré-
» sentez à l'Assemblée Nationale.

» Donné à Rome, près Saint-Pierre, le 15 juin 1874,
» de Notre Pontificat l'année vingt-huitième.

» Pie IX, Pape. »

La supplique de M. de Corcelles portait la date du 12 juin ; c'est le 15 juin que lui parvenait la lettre du Souverain-Pontife, si admirable de bonté et d'éloquence. N'y a-t-il pas dans le rapprochement de ces deux dates, si voisines l'une de l'autre, un empressement paternel dont les cœurs ne sauraient constater, sans en être émus, le touchant témoignage ?

Ce n'est toutefois que deux ans après, et pour les raisons que nous avons fait connaître plus haut, que le 21 juin 1876 la cérémonie de la bénédiction put avoir lieu (1).

dans sa Basilique, ils firent don d'une autre cloche qui porterait le nom de *Marie du Repos de Notre-Dame* et sonnerait les *offices ordinaires de chaque jour*. Sa note est le LA du diapason, dont *Marie-Pie de Notre-Dame de la Treille* couronnée est l'octave inférieure. Elle est la base et le pivot, pour ainsi dire, de toute l'harmonie de la sonnerie et du carillon, comme la translation de la Statue miraculeuse a été la base et le principe de tous les honneurs qui seront à jamais rendus à Notre-Dame de la Treille dans sa Basilique, spécialement celui du Couronnement. Elle est la note primordiale et initiale de la sonnerie et du carillon, dont les chants, portés d'âge en âge, rediront joyeusement, à ses enfants, les bienfaits et l'amour maternel de Notre-Dame de la Treille.

(1) Voir aux *Pièces et documents à l'appui*, page 242, la *Note publiée par l'administration de l'Œuvre de Notre-Dame de la Treille et Saint-Pierre, le 10 juin 1876, à l'occasion de la bénédiction des cloches de la Basilique, commémoratives du couronnement de la statue miraculeuse de Notre-Dame de la Treille, le 21 du même mois.*

— 83 —

Nous ne saurions mieux faire, pour en rappeler et pour en consacrer le souvenir dans ses circonstances les plus mémorables, que de reproduire le récit qu'en a fait la *Semaine religieuse* du diocèse de Cambrai dans son numéro du 24 juin (1).

» « A la Basilique qui se relève de ses ruines et restaure
» le culte de la Patronne de Lille, il fallait une voix
» et pour ressusciter le passé et pour préparer l'avenir :
» six cloches viennent d'être fondues pour la tour, élevée,
» il y a environ un an, près de la nouvelle construction.

» La bénédiction de ces six cloches a eu lieu le
» mercredi 21 juin. Mgr Delannoy, évêque de Saint-
» Denis (île de la Réunion), ancien doyen de Saint-André
» de Lille, a bien voulu prêter son ministère à cette céré-
» monie.

» Les six cloches, gracieusement revêtues de dentelles
» et de fleurs, comme des néophytes que l'on conduit à
» l'église pour le baptême, étaient suspendues, près de
» l'entrée du chœur, à un élégant échafaudage recouvert
» de tentures blanc et bleu, couleurs de la sainte Vierge.
» Des deux côtés de la grande nef avaient été placés
» l'horloge destinée à la tour, et le tambour du carillon
» nécessaire à la sonnerie complète des heures, en atten-
» dant le carillon lui-même (2).

» Les noms des cloches rappellent tout à la fois l'his-
» toire du culte de Notre-Dame de la Treille et l'histoire

(1) Plusieurs inexactitudes s'étant produites dans le récit de la *Semaine religieuse*, par suite de la précipitation apportée dans la rédaction, on a rétabli, dans la citation ci-dessus, les faits dans leur entière exactitude.

(2) Voir aux *Pièces annexées*, page 315, *les Cloches de la Basilique de Notre-Dame de la Treille et Saint-Pierre, commémoratives du couronnement, bénites le 21 juin 1876. — Explication des figurines, armoiries et inscriptions.*

» de la Collégiale de Saint-Pierre et de la Basilique : pour
» la cloche principale de la présente sonnerie, Marie-Pie
» de Notre-Dame de la Treille couronnée, en mémoire
» du couronnement de la Patronne de Lille par Pie IX,
» célébré le 21 juin 1874 ; ensuite Marie de Saint-Pierre,
» Marie de Saint-Joseph, Marie des Pèlerins (1), Marie
» de Saint-Dominique, Marie du Repos de Notre-
» Dame.

» Les parrains et les marraines avaient pris place
» auprès des cloches, en avant des assistants. C'étaient
» Mme Colson, pour Mme la maréchale de Mac-Mahon,
» et M. Cleenewerck de Crayencourt, vice-président du
» Conseil de préfecture, pour M. le baron Le Guay, ancien
» préfet du département du Nord ; Mme Clinchant, femme
» du général commandant le premier corps d'armée, et
» M. Catel-Béghin, maire de Lille ; Mme veuve Charles
» Verley-Liénart, et M. Henri Bernard, vice-président de
» la Commission de l'Œuvre de Notre-Dame de la Treille,
» pour M. Kolb-Bernard, président de la même commis-
» sion ; Mme Casteleyn, et M. l'abbé Charles Bernard, pour
» M. l'abbé Bernard, vicaire général du diocèse de
» Cambrai, archidiacre de Lille ; Mme Féron-Vrau, et
» M. Henri Gennevoise, pour son frère, M. l'abbé Félix
» Gennevoise, ancien missionnaire en Chine, actuellement
» religieux de la Chartreuse de Valbonne (Var), Mlle De
» Marbaix et M. Félix Dehau.

» Une foule nombreuse, dans laquelle on remarquait
» M. le général Clinchant, M. Kuhlmann père, les

(1) Saint Bernard, saint Thomas de Cantorbéry, saint Louis, roi de France, saint Vincent Ferrier, le bienheureux Benoît IX, pape, le bienheureux Alain de la Roche, et autres saints et bienheureux qui sont venus vénérer Notre-Dame de la Treille.

» membres de la Commission de l'Œuvre de Notre-Dame
» de la Treille et un certain nombre de notabilités, se
» pressait dans l'église. Dans le chœur avait pris place
» l'ensemble du clergé de la ville, les professeurs-prêtres
» de l'université catholique, les doyens, aumôniers et
» vicaires des paroisses, et plusieurs supérieurs de com-
» munautés religieuses.

» A quatre heures, Mgr Delannoy, portant une chape
» donnée, à l'occasion de la cérémonie, par Mme la maré-
» chale de Mac-Mahon, entra dans le sanctuaire. Assisté
» de M. Dennel, archiprêtre de Saint-André, et de
» M. Dereu, doyen de Saint-Etienne, il commença les
» imposantes cérémonies dont l'Eglise entoure la béné-
» diction des cloches. Tous les objets créés ont participé
» à la souillure dont le péché originel a couvert l'homme,
» le roi de la création : tout ce qui est destiné au culte
» doit être purifié. Une bénédiction spéciale de l'eau et
» du sel fut récitée, et l'eau bénite lava les cloches à
» l'extérieur et à l'intérieur. L'évêque fit, toujours en
» récitant les prières du pontifical romain, sept onctions
» sur les parois extérieures avec l'huile des infirmes, et
» quatre dans l'intérieur avec le saint chrême; puis, six
» grands vases, remplis d'encens et d'autres aromates,
» furent bénis, et ils furent placés sous chacune des
» cloches qui semblaient aspirer leurs parfums et s'en
» pénétrer, afin, quand elles résonneraient dans les airs,
» de répandre en quelque sorte autour d'elles la bonne
» odeur de Jésus-Christ.

» C'est à la suite de ces cérémonies que les cordons
» d'or, attachés au battant de chacune des cloches,
» furent remis entre les mains des marraines, et que l'on
» entendit, pour la première fois, résonner la voix des

» cloches de la nouvelle Basilique de Notre-Dame de la
» Treille et Saint-Pierre. »

A ce moment, Mgr Delannoy gravit les marches de l'autel, et Sa Grandeur fit entendre l'allocution suivante, que nous sommes heureux de pouvoir reproduire d'une manière complète, parce que, en même temps qu'elle ravive, pour ainsi dire, les accents éloquents et sympathiques d'une voix si connue et si aimée dans la grande cité du Nord, elle porte, à divers titres, le cachet d'un document historique, que les annales de l'Œuvre de Notre-Dame de la Treille ont le devoir de recueillir.

« Mes bien chers frères,

» Je ne voudrais pas ajouter un discours à cette
» cérémonie déjà longue. Vous y avez assisté d'ailleurs
» avec une attention si recueillie, que vous avez compris,
» je me le persuade, les enseignements qui y sont
» attachés.

» Vous n'ignorez pas que l'Eglise a coutume de pro-
» portionner la solennité de ses bénédictions à l'impor-
» tance des fonctions auxquelles elle destine les objets
» qui doivent servir à son culte; et en voyant comment
» elle déploie tout ce qu'il y a de plus vénérable et de
» plus majestueux dans ses rites pour la bénédiction de
» la cloche, comment elle en spiritualise en quelque
» sorte la matière, vous vous êtes dit qu'elle veut en
» faire quelque chose de bien grand. Oui, mes frères,
» elle veut qu'il y ait, dans les sons que la cloche jette
» à travers l'espace, autre chose qu'une mélodie qui
» charme plus ou moins l'oreille; elle veut que ce soit
» d'abord une voix qui parle en son nom, et voilà

» pourquoi, après l'avoir purifiée par l'eau sainte, comme
» elle ordonne au prêtre de purifier ses lèvres avant
» d'annoncer l'Evangile, elle demande à Dieu de lui
» communiquer le don d'émouvoir les cœurs. Elle veut
» même que ce soit une voix qui prie; c'est ce qui
» explique encore et cet encens dont elle fait élever
» d'auprès de la cloche et comme de son sein la fumée
» symbolique, et ces onctions réitérées qui ajoutent à la
» bénédiction une consécration véritable. Que j'aimerais
» à vous montrer, mes frères, comment l'Eglise sait en
» réalité faire contribuer la matière inanimée à son
» action sur les âmes, comment tout ce qu'elle prend à
» son service participe de sa céleste puissance et de sa
» sainteté ! que j'aimerais à vous rappeler avec quelle
» efficacité, dans un langage que comprennent les plus
» ignorants et les plus simples, et qui a souvent ému les
» cœurs les plus insensibles, la cloche célèbre tous nos
» mystères, invite à la pratique de tous les grands
» devoirs de la vie chrétienne; comment elle porte au
» ciel ces élans religieux pour lesquels aucune langue
» humaine n'a de paroles, et lui transmet les vœux et
» les hommages de la terre, ses désirs et ses espé-
» rances !

» Outre ce ministère général d'apostolat et de prière,
» dont je n'ose entreprendre de vous retracer les
» salutaires influences, chaque cloche a un langage qui
» lui est propre; elle a sa prière spéciale, comme elle a
» sa note, sa mélodie distincte. Il faut au moins que je
» vous dise, mes frères, quel sera le langage particulier
» des cloches de Notre-Dame de la Treille, quels seront
» les vœux qu'elles porteront par-dessus tout vers le trône
» de Dieu et celui de Marie.

» Interprètes d'une œuvre de résurrection, elles vous
» parleront du passé : elles vous parleront de cette foi de
» nos aïeux qui avait couvert le sol de la France, et en
» particulier celui de notre catholique Flandre, de
» monuments religieux dont les tours apparaissaient au
» loin, dit un poëte du temps, comme une multitude de
» mains levées qui montraient le ciel, et dont les cloches,
» mêlant leur voix à celle des joyeux carillons, célé-
» braient chaque fête par d'incomparables concerts. Elles
» vous parleront surtout de cette insigne Collégiale de
» Saint-Pierre, qui possédait l'Image auguste dont cette
» basilique a reçu le précieux héritage ; elles vous rap-
» pelleront ces illustres pèlerins rois ou pontifes que
» leurs devancières ont salués, et qui sont venus s'age-
» nouiller au pied de l'image de Notre-Dame de la Treille.
» En entendant leurs solennelles volées, vous croirez
» revoir le grand abbé de Cîteaux, l'immortel exilé de
» Cantorbéry, l'héritier de l'éloquence et des vertus de
» saint Dominique, la plus haute et la plus sainte per-
» sonnification de la majesté de nos rois (1) ; vous croirez
» assister à ces festivités splendides où les populations
» accouraient en foule et venaient se mêler aux chevaliers
» de la Toison d'or, aux nobles ducs, comtes et barons,
» et vous vous représenterez avec émotion ces cours
» plénières de la Reine du ciel, où elle révélait à ses
» loyaux et fidèles sujets toute l'étendue de sa royale
» munificence, en multipliant en leur faveur les miracles,
» grâces et guérisons de tout genre. Et il est impossible
» qu'en évoquant ces suaves visions du passé, vos

---

(1) Saint Bernard, saint Thomas de Cantorbéry, saint Vincent Ferrier, saint Louis, roi de France, pèlerins de Notre-Dame de la Treille.

» cloches ne vous fassent aussi penser au présent par
» contraste et par comparaison.

» Elles seront pour vous une exhortation permanente
» à vous hâter de relever les ruines qui ont trop long-
» temps pesé sur ce sol comme une malédiction, et de
» contribuer par là à ramener la foi et la piété des
» anciens jours. Elles vous rediront sans cesse : quand
» donc cette basilique sera-t-elle achevée ? quand serons-
» nous suspendues à des tours monumentales et indes-
» tructibles pour chanter plus dignement la gloire de
» Dieu et de sa sainte Mère, et appeler comme de plus
» près sur vous la rosée des bénédictions du Ciel ? *Et*
» *majores et posteros cogitate* : SONGEZ A VOS ANCÊTRES ET
» A VOS DESCENDANTS, répéteront-elles comme le héros
» antique de la Grande-Bretagne ; songez à vos ancêtres
» pour les égaler, à vos descendants pour leur léguer ce
» monument de votre foi qui leur assure de génération
» en génération les bénédictions de tout genre par les-
» quelles Dieu et la Chancelière du ciel paient infaillible-
» ment au centuple ce que l'on fait pour les glorifier.

» C'est ainsi que les cloches de Notre-Dame de la
» Treille parleront aux hommes. Mais elles parleront
» également à Dieu ; elles prieront, et dans la prière
» qu'elles feront pour tous, il se mêlera aussi des accents
» particuliers. Oui, il en est, et beaucoup, grâces à
» Dieu, pour qui elles devront redoubler leurs pieux
» tressaillements. C'est d'abord l'immortel Pontife qui
» a daigné leur prêter son nom, et qui, il y a deux ans,
» à pareil jour, décernait à Notre-Dame de la Treille,
» en même temps que le glorieux titre de Mère de Grâce,
» cette couronne qui la faisait resplendir d'un si vif
» éclat aux yeux du ciel et de l'univers catholique.

» Elles béniront à l'envi ce nom de Pie IX, un des plus
» radieux de l'histoire des hommes et des papes, et à
» l'unisson des chants de l'assemblée chrétienne, elles
» rediront la grande prière de l'Eglise : *Dominus con-*
» *servet eum, et vivificet eum et beatum faciat eum in*
» *terra, et non tradat eum in animam inimicorum*
» *ejus.*

» Vous comprenez ici, je suis sûr, mes frères, mon
» émotion. Comment parler d'un cœur et même d'un
» œil sec de ce Père qui, malgré la double auréole de
» sainteté et de la vieillesse dont brille son front, se voit
» tenu en captivité; de celui qui, pontife et roi, ne
» possède même plus la motte de terre sur laquelle
» pose son pied sacré, et se trouve réduit à vivre du
» pain de l'aumône. Ah! oui, la voix de vos cloches
» demandera, et vous demanderez plus que jamais avec
» elles, mes frères, que le Seigneur lui conserve encore
» durant de longs jours cette survivance qui tient
» du prodige et nous dit d'espérer contre toute espé-
» rance ; cette vigueur, cette pénétration qui font
» l'admiration du monde et semblent s'affermir et
» s'élever à mesure que le poids des épreuves et des
» années devient plus écrasant. La voix de vos cloches
» demandera, et vous demanderez de plus en plus avec
» elles, mes frères, que ce Père de nos âmes non-seule-
» ment ne succombe pas sous les coups de ses ennemis,
» mais qu'avant d'aller recevoir au ciel la couronne
» qui l'attend, il ait la consolation de voir sur la terre
» ce jour de triomphe qui ne peut manquer de se lever
» pour l'Eglise.

» Les cloches de Notre-Dame de la Treille auront
» aussi des accents de prédilection pour cet éminent et

» saint prélat (1) qui a posé la première pierre de cette
» Basilique et n'a cessé depuis lors de couvrir cette œuvre
» de son plus dévoué patronage. Ah ! puissent-elles contri-
» buer, par leurs pieuses supplications qui seront aussi
» les nôtres, à le conserver longtemps encore à ce
» diocèse qu'il gouverne avec tant de sagesse, qu'il
» illustre depuis plus d'un quart de siècle ! Puissent-
» elles contribuer à conserver aussi les jours précieux
» de ce vénérable prêtre (2) qui seconde son adminis-
» tration avec un zèle et un dévouement si précieux pour
» le diocèse et en particulier pour la ville de Lille. Ah !
» sans doute il se trouve aujourd'hui déjà bien récom-
» pensé, dans son amour filial, de ce qu'il a fait pour
» glorifier la Vierge dont la Treille a protégé son berceau,
» quand il sait qu'elle va être chantée par des voix qui
» ne se tairont plus et qui la salueront le matin, à midi,
» le soir, toujours. Mais se peut-il que ces voix ne
» rappellent pas en sa faveur cette promesse que l'Eglise
» met sur les lèvres de Marie : *Qui elucidant me vitam*
» *æternam habebunt.* N'est-ce pas lui, ô sainte Image,
» qui vous a tirée de la poussière sous laquelle nos révo-
» lutions avaient cherché à ensevelir jusqu'au souvenir
» de vos siècles de splendeur et de bienfaits; n'est-ce
» pas lui qui, non content d'avoir réédifié votre culte,
» a conçu le premier la pensée de vous réédifier un
» temple et a été conséquemment l'initiateur de cette
» résurrection dont nous sommes les heureux témoins ?
» Répondez donc en sa faveur, ô Notre-Dame, aux

(1) S. E. le cardinal Régnier, archevêque de Cambrai.
(2) M. l'abbé Charles-Joseph Bernard, vicaire général de Cambrai, archidiacre de Lille, ancien doyen-curé de la paroisse Sainte-Catherine à Lille.

» accents de ces cloches et à ceux de nos cœurs recon-
» naissants.

» A côté de ces noms de la tribu sacerdotale, j'en
» vois un autre qui, bien avant d'être gravé sur ce
» bronze, l'était dans notre estime. Si la ville de Lille avait
» pu oublier les exemples de foi et de charité qu'elle
» a reçus de la duchesse de Magenta, ils lui eussent été
» rappelés par ceux qu'elle a donnés depuis à la France
» entière. Dans ces hautes régions du pouvoir où la Pro-
» vidence l'a placée, elle n'a pas oublié cette Madone
» vénérée au pied de laquelle elle s'est tant de fois
» agenouillée. Elle le prouvait lorsque, il y a deux ans, elle
» revendiquait l'honneur de lui offrir le manteau de son
» couronnement ; elle le prouve aujourd'hui encore en
» se faisant représenter à cette fête, et si dignement,
» de manière à nous rappeler d'autres glorieux et sym-
» pathiques souvenirs auxquels je ne m'arrêterai pas
» pour ne point mêler de tristesses à nos joies (1).

» Voix d'airain, priez aussi pour elle, et ne séparez
» pas son nom du nom de celui à qui Dieu l'a unie, vou-
» lant que la charité fût compagne de la valeur (2). Invo-
» quez avec nous le Dieu par qui les princes et les
» législateurs gouvernent, et la Vierge dont nos pères
» transportaient l'Image sur leurs remparts lorsque la
» ville était assiégée.

» Qu'elle est belle, mes frères, la guirlande de noms
» qui couronne ces cloches ! J'y vois encore et celui de
» l'homme éminent (3) qui, pendant les trop courtes

(1) Mme la générale Colson.
(2) Le maréchal de Mac-Mahon, duc de Magenta, président de la république française.
(3) M. le baron Le Guay, ancien préfet de Nord.

» années qu'il a passées à la tête de ce département, a
» montré comment le pouvoir honore et fortifie son auto-
» rité en soutenant franchement et loyalement la religion
» qui en sera toujours, quoi que l'on dise, l'indispen-
» sable appui ; celui du premier magistrat de cette cité (1),
» qui en dirige l'administration si importante et si labo-
» rieuse avec une sagesse et une fermeté qui lui ont de-
» puis longtemps conquis l'estime et la reconnaissance
» de tous ses concitoyens ; celui de ces hommes de bien
» que vous voyez prodiguer à toutes les œuvres leur
» temps, leur or, leur dévouement ; comme aussi celui
» de ces chrétiennes qui, sous le voile d'une modestie
» que je veux respecter, n'en sont pas moins, par leur
» bienfaisance et leur foi, une providence pour le pauvre,
» un exemple pour tous. Je suis heureux de penser que
» les cloches de Notre-Dame de la Treille doivent trans-
» mettre tant de noms d'élite à la postérité ; mais elles
» feront plus, elles les porteront jusqu'au pied du trône
» de Dieu, elles n'y tairont pas, comme nous sommes
» obligés de le faire, ceux de ces généreux donateurs qui
» n'ont voulu être connus que de Lui. Elles y rediront
» aussi les noms des zélateurs de cette grande Œuvre qui,
» avec un dévouement que rien ne déconcerte, en pour-
» suivent depuis vingt ans le succès, et viennent, par
» cette force d'attraction que les grands cœurs exercent
» les uns sur les autres, de s'assurer le concours d'un
» archéologue célèbre (2) dont la science et le génie n'ont
» d'égal que la foi et le désintéressement. Serviteurs de
» la gloire de Marie, qu'il vous sera doux d'entendre ces
» cloches ! Oui, elles prieront pour vous, elles résonne-

(1) M. Catel-Béghin, maire de la ville de Lille.
(2) M. le baron Béthune d'Ydewalle.

» ront à votre oreille pendant votre vie comme la mélodie
» la plus propre à dissiper les tristesses de cette vallée
» de larmes; au jour de votre mort, leur glas funèbre,
» converti en hymne de triomphe, chantera avec le Psal-
» miste : *Elevamini, portæ æternales*, portes éternelles,
» ouvrez-vous et laissez passer le juste; et quand plus
» personne ne prononcera votre nom, elles le rediront
» encore en invoquant pour vous les miséricordes de
» Dieu.

» Chère ville de Lille que je vois ici représentée tout
» entière et qui vous associez si unanimement à cette
» fête, tout entière aussi vous aurez sujet de vous réjouir
» en entendant ces voix qui s'élèvent d'auprès du trône
» de Celle que vous vénérez dans vos murs depuis tant
» de siècles! L'histoire nous apprend que, lorsque les
» barbares assiégeaient la ville de Sens, le son des
» cloches, jusqu'alors inconnu pour eux, les effraya;
» croyant entendre une voix d'En Haut qui les menaçait,
» ils prirent la fuite de toutes parts. Se peut-il que les
» prières des cloches de Notre-Dame ne contribuent pas
» plus efficacement encore à écarter les maux qui vien-
» draient assiéger la cité de la Vierge, et n'attirent au
» contraire dans son sein de nouvelles prospérités, de
» nouvelles bénédictions temporelles et spirituelles, et
» surtout une nouvelle exubérance de cette sève catho-
» lique qui, j'ai été plus d'une fois heureux et fier de
» pouvoir le constater, la glorifie jusqu'aux extrémités du
» monde.

» Ah! puisse cette vitalité profonde se révéler sur-
» tout par un concours de plus en plus large et unanime
» pour l'achèvement de ce splendide monument. Alors,
» mes frères, tandis que ses murs s'élèveront au son

» de vos cloches, Marie elle-même se fera l'écho de
» leur prière ; elle dira à son divin Fils : Prenez soin
» de la demeure de ceux qui vous en préparent une si
» magnifique sur la terre, assurez-leur surtout celle
» qu'ils espèrent dans vos tabernacles éternels, et ainsi,
» selon la vieille devise de ses pères, l'habitant de Lille
» pourra dire d'un cœur joyeux et tranquille, en tour-
» nant ses regards vers cette arche de salut : Elle est
» notre espérance, *Dicet habitator Insulæ hujus : hæc*
» *est spes nostra.* »

La bénédiction du Saint-Sacrement couronna cette émouvante cérémonie qui avait à prendre sa place dans les grands faits religieux dont le culte de Notre-Dame de la Treille a été l'objet depuis la naissance de la Basilique.

En nous bornant à retracer les traits principaux de la solennité que nous venons de rappeler, nous avons réservé pour un travail particulier tous les détails qui s'y rattachent. Ces détails font mieux comprendre l'importance de l'œuvre accomplie : la beauté matérielle des cloches, les reliefs artistiques qui les décorent et les inscriptions qu'elles portent, les conditions de leur effet musical et de leur harmonie, les actes de leur bénédiction, le choix des saints patrons qui leur ont été donnés et les liens qui les rattachent plus spécialement à l'Œuvre de Notre-Dame de la Treille. Il y avait là tout un ordre de faits et de traditions qui intéresse au plus haut degré l'histoire de l'Œuvre. Il a trouvé sa place dans un document étendu inséré dans les *Pièces annexées* (1).

(1) Voir aux *Pièces annexées*, page 315, *les Cloches de la Basilique de Notre-Dame de la Treille et Saint-Pierre, commémoratives du couron-

Toutefois, et en dehors de ces détails d'une nature didactique que l'histoire et l'art ont également intérêt à recueillir, nous avons à insister sur le fait important, au point de vue de l'Œuvre, de cette sonnerie magistrale dont la Basilique de Notre-Dame de Treille a été dotée. Ces grandes voix qui lui ont été données et qui ont été accueillies par l'enthousiasme public, ont comme une mission particulière qu'il faut savoir comprendre. Elles ont à proclamer la gloire toujours grandissante de Notre-Dame de la Treille; elles ont à affirmer les destinées de cette église naissante qui doit devenir une cathédrale; elles ont à entretenir et à stimuler vers ce grand résultat les espérances et les efforts; elles ont à rappeler sans cesse à l'émulation de notre zèle religieux et patriotique le souvenir de cette célèbre Collégiale de Saint-Pierre, double foyer de piété et de savoir, dont nous avons à ressusciter l'existence et à agrandir le lustre par les deux insignes institutions que tant de besoins réclament : l'université catholique et le siége épiscopal de Lille.

Les faits religieux que nous venons de retracer et qui se sont accomplis de l'année 1864 à l'année 1876, sont ceux auxquels, par leur caractère exceptionnel, une place plus éclatante appartenait dans l'histoire de Notre-Dame de la Treille pendant la période dont nous avons à recueillir les souvenirs.

Mais cet exposé ne serait pas complet s'il ne faisait ressortir les faits de même nature qui constituent pour ainsi dire la vie intime de l'Œuvre de Notre-Dame de

nement, *bénites le 21 juin 1876*. — *Explication des figurines, armoiries et inscriptions.*

la Treille et Saint-Pierre, et qui témoignent, par le développement du culte, de ses progrès religieux et de son action de plus en plus puissante et salutaire. C'est de ce côté si intéressant de l'OEuvre qu'il nous paraît nécessaire de nous occuper quelques moments.

CHAPITRE III

Faits religieux concourant journalièrement à développer le culte dans la crypte et dans l'église supérieure.

Le premier compte-rendu décennal a fait connaître que, dès le début, l'action religieuse avait été imprimée à l'OEuvre de Notre-Dame de la Treille et Saint-Pierre, à la faveur d'une *chapelle provisoire*, établie par les soins de la Commission dans un vaste local que l'administration de la douane avait eu à abandonner. Cette chapelle, bénite par le ministère de M. l'abbé Lefebvre, archiprêtre, doyen-curé de Saint-Etienne, le 21 février 1857, avait été desservie d'abord par le R. P. Desnoyers, religieux du Précieux-Sang, venu de Rome pour recueillir les documents nécessaires à la béatification du vénérable Benoît-Joseph Labre. Elle le fut ensuite par les RR. PP. Rédemptoristes, jusqu'au moment où ils se transportèrent sur un autre point de la ville pour y constituer leur résidence définitive.

Cependant le culte avait été inauguré à l'intérieur de la Basilique, le samedi 4 juin 1859, par la consécration de l'autel de la chapelle absidale dédié à Saint-Joseph; et, depuis ce moment, il y fut continué sans interruption, nonobstant l'existence de la chapelle provisoire où le service religieux fut maintenu pendant quelque temps encore.

§ I. Inauguration de la Fête patronale de Notre-Dame de la Treille et Saint-Pierre, avec neuvaine et octave.

Dès l'année 1860, *la fête patronale de Notre-Dame de la Treille et Saint-Pierre*, qui a sa date au 29 juin et premier dimanche de juillet, est inaugurée par un *triduum*, qui se continue les années suivantes. Chaque année la fête acquiert plus de solennité. Le *triduum* se transforme en *neuvaine* comme préparation à la fête ; l'octave en est célébrée. C'est à partir de 1868 que cette extension s'opère, avec le concours du R. P. Lartigue, comme prédicateur de la neuvaine.

En 1869, la prise de possession de l'église supérieure a lieu. La fête prend un plus grand caractère de solennité. Le R. P. Monsabré, de l'ordre des Frères prêcheurs, est prédicateur de la neuvaine. Sa présence avait une signification particulière. La Basilique, qui venait d'être bénite, s'élevait, en effet, sur une terre Dominicaine ; c'était là qu'existait, avant la Révolution, l'église de l'Ordre.

Nous compléterons, par quelques dates, les détails qui ont été précédemment donnés sur les solennités de la prise de possession. Le 26 juin, Mgr Fruchaud, évêque de Limoges, bénit l'église supérieure. Le 3 juillet voit la consécration des autels de Notre-Dame de la Treille, de Saint-Pierre et de Saint-Joseph. Le dimanche 4 juillet, s'accomplissent les offices pontificaux. Le nonce, Mgr Chigi, officie entouré des évêques. Le 11 juillet, Mgr Dubar S. J. évêque de Canathe, vicaire apostolique du Pékin oriental, Chine, officie à la grand'messe ainsi qu'aux vêpres, à la suite desquelles il inaugure le Chemin de la Croix.

Enfin, en 1874, la fête annuelle de Notre-Dame de la Treille et Saint-Pierre prend le plus grand éclat et se produit dans des conditions exceptionnelles, à l'occasion des fêtes du Couronnement. La voix de l'éloquent apôtre de Genève, Mgr Mermillod, remue les cœurs et les prépare à l'insigne bénédiction qui va descendre sur la cité. Pendant les quinze jours qui suivirent le Couronnement, toutes les paroisses de la ville, les communautés religieuses et les œuvres diverses viennent en pèlerinage. Les pèlerinages de l'extérieur se succèdent en grand nombre et avec une affluence extraordinaire. C'est le point de départ d'une coutume religieuse, qui promet de s'établir et de se perpétuer, à l'exemple de ce qui existe pour Boulogne et Saint-Omer.

§ II. **Inauguration des Mois de Marie, de saint Joseph et du Sacré-Cœur.**

Le *Mois de Marie*, si généralement célébré dans l'Eglise universelle, est l'une des dévotions qui appartiennent spécialement à la Basilique, placée comme elle l'est sous le vocable de Notre-Dame, patronne de Lille. Aussi, dès la prise de possession de la crypte en 1860, cette douce et consolante dévotion y est-elle instituée et y prend-elle chaque année un accroissement de solennité favorisé par les circonstances diverses qui se succèdent : la prise de possession de l'église supérieure, la translation de la statue miraculeuse, les fêtes du Couronnement. En dehors des grands pèlerinages de paroisses et de l'extérieur qu'appelle la fête patronale de Notre-Dame de la Treille et Saint-Pierre, le Mois de Marie attire des pèlerinages particuliers, ceux des pensionnats et des OEuvres qui semblent s'être réservé, avec raison, cette époque où la *Mère de grâce* répand si abondamment ses bénédictions.

Et en même temps que le Mois de Marie, le zèle religieux fait inaugurer, dans le sein de la Basilique, les *Mois de saint Joseph* et *du Sacré Cœur* : saint Joseph que bientôt le Souverain-Pontife préconise comme le Patron de l'Eglise universelle (1); le Sacré Cœur de Jésus dont la dévotion s'empare de la France, tombée sous l'humiliation et le malheur, pour la relever, la ranimer, lui rendre l'espérance, lui montrer dans les apparitions de Paray-le-Monial le gage du salut ; le Sacré Cœur auquel l'immortel Pie IX consacre la catholicité tout entière (2), livrée à tant d'épreuves, à tant de dangers, à tant de persécutions, et à laquelle cette haute consécration semble promettre une rédemption nouvelle, une ère d'affranchissement religieux dans l'accroissement de la foi, de l'espérance et de l'amour. Ces augustes et fécondes dévotions n'avaient-elles pas leur foyer nécessaire dans cette Basilique de Notre-Dame de la Treille, qui s'élève appuyée sur la seule générosité de la piété publique, et qui apparaît ainsi comme une inspiration re trouvée des époques les plus religieuses du passé?

Aussi est-ce là d'abord que s'était portée la pensée des âmes pieuses qui, au moment de l'invasion de la France, avaient demandé, par un vœu au Sacré Cœur de Jésus, la grâce pour la ville de Lille d'échapper à la présence de l'ennemi. Ce vœu avait eu d'abord en vue la construction, dans la Basilique, d'un autel splendide consacré au Sacré Cœur ; mais, comme il arrive toujours dans les choses de la foi, la pensée grandit en allant, et il en sortit l'OEuvre

(1) Le 8 décembre 1870.
(2) Le 16 juin 1875.

de la nouvelle église du Sacré Cœur dont la bénédiction, récemment accomplie, a donné à notre religieuse et reconnaissante cité un titre nouveau à la protection d'En-Haut.

§ III. Inauguration du culte et de la Fête de Notre-Dame des Sept-Douleurs, avec octave.

Une dévotion était très en honneur dans la Collégiale de Saint-Pierre : c'était *le culte de Notre-Dame des Sept-Douleurs*. Elle y fut inaugurée par la piété de Philippe-le-Bon, qui y fit placer une statue de la Vierge au cœur percé de sept glaives, et une série de tableaux représentant les douleurs de la Mère de Dieu. C'était le chemin des sept douleurs en imitation du Chemin de la Croix. La tradition rapporte que l'office propre à cette dévotion fut composé à cette occasion et récité pour la première fois à la Collégiale. C'était là comme un héritage de piété que la Basilique avait à revendiquer avec empressement. Aussi dès que le progrès des travaux dans la crypte le permit et rendit disponibles les chapelles de l'abside, le culte de Notre-Dame des Sept-Douleurs fut rétabli, sans attendre l'achèvement du transept où l'autel définitif de la *Mater Dolorosa* doit être placé (du côté de l'épître) en regard de celui du Calvaire. Ce fut le 22 septembre 1867 que l'autel provisoire (1) fut béni par M. Aernout, doyen-curé de la paroisse Sainte-Catherine, de regrettée mémoire. Cette bénédiction fut suivie d'une octave solennelle, qui est célébrée chaque année, et qui inaugura le culte de Notre-

---

(1) Cet autel est placé provisoirement dans la première chapelle de l'abside (du côté de l'évangile), dédiée à sainte Catherine d'Alexandrie, patronne de la paroisse Sainte-Catherine.

Dame des Sept-Douleurs. Elle eut pour prédicateur M. l'abbé Legrand-Josson, et elle fut accueillie tout d'abord par les sympathies populaires que ce culte de la souffrance est si propre à exciter.

Il y a intérêt à rappeler que c'est aux premières vêpres de la fête de Notre-Dame des Sept-Douleurs que, le 21 septembre 1872, fut transférée, dans la Basilique, la statue miraculeuse de Notre-Dame de la Treille.

§ IV. Inauguration de fêtes annuelles avec ou sans *triduum*. — Adoration perpétuelle et renouvellement du vœu de 1634. — Saint Eubert. — Saint Michel. — Saint Louis, roi de France.

Nous avons à signaler encore diverses fêtes qui se sont successivement introduites dans les coutumes religieuses de la Basilique.

Le 28 octobre 1869, c'est *l'inauguration de l'Adoration perpétuelle*. Ce jour avait été choisi comme *l'anniversaire de la consécration* qu'en 1634 M. Levasseur, mayeur de la ville, fit de la cité à Notre-Dame de la Treille.

Trois ans après, à pareil jour, le souvenir de ce grand acte appelait dans le sein de la Basilique, aux pieds de Notre-Dame de la Treille, Mgr Delannoy, nouvellement sacré évêque de Saint-Denis (île de la Réunion), pour remercier, au nom de la ville de Lille (1), sa puissante patronne de la protection qu'elle lui avait accordée en la préservant de l'invasion. Et en même temps Sa Grandeur se consacrait solennellement à Notre-Dame de la Treille (2).

(1) Voir, aux *Pièces et documents à l'appui*, page 205, le Renouvellement du vœu de 1634, par Mgr Delannoy, évêque de Saint-Denis (île de la Réunion), et consécration de Sa Grandeur à Notre-Dame de la Treille, le 28 octobre 1872.

(2) Ib.

Saint Eubert a été l'apôtre de Lille. Le pape saint Marcellin l'avait envoyé pour évangéliser nos contrées. C'est une de nos traditions pieuses que la Basilique, par son caractère même, est appelée à conserver. Une fête annuelle, à cette intention, est inaugurée le 1er février 1870.

Une autre fête annuelle est célébrée, pour la première fois, le 2 septembre 1870, en l'honneur de *saint Michel*, archange, qui était, dans la Collégiale, entouré d'une grande vénération.

Le 25 août 1872, a lieu l'inauguration d'une autre fête annuelle qui se rattache également à l'histoire religieuse de la Collégiale : cette fête est celle *de saint Louis*, roi de France, l'un des quatre saints qui sont venus vénérer Notre-Dame de la Treille et auxquels sont réservées les quatre chapelles de l'abside entourant la chapelle absidale dédiée à Notre-Dame de la Treille. Un autel provisoire avait été élevé dans la chapelle dédiée à saint Louis, et une magnifique relique du saint avait été exposée à la vénération des fidèles. Cette relique, la plus considérable peut-être qui existe en France, avait été obtenue, en 1860, de la piété du R. P. D'Halluin, de Quesnoy-sur-Deûle, oblat de Marie immaculée et aumônier de Notre-Dame de la Garde à Marseille.

La fête instituée à la mémoire de saint Louis semble commander l'institution d'une fête semblable pour les trois autres saints dont Notre-Dame de la Treille a reçu, dans la Collégiale, l'acte de vénération et qui portent des noms insignes : saint Thomas de Cantorbéry, l'évêque martyr ; saint Bernard, le grand prédicateur des croisades ; saint Vincent Ferrier, l'Ange du Jugement, prédit et annoncé par saint Jean dans l'Apocalypse.

§ V. **Dévotions particulières et exercices de piété à la Basilique. — Prière du matin et du soir. — Baisement du pied de la statue de saint Pierre. — Chemin de la Croix. — Sépulcre de Notre Seigneur le jeudi saint. — Station de Carême. — Conférences dogmatiques pour les dames.**

Nous avons à signaler encore quelques dévotions spéciales et des exercices de piété particuliers qui ont pris place dans la vie religieuse de la Basilique.

L'inauguration de la *Prière du soir* publique a lieu le 11 mars 1867, par M. l'abbé Legrand-Josson. Plus tard, en 1871, vient s'y joindre *la Prière du matin* publique, suivie d'une courte méditation que donne le vénérable ecclésiastique.

La Basilique, héritière de la Collégiale, est placée sous le double vocable de Notre-Dame de la Treille et de Saint-Pierre. La statue du prince des apôtres y avait une place nécessaire : elle la trouve dans la crypte dès 1867, où la cérémonie de la bénédiction a lieu le 27 juin. Toutefois, la statue ne répondant pas suffisamment aux exigences de l'art, une autre statue, reproduisant exactement celle de l'église Saint-Pierre de Rome, vient occuper l'église supérieure en 1869. La bénédiction en est faite pendant les fêtes solennelles du mois de juin. A l'exemple de ce qui se passe à Saint-Pierre du Vatican, les fidèles viennent *baiser le pied de la statue de saint Pierre*, en disant : *Pax et obedientia*. Le Saint-Père, voulant encourager cette pieuse manifestation de respect pour le premier pasteur de l'Eglise, accorde, par un bref en date du 28 novembre 1871, à ceux qui l'accompliront, une indulgence de cinquante jours (1).

(1) D'après le texte du Bref : *Quoties id fecerint*; cette indulgence peut être gagnée plusieurs fois par jour; elle est applicable aux âmes des fidèles qui sont dans le purgatoire.

Le 18 mai 1869, la chapelle provisoire où le *Chemin de la Croix* avait été érigé (1) ayant été démolie, il y eut à le transférer dans l'église supérieure. Nous avons dit précédemment que la cérémonie de cette nouvelle érection fut faite par Mgr Dubar, S. J., évêque de Canathe, vicaire apostolique du Pékin oriental (Chine), à la suite des solennités du mois de juin.

Le 10 avril 1868, jour du *jeudi-saint*, *le Sépulcre* de Notre-Seigneur, qui jusqu'alors avait eu lieu dans la chapelle provisoire, fut inauguré dans la crypte avec une grande solennité.

La prise de possession de l'église supérieure avait été pour la Basilique comme une sorte de reconnaissance publique et comme le titre d'une existence officielle. Aussi, à partir de ce moment, est-elle mentionnée dans l'almanach ecclésiastique. Dans le même ordre d'idées, *la statue de Notre-Dame de la Treille*, autre toutefois que la statue miraculeuse, *figure dans la procession générale du Saint-Sacrement*, le 19 juin 1870, entourée d'un groupe de fidèles et de plusieurs congrégations spéciales qui représentent la Basilique (2).

La restauration de la Collégiale de Saint-Pierre par la Basilique de Notre-Dame de la Treille reçoit une confirmation nouvelle, lors du Jubilé général de 1875, dans la désignation de la Basilique comme église stationale avec les trois églises les plus anciennes de Lille, Saint-Etienne, Saint-Maurice et Saint-Sauveur.

(1) Le Chemin de la Croix avait été érigé dans *la chapelle provisoire*, le 15 mars 1868, par M. l'abbé Decottignies, doyen-curé de Saint-Etienne. L'érection nouvelle dans l'église supérieure eut lieu le 11 juillet 1869.

(2) La congrégation de Notre-Dame de Flandre et celle de la Bonne-Mort : toutes les deux sous la direction du R. P. Vitse.

En 1871, la *station de Carême* est prêchée par le R. P. Millet.

L'année 1872, le 5 mars, s'ouvre une suite de *conférences dogmatiques pour les dames;* elles se renouvellent chaque année, de l'Avent à la semaine sainte. C'est au zèle intelligent et pieux de M. l'abbé Legrand-Josson qu'est due cette œuvre d'instruction religieuse destinée à produire les plus salutaires résultats dans les familles chrétiennes où le premier enseignement donné par la mère a une si grande importance.

Dans le cours de la même année, le 2 juillet, le *sacrement de Confirmation est administré pour la première fois dans la Basilique,* pendant la neuvaine de la fête patronale de Notre-Dame de la Treille et Saint-Pierre, à quarante élèves du collége Saint-Joseph, par Mgr de Lydda, auxiliaire de Mgr de Cambrai, nouvellement consacré.

Les années 1873, 1874, 1875 et 1876 voient s'épanouir toutes les œuvres de zèle et de dévotion qui ont été précédemment mentionnées.

§ VI. **Œuvres religieuses se rattachant à la Basilique.** — Conférences de S.-Vincent de Paul : Réunions générales des Conférences des diocèses de Cambrai et d'Arras ; retraites annuelles. — Inauguration de l'œuvre de S.-Charles Borromée. — Cercles catholiques d'ouvriers : conférences, retraites annuelles. — Pèlerinages des Congrès des Comités catholiques. — Adoration nocturne, retraite.

Nous n'avons plus, dans cet exposé sommaire de tous les éléments de zèle pieux et de vitalité religieuse qui se sont successivement développés dans le sein de la Basilique, qu'à mentionner quelques œuvres religieuses animées du désir de se placer plus directement sous la protection de Notre-Dame de la Treille.

C'est en particulier le foyer et le refuge des *Conférences de Saint-Vincent de Paul* ; c'est là qu'elles viennent chaque année, à l'époque de leurs réunions générales, appeler, par la prière, la protection de Dieu sur leur œuvre, et puiser, dans le sacrement de la charité, un plus grand esprit de fraternité et un plus grand dévouement pour les pauvres. C'est le 24 mai 1868 qu'a lieu, dans la crypte, *l'inauguration de la première réunion générale des Conférences de Saint-Vincent de Paul du diocèse.* Monseigneur l'archevêque de Cambrai y assiste ; il célèbre la sainte messe et la fait suivre du bienfait de sa parole, toujours si pénétrante. Plus tard, ce ne sont plus seulement les Conférences du diocèse qui se réunissent, *les Conférences du diocèse d'Arras se joignent aux Conférences du diocèse de Cambrai*, et la province ecclésiastique tout entière est représentée dans ces saintes assemblées. Souvent elles sont honorées de la présence de plusieurs prélats, ainsi qu'il en a été spécialement, en 1869, lors de la prise de possession de l'église supérieure ; en 1872, à l'occasion du sacre de Mgr Delannoy, et en 1874, lorsqu'eurent lieu les fêtes du Couronnement de Notre-Dame de la Treille. Ces réunions ont toujours un caractère particulier de solennité, et c'est un spectacle émouvant que celui de ces cinq ou six cents hommes jeunes et vieux qui, prosternés aux pieds de l'autel, viennent apporter le ferme témoignage de leur foi à Dieu et à son Eglise.

C'est aussi à la Basilique que *les Conférences de Saint-Vincent de Paul* viennent accomplir *leur retraite annuelle et réglementaire*; retraite qui, bien qu'ayant un caractère spécial, s'étend cependant à tous les hommes qui ont le désir d'en profiter. C'est même à cette intention que la Basilique, qui est l'église de tous, a été choisie pour ces réunions saintes qui jusqu'alors se renfermaient dans des chapelles particulières. La première réunion à la Basilique s'est ouverte, en 1870, le 11 décembre ; elle avait pour prédicateur le R. P. Jouin, de l'ordre des Frères Prêcheurs.

Deux Œuvres viennent encore, en 1872, s'inaugurer sous la protection de Notre-Dame de la Treille. La première est celle de *Saint-Charles Borromée*, pour la propagation des bons livres. M. l'abbé Firmin, chargé de la direction de l'Œuvre, célèbre, le 7 février, une messe pour appeler sur elle et sur ses succès le secours d'En Haut.

L'autre Œuvre est celle des *Conférences* données dans la Basilique *pour les Membres des cercles catholiques d'ouvriers*, par le R. P. Boulanger, de l'ordre des Frères Prêcheurs. Ces conférences sont ouvertes le 17 novembre 1872 ; elles ont pour complément une *retraite annuelle*. La première a lieu en avril (7-15) 1873.

A la Basilique se rattache une autre Œuvre, celle des *Congrès des Comités catholiques*, dont les membres viennent se réunir chaque année, en pèlerinage, aux pieds de Notre-Dame de la Treille.

Dans les premiers jours de septembre 1874, du 8 au 13, les Membres de l'Œuvre de l'*Adoration nocturne*, l'une des plus touchantes et des plus méritoires, viennent inaugurer, dans la Basilique, la retraite annuelle qu'ils s'imposent pour entretenir le zèle pieux qui les anime. C'est aux pieds de Notre-Dame de la Treille qu'ils viennent déposer leurs vœux, leurs résolutions et leurs prières, pour devenir de plus en plus forts dans le service de l'amour divin.

Une autre Œuvre, celle de la *Sainte-Enfance*, vient, le 13 février 1875, inaugurer, à Notre-Dame de la Treille, la messe qui, chaque semaine, est célébrée pendant une année entière, à l'intention de ses Membres, et à tour de rôle, dans un des plus célèbres sanctuaires de la France.

§ VII. **Erection de la Confrérie de Notre-Dame de la Treille en Archiconfrérie.**

Le dernier fait que nous ayons à signaler se traduit dans la note suivante, que contient le numéro de la *Semaine religieuse* de Cambrai du 29 juillet 1876 :

« Une lettre confidentielle, datée du 22 juillet, nous
» apporte de Rome une précieuse nouvelle.
» La Sacrée Congrégation des Evèques et Réguliers a
» accordé *l'érection de l'Archiconfrérie de Notre-Dame de
» la Treille.*
» Quant aux indulgences, c'est la Congrégation des
» Rites qui va en décider. Les documents lui ont été
» remis. Dès lors, on peut espérer une solution favo-
» rable et assez prochaine. »

Tel est l'espoir sur lequel se ferme cette partie de notre compte-rendu. L'ancienne Confrérie de Notre-Dame de la Treille, qui avait acquis tant d'éclat et qui comptait, parmi ses membres, les plus hauts personnages de la chrétienté, des rois, des empereurs, va renaître avec un surcroît de faveurs spirituelles. Puisse le culte de Notre-Dame de la Treille en tirer une puissance de propagation plus étendue ! Puissent les faibles et les petits se réfugier en foule sous la protection de la Mère de miséricorde, dont la bonté est toujours ouverte à leurs souffrances et à leurs besoins ! Puissent les forts et les grands s'enrôler de leur côté au service de la Vierge puissante, dont le pied victorieux s'est posé sur la tête du serpent! Puissent cette miséricorde et cette puissance refaire l'Europe chrétienne qu'appellent les gémissements et les angoisses du monde! Et puisse l'Archiconfrérie de Notre-Dame de la Treille être un instrument efficace de cette Œuvre de résurrection et de salut !

Tel a été, dans son ensemble, pour la période où nous avions particulièrement à nous renfermer, et jusqu'à la fin de l'année 1876, le mouvement religieux de la Basilique. Qui pourrait méconnaître qu'il n'y ait eu là un foyer de chaleur religieuse dont les rayonnements se sont fait sentir dans tous les sens? Ne semble-t-il pas qu'il y ait, dans cette église naissante, comme une puissance secrète qui fait germer, qui féconde la divine semence, comme une force d'attraction et d'expansion pour la piété et pour le zèle des âmes?

Tel est, en effet, le caractère de cette Œuvre de Notre-Dame de la Treille et Saint-Pierre, dont l'influence religieuse est déjà si grande et dont les progrès, dans le domaine spirituel, semblent dépasser en quelque sorte ceux qu'elle a pu faire dans la construction matérielle de l'édifice qui doit être son centre. Oui, l'esprit de Dieu nous pousse; il nous impose plus que jamais le devoir de déployer, dans la poursuite de cette Œuvre supérieure, l'ardeur qu'elle réclame pour acquérir la plénitude de son action. Qu'on veuille bien le croire, cependant, jamais la Commission de l'Œuvre n'a méconnu ce devoir; elle y est restée fidèle, même alors que le ralentissement des travaux semblait accuser son zèle. Elle aura à indiquer plus loin les causes diverses de cette situation, qu'expliquent en partie les efforts financiers rendus nécessaires pour accélérer la prise de possession de l'église supérieure : situation mise à profit d'ailleurs pour faire avancer l'Œuvre dans un autre sens; pour l'asseoir sur des bases plus solides; pour lui constituer une administration plus puissante, plus régulière et plus apte à se perpétuer; pour donner à son avenir les garanties nécessaires, et rendre son développement plus assuré et plus rapide.

DEUXIÈME PARTIE

Situation matérielle de l'Œuvre.

Construction et partie archéologique. — Compte financier. — Transformation en société et administration. — Acquisition des terrains dits du Cirque. — Programme de l'avenir pour la troisième période décennale.

―――

CHAPITRE I

Situation de l'Œuvre au point de vue de la construction et de la partie archéologique. — Œuvre des orgues et des cloches. — Construction de la tour.

La première partie de ce travail a eu en vue de faire connaître l'Œuvre de Notre-Dame de la Treille dans sa vie religieuse, morale, historique : nous avons dit ses origines, son caractère, les traditions, les grandeurs auxquelles elle se relie dans le passé et dont elle est le prolongement, les autres grandeurs et les transformations fécondes que contient son avenir; nous avons montré, dans la succession en quelque sorte journalière des faits religieux, l'esprit qui pénètre cette Œuvre sainte et qui constitue pour ainsi dire son âme.

Nous avons maintenant à envisager une autre partie de notre tâche, celle qui se rapporte à la situation matérielle, au degré d'avancement des travaux de construction, à l'état financier, à l'ordre administratif, aux mesures prises pour assurer la perpétuité et le régulier fonctionnement de l'Œuvre.

Nous aborderons successivement ces divers points en donnant sur chacun d'eux, d'une manière sommaire, des aperçus qu'il nous paraît d'ailleurs utile de compléter par des indications plus détaillées, qui trouveront leur place dans les pièces et documents annexés.

En ce qui concerne l'état des travaux, la Commission de l'Œuvre ne peut que partager avec le public catholique le regret qu'ils n'aient pas, surtout dans les dernières années, répondu à cette légitime et sainte impatience qui en appelle le prompt développement. Mais outre que ce ralentissement, au point de vue des progrès généraux de l'Œuvre, soit plus apparent que réel, ainsi qu'il sera expliqué dans la suite de cet exposé, toujours est-il à constater qu'un grand but, celui que s'était proposé la Commission, et qu'elle avait le devoir de poursuivre sans relâche, a été atteint. La Basilique de Notre-Dame de la Treille existe : la statue miraculeuse de sa sainte Patronne y a trouvé sa place d'honneur ; cette grande satisfaction, qui était due à la piété publique, lui a été donnée. Ce résultat considérable, il ne faut pas le méconnaître, il faut en bénir Dieu et l'en remercier.

Ah ! sans doute, les années s'écoulent vite et se multiplient rapidement en présence de ces œuvres qui portent comme une empreinte de l'éternité et qui, parce qu'elles ont les siècles pour durée, réclament de longues périodes d'enfantement. Mais, qu'on ne s'y trompe pas, ce sont ces périodes elles-mêmes qui sont surtout les temps méritoires ; car ce sont les temps où la foi se montre plus agissante, où chacune de ces pierres, qu'apportent l'obole précieuse du pauvre et la généreuse offrande du riche, monte vers le Ciel comme une prière publique et en fait descendre des bénédictions spéciales sur les populations et les cités.

Certes, il est beau de voir une cathédrale achevée, complète dans ses splendeurs architecturales, s'ouvrant aux foules pieuses qui viennent s'y incliner devant la majesté et la bonté infinie de Dieu. Mais peut-être est-il plus touchant encore de voir ce temple, s'élevant par les mains, les efforts, les sacrifices de ceux qui n'en verront pas l'achèvement et qui préparent au salut des générations futures ces magnifiques asiles de la prière et des consolations divines : heureux les siècles qui les remplissent des manifestations de leur piété ! plus heureux peut-être encore ceux qui travaillent à en faire à la postérité le legs béni de leur dévouement et de leur foi !

Il faut se hâter cependant, car le temps ne nous est donné que pour l'utiliser aux œuvres de Dieu ; il faut se hâter pour faire avancer l'Œuvre de Notre-Dame de la Treille. Mais en s'empressant vers un progrès si désirable, il convient, à titre même d'encouragement, de ne pas perdre de vue ce qui a été fait jusqu'ici, et il est bon de constater le témoignage du passé comme une garantie de l'avenir.

Qu'il nous soit permis, à ce titre, de faire parcourir à nos lecteurs ces lieux où s'élève la Basilique naissante, et de remettre ainsi sous leurs yeux le résultat déjà considérable des labeurs accomplis.

§ I. **Crypte.** — Description dans ses conditions actuelles d'avancement. — Pierres commémoratives. — Autels. — Souvenir de la Passion de Notre-Seigneur, des douleurs de la sainte Vierge, de saint Joseph patron de la bonne mort, des défunts.

Nous voici descendus dans la *crypte*, dans cette crypte qui, dès à présent, excite l'admiration des visiteurs les plus compétents, et qu'ils sont d'accord à signaler comme une œuvre dont l'achèvement, dans toute la longueur de l'église, fera une merveille unique dans l'histoire des cathédrales.

Nous nous plaçons dans la nef principale, au point réservé pour le maître-autel, là où sera placé le tombeau de Notre-Seigneur ; et sous le coup d'une émotion sainte, que chacun ressent à la vue de cette église souterraine et de ces voûtes mystérieuses, nous nous étonnons des vastes espaces conquis déjà à l'exercice du culte.

A travers les espaces libres que laissent les puissants et artistiques piliers qui soutiennent les voûtes et sur lesquelles reposera l'église supérieure tout entière, nous apercevons l'harmonie de cet imposant ensemble.

Nous avons devant nous cette grande chapelle du fond de l'abside, où le culte a commencé et dont l'autel est consacré à saint Joseph. Puis, à notre droite, du côté où se lit l'épître, se montrent, dans la partie absidale, les chapelles dédiées à saint André et à saint Maurice, et à leur suite, la chapelle latérale, placée sous le vocable de saint Paul.

A notre gauche et d'une manière correspondante, nous trouvons, dans la partie absidale, les chapelles dédiées à sainte Catherine et à saint Etienne, et à leur suite, la chapelle latérale dédiée à saint Pierre.

Si, ensuite, nous nous retournons, nous avons devant nous la vue du chœur, qui, sur sept travées qu'il doit comprendre, se trouve terminé jusqu'à la naissance de la septième, c'est-à-dire que la partie de la construction terminée comprend toute l'abside et tout le chœur moins une travée.

Et pour descendre de cet ensemble aux détails, nous constatons que les travaux de ravalement de la pierre blanche sont terminés, sauf dans la partie de la crypte construite en dernier lieu, c'est-à-dire la partie venant immédiatement après les chapelles absidales.

Et comment pourrions-nous ici omettre de signaler ces *pierres commémoratives* dont chacune a son caractère artistique spécial, et qui, dès à présent, recouvrent déjà presque complétement les parois des cinq chapelles de l'abside, en attendant qu'elles s'étendent sur toute la surface que présentera la crypte, prolongée dans la longueur entière de l'église.

Comment ne pas éprouver je ne sais quelle impression de tristesse et d'espérance dans ces lieux appropriés avec tant de convenance et d'harmonie aux souffrances de Dieu et aux souffrances de l'homme, où la pensée douloureuse des défunts se mêle à celle des douleurs de Notre-Seigneur et de la sainte Vierge, pour y puiser l'espérance qui console et fortifie. Le tombeau de Notre-Seigneur occupant au chœur le maître-autel; la chapelle absidale consacrée à saint Joseph, patron de la bonne mort; la chapelle de la *Mater Dolorosa*, qui occupe provisoirement la chapelle dédiée à sainte Catherine en attendant sa place définitive au transept, en regard du Calvaire ; la chapelle du Calvaire, qui sera érigée plus tard dans le transept, où se développera le Chemin de la Croix entre le Calvaire et la *Mater Dolorosa* ; les souvenirs funéraires qui font vivre la mémoire chrétienne de ceux qui ne sont plus ; cet ensemble apporte à l'esprit ému la pensée de ces deux grandes lois que le christianisme a révélées au monde : la loi de la souffrance, qui domine l'humanité, qui est sa justice et sa nécessité en même temps que sa dignité et sa grandeur, et cette loi de l'immortalité des âmes avec ses promesses d'un bonheur infini et éternel. Ainsi, la prévarication, la mort, l'épreuve, l'expiation et le mérite ; la douleur humaine et les consolations divines ; les luttes de la vie et la récompense inamissible du ciel ; tous ces grands enseignements de la vérité intégrale et immuable viennent à vous dans ces lieux si pleins d'une sainte inspiration, où les cœurs blessés trouveront toujours, dans la longue suite des âges, l'explication, le support et l'adoucissement de leurs maux.

Nous avons visité la crypte, nous en avons compris et admiré l'architecture et la destination ; nous avons reconnu d'ailleurs, en nous arrêtant un moment aux conditions économiques, que si coûteuse que puisse être la construction commencée — et elle l'est bien moins qu'on pourrait être disposé à le penser — la crypte est, pour l'Œuvre, par la piété des familles et leur empressement à obtenir des pierres commémoratives, un foyer de ressources considérables et telles que la dépense sera couverte au centuple. Et maintenant nous quittons, non sans quelque regret, cette église souterraine, son silence et ses clartés discrètes, pour monter dans l'*église supérieure* où, par un heureux contraste, abondent la lumière et la vie.

§ II. **Eglise supérieure.** — **Description des autels et du monument dans ses conditions actuelles d'avancement.**

Quant à sa superficie, elle est la même que celle de la crypte. Et puisqu'il s'agit de constater les résultats acquis, il y a quelque intérêt à rappeler qu'elle est déjà supérieure en étendue à la plupart des églises paroissiales de Lille.

De même que pour la crypte, l'église supérieure, dans ses conditions actuelles, comporte huit chapelles y compris le maître-autel, dans le chœur, et la chapelle absidale dédiée à Notre-Dame de la Treille et appelée à l'honneur de recevoir la statue miraculeuse.

La Basilique de Notre-Dame de la Treille est l'église des saintes traditions et des grands souvenirs. Il convenait qu'ils trouvassent leur consécration dans la dédicace des chapelles aux éminents et saints personnages qui appartenaient d'une manière plus particulière à l'histoire de la collégiale et du culte de Notre-Dame de la Treille. C'est pour donner satisfaction à ces hautes et pieuses convenances que les quatre chapelles de l'abside et les deux chapelles latérales ont été dédiées, les premières, à saint Thomas de Cantorbéry ; à saint Bernard, abbé de Clairvaux ; à saint Louis, roi de France, et à saint Vincent Ferrier, qui ont leur place spéciale au milieu des insignes pèlerins de Notre-Dame de la Treille. Les secondes, à saint Pierre, deuxième titulaire de la Basilique, et enfin à saint Joseph, qui a déjà, on l'a vu, comme patron de la bonne mort, sa chapelle dans la crypte. Mais saint Joseph a été proclamé le Patron de l'Eglise universelle : il est le protecteur spécial de l'Œuvre de

Notre-Dame de la Treille ; à ces divers titres, il convenait que son culte fût établi dans l'église supérieure.

Les chapelles qui viennent d'être mentionnées sont placées à la suite de la chapelle de Notre-Dame de la Treille : du côté de l'épitre, celles de Saint-Louis, de Saint-Vincent-Ferrier, de Saint-Joseph ; du côté de l'évangile, celle de Saint-Thomas de Cantorbéry, de Saint-Bernard, de Saint-Pierre (1).

Nous nous bornerons, sur ce point, aux indications qui précèdent; mais nous ne saurions abandonner cette église supérieure dont nous avions à constater l'état d'avancement sans signaler ce qui s'y rencontre déjà de grandeur et de beauté architecturales.

Et comment d'abord ne pas exprimer cette dilatation du cœur et cette sorte de joie pieuse qui le saisit lorsqu'on pénètre dans cette enceinte sacrée où, au milieu des splendeurs qui déjà s'y révèlent, et de cette douce et abondante clarté qui la remplit, on se sent comme environné d'une atmosphère de bénédictions, d'espérances et de grâces. Oui, c'est bien là le sentiment qu'on éprouve en s'agenouillant aux pieds de cette bénigne et puissante Protectrice qui s'est faite la patronne de notre cité privilégiée, et qui, pour accroître notre confiance dans la prodigalité de ses bienfaits, a voulu se présenter à nous comme la *chancelière* du ciel, c'est-à-dire comme l'infatigable dispensatrice des faveurs divines. Et puis, si les regards se lèvent pour embrasser l'ensemble du lieu sacré, combien ils se reposent avec satisfaction sur ces vastes dimensions de la cathédrale promise à l'avenir, sur l'har-

(1) Voir, pour plus amples détails, aux *Pièces et documents à l'appui,* page 247, la *Note relative au progrès de la construction de la Basilique de Notre-Dame de la Treille et Saint-Pierre et au développement du culte.*

monie grandiose de toutes ses parties, sur l'effet imposant
de ces colonnes qui déjà au nombre de trente, réparties
dans l'ensemble de l'édifice, apparaissent comme une
forêt magnifique (1); sur la richesse artistique des chapiteaux qui les surmontent et au-dessus desquels s'a-
nonce déjà, à une certaine hauteur, la naissance des
voûtes dont elles auront à supporter le noble poids! Et
en particulier pourrait-on oublier cet ensemble des cinq
chapelles absidales au centre duquel se trouve la chapelle
de Notre-Dame de la Treille, si digne de sa destination
par son étendue et ses dimensions, déjà si attrayante
par son architecture, par les colonnettes qui s'y élancent
dans tout le pourtour, couronnées, elles aussi, de leurs
riches chapiteaux; par la douce lueur que répandent les
vitraux (2) dont un empressement pieux a garni les croisées
du fond non encore achevées ; et enfin par l'accompagnement de ces quatre chapelles de l'abside qui y sont jointes
deux à deux, à droite et à gauche, et dans lesquelles se
reproduit la même ornementation architecturale.

On ne saurait le nier : à la vue de ce travail accompli déjà
dans une si large mesure, en plongeant sa pensée dans les
profondeurs de ces puissantes fondations qui, à cinq ou
six mètres du sol, ont été établies sur la couche
solide que constitue un banc de marne, pour donner au

(1) Sans compter les colonnes des cinq chapelles de l'abside, au nombre de
trente-huit, ornées de leurs chapiteaux.

(2) La chapelle absidale, dédiée à Notre-Dame de la Treille, est éclairée
par onze verrières qui recevront successivement leurs vitraux ornés de six
médaillons à sujets historiques. Les cinq vitraux, dont trois sont déjà placés
derrière et sur les côtés de l'autel, représenteront la vie de la sainte Vierge,
interprétée par trente sujets historiques. Les six autres vitraux, venant à la
suite des précédents et placés trois par trois en regard des deux côtés de la
chapelle, représenteront l'histoire de Notre-Dame de la Treille, interprétée
par trente-six sujets historiques. — Les trois vitraux, déjà placés, peuvent faire

gigantesque édifice son support nécessaire ; et en faisant remonter ses regards vers les hauteurs conquises par les colonnes maîtresses, on peut sans doute trouver en soi le désir d'un progrès plus rapide vers l'accomplissement d'une Œuvre dont les travaux commencés et les beautés acquises font pressentir et comme apparaître à l'avance la splendeur définitive ; mais il est impossible de ne pas ressentir un profond sentiment de confiance dans l'achèvement de cette religieuse merveille qui, un jour, moins éloigné peut-être que nos découragements et nos impatiences pourraient le faire supposer, s'élèvera dans toute sa majesté, au milieu de l'admiration et de la reconnaissance des populations, comme la gloire de notre cité et de notre contrée. On mesure les efforts de l'avenir pour atteindre ce terme désiré ; ils ne sauraient certes manquer d'être considérables et persévérants. Mais il y a quelque chose qui a dépassé la difficulté de ces efforts : c'est l'initiative, et ce sont les progrès du passé ; ils ont créé la vie et la force de développement. Bien loin de les arrêter, le temps en sera l'utile et puissant auxiliaire. Les œuvres de Dieu s'achèvent toujours.

§ III. **Orgues, cloches et tour.**

C'est au chapitre des constructions qu'appartiennent naturellement l'orgue et les cloches : ce sont des organes

apprécier la splendeur de l'ornementation, dont nous venons d'indiquer le programme, pour la chapelle de Notre-Dame de la Treille. Nous avons le devoir de rappeler qu'ils sont dus au goût si éminemment artistique et religieux de M. Didron, neveu et digne successeur de l'homme éminent à qui la peinture sur verre doit de si notables progrès et qui, membre du Jury formé à l'occasion du Concours archéologique de 1856, avait prodigué à l'Œuvre les plus utiles conseils et le plus sympathique dévouement.

tellement essentiels à la vie d'une église, que l'on peut dire que cette vie est incomplète là où ils ne sont pas.

Nous avons raconté précédemment comment l'œuvre des cloches s'était produite et comment elle avait abouti à la plus heureuse et la plus large solution, grâce à cette inépuisable générosité qui semble être comme l'apanage propre de notre cité, et qui appelle d'autant plus l'admiration que le plus souvent elle veut rester cachée. C'est encore ici la condition qui a été faite, et les insignes donateurs qui ont doté la Basilique de Notre-Dame de la Treille de sa magnifique sonnerie, n'ont voulu le faire qu'avec l'assurance que leurs noms ne seraient connus que de Dieu.

C'est aussi à de pieuses libéralités que sont dues les orgues (1). Et ici, ces libéralités ont le caractère tou-

(1) Les orgues actuelles ne sont pas une œuvre provisoire, ce sont les orgues définitives du chœur; elles prendront place un jour dans la partie latérale du chœur de la Basilique, du côté de l'évangile.

Il y avait une haute convenance de donner à la Basilique de Notre-Dame de la Treille, dès la prise de possession de l'église supérieure, ses deux grandes voix : l'orgue et la cloche.

L'ajournement de la translation de la statue miraculeuse de Notre-Dame de la Treille, en 1869, eut pour conséquence d'ajourner la fonte de la cloche, du bourdon de Notre-Dame, qui, dans les vœux de tous, devait saluer l'Image miraculeuse à son entrée dans son sanctuaire. La sonnerie magistrale de la Basilique, bien qu'elle ait à recevoir son complément, témoigne assez hautement que cette pensée, ajournée par les circonstances, n'avait pas été abandonnée.

L'orgue devait précéder la cloche. Dès le 19 mars 1869, il était commandé à la maison Cavaillé-Coll de Paris, avec l'agrément de la Commission Centrale, par deux de ses membres qui en acceptaient la responsabilité. L'orgue pouvait être installé pour le 26 juin, jour de la prise de possession de l'église supérieure; mais M. Cavaillé-Coll désirait donner à la Basilique un instrument de choix et vraiment artistique. Il demanda un délai et fournit, pour les fêtes de juin et à ses frais, un excellent orgue, mais d'une puissance inférieure à celui commandé. Ce dernier était installé pour la fête de l'Assomption. Sa réception

chant de la reconnaissance d'un père et d'une mère menacés de perdre leur unique enfant, arrivée au dernier terme d'une maladie grave. Leurs voix suppliantes se sont adressées à Notre-Dame de la Treille : les vœux de leurs cœurs et de leur foi ont été entendus ; l'enfant est revenue à la vie et à la santé, et l'orgue donné à l'église de Notre-Dame de la Treille a été comme la voix permanente par laquelle les pieux parents ont voulu exprimer leur gratitude envers la Mère de miséricorde.

Raconter l'histoire de l'OEuvre de Notre-Dame de la Treille, n'est-ce pas raconter une suite de merveilles semblables qui témoignent de la tendre vénération dont notre douce et puissante Patronne est entourée, et des faveurs innombrables dont elle récompense l'amour et la confiance de ses enfants ? D'un côté, l'abondance et l'étendue des bienfaits ; de l'autre, les nobles incitations de la générosité et de la reconnaissance. Les grâces qui descendent, les offrandes qui s'élèvent : tels sont les secrets ressorts qui constituent la vie intime de l'OEuvre, qui en sont les éléments les plus précieux et qui en assurent le développement.

et son acceptation officielles étaient faites le 14 octobre suivant, jour de son inauguration solennelle et de sa bénédiction. Elle fut donnée par M. l'abbé Decottignies, archiprêtre de Saint-Etienne. M. Legrand-Josson, aumônier des Dames de la Réparation donna le sermon. L'orgue fut tenu par MM. Lefebvre-Muller et Mazingue. — La Basilique était pourvue de ses orgues de chœur, œuvre artistique qui fait le plus grand honneur à la maison Cavaillé-Coll.

C'est dans ces circonstances que se produisit, pendant les fêtes de juin 1869, par l'intercession de Notre-Dame de la Treille, la guérison providentielle dont il est parlé plus haut. La reconnaissance conseilla aux pieux parents de l'enfant guérie de prendre à leur charge les frais de l'orgue du chœur : il restera, dans la Basilique, comme un *ex-voto* de leur piété filiale, et un témoignage de la puissance et de la bonté de la Vierge de Lille.

CHAPITRE II

Compte financier.

Le compte financier des recettes et des dépenses, tel qu'il se trouve établi pages 253-254 (1), doit être considéré sous divers aspects :

1° Dans ses résultats généraux et dans les divers éléments qui les constituent;

2° Dans la comparaison, à ces deux points de vue, de la première et de la seconde période.

De ce double examen pourront surgir d'utiles enseignements.

§ I. Recettes.

L'ensemble des recettes pour la première période, se composant de dix années, s'est élevé à la somme totale de fr. 907,442 55, soit, en moyenne, par année . . . . . . fr. 90,744 25

Pour la seconde période se composant de douze années et demie, le total des recettes a été de fr. 1,152,610 36, soit, en moyenne, par année. . . . fr. 92,208 83

Soit une différence en plus, pour la deuxième période, de . . . . . fr. 1,464 58

---

(1) Voir, aux *Pièces et documents à l'appui*, pages 253-254, les *Tableaux synoptiques des recettes et des dépenses de l'Œuvre de Notre-Dame de la Treille et Saint-Pierre pendant les deux premières périodes décennales* 1853-1863 *et* 1864-1876.

Mais il y a lieu de faire remarquer que, en ce qui concerne la deuxième période, la souscription décennale, expirant à la fin de l'année 1873, est restée suspendue pendant deux années et demie, de 1874 à la fin du premier semestre de 1876, époque où s'arrête ce compte-rendu. Il en résulte, pour la deuxième période, un déchet dont la plus-value de la recette annuelle s'est trouvée diminuée.

Il y a donc, tout d'abord, à constater ce résultat satisfaisant : c'est que la générosité et les sympathies publiques sont restées fidèles à l'Œuvre de Notre-Dame de la Treille, qui a trouvé dans ce concours un témoignage nouveau et encourageant de sa vitalité : témoignage qui s'est manifesté d'ailleurs sous des formes diverses.

Ainsi, et si, après avoir présenté le chiffre des recettes dans son résultat général, nous nous arrêtons à apprécier quelques-uns de ses éléments, nous avons à constater les faits suivants :

En ce qui concerne les *Dons*, ils ne s'élèvent, pour la première période, qu'à fr. 105,566 36, soit une moyenne, par année, de . . . . fr. 10,556 63

Dans la seconde, ils atteignent le chiffre de fr. 306,635 43, soit, pour moyenne annuelle . . . . fr. 24,530 83

c'est-à-dire plus du double.

L'article des *Pierres commémoratives*, qui constituent une manifestation particulièrement significative des sentiments de piété et de foi que suscite dans les cœurs le patronage vénéré de la Vierge de Lille, fait ressortir, pour la seconde période, un chiffre total de fr. 345,797 27

Il n'avait été, pour la première, que de fr. 14,500 » dont l'exiguité relative s'explique d'ailleurs par la nouveauté de ce genre de donation qui n'avait pu fonctionner que pendant un petit nombre d'années, à raison du degré peu avancé des constructions.

La seconde période fait apparaître encore, à l'exclusion de la première, d'autres applications de pieuse générosité qui naissent de besoins nouveaux, telles que : 1° les *dons afférents au mobilier de l'église*, qui atteignent une somme de . . . . . fr. 32,351 25

2° les *cotisations pour les fêtes religieuses*, pour ces grandes fêtes qui resteront comme une des gloires historiques de la cité lilloise et qui ont eu un si grand retentissement dans tout l'univers catholique. Ces cotisations ont produit, pendant la seconde période, la somme de . . . fr. 32,510 66

Mais à côté de ces accroissements qui, espérons-le, se maintiendront et s'accroîtront dans l'avenir, se trouvent des diminutions sur lesquelles il importe d'appeler l'attention du Conseil de l'administration et des zélateurs de l'OEuvre.

Ces diminutions se rapportent plus particulièrement au produit de la *souscription* et aux *titres de la fondation*.

La diminution sur le produit des *titres de fondation*, pendant la deuxième période, s'explique sans doute en partie. Ces titres, ayant été une création de la première période, ont été accueillis avec empressement, à leur apparition, dans le sein des familles. Il s'était fait, à cet égard, une propagande qui ne pouvait plus, avec le temps, se produire avec le même succès et dans les mêmes proportions. Toutefois, et en tenant compte de ces causes de ralentissement, on peut craindre qu'elles aient dépassé leur effet normal, alors que le

produit, qui, dans la première période, avait atteint la somme de . . . . . fr. 67,801 70
ne s'est élevé, pour la seconde, qu'à 8,874 50

Il y a donc à examiner si, de ce côté, tout a été suffisamment fait pour répandre dans le public ce mode si particulièrement doux et fructueux de compter parmi les fondateurs de l'Œuvre, et de participer ainsi aux grâces et aux prières spéciales dont ils ont le privilége, en même temps qu'il introduit dans le sein des familles un mémorial toujours présent de la douce et puissante Patronne, dont elles ont si souvent besoin d'invoquer les secours et la protection.

Mais le chapitre où se manifeste particulièrement une différence sensible et regrettable, c'est celui de la souscription.

La première *souscription* décennale avait produit la somme de . . . . . fr. 468,403 90
La seconde n'a atteint qu'un total de (1) 258,608 »

Au moment où un nouvel appel va être adressé à la générosité publique, une différence aussi considérable a besoin d'être mise en vue. Elle invoque, de la part de

(1) Il est vrai que la différence notable entre les chiffres de la souscription, pour la première et la seconde période, peut trouver une explication partielle dans l'augmentation relative des sommes provenant des *dons* et des *Pierres commémoratives* applicables à la seconde période. Mais la différence signalée reste regrettable, parce que la souscription doit être l'expression spéciale de concours public.

Il paraît utile d'ailleurs de rappeler les avantages particuliers réservés aux souscripteurs. Outre leur inscription sur un registre spécial conservé dans les archives de l'Œuvre, une messe est dite le samedi de chaque semaine à perpétuité à leur intention : elle leur est applicable après leur mort. De plus, chaque souscripteur peut appliquer la moitié du montant de ses souscriptions, par mode de déduction, au paiement de pierres commémoratives qu'il désirerait prendre dans la crypte de la Basilique.

tous, un plus large concours d'efforts, de manière que le zèle des uns et la libéralité des autres ne laissent rien perdre des pieuses sympathies qui attachent si invinciblement notre population au culte de sa sainte Patronne, et qui ont valu à notre riche et industrieuse cité le titre glorieux de *cité de la Vierge*. Comment pourrait-elle l'oublier au milieu de ses splendeurs, de ses prospérités, des souvenirs de tant de bénédictions publiques et privées qui se sont répandues et qui ne cessent de se répandre sur elle! Comment le besoin d'un grand témoignage de reconnaissance ne se ferait-il pas sentir dans le sein de nos populations, désireuses de donner à ce témoignage le caractère d'une participation pour ainsi dire unanime, de sorte que tous, quels que soient leur rang, leur position, leur fortune, viennent s'y associer, les uns par l'obole précieuse aux yeux de Dieu, les autres par l'abondance de leur générosité.

Oui, nous en avons l'espoir, telle sera la nouvelle souscription qui va s'ouvrir; telle elle sera sous l'influence efficace et féconde de la bénédiction spéciale que le Souverain-Pontife a daigné lui accorder sur la demande qui lui en a été humblement faite par le Conseil de l'administration de l'Œuvre, interprète d'un vœu qui, on n'en saurait douter, remplit tous les cœurs. C'est, on peut le dire, des bénédictions qu'a répandues sur elle avec tant d'abondance le grand Pontife qui a été montré au monde, que l'Œuvre de Notre-Dame de la Treille et Saint-Pierre a vécu et prospéré. Elle trouvera un accroissement de vie et de progrès dans la faveur nouvelle qui lui a été faite; elle ne saurait rester stérile (1).

(1) Voir, aux *Pièces et documents à l'appui*, page 255, le *texte de la supplique adressée à Sa Sainteté Pie IX, le 3 février* 1877, *par le Con-*

§ II. **Dépenses.**

Les dépenses comportent naturellement la même proportionnalité que celle des recettes.

Dans la première période, elles se sont élevées dans leur ensemble à la somme de . fr. 917,462 50
Dans la seconde, à . . 1,160,940 81
Ce qui fait ressortir comme dépense moyenne annuelle :
pour la première période . . fr. 91,746 25
pour la seconde période . . . 92,875.25
différence en plus pour la seconde . fr. 1,129 »

De même que pour les recettes, nous avons à faire ressortir pour les dépenses quelques résultats partiels.

CHAPITRE Ier. *Acquisition d'immeubles.* Le compte-rendu de 1864 donne l'explication de la somme de fr. 237,448 33, qui apparaissait, sous cette rubrique, pour la première période décennale. Elle se rapportait fondamentalement à l'acquisition de l'arrentement dont la famille Dusar avait la jouissance pour les terrains du *Cirque* et des immeubles qui y avaient été construits. Sauf la valeur de ces immeubles comme matériaux à démolir, il ne s'agissait donc en réalité, en ce qui concerne les terrains, que d'en assurer la simple location à titre emphytéotique en faveur de l'Œuvre de Notre-Dame de la Treille, pour le nombre d'années que comportait en ce moment la durée du bail.

Quelle que fut cette durée (1), elle impliquait, pour

seil d'administration de l'Œuvre de Notre-Dame de la Treille et Saint-Pierre, à l'occasion du renouvellement de la souscription décennale.

(1) La jouissance emphytéotique des immeubles tenus en arrentement par la famille Dusar fut acquise par l'Œuvre en vertu de deux contrats en date des 30 juin 1854 et 29 juin 1859 ; elle devait prendre fin et faire retour à l'admi-

l'avenir, des conditions de limite et d'incertitude dont il était nécessaire de sortir. C'est vers ce but fondamental que, dès les premiers jours de l'existence de l'OEuvre, se sont portées les sollicitudes et les prévisions de l'administration, de manière à ce que la propriété du fonds fût assurée le plus tôt possible.

Nous aurons à faire connaître l'heureuse transformation qui s'est accomplie sur ce point, par suite de l'acquisition totale des terrains improprement dits du *Cirque* (1), comprenant le périmètre de l'ancien couvent et de l'église des Dominicains. Cette acquisition, consentie par l'administration des hospices civils de Lille et réalisée le 6 mai 1876 au profit de l'OEuvre, fait l'objet du Chapitre IV ci-après ; qu'il nous suffise de dire ici, au point de vue du compte financier, que c'est à cette acquisition que s'appliquent les sommes qui apparaissent au Chapitre II, que nous examinons, sauf celle de fr. 36,000, relative aux intérêts de la somme de fr. 60,000 qui reste due sur la première acquisition (2) à l'un des héritiers de la famille Dusar, et qui a été laissée entre nos mains. C'est là toutefois une dette qu'il sera nécessaire d'acquitter à bref délai et qui s'impose comme une charge du passé à la période qui s'ouvre. Si des circonstances impérieuses n'ont pas permis de l'acquitter plus tôt, il importe qu'elle ne soit perdue de vue ni par l'administration de l'OEuvre ni surtout par les souscripteurs.

Et ce dont encore, nous l'espérons, leur généreux

nistration des Hospices le 23 septembre 1899. L'OEuvre n'avait donc la jouissance de ces immeubles, pour la partie acquise en 1854, que pour quarante-cinq ans, et pour la partie acquise en 1859, que pour quarante ans.

(1) Voir, pour l'étendue de cette acquisition, la note placée au bas de la page 149.

(2) En date des 30 juin 1854 et 29 juin 1859.

concours voudra tenir compte, c'est de la somme considérable qui reste due à l'administration des hospices pour l'acquisition des terrains. Le chapitre auquel elle se rapporte, ne comporte, en effet, à cet égard, en outre des frais et honoraires, qu'un *à-compte* sur la somme totale de fr. 150,240 », qu'il s'agit d'acquitter par annuités.

CHAPITRE XXXI. *Chapelle provisoire, hangars, maison du concierge, ameublement de l'église, frais de décoration et de cérémonies religieuses.*

La dépense afférente à ce chapitre a atteint, pendant la seconde période, la somme de . fr. 99,847 77

Elle ne s'est élevée, pour la première, qu'à . . . . . . fr. 10,451 69

La différence notable qui apparaît entre ces deux chiffres trouve sa justification principale dans le fait important de la prise de possession de l'église supérieure. Mais si ce grand événement de l'histoire de l'Œuvre a entraîné, dans une assez large mesure, d'inévitables dépenses, il a, d'une autre part, stimulé les libéralités pieuses et multiplié des dons qui, chaque jour accrus, constituent déjà un riche trésor. Au nombre de ces dons, apparaissent ces orgues harmonieuses et artistiques, et cette magistrale sonnerie de cloches, qui contribuent à donner une si grande splendeur aux solennités religieuses et ajoutent quelque chose de si puissant à la dignité du culte.

Fêtes religieuses. Le compte-rendu, dans sa partie historique, a rappelé quelles ont été ces fêtes et quels ont été leur éclat et leur magnificence. On ne saurait s'étonner qu'elles aient donné lieu à une dépense assez notable, celle de . . . . fr. 4,301 35

Mais ici encore, et nous l'avons précédemment indiqué, l'élan de la générosité publique est venu à notre secours, et l'on a pu voir la part qu'elle a prise à sa charge par le chiffre de . . . . fr. 32,510 66 qui figure dans les recettes.

C'est ainsi que le dévouement à l'Œuvre de Notre-Dame de la Treille se multiplie sous toutes les formes et dans toutes les circonstances, et témoigne de cette sorte d'adoption populaire qui jamais ne lui fait défaut.

Pierres commémoratives. Le chapitre des *recettes* a fait apparaître la part considérable qui appartient à ce mode de donation dont le produit, nous l'avons constaté, s'est élevé à la somme de fr. 345,797,27. Si nous signalons la dépense qui lui est applicable et qui s'élève à la somme de fr. 34,187,72, c'est surtout pour rappeler qu'elle trouve sa justification dans le caractère de ces pierres dont chacune est, en réalité, une œuvre d'art qui se distingue par la variété des sculptures et la richesse des ornementations. La collection de ces pierres, si justement précieuses à la piété et à l'affection des familles, constituera, dans l'avenir, une des beautés de la Basilique et l'un des plus puissants attraits de ces cryptes dont tous les murs seront si richement et si pieusement couverts. Déjà presque la place manque à l'empressement des donateurs qui ne sont plus seulement de simples individualités, mais qui veulent être aussi des corporations, des sociétés désireuses de se placer sous la protection spéciale de Notre-Dame de la Treille, et de faire vivre dans les âges futurs le témoignage de leur religieux concours à l'édification du splendide édifice qui lui est consacré. Il faut donc se hâter d'étendre et d'achever ces cryptes d'où doivent sortir en même temps de si précieuses ressources pour l'OEuvre, un si heureux développement de ses richesses artistiques, et de si éloquentes manifestations de zèle, de piété et d'amour pour l'auguste Patronne de Lille.

Après avoir ainsi parcouru la série des diverses dépenses qui n'appartiennent pas à la construction proprement dite de la Basilique, nous avons, comme on l'a fait dans le dernier compte-rendu, à grouper les chiffres qui se rapportent aux travaux effectués. Nous en donnons le résultat récapitulatif.

Forage de fondations, puits, pieux : terrassements et bétons : maçonnerie, pose de pierres : charpente et quincaillerie : serrurerie : plomb : ferblanterie et zingage : vitrerie : peinture : plafonnage et enduits : ouverture des travaux : taille et sciage des pierres : sculpture : gresserie : sable : chaux : briques : pierres bleues : pierres blanches : bois : matériel, engins et dépenses pour les ateliers : frais de transport, de camionnage et de déchargement : garde des travaux : extraction de la pierre de Lezennes : établissement d'appareils pour l'éclairage au gaz : dallage en marbre noir : honoraires de l'architecte :

Ces diverses dépenses, qui se rapportent à la construction proprement dite, présentent un total de
fr. 664,809 07

Le même ordre de dépenses s'était élevé, pour la première période, à fr. 579,348 16

Différence en plus pour la deuxième période . . . . . fr. 85,460 91

Et la somme totale, applicable aux constructions, en embrassant les deux périodes, s'élève à . . . . fr. 1,244,157 23

Nous avons constaté, dans une autre partie du compte-rendu, les progrès des travaux accomplis ; nous avons indiqué le terrain conquis par la construction ; nous en avons énuméré les richesses artistiques ; nous avons fait apparaître dans sa magnificence naissante cette Basilique qui, par ses cryptes exceptionnelles, les splendeurs de ses sculptures, la richesse variée de ses colonnes, les dispositions générales de son architecture, a recueilli déjà tant d'hommages d'admiration de la part des juges les plus compétents. Nous n'avons pas à revenir ici sur cet exposé qu'il nous suffit de rappeler comme la meilleure justification de la dépense que nous venons de faire ressortir, et qui n'apparaîtra certainement à qui que ce soit en disproportion avec le résultat obtenu.

Les deux périodes que nous venons d'examiner ont eu à supporter des charges considérables et exceptionnelles qui, sauf les paiements à compléter pour l'acquisition des terrains, n'auront pas à se reproduire, à beaucoup près, dans la même mesure pour l'avenir. La période qui vient de s'écouler a vu s'accomplir trois grands faits qui lui donnent un caractère spécial d'importance, à savoir : 1° la prise de possession de l'église supérieure et l'établissement normal du culte ; 2° la régularisation de l'action administrative de l'Œuvre par sa transformation en société ; 3° l'acquisition de tous les terrains nécessaires pour la construction de la Basilique et de la majeure partie de ses dépendances ; terrains

improprement appelés du *Cirque* (1). La première période avait vécu de ce sentiment d'enthousiasme et de foi d'où l'Œuvre était née ; la seconde a été celle de la consolidation de l'Œuvre dans ses conditions essentielles d'existence, de vitalité et de durée : c'est la semence cachée dans la terre et qui y prépare la fécondité de la moisson.

La phase qui s'ouvre doit être celle du développement et du progrès, celle des réalisations que les soins et les labeurs du passé ont promis à l'avenir. C'est du côté de l'avancement des travaux que les efforts, affranchis des sollicitudes antérieures, doivent se porter avec énergie et donner satisfaction aux aspirations qui se manifestent de toute part pour que cette construction de la Basilique s'étende et s'élève dans la mesure des sympathies, des vœux et des espérances qui en appellent le rapide achèvement. C'est là un devoir à l'accomplissement duquel le zèle de l'administration de l'Œuvre ne saurait faire défaut. Mais qu'il soit permis de le dire, ce devoir a une autre condition, celle qui lui sera faite, nous avons l'entière confiance, par le concours généreux des souscripteurs et des bienfaiteurs de l'Œuvre, qui, une fois de plus, voudront justifier cette renommée de pieuse libéralité dont l'auréole appartient si justement à la *Cité de la Vierge*.

(1) Voir, pour l'étendue de cette acquisition, la note placée au bas de la page 149.

CHAPITRE III

Transformation de l'Œuvre en Société. — Son administration.

Le compte-rendu de la seconde période décennale en ce qui concerne soit les constructions, soit l'administration de l'Œuvre, avait à s'arrêter à la fin de l'année 1873.

Des circonstances de diverse nature, en conseillant d'ajourner le renouvellement de la souscription jusqu'à la présente époque, ne permirent pas de produire le compte-rendu à la fin de 1873 et le rejetèrent au moment actuel qui appartient à la troisième période décennale; nous avons à partager cette troisième période en deux parties, à savoir, les faits dès à présent accomplis et le programme de l'avenir.

Les années 1874, 1875 et 1876, qui appartiennent à la troisième période décennale, n'ont pas été marquées par un développement notable de l'Œuvre sous le rapport des constructions. Le travail, à cet égard, se borne à la tour édifiée pour recevoir les cloches, au creusement du terrain destiné au transept et à l'enfoncement des pieux qui appellent les fondations de cette partie de l'édifice.

Nous n'avons pas à revenir sur les convenances de toute nature qui commandaient l'édification de la tour et qui la signalent comme un réel et grand progrès pour l'OEuvre.

Mais à part cette construction d'un caractère exceptionnel, la période signalée pourrait apparaître comme une période de stagnation, si des faits d'une importance capitale, au point de vue de la constitution et de la consolidation de l'OEuvre, n'avaient pas, pour elle, à apparaître comme des résultats de premier ordre.

Pour en apprécier toute l'étendue, il convient de rappeler les conditions dans lesquelles l'OEuvre se trouvait à son début et où elle a continué à vivre pendant de longues années.

Au point de vue administratif, l'OEuvre n'avait aucune base légale. Ce n'est pas que l'on n'eût cherché par des comités divers, s'appuyant les uns sur les autres, à créer tous les moyens d'action et de contrôle qui étaient nécessaires. C'est ainsi que fonctionnaient, chacun dans sa sphère, la Commission centrale, le Conseil d'administration auquel appartenait la direction suivie et habituelle, et le Comité Actif. Mais il n'y avait là, pour ces divers Comités, que des attributions peu définies, qui ne pouvaient trouver leur caractère d'unité et de cohésion que dans la communauté, de la part de tous leurs membres, de l'esprit de foi et de zèle où l'OEuvre avait trouvé sa puissance d'être et de se développer. Mais cet esprit, si nécessaire qu'il soit toujours, a besoin de s'appuyer sur des règles durables, indépendantes des hommes qui passent et des circonstances qui changent. La règle, c'est la grande force de durée des œuvres et des institutions chrétiennes. Il fallait aussi qu'elle fût introduite, à sa manière, dans l'OEuvre de Notre-Dame de la Treille.

D'une autre part, c'était également sur une existence

individuelle que reposait la possession légale du terrain acquis des héritiers Dusar ; et ce terrain lui-même n'existait entre les mains de son propriétaire (1) qu'à titre d'arrentement et pour une période de temps qui devait finir en l'année 1899.

Ainsi, aucun élément de perpétuité ni dans l'administration, ni dans la propriété du terrain sur lequel avait à s'élever la future cathédrale, tel était l'état précaire des choses ; et il fallait, certes, l'inspiration d'En Haut pour ne pas s'effrayer d'une situation qui laissait à l'avenir des problèmes si difficiles et si importants à résoudre.

On marchait cependant avec une confiance qui s'affermissait avec les progrès réalisés ; confiance qui, pendant une période de vingt années, a fait accepter, par le dévouement de chacun, des responsabilités graves, dont la reconnaissance publique saura tenir compte à ceux qui en ont porté le poids et particulièrement au prêtre vénérable qui avait consenti à devenir le propriétaire légal des terrains ; mais confiance qui, malgré ses mobiles supérieurs, laissait les esprits préoccupés de la nécessité de donner à la vitalité morale de l'Œuvre et à son avenir des garanties plus sûres et plus durables.

Cette nécessité se fit surtout sentir au moment où la Statue Miraculeuse prit possession de la Basilique qui s'élevait et où elle avait à trouver une place digne d'elle.

Les idées avaient d'ailleurs progressé, et ce qui eût été impossible au début, était devenu praticable depuis que, par les études ingénieuses d'un chrétien généreux et instruit (2), qui a ouvert de nouvelles voies aux entre-

(1) M. l'abbé Bernard, vicaire général de Cambrai, archidiacre de Lille.
(2) M. le comte de Madre, notaire à Paris.

prises de la charité, la forme des sociétés à but commercial était devenue applicable aux associations formées dans l'intérêt des œuvres.

D'un autre côté et sous l'empire de considérations diverses, la pensée du Conseil de l'administration des hospices était devenue favorable à l'aliénation définitive des terrains dont elle n'était temporairement dessaisie que par bail emphytéotique.

Ainsi la Providence, dont la protection se montre toujours si grande et si manifeste en faveur de l'OEuvre de Notre-Dame de la Treille, avait préparé, d'année en année, une situation dont la constitution définitive et durable de cette OEuvre devait sortir au moyen :

1° De sa transformation en société ;

2° De l'acquisition, par cette société, des terrains improprement dits du *Cirque* (1) ; ce sol, ne l'oublions pas, doublement consacré comme ayant été le berceau de notre grande cité lilloise et comme portant dans son sein, avec les origines de notre histoire locale, les anciens fondements du couvent et de l'église des Dominicains.

Comment ne pas admirer, dans ces merveilleuses coïncidences, une prévoyance supérieure devant laquelle doivent s'incliner les prévoyances humaines, et qui, à travers les années et les siècles, à travers les ruines du temps et des révolutions, et s'en faisant même un auxiliaire pour écarter les obstacles qu'auraient à rencontrer ses desseins futurs (2), malgré les dispositions des esprits

---

(1) Voir la Note placée au bas de la page 149.

(2) On se rappelle comment le nivellement du terrain du Cirque et l'enlèvement de *la motte* traditionnelle qui s'y élevait, ont été un des résultats de la Révolution de 1848.

et les difficultés des choses, avait assigné à la Basilique de Notre-Dame de la Treille la place où elle devait s'élever comme le point où, par une chaîne mystérieuse, les gloires du passé devaient avoir pour couronnement les grandeurs de l'avenir.

La transformation en société de l'Œuvre de Notre-Dame de la Treille est un fait trop important dans son histoire et par ses conséquences pour l'avenir, pour que nous ne nous y arrêtions pas un moment. Sans entrer dans l'histoire des phases et des études diverses qu'a traversées la question (1), il nous a paru utile de présenter ici, dans ses éléments principaux, l'organisation de l'Œuvre telle qu'elle résulte de cette tranformation.

Ces éléments sont de diverse nature : 1° ceux qui sont la conséquence des obligations de la loi et des statuts ; 2° ceux qui, en dehors de ces obligations, viennent aider à leur accomplissement entier et efficace, et compléter les moyens d'action, de surveillance et de contrôle, que réclame la bonne administration de l'Œuvre.

§ I. Organes légaux de l'Œuvre.

Les éléments légalement obligatoires sont :
1° Les Assemblées générales des actionnaires ;
2° Le Conseil d'administration ;
3° Le Conseil de surveillance.

(1) Voir, aux *Pièces annexées*, page 293 : les *Statuts, in extenso*, de la Société anonyme de l'Œuvre de Notre-Dame de la Treille et Saint-Pierre.

1. — Assemblées générales des actionnaires.

C'est dans les Assemblées générales des actionnaires que réside la puissance souveraine de l'OEuvre.

2. — Conseil d'administration.

C'est au Conseil d'administration, émanation de l'assemblée générale des actionnaires, qu'incombe la gestion administrative de l'OEuvre. Il est investi, à cet effet, des pouvoirs les plus étendus. Tous les actes du Conseil d'administration sont arrêtés, après discussion, dans les séances qui sont périodiquement tenues. Ces actes sont constatés par le secrétaire dans le procès-verbal de chaque séance : il en est donné lecture à l'ouverture de la séance suivante.

Au nombre des membres qui composent le Conseil de l'administration, se trouve le secrétaire-archiviste, chargé, avec la garde des archives, de reproduire, dans les procès-verbaux spéciaux, toutes les circonstances, événements et faits qui intéressent l'histoire de l'OEuvre.

3. — Conseil de surveillance.

La gestion du Conseil d'administration se trouve soumise au contrôle du Conseil de surveillance, composé de trois membres, et nommé chaque année par l'Assemblée générale des actionnaires.

§ II. Organes complémentaires de l'Œuvre

Tels sont les organes légaux de l'OEuvre ; mais ils ne

sauraient suffire à son complet fonctionnement, et c'est pour assurer son entière efficacité qu'il a été établi :

1° Le Conseil de direction des travaux ;
2° Le Comité Actif ;
3° Le Conseil de fabrique ;
4° Le Siége administratif de la société.

1. — Conseil de direction des travaux.

Avant que le Conseil d'administration ne vote les travaux en principe, il y a des études préparatoires à faire pour se rendre compte de la nature de ces travaux, de leur convenance, de leurs conditions nécessaires, des difficultés qu'ils peuvent présenter, et enfin des dépenses qu'ils ont à entraîner; puis, lorsque les travaux ont été décidés par le vote du Conseil d'administration, il y a à en assurer et à en surveiller l'exécution, de manière qu'elle soit entièrement conforme aux règles voulues au point de vue de l'art architectural, de la qualité des matériaux, de l'économie. On comprend l'importance des garanties à obtenir sous ces divers rapports, et combien il est utile qu'un point d'appui soit donné, à cet effet, à l'architecte chargé de l'exécution.

C'est dans cet ordre d'idées qu'a été constitué un Conseil de direction des travaux dont font partie :

Le président du Conseil d'administration,
L'administrateur délégué,
Un autre membre du Conseil d'administration,
L'architecte chargé des plans d'ensemble,
L'architecte chargé des plans de détail et de l'exécution.

Le Conseil de direction des travaux a d'ailleurs la

faculté d'appeler à son aide, et pour l'éclairer au besoin, les hommes connus par leur compétence spéciale et leur sympathie à l'Œuvre. C'est ainsi que, dans les temps antérieurs et avant l'organisation nouvelle, le Conseil d'administration, fonctionnant simultanément comme Conseil d'administration et comme Conseil de direction des travaux, avait eu recours aux connaissances élevées et au dévouement de M. Henri Kolb, remplissant alors les fonctions d'ingénieur en chef des Ponts et Chaussées du département du Nord, pour obtenir un concours de conseil et de contrôle, dont la haute valeur a pu être appréciée. Le Conseil d'administration est heureux de lui rendre hommage, et d'apporter à la mémoire vénérée d'un homme que distinguaient également son mérite d'ingénieur et l'humble éclat de ses vertus chrétiennes, le tribut d'une profonde et durable reconnaissance. La place laissée vide par un décès aussi regrettable qu'inattendu réclamait un remplaçant. Quel pouvait mieux l'être que celui qui, dans des paroles touchantes prononcées sur la tombe du collègue regretté, s'était glorifié de l'avoir eu pour maître, et qui, d'un autre côté, était naturellement désigné à nos sollicitations par les fonctions qu'il remplit avec tant d'honneur et de succès comme ingénieur en chef, directeur des travaux municipaux de la ville de Lille. C'est à ces divers titres que M. Masquelez a bien voulu se rendre aux vœux du Conseil d'administration, qui est heureux de trouver ici l'occasion de lui apporter un témoignage public de sa gratitude.

2. — Comité Actif.

Les œuvres chrétiennes procèdent essentiellement de

l'esprit de prosélytisme. A côté du sentiment religieux qui les inspire, il y a l'action qui les réalise dans leurs conditions et leurs nécessités matérielles. L'imagination peut en concevoir l'étendue et la multiplicité lorsqu'il s'agit de bâtir un temple destiné à devenir une cathédrale. Il y a donc là une fonction particulière qui s'impose à l'intérêt de l'OEuvre et qui a spécialement pour mission d'en assurer les *voies et moyens*. C'est cette mission importante et fondamentale que le *Comité Actif* est appelé à remplir. C'est à lui qu'incombe le soin de créer et d'entretenir les ressources financières de l'OEuvre, de susciter et de féconder les intentions généreuses, de mettre, en un mot, en pratique ces intelligentes et pieuses industries de la charité, qui, elles aussi, savent produire des merveilles dont la terre s'étonne et dont se réjouit le ciel. C'est lui encore qui a la charge de préparer et d'organiser les fêtes et les démonstrations publiques. Le rôle du *Comité Actif* a été trop considérable et trop efficace dans le passé pour qu'il ne fût pas conservé avec plénitude et accru même dans l'organisation nouvelle. Le *Comité Actif* fait naturellement appel à tous les membres faisant partie de la Société, que l'activité de leur zèle dispose à prendre part à ses travaux. Mais afin de lui donner une constitution plus solide et lui assurer l'esprit d'unité que réclament des œuvres aussi complexes que celle dont nous nous occupons, le *Comité Actif* est rattaché au Conseil d'administration par le concours de son bureau, qui participe à ses travaux et leur apporte la direction, la régularisation et l'autorité nécessaires.

8. — Conseil de fabrique.

Nous ne dirons qu'un mot du Conseil de fabrique,

dont l'institution, approuvée par S. E. le cardinal Régnier, archevêque de Cambrai, n'est et ne saurait être, en principe, que la délégation du Conseil d'administration, représentant la société elle-même. Tout le mobilier de la chapelle ainsi que tous les objets du culte, sont, en effet, la propriété de cette société qui, à raison des conditions exceptionnelles dans lesquelles est placée la Basilique naissante, a, d'une part, à faire face à toutes les dépenses du culte, et, d'une autre part, à recueillir les recettes diverses qui peuvent se produire. C'est ainsi que le Conseil de fabrique se compose exclusivement, quant à l'administration du temporel, des membres du Conseil d'administration (1), auxquels sont joints, pour le spirituel, le chapelain et le doyen de la paroisse Saint-Etienne, dans la circonscription de laquelle la Basilique se trouve jusqu'ici placée.

4. — Siége administratif.

Pour compléter cet exposé des divers éléments qui concourent à l'organisation et à l'administration de la société formée en vue de l'Œuvre de Notre-Dame de la Treille, nous n'avons plus à mentionner que le *Siége administratif*.

Indépendamment des différents Conseils qui participent à l'administration de l'Œuvre, la société, créée en vue de placer cette administration sur des bases légales et durables, avait besoin, comme toute société, d'être représentée, pour le contrôle et la surveillance habituelle, par

(1) Le président, le vice-président, le secrétaire, le secrétaire-archiviste et le trésorier. Chacun de ces membres conserve, dans le Conseil de fabrique, les fonctions qu'il remplit dans le Conseil d'administration.

un *membre délégué* qui eût à s'assurer, d'une manière suivie, de la bonne marche des choses et à apprécier les besoins qui peuvent naître chaque jour, de manière à ce qu'il puisse leur être donné prompte satisfaction. Là comme ailleurs, et quelque zèle que l'on puisse attendre des agents de tout ordre qu'embrasse le personnel de l'Œuvre, il faut *l'œil du maître ;* c'est la condition que remplit le *délégué du Conseil d'administration.* Mais pour qu'elle existe dans son entière efficacité, il est nécessaire que *l'administrateur délégué* puisse résider sur les lieux, en vue des chantiers et au centre du mouvement que crée l'Œuvre en ce qui concerne soit les travaux, soit les rapports nombreux qu'implique la nature de l'Œuvre.

Il faut encore que l'administration soit centralisée, qu'elle ait les moyens de réunion ; qu'il soit pourvu à certains services de bureau ; que les personnes en rapport avec l'Œuvre, à titres divers, sachent où se présenter (1).

Il faut, de plus, des locaux spacieux pour y recueillir les archives de l'Œuvre, qui sont déjà considérables et d'un grand intérêt ; pour y faire l'exposition des plans,

---

(1) C'est au *siège de l'administration*, rue Basse, 20, qu'il faut s'adresser pour tout ce qui concerne l'Œuvre de Notre-Dame de la Treille en général, et spécialement pour les souscriptions, les pierres commémoratives, les titres de fondation, les dons d'objets en nature et quelle que soit leur destination ; — pour l'administration proprement dite, la délivrance des mandats et généralement tout ce qui concerne l'Œuvre d'une manière quelconque.

Pour donner plus d'unité à la direction de l'Œuvre et en même temps plus de facilité aux personnes qui auraient à se mettre en rapport avec elle, le trésorier a élu le domicile de ses fonctions au siège de l'administration. C'est donc au siège de l'administration ; et là seulement, que devront être versées toutes les sommes qui pourraient être dues ou destinées à l'Œuvre et que seront payées toutes les sommes qui pourraient être dues par elle.

Adresser les lettres à M. l'abbé de Marbaix, administrateur de l'Œuvre de Notre-Dame de la Treille et Saint-Pierre, rue Basse, 20. Lille.

dessins, projets, reliefs qui se rapportent à l'Œuvre et qui, dès à présent, constituent une collection aussi précieuse qu'étendue, à laquelle chaque année viendra ajouter un large tribut.

Il y a des lieux de dépôt à réserver, soit pour les objets du culte qui ne pourraient et n'auraient pas à résider habituellement dans la sacristie, soit pour certains mobiliers exceptionnels, tels qu'objets d'ornementation pour les cérémonies solennelles, soit intérieures, soit extérieures.

Telles sont quelques-unes des convenances auxquelles il est nécessaire de pourvoir, et qui jusqu'ici n'avaient pu trouver une satisfaction suffisante dans les locaux dont l'administration pouvait disposer. Ces locaux eux-mêmes vont d'ailleurs devenir indispensables à d'autres services et en particulier aux bureaux que l'architecte a besoin de trouver sur les lieux pour y faire dresser ses plans, pour y travailler lui-même et exercer en même temps une surveillance utile, et l'on peut même dire indispensable, sur les travaux et les ouvriers.

Telles sont les considérations qui, lors du décès de M. Louis Danel-Bigo, de regrettée mémoire, ont fait juger à l'administration de l'Œuvre qu'il y avait pour elle un intérêt supérieur à s'assurer immédiatement de la possession de la maison que ce vénérable citoyen occupait rue Basse, en vertu d'un bail emphytéotique, passé avec l'administration des hospices. Il y avait là d'ailleurs une convenance d'autant plus grande que le fonds de cette maison se trouve compris dans le terrain acquis récemment de cette administration par l'Œuvre de Notre-Dame de la Treille.

Une circonstance qui ne saurait être omise parce qu'elle

a un intérêt historique et qu'elle pourrait être mise à profit dans l'avenir, c'est que la maison anciennement occupée par M. Danel est construite sur le point même où s'élevaient le chœur et une partie de l'église et du couvent des Dominicains. Une portion même des fondations a été utilisée pour la construction de la maison. Une autre partie reste gisante dans le terrain occupé par le jardin (1). Il pouvait être certainement d'un intérêt réel, à des points de vue divers, de reconnaître l'état de ces fonda-

(1) L'église des Dominicains était l'une des plus belles et des plus spacieuses de Lille. Elle avait son entrée rue du Cirque et se prolongeait le long de la rue Basse, anciennement appelée rue des Dominicains, en suivant les maisons n°s 24, 22 et 20, occupées actuellement par M. Louis Bigo, M. Gustave Decoster-Verley, M. l'abbé de Marbaix et l'administration de l'Œuvre de Notre-Dame de la Treille, antérieurement par M. Louis Danel-Bigo. Dans le jardin de la maison, rue Basse, n° 20, se développait le chœur de l'église, le long et derrière les maisons n°s 18, 16, 14, 12 et 10 de la même rue. — Le couvent était situé sur le côté nord de l'église, dans les jardins des maisons n°s 22 et 20 de la rue Basse, et se prolongeait derrière la cour Gilson jusqu'à l'établissement des bains du Cirque. C'était dans ces derniers terrains que se trouvait anciennement le palais du châtelain de Lille. Notre-Dame de la Treille, de Patronne, devenue Châtelaine, Dame et Maîtresse de Lille, a voulu y élever les tours de sa Basilique.

Dans l'église des Dominicains, du côté de la rue Basse, à l'emplacement actuellement occupé par la façade de la maison n° 20, se trouvait la chapelle sous laquelle était la sépulture de la famille de Melun. — Cette chapelle fut bâtie par Pélagie de Rohan-Chabot, douairière d'Epinoy, veuve de Guillaume, prince de Melun, bienfaitrice insigne du couvent des Dominicains, dont elle avait choisi l'église pour lieu de sa sépulture. Elle y fut inhumée le 5 septembre 1698. — Dans la même chapelle fut inhumé Guillaume-François-Auguste, prince de Melun, fils de la princesse d'Epinoy. On y déposa le cœur de Louis de Melun, prince d'Epinoy, connétable de Flandre, décédé à Strasbourg, le 14 septembre 1704, et dont le corps ne put être ramené à Lille à cause de la distance des lieux. Il avait épousé Elisabeth de Lorraine, qui, pour en perpétuer la mémoire, fit élever un mausolée magnifique à son fils unique, mort sans enfants ; Louis de Melun, duc de Joyeuse, prince d'Epinoy, décédé accidentellement au château de Chantilly, le 30 juillet 1724. Le mausolée était d'une grande magnificence ; il avait été élevé par le sculpteur du roi.

tions, leur direction et leur étendue, au moyen de fouilles qui les auraient mises momentanément à découvert; mais ces travaux de recherche entraînaient une dépense qui n'eût pas été suffisamment justifiée pour que le Conseil d'administration la prît à sa charge. Une générosité particulière y a pourvu, et grâce à ces ressources exceptionnelles, il a pu être donné satisfaction à cette curiosité archéologique qui avait son motif légitime. Le plan des fondations a pu ainsi être dressé. Elles ont apparu d'ailleurs avec le caractère de parfaite conservation, que leur puissance et leur solidité ne pouvaient manquer de leur assurer. C'est un travail accompli pour l'avenir dans le cas où les constructions accessoires et les dépendances de la Basilique auraient, comme on peut le prévoir, à s'élever sur ce point.

CHAPITRE IV

Acquisition des terrains (dits du Cirque) (1) nécessaires pour la construction de la Basilique et d'une partie de ses dépendances.

Après avoir exposé, dans ses applications et ses insti-

---

(1) C'est d'une manière impropre que les terrains acquis par l'Œuvre de Notre-Dame de la Treille sont appelés terrains du Cirque. En effet, le Cirque ne comprenait guère que l'emplacement de la *Motte-Madame* ou *du Châtelain*. Or les parcelles cédées par l'Administration des hospices à l'Œuvre de Notre-Dame de la Treille, par le contrat en date du 6 mai 1876, comprennent :

1° Les terrains sur lesquels s'élevaient l'église et la majeure partie du couvent des Dominicains. Ils leur avaient été donnés gratuitement, en 1368, par Robert de Fiennc, connétable de France. Ils représentent actuellement les maisons rue Basse, 24, 22 et 20, occupées par M. Louis Bigo, M. Gustave

tutions diverses, la constitution de l'Œuvre, telle que l'a faite la transformation en société, nous avons à dire aussi quelques mots du grand fait que cette transformation a rendu possible, à savoir l'acquisition des terrains improprement appelés terrains du *Cirque*.

Là encore il existait une nécessité de premier ordre qui se faisait sentir et qui sollicitait ces générosités inépuisables et secrètes, que l'Œuvre de Notre-Dame de la Treille a le privilége d'inspirer. Ainsi, depuis déjà un certain nombre d'années, un don considérable, qui, moyennant la capitalisation des intérêts, s'était finalement élevé à environ 150,000 francs, avait été remis entre les mains d'un membre du Conseil d'administration,

Decoster-Verley, M. l'abbé de Marbaix et l'Administration de l'Œuvre de Notre-Dame de la Treille, antérieurement par M. Louis Danel-Bigo. Après avoir été réunis au domaine national, ils ont été attribués aux hospices civils de Lille, en remplacement de leurs biens vendus par l'Etat.

2° Les terrains comprenant la *Motte-Madame* et le palais du châtelain de Lille ; la libéralité des rois de France, devenus châtelains de Lille en la personne de Henri IV, en avait laissé jouir les Dominicains. Ils servaient de jardin aux Pères. — Louis XIV avait donné aux Dominicains, en 1700, deux arpents de terre séparés en toute propriété, bien faible et bien tardive compensation pour les dommages causés aux Pères, par l'abandon qu'ils avaient dû faire de leur couvent et enclos hors les murs, lors de l'agrandissement de la ville en 1669. — Ces terrains représentent actuellement l'emplacement sur lequel s'élève la Basilique de Notre-Dame de la Treille et Saint-Pierre.

3° Une partie des terrains occupés anciennement par l'hôpital Sainte-Marie des Grimarets, fondé en 1315, par le chevalier Lotard Canart, seigneur des Grimarets, et Marie de Pontrewart, son épouse. En 1578, Philippe II en avait concédé aux Pères l'administration et la jouissance perpétuelle pour les dédommager de la démolition de leur ancien couvent. Malgré cette donation, l'Administration de l'hôpital des Grimarets fut retirée aux PP. Dominicains, et les biens et revenus de cet établissement furent réunis, en 1701, à l'hôpital des Invalides, qui fut lui-même réuni à l'Hôpital Général, en 1738.

4° Enfin, cinq maisons de la rue de la Monnaie, n°s 11, 23, 23 bis, 25 et 27, qui appartenaient à *l'hôpital Comtesse*, fondé par la comtesse Jeanne, en 1236.

sous la condition expresse, d'abord que le nom du donateur resterait inconnu, et qu'en second lieu il serait consacré à une application fondamentale pour l'Œuvre, telle que l'achat des terrains. C'était là une indication providentielle que l'administration de l'Œuvre ne pouvait ni méconnaître ni négliger. Aussi les négociations avec l'Administration des hospices ne tardèrent-elles pas à s'ouvrir. Cependant la question était grave, complexe, délicate, engagée dans un grand nombre de considérations diverses. Ainsi que dans un grand nombre de circonstances, l'influence mystérieuse qui a amené la solution de tant de difficultés pour l'Œuvre de Notre-Dame de la Treille n'a pas fait défaut. La question qui se trouvait posée pour elle était bien la question vitale, et il ne sera pas inutile d'indiquer sommairement les diverses phases qu'elle a traversées.

En 1869, l'église supérieure, dans sa partie actuelle, était achevée et allait être livrée au culte. C'est à ce moment que l'attention se porta sur la nécessité de donner à l'Œuvre l'une de ses conditions d'avenir : l'acquisition des terrains dits du *Cirque*.

Le 13 mars 1870, une lettre est écrite au nom de la Commission centrale au Conseil d'administration des hospices. Elle fait connaître, en principe et sans spécification de conditions, l'intention de l'Œuvre de Notre-Dame de la Treille de devenir propriétaire des terrains qu'elle occupe.

La réponse du Conseil d'administration des hospices ne se fait pas attendre. La proposition de l'Œuvre de Notre-Dame de la Treille est accueillie : un prix par mètre carré est proposé; mais une condition inacceptable est imposée : celle de créer, aux frais de l'Œuvre, une rue de douze mètres de largeur, se prolongeant sur le côté de l'église, parallèlement à la rue Basse, et réunissant la rue du Cirque à la rue de la Monnaie.

Il y avait là des impossibilités de toute nature. Sans les énumérer toutes, il suffit d'en indiquer les principales. La partie envahie par la rue projetée supprimait la place réservée à la construction des sacristies ; cette rue appelait naturellement des maisons à étages qui auraient encaissé l'église, et auraient enlevé particulièrement l'air et la lumière aux cryptes. C'était encore la Basilique restreinte dans un espace insuffisant, et placée dans une sphère d'agitation et de bruit que le mouvement de la vie publique rapprochait d'elle. Les propositions du Conseil d'administration des hospices ne pouvaient être admises.

Elles servirent d'ailleurs à faire trancher, dans l'esprit de la Commission centrale, la question relative aux limites dans lesquelles l'acquisition devait s'étendre pour satisfaire aux convenances légitimes et nécessaires de l'Œuvre. Cette question, souvent controversée dans le sein de la Commission centrale, avait en effet deux faces : celle de l'importance de la dépense à faire et celle des meilleures conditions à remplir. Existait-il une combinaison moyenne qui pût en même temps satisfaire à assurer ces conditions en restreignant l'étendue du territoire à acquérir et de la dépense à faire ? C'était là tout naturellement le programme dans lequel la Commission centrale avait au début cherché à se renfermer, et qui impliquait, dans ses termes réduits, en ce qui concerne la superficie des terrains à acquérir, celle dont l'Œuvre avait actuellement la jouissance. Cette superficie se trouvait bornée, du côté de la rue de la Monnaie et de la rue Basse, par les jardins et les terrains bâtis appartenant également aux hospices, mais non compris dans le bail passé avec la famille Dusar. Ou bien, l'intérêt bien entendu de l'Œuvre rendait-il nécessaire de la rendre propriétaire de tous les terrains arrentés et de la substituer ainsi intégralement à l'Administration des hospices, que les négociations récentes avaient fait apparaître comme un voisinage de nature à comporter bien des gênes, bien des prétentions difficultueuses, bien des antagonismes d'intérêts? La sécurité de l'Œuvre, son avenir, son besoin d'expansion, l'étendue nécessaire à ses larges dépendances, ses moyens de communication à rendre plus nombreux avec les populations environnantes au moyen d'accès ouverts dans les rues voisines, en un mot toutes ces vastes exigences auxquelles a droit un monument splendide, destiné à devenir une cathédrale et vers lequel se porteront en tous temps des foules nombreuses, devenant en certains jours ces flots d'habitants que soulève une ville de cent soixante mille âmes : toutes ces grandeurs du passé à ressusciter, toutes ces grandeurs de l'avenir à conquérir, permettaient-elles de compter sans elles, de s'en tenir à des proportions mesquines, destinées à devenir insuffisantes, plaçant plus tard l'Œuvre devant des difficultés inextricables peut-être et, dans tous les cas, devant des prétentions onéreuses, alors que ses développements auraient rendu indispensable de briser l'enceinte trop étroite dans laquelle elle se serait renfermée?

Ces considérations ne pouvaient manquer de s'imposer aux sollicitudes attentives de la Commission centrale. Elles y inspirèrent une conviction unanime. Elle fit cesser toutes les hésitations, et elle inclina tous les esprits vers ce qui avait apparu comme la solution vraie, à savoir l'acquisition totale des terrains appartenant aux hospices dans leur périmètre le plus étendu. Et, anticipant sur les dates, nous sommes pressés de dire que la concurrence que nous pouvions avoir à craindre de la part de bailleurs emphytéotiques, disposés à devenir les propriétaires définitifs du fonds, vint s'éteindre devant un noble dévouement à l'Œuvre de Notre-Dame de la Treille. Toutes les convenances particulières s'effacèrent devant elle, et elles s'abdiquèrent avec générosité devant l'autorité de ses intérêts.

La guerre de 1870 avait interrompu et ajourné les négociations avec l'Administration des hospices. La Commission centrale ne perdait pas de vue cependant le grand résultat qu'elle s'était fait un devoir de poursuivre et d'accomplir.

Mais une question grave surgissait. Au nom de qui se ferait l'acquisition des terrains destinés à l'Œuvre? L'existence légale lui faisait défaut, et il était impossible de songer à faire peser la responsabilité de cette acquisition, accrue dans son étendue, sur la tête de l'homme dévoué qui s'était fait l'acquéreur du domaine utile, mais que tout commandait de décharger de ce poids si lourd, à raison des éventualités diverses qui se rattachaient à cette situation précaire. C'est alors que se fit sentir plus vivement la nécessité de faire échapper l'Œuvre aux dangers d'une situation viagère, et de substituer à l'existence d'un homme l'existence durable et indéfinie d'une société.

C'est ainsi que l'avenir de l'Œuvre appelant l'acquisition des terrains et cette acquisition appelant elle-même la transformation de l'Œuvre en société, ces deux résultats, d'une importance si capitale, devenaient, dans leur connexité intime, indispensables l'un à l'autre. Ils furent l'objet d'efforts simultanés.

La transformation de l'Œuvre en société anonyme fut accomplie. Nous en avons précédemment retracé l'historique sommaire. Le 17 mars 1875, l'acte était signé, et dès le mois de mai suivant, toutes les formalités étant accomplies, la Société nouvelle entrait en exercice.

Dès ce moment, les négociations avec le Conseil d'administration des hospices furent reprises avec une incessante activité.

Ce fut dans sa séance du 17 mai que le Conseil d'administration décida qu'une demande serait adressée à l'Administration des hospices, à l'effet d'acquérir la totalité des terrains arrentés, c'est-à-dire non-seulement ceux que comprenait le bail d'arrentement à l'Œuvre, mais encore ceux qui étaient concédés à d'autres arrentataires.

Dès le 28 mai, la Commission des biens fut saisie de la demande faite par l'Œuvre de Notre-Dame de la Treille et Saint-Pierre, et elle invita l'inspecteur des biens à faire immédiatement son rapport.

Dans l'espace du 28 mai au 12 juin, l'inspecteur présente son rapport; la Commission des biens en accepte les conclusions. Le Conseil d'administration des hospices est appelé à en délibérer; il en adopte les termes, et il formule les prix et conditions de la vente. Ces conditions sont communiquées au Conseil d'administation de l'Œuvre de Notre-Dame de la Treille; il en délibère le 16 juin (1), et il accepte les propositions qui lui sont faites et qui posent, comme prix de vente, le taux de 27 fr. 53 cent. le mètre carré, ce qui, pour une surface de 16,380

(1) Jour de la consécration de l'univers catholique au Sacré Cœur de Jésus.

mètres environ, représente une somme totale de 150,240 fr. Le Conseil réserve seulement, avec l'expertise contradictoire pour déterminer exactement la superficie, le mode de paiement qui aurait à procéder par annuités déterminées. Il déclare en outre que, s'il y avait adjudication, l'OEuvre ne maintiendrait plus son acceptation. Notification est faite en ces termes au Conseil d'administration des hospices.

Les décisions prises par le Conseil d'administration de l'OEuvre de Notre-Dame de la Treille répondaient à la conviction entière et absolue de tous ses membres. Ils les regardaient comme appelées par les intérêts essentiels de l'OEuvre et comme lui donnant une entière satisfaction. Quelle que fût leur confiance cependant, et nonobstant le droit que leur attribuaient les statuts de la Société de conclure en vertu des pouvoirs qui appartenaient au Conseil, ils se trouvaient devant un acte auquel s'attachait une responsabilité trop grave pour qu'ils ne regardassent pas de leur devoir d'en alléger le poids.

C'est sous l'influence de ces considérations que, le 18 juin 1875, avait été convoquée l'assemblée générale des actionnaires, à l'effet de lui exposer la situation et d'obtenir de cette assemblée une sorte de sanction morale. Elle ne pouvait faire défaut. Les communications du Conseil d'administration furent accueillies non pas seulement avec un sentiment caractérisé d'approbation, mais avec l'élan de l'enthousiasme. Il se faisait là une révélation qui ouvrait à l'avenir de l'OEuvre les plus rassurantes perspectives. Des remerciements sont votés au donateur anonyme dont la générosité a été le point de départ du grand acte dont rien ne doit plus retarder l'accomplissement. C'est à la suite de cette réunion que le Conseil d'administration fait parvenir aux hospices la lettre où il déclare adopter, sous les réserves indiquées, les propositions qui lui ont été faites.

Après étude, les conditions arrivent, d'un commun accord, à leur formule définitive ; l'arpentage des terrains à concéder se termine ; et le 27 novembre, l'Administration des hospices demande l'autorisation de traiter avec la Société de Notre-Dame de la Treille.

Sur les ordres de l'autorité préfectorale, les enquêtes s'ouvrent, se poursuivent et s'achèvent. Une dernière formalité est nécessaire : le Conseil municipal est appelé, aux termes de la loi, à donner son avis. Ne nous est-il pas permis d'insister sur cette circonstance que l'avis favorable du Conseil municipal fut émis *à l'unanimité* de ses membres (1)? N'y a-t-il pas là comme un signe particulier de la popularité qui s'attache à l'OEuvre de Notre-Dame de la Treille, et qui lui fait une part de sympathie dans tout cœur lillois? Et n'avons-nous pas à trouver dans cette commune adhésion un nouveau témoignage de la protection qui s'étend sur cette OEuvre bénie, au milieu des difficultés si grandes qui l'entourent de toutes parts.

Enfin le 27 mars 1876, le préfet autorise l'Administration des hospices à traiter. Ce fut la dernière signature que M. le baron Le Guay eut à donner comme chef de l'administration départementale du Nord. Cette signature n'est certainement pas de celles qu'il pourrait jamais regretter. Elle restera comme un souvenir de reconnaissance et de sympathie de la part de la ville de Lille.

(1) Le samedi 11 mars 1876.

Le 6 mai 1876 met le dernier sceau à ces longues et laborieuses négociations. L'acte de cession des hospices à la Société de l'Œuvre de Notre-Dame de la Treille et Saint-Pierre est signé. Il est versé immédiatement, entre les mains du trésorier des hospices, une somme de 50,240 fr. Une autre somme de plus 40,000 est affectée au paiement des droits de mutation et des frais.

En retraçant ainsi, avec quelque détail, l'histoire de cette acquisition, nous avons cru répondre d'abord au légitime intérêt qui s'attache, pour tous, à une mesure dont l'accomplissement est appelé à exercer une si grande influence sur l'avenir de l'Œuvre. Nous avons encore eu en vue de faire apparaître sous son vrai jour le temps d'arrêt qu'ont eu à subir les travaux de construction, et de réduire à leur juste valeur les reproches d'inactivité qui auraient pu être adressés à l'Administration de l'Œuvre. Ceux-là seuls qui ont mis la main à cette affaire difficile et contentieuse dont nous venons d'indiquer les phases principales, peuvent savoir ce qu'elle a coûté de démarches, de labeurs, de sollicitudes de toute nature.

Puis enfin, en signalant les charges considérables qui, pour assurer l'avenir de l'Œuvre, font peser sur elle un si pesant fardeau, nous remplissons un devoir nécessaire : celui de faire comprendre de plus en plus les besoins de cette religieuse entreprise et les titres qui lui sont faits à la générosité publique. C'est sur cette puissance de générosité que, en acceptant de si lourdes charges, le Conseil d'administration a dû compter. Il l'a fait avec confiance, alors qu'il en recevait à l'avance un témoignage où il a trouvé son premier encouragement. L'exemple donné, il n'en doute pas, aura des imitateurs. Ce sol sacré sur lequel s'élève la Basilique de Notre-

Dame de la Treille, qui ne serait heureux et fier d'en avoir, pour ainsi dire, une part de propriété, petite ou considérable ? Laissons au temps de faire germer cette sainte pensée dans les esprits et dans les cœurs, et laissons à l'avenir d'en préparer les moyens de réalisation.

Et maintenant que, ayant abordé la troisième période décennale de l'Œuvre de Notre-Dame de la Treille, nous avons exposé les faits dont les années 1874, 1875 et 1876, appartenant à cette période, ont vu l'accomplissement, nous avons à nous tourner plus spécialement vers le programme de l'avenir, et à le tracer dans les larges limites qui doivent lui appartenir.

CHAPITRE V

Programme de l'avenir pour la troisième période décennale.

Ce programme, dans sa partie essentielle, peut se résumer en deux mots, *s'élever* et *s'étendre* : poursuivre simultanément, l'achèvement de la chapelle absidale consacrée à Notre-Dame de la Treille, et l'avancement des travaux de fondation du transept, ainsi que des constructions correspondantes de la crypte.

Telle est, dans les vues et les désirs du Conseil d'administration, la tâche imposée à la période décennale qui s'est ouverte.

Cette tâche s'impose, au reste, d'elle-même. Ne résultet-elle pas, en effet, de l'avénement de la Statue Miraculeuse dans la Basilique ? Cet avénement crée pour le Conseil d'administration de l'Œuvre un double devoir. Mandataire de la population vis-à-vis de Notre-Dame de la Treille, le Conseil d'administration doit donner à la Patronne de Lille son habitacle définitif : elle le trouvera dans la Chapelle absidale qui lui est consacrée, terminée et splendidement décorée. Mandataire de Notre-Dame de la Treille vis-à-vis de la Cité de la Vierge, le Conseil d'administration doit donner à son avénement dans la Basilique l'importance et la signification qui lui appartiennent. La Statue Miraculeuse transférée, c'est Notre-Dame de la Treille ouvrant elle-même les larges flancs du transept de sa Basilique, et lui donnant, avec ses vastes dimensions, sa destination définitive, la cathédrale !... La Cité de la Vierge pourrait-elle lui refuser son concours ?

Pour suffire à cette double tâche, il faut de nouveaux efforts ; il les faut généreux et puissants, dignes, en un mot, de ce que le passé a déjà produit et des souvenirs mémorables dont il nous a fait un si riche héritage. Ce qu'il a produit, ce qu'il nous a légué de souvenirs précieux, chacun le sait, et pour le résumer en quelques mots : C'est la cérémonie imposante de la pose et de la bénédiction de la première pierre ; c'est la création de ces cryptes, véritable église souterraine, et de cette portion déjà considérable de la Basilique, consacrée par la bénédiction solennelle donnée en présence et sous les auspices du Nonce du Souverain-Pontife ; c'est, bientôt après, l'avénement de l'image vénérée de Notre-Dame de la Treille dans le religieux édifice qui s'élève en son nom ; c'est, à la suite, la solennité insigne du couronnement dont les cœurs resteront à jamais émus et qui laissera dans les annales de la catholicité une trace ineffaçable de splendeur et de piété ; et c'est encore, dans divers ordres d'idées, cette magistrale et brillante sonnerie qui interprète et jette pour ainsi dire dans les airs ces attributs de grandeur et de bénédiction dont les cœurs catholiques entourent le culte de la Vierge puissante et de la Mère de miséricorde. Ce sont les garanties matérielles de perpétuité données à l'Œuvre de Notre-Dame de la Treille par sa transformation en société et par l'acquisition des terrains nécessaires à la construction de la Basilique et de ses vastes dépendances. Et puis, n'est-ce pas encore cette protection manifeste dont la ville de Lille a ressenti les effets de tant de manières et plus spécialement dans ces douloureuses épreuves que la présence de l'étranger a fait subir à la France ? N'est-ce pas cette vitalité catholique, dont la Basilique de Notre-Dame de la Treille a été comme la source, qui a multiplié les églises au sein de notre cité si largement agrandie et qui a enfanté tant d'Œuvres diverses ? Et n'est-il pas permis de penser que le souvenir de la célèbre Collégiale de Lille, ressuscité et ravivé, n'ait eu sa grande part dans cet admirable mouvement de prosélytisme catholique d'où est sortie l'Œuvre capitale de l'Université Catholique de Lille ?

Et qu'on ne craigne pas que ces deux grandes entreprises, nées d'une même pensée, se fassent obstacle l'une à l'autre. Il n'en est pas ainsi pour les œuvres chrétiennes. Bien loin de se nuire, elles s'attirent et s'entr'aident ; au lieu de restreindre le champ de la générosité, elles l'étendent dans cette mesure de l'immensité qui appartient à l'action divine d'où elles procèdent. Là où les besoins naissent, les secours abondent. Dans la mystérieuse fécondation des choses de la foi, Dieu sait mettre en rapport l'élargissement de ses bienfaits avec l'élargissement des cœurs. Sans doute, il y a la part à faire à la sagesse, à la prudence, aux nécessités plus immédiates, et l'on pourrait presque dire, à la confraternité des œuvres ; et si le renouvellement de la souscription en faveur de l'Œuvre de Notre-Dame de la Treille a éprouvé un assez long retard, le désir de n'apporter aucune entrave à l'œuvre de l'Université Catholique en a été le principal motif. Mais les retours et les compensations ne manqueront pas, et la dette de la reconnaissance sera largement payée à cette sorte de maternité dont le privilége appartient, dans cette famille des œuvres, à l'Œuvre de Notre-Dame de la Treille.

CONCLUSION

Donc, que la Basilique de Notre-Dame de la Treille et Saint-Pierre s'anime pour ainsi dire d'une vie nouvelle ; que les travaux que sollicite son développement reprennent une activité soutenue et croissante ; que l'Eglise naissante, réservée à tant de grandeurs, s'empare de plus en plus de l'avenir qui lui appartient ; qu'elle s'avance rapidement, dans ses fondations et ses premières assises, vers l'entière conquête de son périmètre, et qu'en même temps s'achève cette chapelle absidale où la Statue Miraculeuse doit trouver, dans la longue suite des temps, son asile sacré. Tel est le but à atteindre dans cette nouvelle période qui s'ouvre, telle est la mesure qui s'impose à nos efforts. Que dans sa reconnaissance et son dévouement, chacun se fasse le saint engagement de ne faire défaut ni aux efforts, ni au but.

Et parmi tant de motifs qui doivent exciter notre émulation chrétienne, comment oublier l'intérêt supérieur qui s'attache pour nos contrées et pour la France religieuse à l'Œuvre de Notre-Dame de la Treille ? N'est-elle pas, en effet, la préparation et comme la condition de cette gloire nouvelle à laquelle la ville de Lille peut légitimement aspirer, celle de posséder le siége épiscopal que des nécessités chaque jour plus impérieuses appellent d'une manière si instante. Gloire et bénédiction en même temps : Bénédiction pour cette population déjà si nombreuse que contiennent les larges agrandissements de son enceinte et dont tout fait prévoir la progression rapide. Bénédiction pour cette grande métropole de l'industrie dont les classes ouvrières constituent l'élément essentiel et où par suite tant de besoins matériels et moraux appellent si particulièrement le secours le plus élargi de l'action religieuse. Bénédiction pour ces agglomérations si considérables qui se condensent autour de cette ville magistrale et auxquelles le rayonnement habituel de l'Autorité religieuse apporterait les plus salutaires influences. Bénédiction pour toutes les œuvres de zèle, de charité, d'enseignement primaire, secondaire et supérieur, auxquelles la présence continue de l'Evêque apporterait une puissance nouvelle de direction, de développement, de fécondation. Bénédiction pour les puissants et les faibles, les riches et les pauvres, le clergé et les simples fidèles, pour tout ce vaste ensemble d'intérêts religieux, moraux, matériels, qu'unissent des liens mystérieux et sur lesquels planerait cette paternité sacrée, émanation directe de la paternité divine.

Hâtons-nous donc dans l'accomplissement de cette tâche qui nous sollicite et dont la grandeur ne saurait plus étonner notre zèle encouragé par les conquêtes du passé.

Qui, en effet, n'aperçoit de plus en plus qu'il y a là une action supérieure qui vient s'ajouter à l'action des hommes pour la soutenir, l'exciter et la féconder? Qui, au souvenir des abondantes bénédictions répandues en tant de circonstances insignes et par la main de tant de prélats vénérés, du haut de la Basilique de Notre-Dame de la Treille sur nos populations émues, ne sent qu'il y a là autre chose qu'une œuvre purement humaine, et que ce qui se dresse devant nous, dans sa majesté naissante, c'est avant tout l'œuvre de Dieu.

Dieu ne manquera pas à son œuvre. La piété et la générosité catholique n'y manqueront pas davantage.

Cette nouvelle souscription décennale qui va s'ouvrir, témoignera une fois de plus de l'esprit de foi où cette Œuvre a pris naissance, et de l'esprit de libéralité chrétienne où elle a trouvé les moyens de grandir.

Tous, les yeux fixés sur l'étendue et l'importance des résultats à atteindre, s'animeront de la noble ambition de donner à cette Œuvre si chère une impulsion décisive. Tous voudront rapprocher ce jour où, en consacrant les saints et glorieux souvenirs du passé, la splendide mais modeste Basilique de Notre-Dame de la Treille et Saint-Pierre, répondant à de légitimes espérances, sera transformée en une imposante cathédrale, où apparaîtra, dans sa paternelle dignité, le Pasteur qui occupera le siége épiscopal de Lille.

Que ces souvenirs et ces espérances s'unissent dans les cœurs pour multiplier l'action du dévouement et de la générosité chrétienne, et que nos successeurs trouvent devant eux, pour exciter leur courage et leur persévérance, le legs de leurs devanciers comme un nouveau témoignage que le zèle chrétien ne compte ni avec les obstacles ni avec les années, et que c'est à lui surtout que s'applique la devise : « *Il croît en avançant.* »

Et pour clore dignement ce compte-rendu, pour finir par une parole plus haute que la nôtre et donner à ces vœux, ces espérances, ces invitations que nous venons de formuler une consécration plus efficace, il convient de faire entendre la voix de Celui dont la bénédiction a été la force créatrice de l'OEuvre ; de Celui qui, tout récemment, lors de l'audience donnée à deux Membres du Conseil d'administration chargés de demander pour l'OEuvre, à l'occasion de la souscription qui va s'ouvrir (1), une bénédiction suprême, faisait descendre du trône pontifical ces paroles simples et puissantes : « *Que Dieu bénisse vos personnes et qu'Il dirige vos cœurs* (2) ; » indiquant ainsi que, selon le mot d'un grand croyant et d'un grand philosophe : « C'est du cœur chrétien que viennent les grandes pensées, » et que viennent aussi les grands dévouements et les grandes générosités.

Et alors que cette bénédiction vient s'ajouter à tant d'autres manifestations de la protection du Souverain-Pontife en faveur de l'OEuvre de Notre-Dame de la Treille et Saint-Pierre, n'avons-nous pas le devoir d'en rappeler ici au moins quelques-unes des plus significatives ?

C'est tout d'abord Pie IX qui, véritable et puissant promoteur de l'OEuvre, en 1849, avant même qu'elle

---

(1) Voir aux *Pièces et Documents à l'appui*, page 255, le *texte de la supplique adressée à Sa Sainteté Pie IX, le 3 février 1877, par le Conseil d'administration de l'OEuvre de Notre-Dame de la Treille et Saint-Pierre à l'occasion du renouvellement de la souscription décennale.*

(2) « Benedicat vos Deus et dirigat corda vestra. »

fût fondée, écrivait, le 19 mars, de son exil de Gaëte au vénérable cardinal Giraud (1) :

« A notre cher Fils, Pierre Giraud, Cardinal-Prêtre de la
» sainte Eglise romaine, du titre de Sainte-Marie de la Paix,
» Archevêque de Cambrai.

» Pie IX Pape.

» Bien cher Fils, Salut et Bénédiction Apostolique.

» Parmi les consolations qu'est venue Nous apporter votre
» visite à Gaëte, bien cher Fils, nous aimons à compter ce
» que vous Nous avez dit du projet si plein de foi et si
» digne de toute louange, que les habitants de la grande et

---

(1) « Dilecto Filio nostro Petro, tituli Sanctae Mariae de Pace Sanctae Romanae Ecclesiae Presbytero Cardinali Giraud Archiepisco Cameracensi.

» Pius PP. IX.

» Dilecte Fili noster, Salutem et Apostolicam Benedictionem.
» Ad caetera consolationis argumenta, quae tuus in hanc civitatem adventus
» Nobis attulit, dilecte Fili noster, illud etiam accessit pium sane omnique
» laudum praedicatione dignissimum consilium, quod in satis amplâ magnoque
» civium numero refectâ Islensium urbe vigere intelleximus ad templum in
» honorem Principis Apostolorum iterum aedificandum. Gavisi profecto fuimus
» in egregio hoc eorumdem hominum studio, qui non solum ab oblivione
» patrum et insigne templum vindicare contendunt, quod superiori aetate in
» luctuosissimâ rerum publicarum conversione destructum fuit, sed damna
» praetereà reparare ac sarcire conantur, quae, ipso everso, in patriam suam
» plurima et gravissima redundârunt. Hinc tibi ad Cameracensem Ecclesiam
» revertenti hanc dare voluimus epistolam, dilecte Fili noster, quâ meritas
» egregiis iis civibus ob id tribuimus laudes, simulque praecipuam ac vere
» paternam erga ipsos caritatem nostram opportunâ hac occasione declaramus.
» Aderit certe devoto ipsi populo beatissima Virgo Maria validissimo patrocinio
» suo, ut praeclarum filialis huius devotionis, ac religiosi animi monumentum
» citius ex communi voto perficiatur, et quod caput est majora in dies divinae
» benignitatis munera ipse consequatur. Quorum auspicem, simulque nostrae
» in illum paternae eiusdem caritatis testem esse volumus Apostolicam bene-
» dictionem, quam tibi, dilecte Fili noster, et Islensibus ipsis civibus, omni

» importante cité de Lille ont de réédifier le temple mémo-
» rable consacré autrefois au Prince des Apôtres (aujourd'hui
» NOTRE-DAME DE LA TREILLE ET SAINT-PIERRE). Nous
» avons éprouvé un véritable bonheur à entendre parler du
» zèle ardent des habitants de cette cité, qui non-seulement
» veulent relever de ses ruines un sanctuaire insigne et
» cher à leurs aïeux, renversé pendant les jours lamentables
» de la Révolution du siècle dernier, mais qui travaillent
» aussi, et avec ardeur, à réparer et à faire oublier les maux
» innombrables dont fut inondée leur patrie à la suite de
» cette destruction déplorable. C'est pourquoi, bien cher
» Fils, au moment où vous retournez dans le diocèse de
» Cambrai, Nous voulons vous mettre en main la présente
» lettre, en signe de l'approbation que Nous donnons au
» projet de ces bons habitants de Lille, et comme le gage
» de l'affection particulière que leur porte Notre cœur pa-
» ternel. Ayez-en la certitude, la bienheureuse Vierge Marie
» sera avec ce peuple qui lui est si dévoué, et lui prêtera
» son concours le plus efficace, pour que ce monument
» impérissable de sa piété filiale et de sa foi s'élève sans
» retard, selon les vœux de tous, au milieu de l'attente
» générale, et, ce qui est l'essentiel, qu'il obtienne lui-
» même de la divine Bonté des grâces de plus en plus abon-
» dantes. Comme présage de ces faveurs et en témoignage
» de notre paternelle affection pour la ville de Lille, Nous
» vous donnons la bénédiction apostolique dans toute l'effu-
» sion de notre cœur paternel, à Vous, très-cher Fils, aux
» habitants de Lille, puis au clergé, ainsi qu'à tous les
» fidèles du diocèse de Cambrai.

» Donné à Gaëte, le 19 du mois de mars 1849, la troi-
» sième année de notre pontificat.

» PIE IX PAPE »

» devique cui praees Cameracensis Ecclesiae clero, ac fideli populo universo
» intimo paterni cordis affectu peramanter impertimur.

» Datum Caietae die xix Martii 1849, pontificatûs nostri anno tertio.

» Pius PP. IX. »

C'est Pie IX qui, en 1863, au moment où allait s'ouvrir la seconde souscription décennale, demandait à Dieu, pour les zélateurs de l'OEuvre, l'abondance de ses bénédictions spirituelles et temporelles, en écrivant de sa main, le 7 mars, en bas de la supplique qui lui était présentée (1) :

« *Que Dieu bénisse tous ceux qui, dans ladite* » *ville de Lille, aiment la beauté de la maison* » *de Dieu, et élèvent un sanctuaire en l'honneur* » *de la bienheureuse Vierge Marie et du Prince* » *des Apôtres ; qu'il les bénisse en leur donnant* » *la rosée des grâces du ciel et l'abondance des* » *biens de la terre.* »

Et, en 1866, au moment où la Basilique naissante allait célébrer, dans la crypte, le huitième anniversaire séculaire de la Dédicace de l'insigne Collégiale de Saint-Pierre (2), Pie IX, faisant appel à la persévérance du zèle catholique, écrivait encore de sa main, le 25 mai, au bas d'une nouvelle supplique (3) :

« *Que le Seigneur bénisse tous les fidèles de* » *Notre-Seigneur Jésus-Christ qui aiment la beauté*

(1) « Benedicat Deus omnes qui in praedicta civitate (Islensi) diligunt » decorem domûs Dei et locum sanctum aedificant in honorem Beatae Mariae » Virginis et principis Apostolorum ; Benedicat illos de rore coeli et pingue- » dine terrae. »

(2) Voir la brochure publiée en 1866 : Compte-rendu de la Fête solennelle célébrée dans la crypte de la Basilique de Notre-Dame de la Treille et Saint-Pierre, le 2 août 1866, à l'occasion du VIIIe anniversaire séculaire de la Dédicace de la Collégiale de Saint-Pierre.

(3) « Dominus benedicat omnes Christi Fideles qui diligunt decorem domûs » Dei, Ejusque Matris Immaculatae, et det illis perseverantiam, ut opus » inceptum sit completum. »

» *de la maison de Dieu et de sa Mère Imma-*
» *culée, et qu'Il leur donne la persévérance,*
» *afin que l'Œuvre commencée soit menée à bonne*
» *fin.*

C'est encore Pie IX qui, ne cessant, en toute circonstance, de recommander à la pieuse sollicitude des fidèles l'Œuvre de Notre-Dame de la Treille et Saint-Pierre, écrivait, le 5 août 1872, à un moment solennel, le Bref suivant, dont les paroles, empreintes, à cette heure même, d'une frappante opportunité, s'adressaient, par une intention délicate, pour être transmises à tous, à un insigne zélateur de l'Œuvre : celui-là même que Dieu avait choisi pour relever le culte de Notre-Dame de la Treille et préparer la restauration de la Collégiale : celui qui, à ce titre et à tant d'autres titres, était comme naturellement désigné à la reconnaissance et à la piété publique, comme le dépositaire et l'organe le plus sympathique de la pensée suprême (1) :

« A notre bien-aimé Fils, Charles Bernard, vicaire-géné-
» ral de Cambrai, archidiacre de Lille. — A Lille.

» **Pie IX Pape.**

» **Bien-aimé Fils, Salut et Bénédiction Apostolique.**

» Nous avons été heureux d'apprendre avec quel zèle,
» bien-aimé Fils, vous et d'autres personnes travaillez à

(1) M. l'abbé Bernard, vicaire-général de Cambrai, archidiacre de Lille, ayant fait hommage à Pie IX de deux brochures : *Quelques Documents sur Saint-Pierre de Lille*, et : *Lille, un point d'histoire locale*, a eu l'honneur insigne de recevoir de Sa Sainteté, le jour de l'Assomption 1872, le Bref suivant :

» relever de ses ruines, ou plutôt à réédifier cette antique
» Basilique de Saint-Pierre de Lille, dans laquelle devra être
» transférée un jour la vénérable Image de Notre-Dame de
» la Treille (1).

« Dilecto Filio, Carolo Bernard, vicario generali Cameracensi et archidiacono
» Insularum. — Insulas (Lilla).

« Pius PP. IX.

» Dilecte Fili, Salutem et Apostolicam Benedictionem.
» Libenter didicimus, Dilecte Fili, a te atque ab aliis promoveri studiose
» restitutionem, seu potius novam extructionem Insulanae istius veteris Basilicae
» Sancti Petri, quo transferenda sit postea venerabilis Imago Dominae Nostrae
» *de la Treille*. In hoc enim proposito, non spectavimus dumtaxat incremen-
» tum divini cultus, aut splendidiores honores Deiparae paratos, aut peculiare
» obsequium erga Apostolorum Principem; sed etiam publicam denunciationem
» venerationis et amoris erga Christi Vicarium Petrum, qui vivit adhuc et
» vivet in suis successoribus, obiectam iniuriis, contumeliis, insectationibus
» quibus ipse hodie divexatur. Ominamur itaque operis promotoribus et suffra-
» gatoribus, ut monumentum a fide Christiana olim excitatum, et serius ab
» impia perduellione deletum, rursum opponi valeat latioris et exitiosioris
» perduellionis conatibus veluti testis vitae ac vigoris exagitatae et oppressae
» Ecclesiae religionisque Insulani populi, qui per tristia haec et infensa tempora
» ad huiusmodi sacrum aedificium mentem curasque convertit. Necessaria
» itaque coelestia auxilia huic coepto adprecamur; eorumque auspicem
» Nostraeque Paternae benevolentiae pignus tibi, Dilecte Fili, et operis curato-
» ribus Apostolicam Benedictionem peramanter impertimur.
» Datum Romae apud S. Petrum die 5 Augusti, anno 1872, Pontificatus
» Nostri anno vicesimo septimo.

» Pius PP. IX. »

(1) Le présent Bref est daté du 5 août 1872, en la fête de la Dédicace de Sainte-Marie-Majeure, à Rome. C'est le 21 septembre suivant, aux premières Vêpres de la Fête de Notre-Dame des Sept-Douleurs, que le vœu du Saint-Père était accompli par la translation de la Statue miraculeuse de Notre-Dame de la Treille, de l'église paroissiale de Sainte-Catherine dans la Basilique. Le 8 septembre, même mois, fête de la Nativité de la Sainte-Vierge, avait eu lieu, dans l'orphelinat des Filles de la Charité, rue de la Barre, la guérison miraculeuse obtenue par l'intercession de Notre-Dame de Lourdes dont le culte devait être inauguré, à Sainte-Catherine, dans la chapelle même où

» Dans cette Œuvre, en effet, nous avons considéré non-
» seulement l'accroissement du culte divin, des honneurs
» plus éclatants préparés à la Mère de Dieu, un hommage
» particulier rendu au Prince des Apôtres, mais surtout une
» affirmation publique de vénération et d'amour pour le
» Vicaire de Jésus-Christ, Pierre, qui vit encore et qui con-
» tinuera de vivre dans ses successeurs; affirmation qui
» vient s'opposer aux injures, aux outrages et aux attaques
» acharnées auxquelles Il est en butte de nos jours.

» C'est pourquoi Nous faisons espérer aux promoteurs et
» aux amis de l'Œuvre que le monument, élevé par la foi
» chrétienne de leurs pères et plus tard renversé par l'im-
» piété révolutionnaire, se relèvera en face d'une Révolu-
» tion plus universelle et plus pernicieuse, comme un témoin
» de la vie de l'Eglise qui, au milieu des attaques et des
» persécutions, conserve toute sa vigueur, et de la religion
» du peuple Lillois qui, dans ces temps désolés et malheu-
» reux, consacre sa sollicitude et ses soins à édifier un sanc-
» tuaire aussi splendide que la Basilique de Notre-Dame de
» la Treille et Saint-Pierre.

» C'est pourquoi Nous demandons pour cette entreprise les
» secours célestes qui lui sont nécessaires ; comme présage
» de ces secours et comme gage de Notre Paternelle bien-
» veillance, Nous vous accordons affectueusement, à vous,
» bien-aimé Fils, et à tous ceux qui s'occupent de l'Œuvre,
» la Bénédiction Apostolique.

» Donné à Rome, près Saint-Pierre, le cinquième jour
» d'août 1872, de Notre Pontificat l'année vingt-septième.

» **PIE IX, PAPE.** »

avait été honorée Notre-Dame de la Treille, et dès le lendemain de sa translation.

Un an plus tard, le 5 août 1873, en la même fête de la Dédicace de Sainte-
Marie-Majeure, à Rome, le Saint-Père signait le Bref du Couronnement de la
Statue miraculeuse de Notre-Dame de la Treille. La nouvelle en arrivait à Lille,
et le Bref était remis aux mains de Mgr l'Archevêque de Cambrai, le 15 août,
fête de l'Assomption et du Couronnement de la sainte Vierge.

Les Membres du Conseil d'administration de l'OEuvre de Notre-Dame de la Treille et Saint-Pierre et de l'ancienne Commission centrale :

KOLB-BERNARD, président.
L'abbé BERNARD, vicaire général de Cambrai, archidiacre de Lille.
Henri BERNARD, vice-président
Charles VERLEY-LIÉNART, secrétaire.
L'abbé de MARBAIX, administrateur délégué, secrétaire-archiviste.
Félix DEHAU, trésorier.
Le comte de CAULAINCOURT.
BOUTRY-VAN ISSELSTEYN.
JONGLEY DE LIGNE père.

PIÈCES
ET
DOCUMENTS
A L'APPUI

I. — Enumération des œuvres qui, dans la ville de Lille et dans sa banlieue, concourent à la sanctification des âmes.

I. Congrégations religieuses et leurs œuvres.

1° Communautés d'hommes.

Les RR. PP. Dominicains. — Direction de diverses œuvres. — Prédications d'ouvriers. — Concours aux cercles d'ouvriers.

Les RR. PP. Récollets. — Evangélisation des flamands. — Ecoles. — Sociétés. — Concours aux cercles d'ouvriers. — Œuvre de Saint-François-Xavier, trois cents ouvriers. — Conférences de Saint-Vincent de Paul.

Les RR. PP. Jésuites. — Collége. — Direction de diverses œuvres et associations pieuses. — Cercles de commis. — Concours aux cercles d'ouvriers.

Les RR. PP. Rédemptoristes. — Œuvres de Saint-François-Xavier pour quatre cents ouvriers.

Les Frères des Ecoles chrétiennes. — Enseignement primaire. — Ecole supérieure. — Pensionnats. — Patronage.

Les Petits-Frères de Marie, de Beaucamps. — Enseignement secondaire.

Les Frères de Saint-Vincent de Paul. — Patronages. — Cercles d'ouvriers.

2° Communautés de femmes.

§ 1. Communautés ayant leur maison-mère dans le diocèse.

Les Religieuses Augustines. — Service des hôpitaux et hospices. — Soin des vieilles femmes et pensionnaires. — Crèches.

Les Dames Bernardines, d'Esquermes. — Pensionnat de demoiselles. — Ecole pour les pauvres. — Réunions dominicales.

Les Filles de l'Enfant-Jésus. — Ecoles primaires. — Pensionnat. — Service des hôpitaux. — Ouvroirs. — Orphelinat. — Œuvre des servantes. — Réunions dominicales. — Surveillance d'ateliers de femmes. — Refuges d'ouvrières.

Les Sœurs de Notre-Dame de la Treille. — Soin des malades à domicile. — Salles de pansements pour soins donnés aux pauvres blessés. — Pensionnaires en chambres : chambres pour les malades payantes et les servantes.

Œuvre de l'Adoration perpétuelle du Très-Saint Sacrement (1). — Association des mères chrétiennes (2). —

---

(1) C'est dans la chapelle des Sœurs de Notre-Dame de la Treille (alors rue de la Barre, 19) qu'a pris naissance l'Œuvre de l'*Adoration perpétuelle du Très-Saint Sacrement*. Elle se répandit ensuite dans le diocèse entier. Mgr l'archevêque de Cambrai, pour faciliter, dans les paroisses, la prédication à l'occasion de l'Adoration perpétuelle, appela les PP. Rédemptoristes, qui desservirent la *chapelle provisoire* de N.-D. de la Treille, de 1857 à 1861.

(2) C'est également dans la communauté des Sœurs de Notre-Dame de la Treille que prit naissance, en 1848, l'*Association des mères chrétiennes*, fondée par Mme Josson, femme du président du tribunal civil de Lille, actuellement religieuse chez les Filles de Sion, à Paris. L'Association des mères chrétiennes, érigée en archiconfrérie le 28 décembre 1851, se répandit de Lille dans toute la France et à l'étranger.

Œuvre de Sainte-Elisabeth pour les ornements pour les églises pauvres. — Œuvre des Anglais et œuvre des Allemands : instructions mensuelles. — Œuvre des institutrices. — Réunion des demoiselles employées dans les maisons de commerce. — Réunion des demoiselles de la Congrégation de Notre-Dame de Lille.

Service des hôpitaux, hospices, colléges et séminaire, écoles.

Les Religieuses Franciscaines, dites de Notre-Dame des Anges. — Pensionnats. — Externats, asile. — Dames pensionnaires.

§ II. Autres communautés de femmes.

Les Dames du Sacré-Cœur. — Pensionnats. — Ecoles de pauvres. — Réunions et associations pieuses.

Les Filles de la Charité, dites Sœurs de Saint-Vincent de Paul. — Visite des pauvres. — Visite des ménages et des malades. — Dispensaire et distribution pour le Bureau de bienfaisance. — Instructions religieuses pour les femmes pauvres de la ville. — Service des hospices et hôpitaux ; vieillards. — Orphelinats de filles. — Orphelinats de garçons. — Crèches. — Ouvroirs et surveillance d'ateliers. — Classes pour les jeunes ouvriers et ouvrières. — Classes d'adultes.

Les Sœurs de Bon-Secours, de Paris. — Soin des malades à domicile. — Ecoles primaires. — Réunions dominicales.

Les Dames du Bon-Pasteur, d'Angers. — Filles repenties. — Œuvres de préservation.

Les Filles de la Sagesse. — Sourdes et muettes. — Ecoles primaires. — Asiles. — Service des hôpitaux.

Les Petites-Sœurs des pauvres — Hospices de vieillards, hommes et femmes.

Les Religieuses Carmélites.

Les Religieuses Clarisses.

Les Dames de Saint-Maur (Dames de l'Enfant-Jésus). — Pensionnat et externat de demoiselles.

Les Dames de l'Adoration réparatrice.

Les Sœurs de la Charité maternelle, de Metz. — Soin des femmes accouchées de toute condition.

Les Sœurs de la Providence, de Portieux. — Ecoles primaires. — Externat. — Classes du midi. — Réunion dominicale.

Les Dames de la Sainte-Union des Sacrés-Cœurs. — Pensionnats et externats. — Ecoles primaires. — Asiles.

Les Religieuses de la Congrégation de la Mère de Dieu, de Paris. — Pensionnat de demoiselles.

Les Sœurs de la Sainte-Enfance, de Sens. — Ecole primaire.

Les Servantes du Sacré-Cœur. — Ecole primaire.

Les Filles de la Croix, dites de Saint-André. — Externat. — Salle d'asile.

Les Filles de Marie (Mlle Destiker). — Orphelinat de jeunes filles.

II. Œuvres laïques.

§ I. Hommes.

Œuvres qui ont pris naissance ou qui existent dans le local de la rue de la Préfecture, où s'était formé un cercle catholique surnommé *Le Bouillon*.

1° L'Œuvre de Notre-Dame de la Treille et Saint-Pierre.

2° La Société de Saint-Joseph.

3° La Conférence de Saint-Vincent de Paul a également pris naissance rue de la Préfecture. Elle compte actuellement les onze Conférences suivantes :

Saint-Etienne,
Saint-Sauveur,
Saint-Sauveur (annexe),
Saint-Maurice,
La Madeleine,
Sainte-Catherine,
Saint-André,
Saint-Pierre et Saint-Paul,
Moulins-Lille,
Saint-François d'Assise,
Saint-Martin d'Esquermes.

Les œuvres des Conférences sont :

La visite des pauvres à domicile,
La Sainte-Famille (quatre sections),
Le Secrétariat des pauvres,
L'Œuvre des militaires,
Le Patronage des Ecoles chrétiennes,

Le grand Patronage, commencé rue de la Préfecture, a été remis plus tard entre les mains des Frères des Ecoles chrétiennes, rue de la Monnaie,

Les petits Patronages des paroisses.

4° La bibliothèque catholique populaire.

5° Le Cercle Saint-Augustin : Cercle des employés du commerce et de l'industrie, transféré plus tard rue Saint-André, 31.

6° L'Œuvre de l'Adoration nocturne.

7° Cercle catholique, transféré plus tard rue Marais, 18.

Du cercle catholique sont sorties les œuvres suivantes :

1° Association de prières pour la ville de Lille. — Elle s'est établie également à Douai et va s'établir à Paris.

2° Œuvre des nouvelles églises.

3° Société d'éducation et d'enseignement.

4° Commission pour la fondation d'une Université catholique dans le nord de la France.

5° Comité catholique et ses diverses sections. — Contentieux ; — pèlerinages ; — œuvres de prières (œuvres de zèle pour le culte du Saint-Sacrement; adoration nocturne, confréries paroissiales) ; — œuvre de l'aumônerie militaire ; — œuvre du vœu national du Sacré-Cœur ; — Société de Saint-Charles Borromée ; (propagande des bons livres, œuvre des vieux papiers pour les diocèses de Cambrai et d'Arras) ; — œuvre de Notre-Dame du Salut.

L'œuvre de la résidence archiépiscopale est sortie de l'œuvre de Notre-Dame de la Treille, en 1867.

§ II. Dames.

1° Conférences de Saint-Vincent de Paul.

2° Œuvre de la Maternité. — Secours et visites aux femmes accouchées indigentes.

3° Patronage des crèches et asiles.

4° Œuvre de Saint-Michel. — Prêt de livres.

II. — Allocution de M. l'abbé Bernard aux membres de la Conférence de Saint-Vincent de Paul, le dimanche de Quasimodo, 18 avril 1841.

(*Extrait des procès-verbaux des séances de la Conférence de Saint-Vincent de Paul. Séance du 18 avril 1841.*)

M. le Président prie M. l'abbé Bernard de vouloir bien adresser à l'assemblée quelques paroles d'édification.

« *Pax vobis.*

» La paix soit avec vous.

» Il est bien touchant, Messieurs, de voir Notre-Sei-
» gneur oublier pour ainsi dire la gloire de sa résurrec-
» tion, pour apporter à ses disciples une si douce parole.
» Permettez-moi, au nom de mon divin Maître, de vous
» adresser le même souhait. *Pax Dei custodiat corda ves-
» tra et intelligentias vestras.* Mais déjà vous avez cette
» paix : la paix des intelligences, car vous avez soumis
» vos esprits sous le joug de la foi qui a fixé leur inquié-
» tude ; la paix des cœurs, car vous venez de recevoir
» en vous le Dieu ressuscité qui est appelé la paix subs-
» tantielle, *erit Iste pax.*

» Toutefois cette paix ne doit pas être sans vigilance et
» sans combats, ce doit être une paix armée, c'est-à-dire
» qu'il y a chaque jour à lutter contre soi-même pour ne
» pas dégénérer et pour entretenir en soi les ardeurs de la

» charité. Car la nature penche vers le relâchement, et les
» œuvres de charité qui paraissent si belles quand on en lit
» le récit, sont, il faut le dire, pénibles à la délicatesse
» de celui qui s'y adonne. Quoi de plus merveilleux, par
» exemple, que tout ce que l'on rapporte de cette jeune
» princesse Borghèse, qui vient de s'endormir dans le Sei-
» gneur après avoir édifié la ville de Rome par le spectacle
» de la charité la plus héroïque. Pour nous, auditeurs,
» ces relations sont pleines de charmes et nous trans-
» portent d'admiration pour cette femme forte. Mais quand
» elle rendait les services les plus abjects aux plus délais-
» sés de la classe indigente, croyez-vous qu'elle n'eût pas
» d'inconcevables répugnances à surmonter?... Oui, Mes-
» sieurs, il faut un grand courage et le secours d'en Haut
» pour exercer constamment la charité envers les malheu-
» reux, comme vous le faites, et c'est là votre mérite et la
» source de la paix de vos âmes.

» Mais, hélas ! cette paix, vous ne la rencontrez guère
» chez les malheureux que vous visitez. Le plus souvent
» vous ne voyez chez eux que brisement de cœur et dé-
» tresse, et vous dites : Ils ne connaissent pas le chemin
» de la paix : *viam pacis non cognoverunt*. Et pourquoi ?
» L'une des causes, c'est l'éloignement des églises. Dans
» certains quartiers, le son des cloches ne peut se faire
» entendre : la seule cloche qui retentisse aux oreilles est
» celle qui annonce le commencement ou la fin des travaux
» matériels ; rien, si ce n'est le crucifix des convois, ne
» frappe extérieurement les yeux pour rappeler le sou-
» venir de l'éternité.

» Avec notre population compacte, nous ne possédons
» que six églises dont plusieurs sont très-petites et quatre
» sont reléguées aux extrémités de la ville. Rien n'a rem-

» placé chez nous la vaste église de Saint-Etienne, située
» jadis sur la grand'place, ni la vénérable église de Saint-
» Pierre, dont le terrain est occupé par la salle du Concert.

» Cependant, ne serait-il pas à désirer qu'il y eût quelque
» part à Lille au moins un cénacle de plus où Notre-Sei-
» gneur pût souhaiter et donner la paix à ses enfants. Nous
» ne demandons pas une église monumentale, mais nous
» ne voulons plus cesser de solliciter un local quelconque
» pour y établir l'autel du Seigneur, *Donec inveniam*
» *locum Domino*, et nous croyons que la charité ne fera
» pas défaut.

» Pour vous, Messieurs, que l'esprit de votre règlement
» associe à toutes les bonnes œuvres, vous aviez droit à
» ce que cette pensée fût déposée dans votre sein. Je
» dirai même que par loyauté et par reconnaissance cette
» affaire doit devenir la vôtre. Rappelez-vous, en effet,
» votre berceau. Où prit naissance la Conférence de Saint-
» Vincent de Paul? N'est-ce pas au milieu de la Bibliothèque
» catholique des bons livres? Or cette Bibliothèque, vous
» le savez, s'est établie et s'est développée sous l'invo-
» cation de Notre-Dame de la Treille, patronne de Lille.
» Des enfants pauvres, mais généreux, qui parviennent à
» la fortune par l'éducation que leur a procurée leur
» mère, le premier emploi qu'ils font de leurs biens, c'est
» de bâtir à leur Mère une demeure honorable. Messieurs,
» aidez à rebâtir Saint-Pierre avec sa chapelle de Notre-
» Dame de Lille. Une église sous le vocable du prince des
» apôtres, c'est un gage de catholicité durable; un sanc-
» tuaire où la Mère de Dieu sera vénérée comme Patronne
» de la cité, ce sera, espérons-le, Messieurs, pour
» notre ville, la cessation de ses misères publiques. »

III. — Notes et documents
concernant la question de l'Evêché de Lille.

On a pensé qu'il pourrait être utile, dans l'intérêt de l'avenir, et à cause de leur importance historique, de faire connaître ici certaines circonstances qui ont trait à la question du *titre d'Evêque de Lille* à donner, par surcroît, à Son Eminence le cardinal Régnier.

Cette question avait fait un grand pas sous l'administration dont l'honorable M. Wallon faisait partie comme ministre des cultes.

M. Wallon avait reconnu, en effet, que s'il y avait à attendre du temps et des circonstances la possibilité d'ériger un siége épiscopal à Lille, des convenances nombreuses et graves justifiaient le désir exprimé que Son Eminence le Cardinal-Archevêque de Cambrai pût joindre à ses autres titres celui d'Evêque de Lille.

D'une autre part, M. de Corcelles, ambassadeur de France près du Saint-Siége, avait reçu plusieurs fois de la bouche même du Souverain-Pontife la déclaration que Sa Sainteté était favorable à ce projet, et qu'elle verrait avec satisfaction que le gouvernement français y donnât les mains.

De plus, et lors du voyage que Mgr de Lydda avait fait à Rome au mois de décembre 1875, Sa Grandeur avait reçu l'expression des mêmes désirs dont Son Excellence le Nonce avait été officiellement informé.

Enfin, et en présence de ce concours de circonstances, l'acceptation du titre proposé, qui n'avait d'ailleurs rien à changer à l'administration actuelle du diocèse, ne pouvait être douteuse de la part de Son Eminence.

C'est dans cette situation qu'une demande, dont nous reproduisons ci-après le texte, avait été formulée pour être adressée au maréchal de Mac-Mahon, Président de la République, et saisir le gouvernement de la question dont la solution favorable ne paraissait pas devoir rencontrer d'obstacles.

La présentation de cette demande devait avoir lieu à l'ouverture de la session de 1876, au moment où les sénateurs et les députés du Nord, qu'elle intéressait plus particulièrement, auraient à être réunis. Mais à ce moment, le changement d'administration qui éloigna des affaires MM. Wallon et Buffet ne parut pas permettre de poursuivre les démarches commencées.

Voici le texte de la demande dont il s'agit, et qui, espérons-le, trouvera son jour d'opportunité officielle.

« Paris, le

» *Monsieur le Président de la République,*

» Les soussignés, Sénateurs et Députés, représentants du département du Nord et spécialement des arrondissements de Lille, Hazebrouck et Dunkerque dont la population réunie s'élève, d'après le dernier recensement, celui de 1872, à plus de 780,000 habitants (1), viennent

(1) D'après le recensement officiel de 1872, la population s'élevait, pour l'arrondissement de Lille, à 555,262 habitants; celui d'Hazebrouck, à 110,283 et celui de Dunkerque à 118,096; soit ensemble 783,641 habitants.

D'après le recensement officiel de 1876, la population s'élève, pour l'arron-

respectueusement appeler votre attention sur une question dès longtemps pendante et qui se recommande à votre haute et particulière sollicitude par les intérêts élevés qui s'y rattachent.

» Cette question est relative à l'érection d'un siége épiscopal à Lille. Elle remonte à des précédents d'une date déjà bien ancienne.

» Ainsi, dès l'année 1782 et alors que la ville de Lille possédait dans l'antique et célèbre Collégiale de Saint-Pierre une institution pourvue de certaines immunités épiscopales, l'importance de la cité et les besoins religieux de la région dont elle était le centre, firent surgir le projet de donner au Prévôt de la Collégiale le titre d'Évêque. Mais la Flandre française dont Lille et son arrondissement faisaient partie, était soumise à la juridiction de l'évêque de Tournai. De là des lenteurs inévitables dans les négociations qui furent ouvertes, et qui vinrent échouer sous le coup d'événements d'où devaient sortir pour la France de si graves et si longues perturbations.

» Lorsque l'exercice du culte lui fut rendu, le diocèse de Cambrai fut, en vertu du Concordat, constitué dans les limites de sa circonscription actuelle qui comportait déjà une population de près de 800,000 habitants (1). L'étendue considérable de ce diocèse s'explique par le nombre restreint des siéges épiscopaux qui furent établis à cette époque. La pensée était d'ailleurs de les multiplier au

dissement de Lille, à 591,134 habitants; celui d'Hazebrouck, à 111,775; et celui de Dunkerque, à 121,844; soit ensemble à 824,753 habitants.

La population des trois arrondissements a donc augmentée en quatre ans, de 1872 à 1876, de 41,112 habitants.

(1) Le recensement officiel de 1801 porte la population du département du Nord à 791,872 habitants.

fur et à mesure que l'extinction des pensions ecclésiastiques fournirait des ressources pécuniaires. Un certain caractère provisoire s'attachait donc, dès cette époque, aux conditions exceptionnelles dans lesquelles le diocèse de Cambrai était placé.

» Aussi, lorsque la loi du 4 juillet 1821 autorisa le gouvernement à ériger trente siéges épiscopaux, son attention se porta immédiatement sur le diocèse de Cambrai dont la population, rapidement croissante, atteignait un chiffre de 905,764 habitants, et qui, par son étendue et ses besoins divers, appelait un fractionnement nécessaire. Le projet d'ériger un siége à Lille fut donc repris aussi bien par le gouvernement que par les populations qui s'y trouvaient le plus directement intéressées et qui en poursuivirent la réalisation par les démarches les plus actives. Monseigneur Belmas occupait alors le siége de Cambrai avec le titre d'évêque : il avait donné son adhésion à la division du diocèse. Mais la question était complexe. Elle impliquait, avec l'érection simultanée de l'Archevêché de Cambrai et de l'Evêché de Lille, la constitution d'une nouvelle province ecclésiastique. Le diocèse de Cambrai avait, en effet, appartenu, depuis le Concordat de 1801, à la province de Paris, qui était reconnue trop vaste. Par suite de complications diverses et de difficultés financières, l'exécution de la mesure à prendre fut, non pas abandonnée, mais suspendue.

» Cependant il y avait là une force des choses à laquelle une part de satisfaction fut donnée en 1842 par la restitution au siége de Cambrai de ce titre d'Archevêché, auquel appartenaient, dans le passé, de si hautes illustrations et de si grandes gloires. Le diocèse d'Arras constitua, avec le diocèse de Cambrai, la province ecclésiastique. Mais, par une singulière anomalie, cette province, qui comprenait deux des plus importants siéges de France et peut-être du monde catholique, et dont la population réunie s'élève, en ce moment, à plus de 2,300,000 habitants (1), se trouvait privée, en fait, d'une faculté des plus importantes, celle de tenir des conciles provinciaux qui supposent au moins trois prélats, le métropolitain et deux suffragants.

» Mais, sans insister sur la convenance qui existerait à cet égard d'ériger un troisième siége épiscopal dans la province ecclésiastique de Cambrai, et en se renfermant dans les conditions propres et pressantes du diocèse, combien la marche du temps n'a-t-elle pas ajouté à tous les motifs indiqués aux diverses époques précédemment rappelées, pour faire apparaître comme un besoin impérieux la formation d'un diocèse nouveau dont Lille serait le siége.

» Et d'abord, dans l'état actuel des choses en ce qui concerne le diocèse de Cambrai, ce n'est plus à une population de 905,764 habitants, comme en 1822, que doivent s'étendre la juridiction et la sollicitude épiscopales, c'est à une population qui, à l'heure qu'il est, a atteint ou même dépassé le chiffre de 1,500,000. Car le dernier recensement, celui de 1872, avait constaté le nombre de 1,447,764 habitants, auquel il faut ajouter

(1) D'après le recensement officiel de 1872, la population du département du Nord s'élevait à 1,447,764 habitants, et celle du département du Pas-de-Calais à 761,158 ; soit ensemble à 2,208,922 habitants.

D'après le recensement officiel de 1876, la population du département du Nord s'élève à 1,519,585 habitants, et celle du département du Pas-de-Calais à 793,140 ; soit ensemble à 2,312,725 habitants.

La population des deux départements a donc augmenté en quatre ans, de 1872 à 1876, de 103,803 habitants.

l'accroissement normal qui, depuis longtemps, fait ressortir une moyenne annuelle de 18,000 habitants (1).

» Et ici, il convient de faire observer que cette augmentation ne provient pas seulement du fait de la population autochthone, mais qu'elle est produite encore, pour une part notable, par les immigrations d'ouvriers, jeunes pour la plupart, qu'appellent les besoins progressifs de l'industrie, et qui viennent fonder dans le pays des familles nombreuses. C'est surtout dans l'arrondissement de Lille que cette cause d'accroissement fait sentir ses effets et qu'elle rend plus nécessaire l'action directe et suivie de l'autorité religieuse. Et c'est là, pour le dire en passant, un fait qui prend place dans les nombreuses et graves considérations qu'on peut invoquer en faveur de l'érection d'un siége épiscopal à Lille.

» Il serait inutile d'insister ici avec détail sur les labeurs immenses qu'impose à la sollicitude du chef du diocèse une juridiction aussi étendue. On sait le caractère en quelque sorte individuel qu'implique l'administration épiscopale et les devoirs infinis qui s'attachent à ce gouvernement des âmes. Il n'y a pas là d'assimilation possible avec l'administration civile ; et quelles que soient les responsabilités de celle-ci, elles ne sauraient entrer en comparaison avec celles de l'autorité diocésaine, dont la vigilance doit s'étendre à tant d'intérêts délicats et pour ainsi dire à chacun des membres de la famille chrétienne confiée à son dévouement pastoral.

» Il y a là manifestement pour le diocèse de Cambrai, dans sa constitution actuelle, un fardeau qui dépasse les forces humaines.

(1) D'après le recensement officiel de 1876, la population du diocèse de Cambrai s'élève à 1,519,585 habitants.

» Après Fénelon, qui, déjà de son temps, trouvait que ce diocèse était une lourde charge dont il appelait l'allégement par une diminution de circonscription, Mgr Belmas le constatait en donnant son adhésion à la pensée de la division. Son illustre successeur, le cardinal Giraud, ne cessait d'en proclamer la nécessité. Et si l'éminent prélat qui occupe le siége de Cambrai, a pu trouver dans l'énergie de son zèle, servie par le privilége d'une organisation exceptionnelle, le moyen de suffire seul, jusque dans un âge avancé, aux exigences d'une si lourde tâche, il n'en reconnaît pas moins que la situation tend chaque jour à devenir de plus en plus excessive, et qu'il est temps d'aviser pour l'avenir. Est-il nécessaire d'ajouter que, depuis longtemps, le Souverain-Pontife a exprimé le vœu que cet état de choses, qui s'aggrave chaque jour, trouvât le seul remède possible, c'est-à-dire la division du diocèse de Cambrai en deux diocèses, dont l'un aurait son siége épiscopal à Lille. Et nous dirons tout-à-l'heure les tempéraments auxquels Sa Sainteté consentirait à recourir, en tenant compte des difficultés actuelles, pour préparer et accélérer la mesure que, dans sa haute appréciation, appellent, d'une manière instante, les besoins religieux des populations.

» Et c'est ici le lieu d'indiquer, au moins d'une manière sommaire, les titres et l'on pourrait dire les droits qui autorisent la ville de Lille à revendiquer l'insigne honneur auquel elle aspire.

» On sait, en effet, les larges transformations qui ont fait du chef-lieu du département du Nord cette vaste cité dont la population, de 76,000 habitants qu'elle comportait, s'est élevée à plus de 160,000, pour atteindre, dans un avenir prochain, 200,000 et au delà. Et si l'on se rappelle que Lille est l'une des grandes métropoles de l'industrie, et que, par suite, la population ouvrière y abonde et y forme l'élément essentiel, on peut se rendre compte de tout ce que cette situation impose de devoirs, d'efforts et de dévouement en faveur de cette classe nombreuse, dont les besoins matériels et moraux appellent si particulièrement le secours de l'action religieuse. Il y a là plus qu'ailleurs une grande mission de charité qui, on peut le dire, a été comprise de tous, et a inspiré une multitude d'œuvres, où le zèle des simples fidèles s'est associé au zèle du clergé et des congrégations religieuses, pour accomplir le plus largement possible le devoir de la fraternité chrétienne. Mais quelque fécond et consolant qu'ait été et que soit encore le labeur, il est loin de suffire à la limite toujours extensive des nécessités et des misères que recèlent les grandes agglomérations ouvrières. Dans cette ville si récemment et si considérablement agrandie, il y a des paroisses à former, des églises à bâtir, des forces morales à ajouter aux forces morales, des œuvres à développer ou à créer, des ressources à étendre ou à compléter. C'est dire qu'il y a déjà et qu'il se fera de plus en plus une situation qui exige sur place l'action, la direction, la surveillance journalière et l'impulsion continue d'une autorité supérieure au point de vue religieux. La présence d'un Évêque est nécessaire pour réunir, dans une unité plus puissante, tous ces efforts qui, en s'individualisant, peuvent perdre une partie de leur efficacité; pour donner une tête à ce clergé nombreux qui se fractionne et s'isole dans chacune des paroisses; pour maintenir partout la mesure et l'harmonie; pour animer, développer, régulariser toutes ces puissances du bien qui se multiplient, se complètent et se perfectionnent sous l'œil de l'autorité épiscopale. Il faut un Evêque à Lille, et la Résidence que s'y est ménagée le chef vénéré du diocèse actuel en est un témoignage non douteux. Mais la résidence temporaire et restreinte ne saurait suffire ; elle est insuffisante devant la grandeur de l'œuvre.

» Puis, Lille n'est pas seulement un centre d'industrie, c'est aussi un centre intellectuel où la place nécessaire de l'Evêque est marquée en face de tant d'établissements d'enseignement primaire, secondaire et supérieur, de tant d'écoles et d'institutions de sciences et d'arts qui y existent déjà et qui, chaque jour, tendent à s'y multiplier. La grande cité manufacturière n'est-elle pas en voie de devenir une ville universitaire, qui comptera dans son sein et pourra montrer avec fierté ses facultés de lettres, de médecine, de sciences, de droit, de théologie ? N'y a-t-il pas là des convenances de la nature morale la plus élevée, qui demandent que, sur ce grand mouvement des intelligences et des esprits, plane la sagesse supérieure de la religion, rendue plus sensible et plus efficace dans la personne de l'Evêque ?

» Et à cette importance de la ville de Lille s'ajoute l'importance de son arrondissement, qui, à lui seul, pourrait constituer un grand diocèse, puisqu'il comporte une population de près de 600,000 habitants, et qu'il renferme des villes de premier ordre, telles que Roubaix avec plus de 80,000 habitants, Tourcoing avec près de 50,000, Armentières avec 22,000 (1). Est-il nécessaire

(1) D'après les recensements officiels, la population de l'arrondissement de Lille qui s'élevait, en 1872, à 555,262 habitants, s'élève, en 1876, à

de faire ressortir l'importance, pour ces agglomérations si considérables et si condensées, de pouvoir à chaque jour, pour ainsi dire, sentir la main et trouver le regard vigilant du pasteur spirituel.

» Il faut donc un Evêque à Lille ; c'est le besoin impérieux des populations ; c'est l'intérêt de l'Etat, qui a à tenir un si grand compte des secours que lui apporte l'influence religieuse ; c'est la mesure que les exigences et les progrès du temps ont rendue plus que jamais urgente et à laquelle le gouvernement ne saurait refuser son concours.

» Et toutefois, nous ne le méconnaissons pas, la création immédiate d'un diocèse à Lille pourrait rencontrer quelques difficultés. Il y a les difficultés financières qui, dans les conditions présentes, auraient leur importance relative, mais qu'après tout on ne doit pas exagérer. Il y a les difficultés légales, qui pourront faire hésiter à introduire, dès à présent, la question dans le sein du parlement nouveau. Il y a, en outre, de hautes considérations de convenance qui ne permettent pas de songer à déposséder d'une partie de sa juridiction actuelle l'éminent prélat dont le siége de Cambrai se glorifie.

» Et d'une autre part, il y a une phase de préparation nécessaire pour que la ville de Lille achève de se mettre en mesure de pourvoir à l'essentiel de ce que réclame la constitution d'un évêché, cathédrale, grand séminaire, palais épiscopal. Mais qu'on n'en doute pas, une fois le principe posé et l'existence du diocèse assurée dans l'avenir, la générosité catholique, qui s'est manifestée tant

---

591,131 ; — la population des villes de Roubaix, Tourcoing et Armentières qni, en 1872, s'élevait à 76,000, 43,072 et 19,055 habitants, s'élève, en 1876, à 83,661, 48,631 et 21,716 habitants.

de fois de la part des religieuses populations du Nord, de celle de Lille en particulier, ne fera pas défaut aux efforts et aux sacrifices que la création si vivement désirée aurait à rendre nécessaires. Déjà la cathédrale s'élève grandiose, magnifique ; et elle n'a pas eu à attendre son achèvement pour s'illustrer par des fêtes religieuses, qui resteront signalées dans les fastes de l'histoire locale. Déjà la Résidence mise à la disposition de l'éminent Archevêque de Cambrai a préparé les voies à l'établissement définitif du palais épiscopal; déjà de nombreux projets existent de ce côté ainsi que pour l'emplacement du grand séminaire. Que la perspective du siége épiscopal de Lille apparaisse avec des garanties de certitude au pays, ne fût-ce même que dans un temps plus ou moins éloigné, et tout marchera bientôt vers la pleine réalisation des conditions à remplir pour atteindre le but au moment donné.

» C'est ce pas en avant que nous venons demander au gouvernement, parce qu'il lui est possible de le faire sans rencontrer d'obstacles d'aucune sorte.

» Il suffirait, en effet, qu'il donnât son adhésion à ce que S. E. le cardinal Régnier ajoutât à son titre d'archevêque de Cambrai celui d'évêque de Lille. Le gouvernement peut savoir que bien loin d'avoir à attendre des difficultés du côté de la cour de Rome, il donnerait, au contraire, satisfaction au vœu le plus explicitement exprimé par le Souverain-Pontife. Ce témoignage donné au chef de la catholicité, n'aurait-il pas à être pour la France une consolation de son impuissance à multiplier envers lui les actes de son pieux dévouement? Cette mesure, qui n'aurait à entraîner aucune dépense, qui n'aurait besoin d'aucune consécration légale, laisserait d'ailleurs tout entière la question relative au moment et aux circonstances où il serait possible et opportun de procéder à la constitution définitive du diocèse de Lille.

» Le titre additionnel qui serait donné à l'éminent Archevêque de Cambrai, serait, pour le vénéré prélat, comme le couronnement de cette longue et méritoire carrière de dévouement et de zèle apostolique, où les intérêts religieux, commis à sa garde, ont trouvé, sous une direction sage, prudente et active, un si heureux et si large développement. Ce serait comme la mission complémentaire dont il aurait donné l'indication et dont il aurait préparé les fruits et l'honneur pour son successeur. Et ne pouvant la remplir lui-même tout entière, l'illustre cardinal recueillerait au moins la satisfaction d'en avoir ouvert la voie.

» Tel est, Monsieur le Président de la République, l'objet de cette longue requête, qui, bien qu'aboutissant à une très-modeste demande, avait besoin cependant d'en montrer l'importance et le but élevé.

» Les soussignés ont la confiance que votre gouvernement, toujours sympathique aux vœux que les populations élèvent vers lui en faveur des intérêts religieux, voudra bien accueillir ceux dont nous avions le devoir et dont nous avons l'honneur de nous rendre les organes.

» Veuillez agréer, Monsieur le Président de la République, l'hommage empressé de nos sentiments de profond respect et d'entier dévouement. »

IV. — Une guérison dans l'Orphelinat des Filles de la Charité, à Lille.

(*Extrait de la Semaine religieuse du diocèse de Cambrai, numéro du 14 septembre 1872.*

Une guérison, dans laquelle tous les esprits sérieux voient une intervention surnaturelle, vient de se produire dans la maison des Filles de la Charité, connue sous le nom d'*Orphelinat de Sœur Sophie*, située à Lille, rue de la Barre. Nous avons recueilli, à ce sujet, des détails dont nous garantissons la rigoureuse exactitude.

Une orpheline, âgée de près de vingt-six ans, Sophie Druon, de Lille, qui a été reçue dans cette maison il y a bientôt vingt ans, avait été atteinte, vers l'âge de onze ans, d'une paralysie qui l'avait privée de l'usage de ses membres. Il lui était absolument impossible de marcher, de se tenir debout, de se mettre à genoux, de remuer lorsqu'elle était assise ou couchée; les bras et les jambes, sans force et sans chaleur, s'étaient contournés en forme d'arc; la jambe droite était entrelacée autour de la gauche; les genoux offraient d'énormes tumeurs. Lorsqu'une de ses compagnes la portait, on voyait ces membres morts se balancer comme le fléau que le cultivateur porte sur son épaule. La jambe droite était plus courte que l'autre d'environ dix centimètres. Il y a environ quinze ans, lorsque cette paralysie, qui avait atteint la moelle des os, s'était produite, la Supérieure de l'Orphelinat avait consulté le docteur Parise : celui-ci avait répondu qu'il n'y avait pas de remède possible, et que cette jeune fille serait infirme toute sa vie.

Depuis lors, en effet, aucune amélioration ne s'était opérée dans l'état de Sophie Druon. Un grand nombre de personnes l'ont vue, accompagnant les orphelines dans leurs sorties, dans la petite voiture que plusieurs personnes charitables lui avaient procurée en juillet 1868 ; on la connaissait sous le nom de *la petite infirme*. Ses compagnes la portaient de salle en salle ; nous l'avons vu souvent apporter à la chapelle dans les bras d'une autre orpheline.

La confiance en Dieu, l'espoir d'une guérison ne l'avaient jamais abandonnée. Elle avait déjà fait dix neuvaines pour obtenir de pouvoir marcher, sans avoir été exaucée ; néanmoins, elle ne désespérait pas. Comme l'âge, en la faisant devenir plus robuste, rendait plus pénible pour ses compagnes la charge de la transporter d'une salle dans une autre, elle résolut à la fin du mois d'août dernier de faire une neuvaine en l'honneur de Notre-Dame de Lourdes, pour obtenir de pouvoir marcher au moins à l'aide de béquilles, et d'éviter ainsi à ses compagnes la fatigue qu'elle leur occasionnait, en même temps que leur dévotion serait augmentée. Plusieurs des Filles de la Charité de la maison et une quarantaine d'orphelines, enfants de Marie, s'associèrent à sa pieuse pensée. Afin de joindre la pénitence à la prière, Sophie Druon jeûna durant neuf jours, à l'insu de ses maîtresses, qui ne le lui auraient point permis à cause de sa faible santé.

La neuvaine devait se terminer le dimanche 8 septembre, fête de la Nativité de la sainte Vierge, à trois heures de l'après-midi. Le matin de ce jour, Sophie Druon fut portée à la chapelle où elle communia, puis au réfectoire, à la salle d'étude, et enfin à la salle de récréation.

Vers neuf heures, elle se trouvait dans cette salle avec une vingtaine d'orphelines, lorsque, toujours confiante dans la puissance de Celle dont elle implorait l'intercession, elle demanda un peu d'eau de la fontaine de Lourdes. Elle en but et pria une de ses compagnes de réciter avec elle l'*Ave Maria*. A peine avait-elle fini cette prière qu'une violente commotion se produisit dans ses membres : ses jambes se raidirent; elle se leva et retomba sur elle-même. Mais sa compagne l'ayant prise par la main, elle se leva de nouveau et marcha. Aussitôt on entendit retentir dans toute la salle et bientôt dans toute la maison ce cri d'étonnement et de joie : « *Sophie marche! Sophie marche!* »

Elle marchait, en effet, pour la première fois depuis quinze ans. Ses jambes, devenues en un instant droites, raides et fortes, pouvaient la porter et se mouvoir. Elle traversa la cour, gravit sans difficulté l'escalier, et monta à la chapelle, afin de rendre grâces à Celle qui lui avait obtenu une si grande faveur du Tout-Puissant. Toutes ses maîtresses, toutes ses compagnes l'avaient suivie; transportées de reconnaissance et de bonheur, elles entonnèrent le *Magnificat*, remerciant Celui qui avait regardé l'humilité de sa servante et fait en elle de grandes choses.

Lorsqu'une heure après, Sophie Druon se rendit à l'église Sainte-Catherine pour assister à la messe paroissiale, chacun s'étonna de la voir marcher; à la sortie de l'église, une foule compacte se rangea sur son passage, afin de contempler celle qui venait d'être l'objet de ce qu'on n'hésitait pas à appeler un miracle.

Depuis lors, nous avons vu Sophie Druon plusieurs fois : elle marche facilement et sans efforts; les os des jambes ont repris la forme droite qu'ils avaient perdue, et retrouvé la chaleur et la force. La jambe droite s'est allongée d'environ huit centimètres ; les genoux ont la grosseur naturelle. Une amélioration notable s'est même produite dans le bras droit ; l'orpheline peut maintenant, ce qui lui était auparavant impossible, faire facilement le signe de la croix.

Voilà le récit très-exact du fait qui vient de se passer à Lille. L'orpheline, qui a été l'objet de cette guérison, ne pouvait marcher ni se mouvoir depuis quinze ans ; elle était réputée incurable par les médecins : elle a été guérie instantanément le neuvième jour d'une neuvaine qu'elle faisait en l'honneur de Notre-Dame de Lourdes, au moment où elle venait de boire un peu d'eau de la fontaine de Lourdes et de réciter un *Ave Maria*. Ce fait a eu pour témoins une vingtaine d'orphelines qui se trouvaient dans la salle où il s'est accompli, et toutes les orphelines ainsi que leurs maîtresses, qui sont accourues en entendant ces cris : *Sophie marche ! Sophie marche !* il a pour témoins un nombre considérable de personnes de la paroisse Sainte-Catherine qui sont venues voir *marcher*, à l'entrée et à la sortie de la messe paroissiale, celle que depuis quinze ans elles entendaient appeler la petite infirme ; il a pour témoins une foule d'ecclésiastiques et de personnes de toute condition qui sont allées depuis huit jours visiter l'orpheline et se faire raconter les circonstances qui ont accompagné sa guérison ; il a pour témoin le médecin de la maison qui, après avoir vu et interrogé Sophie Druon, a déclaré que le doigt de Dieu est là. Chacun dit qu'il y a miracle ; nous le disons aussi, en ajoutant toutefois qu'il n'appartient qu'à l'Eglise de se prononcer, avec l'autorité de la chose jugée, sur une question de cette nature.

En terminant, nous voudrions faire remarquer tout ce qu'il y a de providentiel dans le fait que nous venons de raconter. Les journaux irréligieux et les incrédules semblaient avoir pris à tâche, depuis quelques semaines, d'attaquer tout spécialement les pèlerinages à Notre-Dame de la Salette et à Notre-Dame de Lourdes; une feuille de Lille avait jeté le ridicule sur les miracles, en tournant en dérision la dévotion envers Notre-Dame de Lourdes : et voilà qu'à quelques pas des bureaux de cette feuille, un fait prodigieux se produit par l'intercession de la sainte Vierge, invoquée sous le nom de Notre-Dame de Lourdes; et ce fait est tellement évident que ce journal n'a pas encore osé l'attaquer. La paroisse Sainte-Catherine, près de laquelle est située l'Orphelinat, se dispose à rendre bientôt la statue vénérée de Notre-Dame de la Treille à l'église qui se construit sous ce vocable; et voilà, comme l'ont dit un grand nombre de personnes de cette paroisse, que la sainte Vierge indique elle-même, par un prodige, sous quel titre elle veut être invoquée à l'autel qu'abandonnera la statue de Notre-Dame de la Treille.

Il est consolant, au milieu des tristesses qui nous affligent, de voir la puissance de Dieu se manifester par des faits éclatants, qui réduisent l'impiété au silence, forcent l'indifférence à l'admiration, excitent la dévotion des fidèles, et donnent à tous ceux qui souffrent l'espoir de la guérison et du salut.

A ce récit, nous ajoutons, comme pièce justificative, la déclaration de M. Masurel, médecin de l'Orphelinat, qui constate la nature extraordinaire de la guérison.

« Le soussigné, docteur-médecin, certifie que Mlle Sophie

Druon, âgée de vingt-six ans, pensionnaire de l'Œuvre de la Miséricorde de Lille, était atteinte d'un rachitisme très-prononcé, ayant pour principal résultat de rendre difficiles et très-bornés les mouvements des membres supérieurs et de rendre complétement inertes les membres inférieurs.

» Cet état d'infirmité, considéré comme incurable, m'était connu depuis douze à treize ans, lorsque, le 8 septembre dernier, à neuf heures du matin, j'ai été en position de constater : 1° que le redressement et le mouvement des membres inférieurs étaient assez accentués pour permettre une marche facile ; 2° que les membres supérieurs avaient acquis, dans l'étendue de leurs mouvements, une amélioration remarquable.

» Ce résultat est d'autant plus extraordinaire qu'il s'est produit spontanément et sans aucune transition de nature à permettre de l'attribuer à l'influence d'aucun traitement. » MASUREL.

« Lille, le 12 septembre 1872. »

Inscription de la pierre placée dans la chapelle de l'Orphelinat en mémoire de cette guérison :

HOMMAGE DE RECONNAISSANCE

A

MARIE IMMACULÉE

NOTRE-DAME DE LOURDES

1872

Le 8 septembre, fête de la Nativité de la très-sainte Vierge, dernier jour d'une neuvaine, faite en l'honneur de Notre-Dame de Lourdes, le matin, à neuf heures moins un quart, a été guérie instantanément et miraculeusement une orpheline de cette maison, Sophie Druon, âgée de vingt-six ans.

Les jambes atteintes de rachitisme, sans mouvement et sans vie, fortement courbées en demi-cercle, les genoux croisés d'une manière permanente, avaient rendu toute marche impossible depuis quinze ans.

La jeune fille, étant assise, but de l'eau de la source miraculeuse, récita un *Ave Maria* : aussitôt elle sentit une raideur extraordinaire dans les jambes; sans la moindre douleur, les os étaient redressés et les jambes devenues droites. Immédiatement elle marcha, et, suivie de ses compagnes, se rendit à la chapelle, où, maîtresses et enfants bénirent le Seigneur par le chant du cantique de la reconnaissance :

MAGNIFICAT ANIMA MEA DOMINUM.

V. — Renouvellement du vœu de 1634 par Mgr Delannoy, évêque de Saint-Denis (île de la Réunion), et consécration de Sa Grandeur à Notre-Dame de la Treille, le 28 octobre 1872.

Au nom de cette antique cité dont vous êtes la Reine et la Mère, ô Notre-Dame de la Treille ! je viens, sur les pas de tant de générations qui nous ont précédés, sur la trace des princes, des rois et des empereurs ; avec saint Thomas de Cantorbéry, saint Bernard, saint Vincent Ferrier et saint Louis ; à la suite de tant d'illustres guerriers et magistrats, je viens consacrer à votre service et à votre honneur pour toujours, et recommander à votre puissante protection, toutes les âmes : les justes et les pécheurs ; toutes les conditions, les riches et les pauvres, les maîtres et les serviteurs ; toutes les familles, tous les âges, tous les intérêts, toutes les causes, toutes les prospérités et toutes les infortunes, toutes les espérances et toutes les détresses.

Nous nous réfugions avec confiance à l'ombre de votre treille, ô notre Patronne bien-aimée ! soyez véritablement pour nous la Chancelière du paradis, la trésorière et la dispensatrice des dons célestes.

Montrez-vous sans cesse pour vos enfants la Mère de la divine grâce ; soyez l'avocate des pécheurs, le salut des infirmes, le refuge et le perpétuel secours de tous ceux qui vous invoquent.

Souvenez-vous de vos antiques miséricordes, renouvelez les prodiges accomplis en faveur de nos pères ; faites dans l'ordre de la grâce les miracles que vous avez tant de fois opérés dans l'ordre de la nature, et guérissez tant d'âmes malades et infirmes. Ranimez dans ce pays la foi que vous y avez jadis préservée des atteintes de l'hérésie ; qu'elle y reprenne ainsi que votre pieuse Image un nouvel éclat, et que Lille redevienne plus que jamais la cité de la Vierge.

Mais pourrions-nous en ces jours d'épreuve pour l'Eglise ne songer qu'à nous-mêmes et oublier le Père de la grande famille chrétienne ? Secourez, ô Marie ! Celui qui a proclamé votre glorieuse et Immaculée Conception, et hâtez en sa faveur le triomphe que tout l'univers attend.

Faites aussi luire sur la France des jours meilleurs. Visitez dans votre bonté cette nation qui n'a pas encore oublié son titre de fille aînée de l'Eglise ; faites la rédemption de cette France qui a été surnommée autrefois le royaume de Marie. Soyez à ses frontières comme une armée rangée en bataille, éclairez et convertissez ceux qui la menacent au dedans, afin que, délivrés de toute crainte, nous puissions vous servir dans la sainteté et la justice tous les jours de notre vie.

Et maintenant, permettez à celui qui, sous vos yeux et se plaçant sous votre égide, vient d'être élevé malgré son indignité au rang des pontifes et d'être chargé d'une grande et redoutable mission, de vous implorer pour lui-même, ô Notre-Dame de la Treille ! De même qu'autrefois je vous ai consacré les prémices de mon sacerdoce (1),

(1) Mgr Delannoy, après son ordination à la prêtrise, fut d'abord nommé, en 1849, vicaire à Sainte-Catherine, à Lille, où était vénérée la statue miraculeuse de Notre-Dame de la Treille. Chargé de l'aumônerie des Frères des Ecoles chrétiennes et de celle de la citadelle en 1854, il resta dans ces fonc-

je vous consacre aujourd'hui celles de ce nouvel apostolat. Votre Image chérie, que j'emporte, me consolera dans toutes mes épreuves. Habitant de cette île lointaine, je vous dirai comme ici : Vous êtes mon espérance.

Soyez, ô ma Mère ! l'étoile qui me guide, le navire qui me porte, le gouvernail qui me dirige, le port qui me reçoive, l'ancre qui me fixe et qui m'attache.

Puissé-je faire bénir votre nom partout où je porterai mes pas ! Puisse chacun des échos, qui m'arriveront de cette chère cité, m'apprendre qu'ici de plus en plus les cœurs sont épris de votre amour, et que cette Basilique s'achève rapidement pour porter jusqu'au ciel la gloire de Notre-Dame de la Treille.

Que vos yeux maternels y demeurent sans cesse fixés, afin que tous ceux qui viendront vous y prier y trouvent, avec vous et par vous, selon la promesse de l'Eglise, la vie et le salut. Ainsi soit-il.

---

tions jusqu'en 1866 ; il fut alors nommé doyen-curé de la paroisse Saint-André, à Lille. Désigné pour le siége de Saint-Denis (Ile de la Réunion), il fut sacré le 12 octobre 1872, dans l'église de Saint-André. Au mois de février 1877, Mgr Delannoy était transféré du siége de Saint-Denis à celui d'Aire en France.

VI. — Note relative à M. l'abbé Combalot. — Sa prédication à Sainte-Catherine, le 28 mars 1853, en faveur de l'érection de la Basilique de Notre-Dame de la Treille. — Détails sur sa mort.

I. — Prédication de M. l'abbé Combalot à Sainte-Catherine, le 28 mars 1853, en faveur de l'érection de la Basilique de Notre-Dame de la Treille.

En 1853, M. l'abbé Combalot prêchait la station de Carême, à Lille, dans l'église de Saint-Maurice. La station touchait presque à sa fin lorsqu'une personne, rendant visite à M. l'abbé Combalot, lui dit : « Comment se fait-il qu'un *remueur* comme vous, qui, partout où vous prêchez, laissez des traces de votre passage en faveur de la sainte Vierge, vous soyez à Lille, dans la cité de la Vierge, depuis plus de trois semaines, et que vous n'ayez pas encore dit un mot sur la Vierge de Lille, Notre-Dame de la Treille, qui a fait cependant les plus grands miracles, même des résurrections de morts? — Comment, repartit l'abbé Combalot, il y a à Lille une Vierge miraculeuse, et personne ici ne m'en a parlé! Où se trouve-t-elle, cette bonne Vierge? Je veux aller la vénérer; il faut que je fasse quelque chose pour Elle! — Notre-Dame de la Treille, dit la personne, se trouve actuellement dans l'église de Sainte-Catherine : avant la Révolution, Elle était vénérée dans la Collégiale de Saint-Pierre. — Comment, reprit l'abbé Combalot, Elle n'a pas un sanctuaire à Elle? — Nous sommes la cité de la Vierge, reprit la même personne, et depuis huit siècles la sainte Vierge n'a pas de sanctuaire à Elle dans sa cité. Mais vous, le grand prédicateur de la sainte Vierge, ne ferez-vous donc rien pour Elle ? Ne lui élèverez-vous pas enfin son sanctuaire? — Comment, dit l'abbé Combalot, vous êtes la cité de la Vierge, vous avez une Vierge miraculeuse, et vous n'avez pas une église dédiée à Notre-Dame ! J'irai vénérer la bonne Vierge : je veux prêcher pour Elle, et je ne quitterai pas Lille avant qu'on ne commence Notre-Dame de Lille. »

L'abbé Combalot alla vénérer Notre-Dame de la Treille ; il voulut prêcher pour elle et lui élever son sanctuaire. Dès lors, il répétait sans cesse à ceux qui l'entouraient ou venaient le visiter : « Toutes les grandes villes ont leur église à la sainte Vierge. Comment, vous, cité de la Vierge, vous n'avez pas une église à Notre-Dame. Je prêcherai, oh ! je prêcherai, et vous vous mettrez à l'œuvre. »

Cette pensée avait surgi depuis longtemps dans les vœux de tous, et l'année précédente encore, en 1852, Mgr Régnier l'exprimait du haut de la chaire, en prêchant à Sainte-Catherine pendant le mois de Marie.

Dieu avait réservé à l'abbé Combalot, au grand prédicateur de la sainte Vierge, de donner l'impulsion à cette grande œuvre, et comme toutes les œuvres de Dieu, elle devait commencer par la foi et le sacrifice. Le samedi saint, 26 mars, au matin, M. l'abbé Combalot recevait une dépêche, lui annonçant que sa mère, plus que nonagénaire, était très-gravement malade, et qu'elle l'appelait sans délai pour lui donner sa dernière bénédiction. M. l'abbé Combalot aimait sa mère avec une sorte de culte : il se plaisait à en parler souvent en chaire ; mais il avait promis de prêcher à Sainte-Catherine, le lundi 28, en l'honneur de Notre-Dame de la Treille, et il voulait déterminer le mouvement en faveur de l'église à élever à Notre-Dame. Avec sa foi et son amour pour la sainte Vierge, il dit à ceux qui lui conseillaient de partir le jour même et de ne pas monter en chaire, à Saint-Maurice, le jour de Pâques : « Mais j'ai promis de prêcher lundi à Sainte-Catherine pour Notre-Dame de la Treille ! Je resterai. Notre-Dame de la Treille me conservera ma mère ! » Notre-Dame de la Treille récompensa sa foi et sa confiance. Non-seulement l'abbé Combalot put recevoir la bénédiction de sa mère, mais la sainte Vierge lui conserva encore sa mère pendant plusieurs années.

II. — Détails sur la mort de M. l'abbé Combalot.

Extrait du journal l'*Univers*, n° en date du 18 mars 1873.

Nous recevons la douloureuse nouvelle de la mort de M. l'abbé Combalot :

» Mardi, 18 mars 1873.

» Aujourd'hui, à quatre heures, M. l'abbé Combalot a rendu son âme à
» Dieu dans les sentiments de la plus vive piété, et muni des Sacrements de
» l'Eglise. Il avait encore prêché le second dimanche de Carême, mais le
» lendemain lundi s'étaient manifestées des suffocations inquiétantes. Après
» un mieux sensible et qui permettait de tout espérer, elles sont revenues avec
» tant de violence, qu'en moins d'un quart d'heure elles ont enlevé ce grand
» ouvrier de Dieu, qui a ainsi combattu pour la vérité jusqu'à son dernier
» soupir.
» Le lundi 10, premier jour de la neuvaine à saint Joseph, il dut garder la
» chambre, mais toujours saintement préoccupé du plan général de sa sta-
» tion quadragésimale. Aujourd'hui mardi, il venait de réciter les premières
» Vêpres de la fête saint Joseph, lorsque, se sentant tout à coup affaibli, il a
» voulu être déposé sur son lit, s'est armé de son crucifix de mission, a ré-
» pété à plusieurs reprises : *In manus tuas, Domine*, etc. — Puis, *Per le,*

» *Virgo, sim defensus in die judicii.* — Enfin, invoquant la sainte famille, Jésus, Marie, Joseph, — saint Michel, archange, il a désigné trois dons à faire : l'un à Notre-Dame de Fourvières, de Lyon; un autre à Notre-Dame du Puy, en Velay; un troisième au *Pape.* Ce mot, prononcé deux fois, a été le dernier sorti de sa bouche.

» Il s'est assoupi doucement, sans aucun effort, sans presque un mouvement; et, lorsque les dernières paroles des sacrements et de l'indulgence plénière ont été finies, l'âme a cessé d'animer le corps de ce vaillant athlète de Dieu, de l'Eglise et de la Papauté. »

C'était le vœu de M. l'abbé Combalot de mourir les armes à la main. Pendant un demi-siècle, il a travaillé sans relâche pour mériter de le voir exaucé; tombé, en descendant de la chaire, son dernier soupir a été encore une prédication, et toute pleine des traits ordinaires de son éloquence vraiment apostolique. Il pratiquait ce qu'il enseignait avec tant de zèle; sa vie entière était une préparation à la mort.

Il avait prêché le Carême de 1830 devant le roi Charles X. Plus tard, il eut l'occasion de voir Louis-Philippe, qui lui dit ces paroles, que nous l'avons souvent entendu répéter. « Monsieur l'abbé, nous allons à l'anthropophagie. » Le gouvernement de Louis-Philippe ensuite le fit poursuivre devant la justice, pour un *Mémoire aux pères de famille*, sur le caractère de l'enseignement public universitaire, si favorable à l'anthropophagie. Le jury le déclara coupable. Il fut condamné à l'amende et à la prison.

Il est deux journées dans sa vie qu'il regardait comme particulièrement heureuses et glorieuses : celle où il entra en prison pour avoir dit la vérité, et celle où la faveur d'un évêque le fit entrer dans le Concile du Vatican pour servir la messe. Il n'y avait pas d'homme plus simple, plus sincère, plus candide. Il était droit et aimant comme un enfant bien né; il conservait à soixante-seize ans la ferveur et l'ingénuité de son premier âge. Son éloquence, quoique rude, avait une grande culture. Ses écrits sont d'un grand style; mais rien n'égalait sa candeur et sa bonté, si ce n'est sa modestie et son détachement de toute gloire humaine. On pourrait dire que l'Eglise fait une grande perte; mais de tels hommes ne meurent pas. Dieu ne les appelle que pour les investir de toute leur puissance auprès de lui, et donner à son Eglise l'immense puissance de leur prière, que rien n'interrompra plus.

VII. — Texte et traduction du Bref de Sa Sainteté Pie IX à Sa Grandeur Mgr Régnier, Archevêque de Cambrai, en date du 5 août 1873, autorisant le Couronnement de la statue miraculeuse de Notre-Dame de la Treille, Patronne de Lille.

« Venerabili Fratri Renato Francisco Regnier, archie-
» piscopo Cameracensi.

» Pius PP. IX.

» Venerabilis Frater, Salutem et Apostolicam Bene-
» dictionem. Exponendum Nobis curavisti, in civitate
» Insulensi, tuae istius Cameracensis dioecesis, Statuam
» quamdam Beatissimae Dei Genitricis Divinum Redem-
» ptorem adhuc infantulum ulnis gestantis, extare, per-
» vetusta fidelium religione maxime insignem; quae
» quidem Statua vulgo « de la Treille » nuncupata,
» hoc ipsum templo, in quo colitur, nomen fecit. Huic
» Statuae, ut die vicesimo octavo instantis octobris,
» Tibi liceat, Nostro nomine, coronam imponere, enixas
» Nobis preces adhibuisti. Nos igitur, si unquam alias,
» hoc potissimum luctuoso, atque acerbo Catholicae Fidei
» et Romanae Ecclesiae tempore nihil practereundum rati
» quo Sanctae Dei Genitrici, cuius praesentissimam opem
» toties anteà experti sumus, semperque experturos
» fore confidimus, maior in dies habeatur honos, et
». fidelium pietas, ad Coelestem Patronam vehementius

» colendam excitetur, tuas, Venerabilis Frater, preces
» libentissimo animo excepimus. Quae cum ita sint,
» Tibi, ut memorato adventantis Octobris die, Imaginis
» Sanctae Dei Genitricis « de la Treille » et Sanctissimi
» Redemptoris Infantuli frontem diademate, vel per Te,
» vel per alium Episcopum à Te ad id deputandum
» augere Nostro nomine possis, tenore praesentium, Apo-
» stolica Nostra Auctoritate, elargimur. Ne autem solemne
» sacrum huiusmodi a spirituali fidelium bono disso-
» cietur, immo ipsi, propositis ad salutem aeternam
» impetrandam praesidiis, impensius in Beatae Mariae
» Virginis cultum venerationemque se dent, de Omni-
» potentis Dei misericordia, ac Beatorum Petri et Pauli
» Apostolorum eius auctoritate confisi, omnibus et sin-
» gulis utriusque sexus Christifidelibus vere poeniten-
» tibus, et confessis, ac sacra communione refectis, qui
» aut ipso Coronationis die, de quo habita mentio est,
» aut uno ex septem diebus continuis immediate subse-
» quentibus, uniuscuiusque Christifidelis arbitrio sibi
» deligendo, devotè Ecclesiam et Simulacrum Beatae Mariae
» Virginis « de la Treille » visitaverint, ibique pro Chri-
» stianorum Principum concordia, haeresum extirpatione,
» peccatorum conversione, ac Sanctae Matris Ecclesiae
» exaltatione pias ad Deum preces effuderint, Plenariam
» omnium peccatorum suorum Indulgentiam, et remis-
» sionem misericorditer in Domino concedimus. Tandem
» ut auspicatissimi diei illius diuturnum in aevum memoria
» duret, omnibus item utriusque sexus Christifidelibus, qui
» anniversario die Coronationis huiusmodi, ea, quae
» supra scripta sunt pietatis opera, quotannis rite praesti-
» terint, Plenariam similiter omnium peccatorum suorum
» Indulgentiam et remissionem, perpetuo, eadem Auc-

» toritate, impertimus. Quae omnes, et singulae Indul-
» gentiae et peccatorum remissiones, ut etiam animabus
» Christifidelium, quae Deo in caritate coniunctae, ab hac
» luce migraverint, per modum suffragii applicari pos-
» sint, concedimus. In contrarium facientibus non ob-
» stantibus quibuscumque. Volumus autem, ut prae-
» sentium Litterarum transumptis, seu exemplis etiam
» impressis manu alicuius Notarii publici subscriptis, et
» sigillo personae in Ecclesiastica dignitate constitutae,
» munitis, eadem prorsus fides adhibeatur, quae adhibe-
» retur ipsis praesentibus si forent exhibitae vel ostensae.
» Datum Romae apud Sanctum Petrum sub Annulo Pi-
» scatoris, die v Augusti MDCCCLXXIII, Pontificatus nostri
» anno vicesimoctavo.
» F. Card. Asquini. »

« A Notre Vénérable Frère Réné François Régnier,
» Archevêque de Cambrai.

» Pie IX, Pape.

» Vénérable Frère, salut et Bénédiction Apostolique.
» Vous avez pris soin de Nous exposer que dans la
» ville de Lille, de votre diocèse de Cambrai, il existe
» une Statue de la Bienheureuse Vierge Mère de Dieu,
» portant dans ses bras notre divin Rédempteur encore
» petit enfant ; cette Statue vénérée depuis les temps
» les plus anciens par la piété des fidèles est appelée
» de la Treille » et a donné son nom à l'église dans

» laquelle elle est vénérée. Vous Nous avez prié instam-
» ment de vous permettre de couronner, le vingt-huit du
» mois d'octobre prochain, cette Statue en Notre nom.
» C'est avec la plus grande joie que Nous avons accueilli
» votre demande, Vénérable Frère, car de tout temps
» et plus particulièrement encore dans ces jours de
» deuil et de périls pour la foi catholique et pour l'Eglise
» Romaine, Nous n'avons rien négligé dans le but de
» développer de jour en jour le culte de la Sainte Mère
» de Dieu, dont la puissante protection Nous a tant de
» fois secouru et ne manquera jamais de Nous secourir,
» Nous en avons la confiance, et pour exciter la piété
» des fidèles à recourir avec plus d'ardeur à cette
» céleste Protectrice. C'est pourquoi, en vertu des pré-
» sentes lettres et par Notre Autorité Apostolique, Nous
» vous autorisons à couronner au jour indiqué du
» mois d'octobre prochain, soit par vous-même, soit
» par un autre Évêque désigné par vous pour cette
» cérémonie, l'Image de la sainte Mère de Dieu, dite
» de la Treille, » et celle du divin Enfant, notre très-
» saint Rédempteur. Et afin que les fidèles puissent
» retirer de cette solennité sacrée quelque bien spirituel,
» et qu'en vue des bienfaits qui leur seront accordés
» pour obtenir le salut éternel, leur culte et leur dévo-
» tion envers la Bienheureuse Vierge Marie prennent un
» accroissement plus grand encore, appuyé sur la misé-
» corde du Dieu Tout-Puissant et sur l'Autorité des
» Apôtres Pierre et Paul, Nous accordons une indul-
» gence plénière et la rémission de tous leurs péchés
» à tous, et à chacun des fidèles de l'un et l'autre sexe
» pénitents, confessés et communiés, qui, le jour même
» du Couronnement ou l'un des sept jours suivant immé-

» diatement le jour du Couronnement, à leur choix,
» visiteront dévotement l'Eglise et la Statue de la Bien-
» heureuse Vierge dite « de la Treille », et y prieront
» pour la concorde entre les princes chrétiens, l'extir-
» pation des hérésies, la conversion des pécheurs et le
» triomphe de l'Eglise. Enfin, par la même Autorité et
» afin que le souvenir de ce jour béni demeure éter-
» nellement, Nous accordons encore à perpétuité à tous
» les fidèles qui accompliront les œuvres de piété pres-
» crites ci-dessus, au jour anniversaire du Couronne-
» ment, une Indulgence plénière et la rémission de tous
» leurs péchés. Toutes et chacune de ces Indulgences
» et rémission de péchés pourront être appliquées, par
» mode de suffrage, aux âmes des fidèles qui ont quitté
» cette vie dans la charité de Dieu. Aucun obstacle
» ne pourra être opposé à l'accomplissement de ces
» faveurs. Nous voulons que les copies de ces lettres
» ou les exemplaires imprimés revêtus de la signature
» d'un notaire public et du sceau d'une personne élevée
» en dignité dans l'Eglise, aient la même autorité que
» celle qu'on accorderait aux présentes lettres pour
» ceux à qui elles seraient présentées.

» Donné à Rome, près Saint-Pierre, sous l'Anneau du
» Pêcheur, le v du mois d'août MDCCCLXXIII, la XXVIIIe
» année de Notre Pontificat.

» F. Card. Asquini. »

VIII. — **Lettre pastorale de S. E. le Cardinal Régnier, Archevêque de Cambrai, en date du 14 mai 1874, au sujet de son voyage à Rome, annonçant le Couronnement de la statue miraculeuse de Notre-Dame de la Treille, et désignant, pour la présente année, le sanctuaire de Notre-Dame de la Treille comme but principal des pèlerinages diocésains.**

« Réné-François Régnier, Cardinal Prêtre du titre de
» la Trinité-du-Mont, par la miséricorde divine et la
» grâce du Saint-Siége apostolique, Archevêque de Cam-
» brai, au clergé et aux fidèles de notre diocèse, salut
» et bénédiction en Notre-Seigneur Jésus-Christ.

» La visite que nous venons de faire au tombeau des
» Apôtres s'est heureusement effectuée, nos très-chers
» Frères ; elle nous a donné de grandes consolations, et
» elle sera, nous en avons la confiance, une source de
» bénédictions pour notre diocèse.

» Ce long voyage a été pour nous l'accomplissement
» d'un devoir.

» L'époque était arrivée où, selon le serment que nous
» en avons fait le jour de notre consécration épiscopale,
» nous devions aller de nouveau rendre compte au Sou-
» verain-Pontife de l'état de notre Église, et lui demander
» ses instructions et ses ordres. — Nous avions de plus
» à remercier Sa Sainteté de l'insigne faveur dont elle a

» daigné nous honorer en nous élevant au Cardinalat,
» et à recevoir, autant que les circonstances le permet-
» tent, les insignes de cette éminente dignité.

» Pie IX nous a, comme toujours, accueilli avec la
» plus paternelle bonté. Cet accueil, du reste, vous le
» savez, nos très-chers Frères, est assuré à tous ceux
» qui ont le bonheur d'approcher de son auguste per-
» sonne.

» En lui offrant l'hommage profond de notre recon-
» naissance et de notre filial dévouement, nous avons
» déposé à ses pieds ce *Denier de Saint-Pierre*, que votre
» piété lui offre chaque année avec tant de bonheur. Par
» un sentiment que nous avons vivement apprécié, vous
» l'aviez rendu, cette fois, plus considérable encore qu'à
» l'ordinaire : grâce à des dons très-généreux que nous
» avions recueillis, même après notre départ de Cambrai
» et jusqu'à Rome, il s'élevait à deux cent cinquante
» mille francs.

» Notre saint et bien-aimé Père a reçu cette offrande
» avec émotion, avec action de grâces, et il a daigné
» vous accorder à tous, dans l'effusion de son cœur,
» toutes les bénédictions que nous lui avons demandées
» pour vous.

» Il n'est pas inutile de vous dire, nos très-chers
» Frères, combien le Pape a besoin de secours pécu-
» niaires que lui envoie de toutes parts le monde catho-
» lique, et à quel noble et saint usage ces religieux sub-
» sides sont employés.

» Rien de plus simple, rien de plus modeste, nous
» pourrions dire rien de plus austère que les habitudes
» domestiques de Pie IX; rien de moins dispendieux
» que son entretien personnel. Mais dépouillé par l'im-

» piété révolutionnaire de tous les revenus qu'avaient
» assurés aux Pontifes Romains les religieuses libéra-
» lités des siècles précédents, sans autres ressources
» aujourd'hui que celles qu'il tient de l'amour de ses
» enfants, il doit pourvoir d'abord aux dépenses
» qu'entraîne nécessairement une administration qui s'é-
» tend au monde entier. Il doit de plus soulager les
» nobles indigences qui ont été pour beaucoup de ses
» anciens et fidèles serviteurs la violente conséquence
» du renversement de son gouvernement temporel. Il
» doit encore soutenir des établissements de charité dont
» il est le fondateur, et répondre aux cris de détresse
» qu'élèvent vers lui des multitudes de pauvres dont les
» yeux et les mains se tourneraient vainement du côté
» de ses spoliateurs. Il doit enfin subvenir aux indis-
» pensables besoins d'un grand nombre d'Evêques et
» d'établissements religieux que la sacrilége rapacité des
» ennemis de l'Eglise a totalement dépouillés de leurs
» dotations séculaires. A elles seules, les dépenses de
» cette dernière catégorie s'élèvent pour Pie IX à plus
» de soixante mille francs par mois.

» Tout incomplet qu'il est, ce simple aperçu suffira
» pour justifier le *Denier de Saint-Pierre*, pour en cons-
» tater la nécessité, pour soutenir, pour accroître encore
» la générosité avec laquelle vous avez concouru jus-
» qu'ici à ses collectes bénies.

» L'état religieux de notre diocèse et les grâces spiri-
» tuelles que nous avions à solliciter dans son intérêt ont
» été le sujet unique de nos entretiens avec le Vicaire
» de Jésus-Christ. Nous avons pu lui dire, nos très-chers
» Frères, que votre attachement à l'Eglise romaine s'ac-
» croît en proportion des injustices et des persécutions

» qu'elle souffre; que vous ne cessez point de prêter à
» toutes les œuvres catholiques un actif et dévoué con-
» cours ; que le zèle de notre clergé pour l'exercice de
» son ministère est aussi infatigable que sa docilité aux
» enseignements de l'Eglise Mère est complète et
» absolue.

» Nous avons signalé les quelques progrès que la piété
» et les institutions religieuses ont faits, dans un grand
» nombre de nos paroisses, pendant ces dernières
» années. Nous avons dit les espérances que nous donnent
» pour l'avenir la direction solidement chrétienne de
» presque toutes nos maisons d'éducation, nos patro-
» nages et nos réunions dominicales pour la jeunesse de
» l'un et l'autre sexe, nos pieuses associations d'enfants
» de Marie, nos cercles catholiques d'ouvriers, nos con-
» férences de Saint-Vincent de Paul, l'action si douce et
» si édifiante des communautés religieuses qui se vouent
» au soin des malades et des pauvres, l'influence enfin
» de ce grand nombre d'hommes placés, dans nos villes
» et nos campagnes, aux premiers rangs par leur éduca-
» tion, leur position sociale, leur fortune, qui professent
» hautement leur foi, montrent l'exemple de toutes les
» vertus chrétiennes et patronent généreusement toutes
» les œuvres utiles.

» Ces communications ont touché le Saint-Père : elles
» ont apporté quelque consolation à son cœur abreuvé
» de si longues et de si amères tristesses.

» Nous n'avons rien à vous apprendre, nos très-chers
» Frères, sur la situation personnelle de ce grand et admi-
» rable Pontife. Dieu, qui l'avait réservé pour les temps
» d'épreuves et de tribulations que traverse l'Eglise,
» le soutient manifestement dans l'accomplissement de

» sa mission providentielle. Tout le monde sait, et nous
» avons vu de nos propres yeux, avec quelle merveil-
» leuse vigueur il porte le poids de ses quatre-vingt-deux
» ans. L'âge n'a point affaibli la lucidité de son esprit, ni
» la sûreté de sa mémoire. Rien n'altère la sérénité de
» son âme; il domine les événements qui ébranlent
» aujourd'hui le monde. Il voit passer, sans abattement
» et sans trouble, les iniquités, les violences, les fai-
» blesses, les hypocrisies de notre temps et des hommes
» qui en sont les auteurs ou les complices.

» Toutefois, il est pour lui des douleurs dont ne peut
» le défendre toute la force de son âme, et que parta-
» gent tous les cœurs catholiques. Comment, en effet,
» verrait-il sans une profonde désolation les ruines reli-
» gieuses et morales qu'accumule partout l'impiété, la
» désorganisation sociale qu'entraînent ses perverses
» doctrines, la corruption qu'elle s'étudie à faire péné-
» trer dans l'éducation de l'enfance et de la jeunesse,
» les entraves qu'elle met à l'exercice du saint minis-
» tère dans toutes les contrées où elle domine, les
» persécutions qu'elle y exerce contre les Evêques et
» les prêtres fidèles à leur vocation, les encourage-
» ments honteux qu'elle accorde aux rébellions contre
» l'Eglise, les séductions et les récompenses qu'elle offre
» aux apostasies?

» L'univers entier connaît les douloureuses protesta-
» tions que ces attentats et ces perversités ont récem-
» ment inspirées à Pie IX. Dans son Encyclique du 21
» novembre dernier, il nous fait un tableau aussi vrai
» qu'il est affligeant des formes astucieuses ou violentes
» que prend la persécution actuelle dans les différentes
» contrées où elle sévit.

» Nous résumerons ici, pour remplir le devoir de
» notre charge pastorale, les principaux traits de ce do-
» cument vraiment apostolique, et nous éviterons de les
» affaiblir par aucun commentaire.

» En Italie, les religieux et les religieuses de tout
» ordre sont expulsés de leurs couvents, condamnés à
» errer sans asiles et réduits à l'indigence. Le concours
» que prêtaient au Pape, pour le gouvernement de
» l'Eglise, des instituts monastiques aussi pieux que
» savants lui est violemment enlevé, tandis qu'on se
» vante de lui laisser son entière et pleine liberté pour
» l'exercice du ministère attaché à son suprême Pon-
» tificat.

» En Suisse, les évêques et les prêtres sont exilés;
» la divine constitution de l'Eglise est violée par la pré-
» tention qu'a le pouvoir séculier de pourvoir aux em-
» plois ecclésiastiques et de conférer la juridiction né-
» cessaire pour la prédication de la parole de Dieu,
» l'administration des Sacrements et le gouvernement
» des âmes.

» On sait avec quel éclat la guerre a été déclarée en
» Allemagne au catholicisme, avec quelle rigueur elle
» se poursuit.

» Dans plusieurs Etats de l'Amérique du Sud, les
» consciences sont soumises à la même oppression, et
» les évêques aux mêmes violences.

» Par des moyens qui se diversifient selon les circons-
» tances locales et le caractère des persécuteurs, on
» poursuit partout un but unique : la ruine du gouver-
» nement spirituel du Pape, et, si elle était possible, la
» destruction finale de l'Eglise catholique.

» Et, à ce sujet, nos très-chers Frères, voyez com-

» bien est étrange l'abus que l'on fait des mots et quel
» renversement de toutes les notions morales en est la
» conséquence! C'est au nom de la justice que se commet-
» tent les plus flagrantes iniquités, au nom de la liberté
» de conscience qu'on empêche et qu'on punit le paci-
» fique exercice de notre culte, au nom de la civilisa-
» tion et du progrès que se commettent des actes de
» véritable barbarie. On appelle *lois* des proscriptions
» essentiellement opposées aux règles éternelles du droit,
» et qui n'ont pour principes que les intérêts personnels
» ou les passions politiques de ceux qui les décrètent ;
» on flétrit du nom de rébellion la soumission à l'au-
» torité suprême de Dieu et le refus d'accepter les
» prévarications que veut imposer à la conscience la
» force brutale.

» C'est contre ces actes tyranniques, mal dissimu-
» lés sous des formes légales, c'est contre cette oppres-
» sion de la justice et de la vérité désarmées, dont les
» puissants du jour donnent le scandale au monde, que
» Pie IX, dénué de tout appui humain, élève sa cou-
» rageuse voix et qu'il prononce des condamnations qu'on
» peut dédaigner ici-bas, mais que le Ciel ratifie.

» Du reste, nos très-chers Frères, ces réglementations
» laïques, ces décrets, ces actes législatifs par lesquels
» un trop grand nombre de gouvernements s'arrogent
» aujourd'hui le droit de destituer les légitimes pasteurs,
» et de les remplacer par des Evêques et des curés
» de leur création, de soumettre à leur direction pro-
» testante ou rationaliste l'enseignement de la théologie
» elle-même et l'éducation ecclésiastique, n'ont rien de
» nouveau pour nous. Tout cela reproduit, en l'aggra-
» vant, cette constitution civile du clergé qui causa tant

» de troubles en France, il y a quatre-vingt et quelques
» années, que frappèrent si sévèrement les anathèmes
» du Siége apostolique, et qui fit parmi nos Evêques et
» nos prêtres un si grand nombre de confesseurs de la
» foi et de martyrs.

» A quelque nation que vous apparteniez et quel
» que soit le lieu de vos combats, soyez bénis vous
» tous, ministres des autels et courageux catholiques,
» qui, à votre tour, souffrez l'outrage, les bannisse-
» ments, les prisons pour le nom de Jésus-Christ! Nous
» compatissons à vos épreuves, pour les avoir subies
» autrefois nous-mêmes : notre religieuse admiration,
» nos prières et nos secours vous sont dus et ne vous
» feront point défaut.

» Vous attendez, nos très-chers Frères, que nous
» vous disions quelques mots de Rome en particulier.
» Vous savez, hélas! quel spectacle offre aujourd'hui
» cette métropole de la catholicité. Un voile funèbre
» couvre ses sanctuaires et attriste son enceinte sacrée.
» Son Vatican, à raison des scandales et des menaces
» qui l'entourent, est devenu une prison, et les splen-
» dides solennités de ses basiliques sont interrompues.
» Ses couvents, asiles antiques et vénérés de la prière
» et de l'étude, sont transformés en casernes; les
» quelques religieux qui y demeurent, relégués dans
» quelque coin pour le service des paroisses, n'ont,
» pour exercer leur ministère et pour vivre, que des
» indemnités dérisoires. Par des combinaisons savamment
» hostiles, on cherche à rendre désormais impossible le
» recrutement de ces ordres illustres qui ont mis, de-
» puis des siècles, au service de l'Eglise, tant de science
» et de vertus.

» Mais ne craignons rien, N. T.-C. F., ces tristes ha-
» biletés seront déjouées : Dieu s'est engagé à réprouver
» et à confondre la vaine prudence que lui opposent ses
» ennemis. Nous ignorons dans quel temps et par quels
» moyens s'exerceront sa justice et sa miséricorde ; mais
» ce qui est certain pour nous, et ce qui doit nous faire
» espérer contre toute espérance, c'est, d'une part, que
» le triomphe du mal est nécessairement passager, et,
» de l'autre, que la puissance des portes de l'enfer, à
» quelque degré qu'elle s'élève, ne prévaudra jamais
» contre l'Eglise.

» Au milieu de ce frémissement hostile qui court d'un
» bout du monde à l'autre, au milieu de cette conjuration
» des peuples et des rois contre le Seigneur et contre
» son Christ, quelques nations seulement ont conservé
» des représentants officiels auprès du Souverain-Pontife.
» La France, nous n'en saurions douter, gardera fidèle-
» ment ce poste d'honneur qui lui appartient au premier
» rang, et que la sagesse de son gouvernement a confié
» à un ambassadeur digne à tous égards d'une si haute
» et si noble mission.

» Si les tribulations de Pie IX se prolongent, si elles
» s'aggravent chaque jour, son cœur, comme autrefois
» celui de saint Paul, goûte de bien douces joies parmi
» ses immenses douleurs. Il trouve une grande consola-
» tion dans l'unanime fidélité avec laquelle tous les
» Evêques demeurent attachés au Saint-Siége, et dans le
» courage qu'ils savent, quand il le faut, opposer à la
» persécution, eux et les fidèles de leurs diocèses; courage
» qui rappelle celui que firent éclater aux premiers
» siècles les martyrs de la primitive Eglise. — Les
» délaissements et les défections dont le Saint-Père a le

» droit de s'affliger, sont compensés pour lui par l'attache-
» ment fidèle que lui garde l'immense majorité de la
» population romaine, et par cette affluence non inter-
» rompue de pieux pèlerins qui viennent de toutes les
» contrées de la terre lui offrir l'hommage de leur dé-
» vouement filial, recevoir ses bénédictions paternelles
» et recueillir ses solennels enseignements.

» Quelques mots maintenant, nos très-chers Frères, de ce
» qui nous concerne personnellement. — Dans le consis-
» toire du 4 de ce mois, le Souverain-Pontife a daigné
» nous accorder pour titre cardinalice l'église de la Trinité
» du Mont. Cette église appartient à la France ; elle
» fait partie de la maison des Dames du Sacré-Cœur dont
» l'institut est une des gloires religieuses de notre
» nation et dont le zèle est depuis si longtemps apprécié
» dans notre diocèse.

» Le Saint-Père nous a de plus désigné les Congréga-
» tions dont nous aurions à partager les travaux, si
» d'autres devoirs ne nous tenaient pas forcément éloi-
» gné de nos éminents collègues. Ces Congrégations
» sont celles du Concile, des Evêques et des Réguliers,
» des Etudes et de l'Index.

» Nous avons également reçu de Sa Sainteté l'anneau
» cardinalice ; mais la remise du chapeau a dû être
» ajournée, parce qu'elle exige une solennité et des
» fêtes populaires que ne comporte pas l'état actuel de
» Rome.

» A ces faveurs qui nous sont personnelles, Pie IX a
» daigné en ajouter une autre qui intéresse spécialement
» notre grande et religieuse cité lilloise : le Couronnement
» de l'Image vénérée de Notre-Dame de la Treille. Cette
» cérémonie est fixée au 21 Juin prochain ; ainsi, par

» une heureuse coïncidence, aura-t-elle lieu le jour anni-
» versaire du Couronnement de notre Très-Saint Père le
» Pape lui-même.

» En 1854, la procession de la fête séculaire de Notre-
» Dame de la Treille eut lieu avec une splendeur et
» une piété vraiment admirables. Lille prouvera certaine-
» ment, en 1874, que sa dévotion envers son auguste
» Patronne ne s'est point refroidie pendant ces vingt
» dernières années. Nous savons déjà avec quel généreux
» entrain ses habitants de toutes classes travaillent aux
» préparatifs de leur grande solennité.

» D'éminents Prélats nous ont promis d'assister à cette
» fête. Ils en augmenteront grandement par leur présence
» l'éclat et l'édification. Nous comptons sur l'éloquente
» parole de plusieurs d'entre eux pour préparer les
» fidèles à recueillir les grâces insignes que le Souverain-
» Pontife a daigné accorder à tous ceux qui rempliront
» pieusement les faciles conditions auxquelles elles sont
» attachées.

» Ce ne seront pas seulement les habitants de Lille et
» des localités environnantes qui profiteront de ces grâces ;
» on y viendra prendre part de plus loin ; et le sanc-
» tuaire de Notre-Dame de la Treille pourra, cette année,
» être le but principal de nos pèlerinages diocésains. On
» doit partout si vivement sentir le besoin de prières
» ferventes et de puissantes intercessions auprès de
» Dieu !

» Vous vous presserez donc, N. T.-C. F., aux pieds
» de la Mère de Grâce (1) ; vous demanderez par elle,

(1) C'est sous ce titre que la sainte Image doit être couronnée, aux termes de la concession verbale faite par Sa Sainteté Pie IX à Son Eminence le Cardinal Régnier, à son audience du 19 avril 1874.

» à son divin Fils, pour l'Eglise et pour le Souverain-
» Pontife, la paix et la délivrance ; pour la France, l'apaise-
» ment des discordes qui la troublent si profondément
» et l'union qui ferait sa force ; pour le diocèse, l'affer-
» missement dans sa foi et une fidélité complète aux
» devoirs qu'elle impose.

» Chacun de nous demandera pour lui-même, et pour
» tous ceux qui lui sont particulièrement chers, une
» vie pure, la force de vaincre les tentations et les périls
» qui nous attendent ici-bas sur notre voie ; la grâce
» enfin de partager avec la Vierge bénie, que nous
» invoquons comme notre Patronne et notre Reine, le
» bonheur de contempler éternellement Jésus dans sa
» gloire. *Vitam præsta puram, iter para tutum, ut videntes*
» *Jesum, semper collætemur.*

» Et sera notre présente Lettre pastorale lue au prône
» de la Messe paroissiale ou à la Messe de communauté,
» dans toutes les églises et chapelles de notre diocèse,
» le Dimanche qui en suivra immédiatement la réception.

» Donné à Cambrai, en notre Palais archiépiscopal, le
» 14 mai 1874, en la fête de l'Ascension de Notre-
» Seigneur Jésus-Christ.

» † R.-F., Cardinal REGNIER, *Archevêque de Cambrai.*

» Par Mandement :

» Duprez, *Chanoine, Secrétaire-général.* »

IX. — Texte et traduction de l'acte du Couronnement de la statue miraculeuse de Notre-Dame de la Treille, rédigé par Mgr Cataldi, maître des cérémonies de notre Saint-Père le Pape Pie IX, protonotaire apostolique, chargé des cérémonies du Couronnement.

ANTONIUS CATALDI

Sanctissimi Domini Nostri Papae ab intimo cubiculo
Apostolicarum caeremoniarum antistes
Protonotarius apostolicus
Vicarius generalis praeceptoriae S. Spiritus
in Saxia et Nosocomiorum urbis
SS. Rituum et caeremonialis Congregationum consultor
SS. Patriarchalis basilicae Vaticanae presbyter beneficiarius etc.

« Universis et singulis hoc publicum instrumentum
» inspecturis, notum facimus ac testamur, quod anno a
» Nativitate Dominica millesimo octingentesimo septuage-
» simo quarto, die vero vicesima prima mensis Junii,
» Pontificatus SS. in Christo Patris et Domini Nostri Domini
» Pii, divina Providentia Papae Noni, anno vicesimo nono,
» indictione Romana II, ejusdem SS. Domini Nostri Papae
» faustissimo Coronationis anniversario recurrente, Emi-
» nentissimus et Reverendissimus DD. Renatus Fran-
» ciscus tituli SS. Trinitatis in Monte Pincio S. R. E.
» presbyter Cardinalis Regnier, Metropolitanae Ecclesiae
» Cameracensis Archiepiscopus, a Summo Pontifice per
» Apostolicas litteras in forma brevis delegatus, Coro-
» nationis solemnia pervetustae Imaginis Dominae No-

» strae Coelorum Reginae Cancellatae, Insularum civi-
» tatis in Gallia Augustissimae Patronae et ex benignitate
» SS. DD. NN. Papae Gratiae Matris titulo novissimo
» decoratae, splendissimo caeremoniarum apparatu,
» pientissime explevit. Quamobrem, horis permeridianis
» praedictae diei, solemni indicta supplicatione omnium
» ordinum tum clericorum quam laicorum necnon piarum
» tum feminarum et puellarum cum virorum et puero-
» rum sodalitatum mira varietate dispositarum et in con-
» tinuatas acies e Basilica Cancellatae Virginis ditissimis
» ornamentis, phrygio opere aulacis et variopictis vexillis
» circumquaque splendescentes, inter confluentis populi
» tum incolarum cum advenarum frequentissima turmas
» procedentes, ac venerandam Cancellatae Virginis Ma-
» riae simulacrum devotissime circumferentes, omnibus
» idcirco suis in loni compositis, Eminentissimus Apos-
» tolicus Delegatus, deposita cappa cardinalitia, sacra
» assumpsit pontificalia indumenta albi coloris, et assis-
» tentibus sibi RR. DD. PP. Fruchaud, Turonensi
» archiepiscopo, Gignoux Bellovacensi, Duquesnay Le-
» movicensi, Lequette Atrebatensi, Freppel Andegavensi,
» Bataille Ambianensi, Dumont Tornacensi, de Mar-
» guerye olim Augustodunensi, Mermillod Hebronensi et
» vicario generali Genevensi, Monnier Lyddensi et Ca-
» meracensis archiepiscopi auxiliario, antistibus, RR. DD.
» Faraud dioeceseos vulgo dicti Annemour vicario Apos-
» tolico, RR. PP. abbatibus infulatis Nostrae Dominae
» de Monte, Portus de Salute et S. Michaelis, necnon
» RR. DD. Scott, Ariensi decano, Nameche, Lovaniensi
» magnifico Rectore, Paulo Bastide, Thoma Capel et
» Julio Duplessis, domus Pontificalis praesulibus, et
» nonnullis civilibus militaribusque Auctoritatibus, sacras

» Coronas statuto ritu benedixit, et ascendens super para-
» tos gradus ac recepta a me, infrascripto SS. DD. NN.
» Papae caeremoniarum magistro, altera e coronis, caput
» Imaginis infantis Jesu insignivit, alteroque diademate
» pariter a me recepto caput Augustissimae Matris Gra-
» tiae, Pontificio Nomine et vice, religiosissime corona-
» vit, musicis interea instrumentis personantibus, clero
» antiphonam Regina Coeli modulatis vocibus concinente,
» ac frequentissimo populo Insularum Patronam celsis-
» simam et Summum Pontificem conclamante; quibus
» rite peractis juxta caeremonialis Romani praescriptum
» Pontificalem benedictionem circonstantibus impertivit.
» De quibus omnibus et singulis, ego infrascriptus SS.
» DD. Papae et Sacri OEcumenici Vaticani Concilii cae-
» remoniarum magister, Apostolicae Sedis protonotarius,
» ex officio rogatus, hoc publicum instrumentum mea
» manu signatum, meoque sigillo munitum, confeci
» Acta fuerunt haec Insulis die, mense et anno prout
» supra, praesentibus ibidem et ad praedicta testibus
» adhibitis et rogatis perillustribus viris dynasta Le Guay,
» status a conciliis et borealis provinciae praeside,
» Catel-Beghin, Civitatis Majore.

 » Catel-Beghin.   B. Le Guay.

   » Ita est, Antonius Cataldi, SS. D N.
   Papae et S. OEcumenici Vaticani
   Concilii Caeremoniarum magister
   ac Protonotarius Apostolicus. »

ANTOINE CATALDI

Camérier secret de Notre très-saint Père le Pape,
Maître des Cérémonies apostoliques,
Protonotaire apostolique,
Vicaire général de la commanderie du Saint-Esprit
et des hôpitaux de la ville,
Consulteur de la Congrégation des rites et des cérémonies,
Prêtre bénéficier de la basilique patriarcale du Vatican, etc.

» A tous ceux qui verront cet acte public, nous décla-
» rons et attestons que l'an de la Nativité de Notre-Sei-
» gneur mil huit cent soixante-quatorze, le vingt et
» unième jour du mois de juin, la vingt-neuvième année
» du Pontificat de Notre Très-Saint Père dans le Christ
» et Seigneur, Pie IX, Pape par la Miséricorde divine,
» la deuxième année de l'Indiction romaine, l'heureux
» jour anniversaire du Couronnement de Notre Très-Saint
» Père le Pape, l'Eminentissime et Révérendissime
» Seigneur Réné François Régnier, Cardinal-Prêtre de la
» sainte Eglise romaine, du titre de la très-sainte Trinité
» du Mont Pincio, archevêque de l'Eglise métropoli-
» taine de Cambrai, délégué par le Souverain-Pontife
» par lettres en forme de Bref, a accompli régulière-
» ment, au milieu des cérémonies les plus splendides,
» la solennité du Couronnement de l'antique Image de
» la Reine des Cieux, Notre-Dame de la Treille, auguste
» Patronne de la ville de Lille en France, récemment
» décorée du titre de Mère de Grâce, par la bienveillance
» de Notre Très-Saint Père le Pape.

» A cet effet, dans l'après-midi du jour indiqué, à
» la suite d'une procession solennelle, — composée d'in-
» nombrables cortéges de clercs et de laïcs, de dames

» pieuses et de jeunes vierges, d'associations d'hommes
» et de jeunes gens, se succédant en groupes sans fin
» dont tous admiraient la variété, les splendides orne-
» ments et les riches bannières brodées de soie et res-
» plendissant de couleurs les plus brillantes, — qui
» sortit de la Basilique de la Vierge à la Treille, et porta,
» à travers les flots de la population et des étrangers
» qui se pressaient pieusement de toutes parts, la Statue
» vénérée de la Vierge Marie à la Treille, chacun se
» trouvant à la place qui lui avait été assignée,

» L'Eminentissime Délégué du Souverain-Pontife, ayant
» déposé sa chape cardinalice, se revêtit des ornements
» pontificaux de couleur blanche, et assisté de Nos Très-
» Vénérés Seigneurs et Pères Fruchaud, archevêque de
» Tours ; Gignoux, évêque de Beauvais ; Duquesnay,
» évêque de Limoges ; Lequette, évêque d'Arras ; Frep-
» pel, évêque d'Angers ; Bataille, évêque d'Amiens ;
» Dumont, évêque de Tournai ; de Marguerye, ancien
» évêque d'Autun ; Mermillod, évêque d'Hébron et vi-
» caire général de Genève ; Monnier, évêque de Lydda
» et auxiliaire de l'archevêque de Cambrai ; du vénéré
» Seigneur Faraud, vicaire apostolique du diocèse d'Anne-
» mour ; des RR. PP. abbés mitrés de Notre-Dame du
» Mont, du Port-du-Salut et de Saint-Michel ; des véné-
» rés Seigneurs Scott, doyen d'Aire ; Namèche, recteur
» magnifique de Louvain ; Paul Bastide, Thomas Capel
» et Jules Duplessis, prélats de la maison du Saint-Père,
» et des autorités civiles et militaires,

» A béni, d'après le rite prescrit, les Couronnes
» sacrées (1), et, gravissant les degrés préparés à cet

(1) Les deux couronnes destinées, l'une à la statue miraculeuse de Notre-
Dame de la Treille, et l'autre à l'Enfant-Jésus, ont été bénites par le Saint-

» effet, a reçu de la main du Maître des Cérémonies de
» Notre Très-Saint Père le Pape, soussigné, l'une des
» Couronnes qu'il a placée sur le front de l'Enfant-Jésus
» de la sainte Image, et ensuite l'autre diadème dont il
» a religieusement couronné, au nom et en lieu du Sou-
» verain-Pontife, la tête de l'Auguste Mère de Grâce, au
» son des instruments de musique retentissant de toute
» part, le clergé chantant en chœur l'Antienne *Regina*
» *Coeli*, et un peuple innombrable ne cessant d'acclamer
» l'insigne Patronne de Lille et le Souverain-Pontife.

» Et tout étant accompli conformément aux prescrip-
» tions du cérémonial romain, l'Eminent Cardinal délégué
» a donné aux assistants la Bénédiction Pontificale.

» En attestation de toutes ces choses, moi, soussigné,
» Maître des Cérémonies de Notre Très-Saint Père le Pape
» et du Saint Concile Œcuménique du Vatican, protono-
» taire apostolique, prié d'agir en cette qualité, ai rédigé cet
» acte public signé de ma main et muni de mon sceau.

» Le présent acte fait à Lille, les jours, mois et an
» précités, en présence des personnages de haute distinc-
» tion demandés comme témoins : le baron Le Guay,
» Membre du Conseil d'Etat, Préfet du département du
» Nord, et Catel-Béghin, Maire de la ville.

» CATEL-BÉGHIN.   LE GUAY.

» ANTOINE CATALDI,
Maître des cérémonies de N. T.-S. P.
le Pape et du S. Concile Œcuménique
du Vatican, protonotaire apostolique. »

Père, le 19 avril 1874, dans l'une des salles du Vatican ; mais cette bénédiction n'avait été donnée que *modo Privato*, la bénédiction solennelle devant
avoir lieu au moment même du Couronnement.   (Note du traducteur.)

X. — **Eglise monumentale de Notre-Dame de la Treille.** — **Fonte d'une cloche, Bourdon de Notre-Dame de la Treille, à l'occasion du VI⁰ centenaire de la création de la procession de Notre-Dame de la Treille** — *procession de Lille*, — **et de la Prise de possession et de la Bénédiction solennelle de l'église de Notre-Dame de la Treille et Saint-Pierre, Juin et Juillet 1869. (Pièce publiée en 1869.)**

Il y a quinze ans, lors du Jubilé séculaire de 1854, célébré à l'occasion du vi⁰ centenaire de l'érection de la Confrérie de Notre-Dame de la Treille, la population entière se pressait sur l'emplacement où fut jadis le berceau de Lille. Là, en présence des princes de l'Eglise, devant les magistrats de la cité et les représentants de l'Etat, devant les ambassadeurs des puissances étrangères, la première pierre de l'église monumentale de Notre-Dame de la Treille était posée. Le premier pasteur du diocèse la bénit; et tous, debout près de cette pierre, nous adressions à Dieu cette prière : « Seigneur, faites, dans
» votre amour pour Sion, que s'élèvent les murs de Jéru-
» salem : alors vous recevrez le sacrifice de justice,
» l'oblation, l'holocauste; alors sur votre autel sera pla-
» cée la Victime. »

Cette prière est exaucée, cette parole accomplie.

Au mois de juin de cette année, au milieu des fêtes séculaires célébrées à l'occasion du vi⁰ centenaire de la création de la procession de Notre-Dame de la Treille, — *Procession de Lille*, — aura lieu la prise de possession et la bénédiction solennelle de l'église monumentale de Notre-Dame de la Treille.

Réunie de nouveau, mais cette fois dans l'enceinte même de l'église monumentale, à la vue des grandes choses que le Seigneur a faites, la population entière dira à Dieu sa reconnaissance avec sa joie. — Mais au milieu de ce concert unanime des voix et des cœurs, ces pierres, ces murailles, l'église monumentale restera-t-elle donc muette? sera-t-elle seule à ne pas faire entendre sa voix dans cette allégresse générale? A ce moment où, joyeuse d'arriver à l'existence, toute remplie de la majesté de Dieu qui sera descendu en elle, elle trassaillira, sous les regards de la Vierge de Lille, jusque dans ses fondements, et, rejetant loin d'elle la terre qui doit faire place aux fondations de son vaste transept, elle nous dira : « En avant! Dieu le veut!... » ; à ce moment solennel et si plein d'émotion, ne pourra-t-elle donc pas dire à Dieu sa reconnaissance avec la nôtre, sa joie avec notre joie, en mêlant à nos voix sa grande voix, *la cloche!*.... Ce serait une immense lacune dans cette grande fête de famille. Nous ne la laisserons pas se produire, et nous donnerons à l'église monumentale sa cloche jubilaire, sa cloche commémorative de la prise de possession solennelle de l'église et de nos fêtes séculaires de 1869, le

Bourdon de Notre-Dame de la Treille.

L'église de Notre-Dame de la Treille est l'œuvre de tous : l'opulence, pour l'élever, a donné et donnera encore son or; la pauvreté, son obole. Le Bourdon de Notre-Dame de la Treille doit également être l'œuvre de tous, et tous peuvent y contribuer sans surcharge aucune, sans détourner la moindre partie des sommes destinées aux travaux de l'église. — Il suffirait, pour atteindre ce but, que chacun fît chez soi une visite domiciliaire, recueillît le vieux métal de toute nature qui, sous les formes les plus diverses, reste sans emploi et sans utilité dans nos maisons, nos magasins, nos usines, et le versât *au dépôt général*, établi *rue du Cirque*, n° 9.

Cet appel a déjà été entendu par plusieurs : des quantités notables de métal ont été versées au dépôt central. Il sera entendu par tous. Tous voudront participer à cet hommage rendu à Notre-Dame de la Treille ; tous voudront être représentés dans cette grande voix qui, au nom de tous, s'élèvera bientôt grave, sonore et joyeuse, vers la patronne de Lille.

Le Bourdon de Notre-Dame de la Treille sera, s'il est possible, fondu au chantier même de l'église monumentale pendant les fêtes séculaires du mois de juin. Tous pourront assister à l'opération de la fonte : chacun voudra jeter alors dans le métal en fusion des pièces d'argent ou d'argenterie qui donnent à la cloche ses ondes plus vibrantes et plus sonores. — La bénédiction solennelle aura lieu au jour indiqué ultérieurement dans le programme de nos fêtes séculaires.

La cloche a toujours tenu une place bien grande dans la vie d'une population, car elle dit ses joies et ses douleurs ; et c'est un deuil public quand, par le malheur des temps, cette grande voix vient à s'éteindre. Nos pères assistèrent à ce deuil. Quand le Bourdon de Saint-Pierre de Lille fit entendre ses dernières volées, le glas funèbre de notre antique Collégiale, de ce sanctuaire vénéré de Notre-Dame de la Treille, son glas funèbre avait sonné. Le marteau révolutionnaire commença son œuvre et l'acheva....

Mais l'heure de la réparation devait sonner à son tour. Sous le souffle divin, l'antique Collégiale devait sortir de ses ruines plus splendide et plus belle. L'église monumentale de Notre-Dame de la Treille naissait en un jour de fête jubilaire, au bruit des acclamations de la ville entière, saluant de nouveau Notre-Dame de la Treille pour sa Mère et sa Patronne.

A ces accents de fête succédèrent quinze années de silence. Comme toutes les grandes œuvres de Dieu, c'était dans le recueillement et la prière que devaient s'élaborer silencieusement les grandes choses réalisées dans l'église monumentale. Nos fêtes séculaires les feront apparaître à tous dans leur merveilleuse beauté et leur splendeur sans égale ; et quand le Bourdon de Notre-Dame de la Treille leur aura communiqué le souffle de vie en leur donnant sa puissante voix ; quand, au milieu de nos fêtes séculaires, l'église monumentale s'élevant radieuse au-dessus des ruines de la Collégiale, sa grande voix, résumant en elle les voix de la population entière, saluera la Vierge de Lille ; alors une même émotion fera battre tous les cœurs dans un même sentiment d'amour et de reconnaissance : tous nous entonnerons l'hymne de l'action de grâces, car l'heure de la réparation aura sonné....

Aux joyeuses volées de notre Bourdon, les populations, étonnées et ravies, accourront en foule vénérer Notre-Dame de la Treille, et ses puissants échos, répétés d'âge en âge, diront aux générations futures que Lille de l'église monumentale de Notre-Dame de la Treille, comme Lille de la Collégiale, est et sera toujours *Lille cité de la Vierge*.

OBSERVATIONS. — Le dépôt général pour le métal est établi près des travaux de l'église monumentale de Notre-Dame de la Treille, chez M. Richelle, rue du Cirque, n° 9.

L'importance exceptionnelle du Bourdon de Notre-Dame de la Treille exigeant des quantités de métal très-considérables, on est instamment prié de verser au dépôt général tout le métal dont on pourrait disposer en faveur de l'Œuvre : *le cuivre, l'étain, le plomb, le fer, la fonte*, etc.

Les métaux qui ne pourraient, à cause de leur nature, faire partie de la cloche, seront vendus, et le prix sera employé à l'acquisition du métal susceptible d'entrer dans sa composition.

Plusieurs personnes, n'ayant pas de métal à leur disposition, désireuses cependant de concourir à l'œuvre de la cloche, ont offert de l'or, de l'argent, des bijoux ou des pierres précieuses. — Bien que le présent appel ait spécialement pour objet les métaux vulgaires, cependant le désir de donner satisfaction à la piété de tous envers Notre-Dame de la Treille, et la nécessité, d'ailleurs, de pourvoir aux frais relatifs de la fonte de la cloche et autres accessoires, feront accepter avec reconnaissance les objets précieux de toute nature et les sommes qui pourraient être mises à la disposition de l'Œuvre. Ils peuvent être déposés chez M. l'abbé de Marbaix, rue de l'Arc, n° 11, ou au dépôt central indiqué plus haut pour le métal.

XI. — Texte du Bref de S. S. Pie IX à M. de Corcelles, ambassadeur de France à Rome, en date du 15 juin 1874, accueillant la demande de donner le nom du Saint-Père à la principale cloche, commémorative du Couronnement : *Marie Pie de Notre-Dame de la Treille couronnée.*

« Dilecto Filio Nobili Viro de Corcelles, Procuratori
» Insularum in Gallico Nationali Coetu.

» Pius PP. IX.

» Dilecte Fili Nobilis Vir, Salutem et Apostolicam Be-
» nedictionem. Sicuti, Dilecte Fili, celebritate ac pompâ
» gaudemus, quâ Insulana Deiparae Imago brevi coronabi-
» tur, quia honores Virgini delati nequeunt in emolumen-
» tum non verti obsequentium ; sic libenter à te accipi-
» mus PIAE nomen tribui placuisse nolae eâ occasione
» benedicendae. Accomodatissimam enim censemus hanc
» appellationem aeri, cuius praecipua numera futura sunt
» convocare populum ad Omnipotentis laudes, horas no-
» tare, sive matutinas, sive vespertinas in quibus fideles
» salutare consueverunt Matrem suam, et nunciare ip-
» sius (1) ac Sanctorum festa. Prono propterea excipi-
» mus animo propositum Insulanorum à te Nobis prodi-

(1) Voir dans le compte-rendu, page 81, la note relative aux conditions imposées par les donateurs de la cloche principale, commémorative du Couronnement : *Marie Pie de Notre-Dame de la Treille couronnée.*

» tum; iisque ominamur ex animo, ut quoties PIAE vocem
» audient toties novis incendantur pietatis igniculis. Inte-
» rim verò superni favoris auspicem et paternae Nostrae
» benevolentiae pignus tibi, Dilecte Fili Nobilis Vir, et
» populo quem refers in Nationali Coetu, Benedictionem
» Apostolicam peramanter impertimus.

» Datum Romae apud S. Petrum, die 15 Junii 1874,
» Pontificatûs Nostri anno vicesimoctavo.

» Pius PP. IX. »

XII. — **Note publiée par l'Administration de l'Œuvre de Notre-Dame de la Treille et Saint-Pierre, le 10 Juin 1876, à l'occasion de la Bénédiction des cloches de la Basilique, commémoratives du Couronnement de la statue miraculeuse de Notre-Dame de la Treille, le 21 du même mois.**

Œuvre de Notre-Dame de la Treille et Saint-Pierre.

L'Œuvre de Notre-Dame de la Treille et Saint-Pierre a vu s'accomplir, dans ces derniers temps, deux faits d'une portée considérable : sa transformation en société et, comme premier acte accompli par cette société, l'acquisition des terrains arrentés sur lesquels s'élève la Basilique. En les réalisant, l'administration de l'Œuvre a répondu à un vœu généralement exprimé; elle a assuré l'avenir de l'Œuvre et lui a donné une assiette définitive.

L'acquisition des terrains dits du *Cirque*, jugée indispensable et réclamée par tous, a eu toutefois pour effet de créer des charges considérables; une première somme de près de cent mille francs a dû être versée au moment où le contrat fut signé.

En présence d'engagements aussi sérieux, et avant que les négociations ouvertes avec l'Administration des Hospices eussent assuré des délais suffisants pour payer le complément du prix d'achat, il aurait semblé imprudent de se lancer dans une voie de dépenses nouvelles en exécutant des travaux. A cet effet, il eût été nécessaire de renouveler la souscription décennale, arrivée à son terme. Les circonstances conseillèrent un ajournement.

L'administration de l'OEuvre de Notre-Dame de la Treille ne pouvait oublier que, pendant sept siècles, la Collégiale de Saint-Pierre avait rompu le pain de la parole, et que sous son haut patronage, l'enseignement, à tous les degrés, avait été assuré à la ville de Lille. De telles traditions, consacrées par les siècles, ne meurent pas : elles devaient revivre dans la Basilique, qui est la continuation de la Collégiale. La naissante Université catholique de Lille le comprit : elle ne voulut pas se montrer oublieuse, mais reconnaissante du passé. Son premier acte officiel renoue la chaîne des temps. Le 18 novembre 1875, elle vint dans la Basilique se consacrer et se mettre sous le patronage de Notre-Dame de la Treille.

En présence des immenses besoins créés par cette fondation, besoins qui réclamaient sans délai le concours de tous, l'administration de l'OEuvre de Notre-Dame de la Treille crut devoir s'effacer momentanément et laisser à la souscription pour l'Université le temps de se compléter. Elle reporta donc à la fin de l'année courante le renouvellement de la souscription décennale. Toutefois, confiante dans la divine Providence et dans la protection de Notre-Dame de la Treille, qui depuis vingt ans lui a donné tant de marques de sa sollicitude maternelle, comptant sur le dévouement de la population lilloise et répondant d'ailleurs à un vœu généralement exprimé, l'administration de l'OEuvre va sans délai reprendre les travaux. Le mois de Juin verra l'activité rendue au chantier, en même temps que les cloches seront amenées dans la Basilique pour être solennellement bénites.

Si l'orgue est la grande voix de l'église à l'intérieur, la

cloche est sa grande voix à l'extérieur. Ces deux voix, qui ne sauraient faire défaut à la moindre église de village, à la moindre chapelle de communauté, ne pouvaient manquer à la Basilique de Notre-Dame de la Treille, continuant à Lille la Collégiale de Saint-Pierre. Aussi, dès 1869, alors que la Basilique naissante, renouant la chaîne des temps, allait ouvrir ses portes pour continuer le Sacrifice et se disposait à recevoir l'image bénie de Notre-Dame de la Treille, elle réclama ces deux grandes voix. Elle voulait dire sa joie, saluer la Vierge de Lille venant prendre possession de son temple, et faisant écho aux voix de la Collégiale, redire aux habitants de Lille, avec les bienfaits, l'amour maternel de leur Patronne et de leur Mère. Ces voix ne pouvaient lui être refusées. Grâce à la reconnaissance d'une famille généreuse et dévouée, la Basilique fut pourvue de l'orgue définitif du chœur, le seul que comporte la partie de la Basilique actuellement livrée au culte, et en attendant les puissantes orgues de la grande nef.

La cloche devait avoir son tour. Si les circonstances n'ont pas permis à la jeune Basilique de saluer du Bourdon de Notre-Dame, ni la translation de la Statue Miraculeuse, ni son Couronnement, peut-être cette consolation et cette joie lui seront-elles données lorsque la Vierge de Lille prendra possession définitive de son sanctuaire dans la chapelle absidale terminée et complétement décorée.

En 1869, un vœu général fut exprimé en faveur d'une cloche. Les offrandes faites à cette intention furent peut-être peu considérables par la quotité des sommes versées ou la valeur des objets donnés en nature ; mais le nombre des donateurs donna une importance exceptionnelle à cette manifestation. Aussi l'administration de l'Œuvre résolut-elle de faire exécuter une cloche de dimension assez considérable. Sur ces entrefaites, une communauté religieuse de Lille fit don d'une cloche de moyenne grandeur : d'heureux donateurs l'avaient devancée. Voulant que, sans plus attendre, la Basilique eût une sonnerie maîtresse, à laquelle elle a droit et telle que la réclame la présence de la Patronne de Lille, ils s'entendirent pour faire don d'une cloche principale, et compléter une sonnerie. Cette sonnerie devait elle-même recevoir son couronnement par le don d'une magnifique horloge, dont le mouvement pourra être transporté un jour dans les tours de la Basilique. Les donateurs n'imposaient que deux conditions : leurs noms resteraient connus de Dieu seul, et la cloche principale, qui s'appellait *Marie Pie de Notre-Dame de la Treille couronnée*, indiquerait l'*heure*, sonnerait l'*Angelus* et annoncerait les *fêtes* de la sainte Vierge.

C'est ainsi que cette magnifique sonnerie fut acquise à l'Œuvre, sans que l'administration eût à supporter aucune dépense. Le Saint-Père, qui venait d'accorder le couronnement de Notre-Dame de la Treille, consentit à accepter le patronage de la cloche principale, et permit qu'elle portât son nom auguste et béni. D'autres noms illustres devaient s'y joindre, avec ceux de nos premiers magistrats. Mme la maréchale de Mac-Mahon accepta le titre de marraine, ainsi que Mme Clinchant, femme du général, commandant en chef du 1er corps d'armée. M. le baron Le Guay, préfet du Nord, M. Catel-Béghin, maire de Lille, et d'autres noms sympathiques et vénérés complétèrent la série des parrains et marraines.

Les cloches appelaient un clocher pour les recevoir et leur permettre de saluer Notre-Dame de la Treille de leurs joyeuses volées. Fallait-il attendre les tours de la Basilique achevée ? Etait-ce possible en présence de donateurs si généreux, en présence surtout du patronage auguste du Souverain-Pontife ? Qui d'ailleurs eût consenti à assumer la responsabilité de priver Notre-Dame de la Treille de ces grandes voix par lesquelles elle dira à ses enfants, ses bienfaits, son amour maternel, et leur parlera de son sanctuaire, de sa Basilique, dont leur reconnaissance doit hâter le complet achèvement ? Il fallait exécuter le clocher. Deux bienfaiteurs insignes voulurent supporter une partie notable des frais de cette construction, l'Œuvre fit le reste.

La bénédiction solennelle des cloches aura lieu le 21 de ce mois, jour anniversaire du couronnement de l'Image Miraculeuse. Aux premières vêpres de la fête patronale de Notre-Dame de la Treille, 2 juillet, la sonnerie de la Basilique fera entendre ses joyeux et harmonieux accords, symbole de cette antique union des cœurs qui a toujours distingué les habitants de Lille, en les unissant dans une même pensée, un même sentiment d'amour filial envers leur Patronne et leur Mère.

XIII. — Note relative au progrès de la construction de la Basilique de Notre-Dame de la Treille et Saint-Pierre et au développement du culte.

Sans revenir sur tous les faits qui ont précédé le commencement des travaux de construction de la Basilique de Notre-Dame de la Treille et Saint-Pierre :

La restauration du culte de Notre-Dame de la Treille, par M. l'abbé Bernard, doyen-curé de Sainte-Catherine, en 1842 ;

Les paroles prononcées à Sainte-Catherine par M. l'abbé Combalot, le lundi de Pâques, 28 mars 1853, et qui furent le point de départ de la souscription pour doter la ville de Lille d'une église monumentale dédiée à Notre-Dame de la Treille et Saint-Pierre ;

L'acquisition faite, dans des circonstances providentielles, du terrain du *Cirque*, la veille du Jubilé séculaire, le 30 juin 1854 ;

La mise au concours du plan de l'église projetée ;

Le grand nombre de projets envoyés et la magnificence de l'exposition archéologique à laquelle ils donnèrent lieu dans les premiers mois de 1856, et qui fut suivie de la proclamation des projets couronnés par le jury d'examen, dans la séance solennelle du 13 mars de ladite année :

Nous arrivons, sans plus de retard, au 9 juin 1856 où s'ouvrent les premières tranchées pour recevoir les fondations du monument.

Dès le 4 juin 1859, la partie de la crypte, comprenant

les cinq chapelles absidales et les chapelles latérales jusqu'à la quatrième travée du chœur inclusivement, était livrée au culte.

Les travaux de l'église supérieure au-dessus de cette partie avaient déjà atteint un certain degré d'avancement; ils furent poursuivis avec activité sur ce point en même temps qu'un notable développement était donné aux fondations.

Le 29 juin 1868, la partie de la crypte achevée comprend tout le chœur moins une travée. Cette partie est livrée au culte.

Le 29 juin 1869, l'église supérieure, dans les mêmes conditions de superficie que celles qui viennent d'être indiquées pour la crypte, s'ouvrait à l'inauguration du culte. Trois autels étaient *consacrés* :

Le premier, celui de la chapelle absidale, appelé à recevoir la Statue Miraculeuse et dédié à Notre-Dame de la Treille ;

Le second, celui de la chapelle latérale, du côté de l'évangile, dédié à saint Pierre, deuxième titulaire de la Basilique ;

Le troisième, celui de la chapelle latérale, du côté de l'épître, dédié à saint Joseph, protecteur particulier de l'Œuvre de Notre-Dame de la Treille.

Le maître-autel, dans le chœur, était seulement bénit. Sa consécration doit se faire en même temps que celle de la Basilique elle-même, au moment où elle sera complétement achevée.

La partie de la Basilique livrée au culte, le 26 juin 1869, est, nous l'avons déjà fait remarquer, supérieure en superficie à la plupart des églises paroissiales de Lille.

— Les travaux de sculpture sont particulièrement remarquables; sans parler des ravalements et sculptures exécutés dans la crypte, l'église supérieure compte :

1° Colonnes du chœur. . .	12 chapiteaux.
2° Entre le *deambulatorium* et les chapelles absidales, 12 colonnes. .	12 chapiteaux.
3° Contre les murailles des chapelles latérales.	6 chapiteaux.
Ensemble.	30 chapiteaux.
4° Pour les colonnettes réparties dans les cinq chapelles absidales. .	36 chapiteaux.

1. Crypte.

Chapelles et autels de la crypte.

La crypte a été bénite le 4 juin 1859 par Mgr Régnier. Elle comprend actuellement huit chapelles dont trois ont des autels. L'un de ces autels, celui de la grande chapelle l'absidale, est consacré. Il a été consacré par Mgr Régnier, à la date ci-dessus indiquée, et dédié à saint Joseph, patron particulier de l'Œuvre de Notre-Dame de la Treille.

Nous rappelons ici ce qui se rapporte aux chapelles et aux autels de la crypte.

1° Le maître-autel, au chœur, est destiné à recevoir le tombeau de Notre-Seigneur.

2° La grande chapelle absidale est dédiée à saint Joseph. Son autel est en pierre.

Les deux chapelles de l'abside, placées du côté où se lit l'évangile, sont dédiées :

3° La plus rapprochée de la grande chapelle absidale, à sainte Catherine d'Alexandrie.

4° La suivante, à saint Etienne, protomartyr.

Les deux chapelles de l'abside placées du côté où se lit l'épître, sont dédiées :

5° La première, du côté de la grande chapelle absidale, à saint André, apôtre.

6° La seconde, à saint Maurice.

Puis, à la suite :

7° A côté de la chapelle Saint-Etienne, la chapelle latérale, dédiée à saint Pierre.

8° Et en face, à côté de la chapelle Saint-Maurice, la chapelle latérale dédiée à saint Paul.

Outre l'autel de la grande chapelle absidale, qui a été consacré par Mgr Régnier, la crypte est encore en possession de deux autels bénits.

M. l'abbé Bernard, vicaire général de Cambrai, a béni, le 29 juin 1867, à l'occasion du XVIII° centenaire du martyre de Saint-Pierre à Rome, le maître-autel où sera placé un jour le tombeau de Notre-Seigneur.

M. l'abbé Aernout, doyen-curé de Sainte-Catherine, a béni, le 22 septembre 1867, l'autel de la chapelle Sainte-Catherine, provisoirement appliqué au culte de Notre-Dame des Sept-Douleurs.

2. Eglise supérieure.

Chapelles et autels de l'église supérieure.

L'église supérieure, bénite le 26 juin 1869, par Mgr Fruchaud, évêque de Limoges, comprend dès à présent huit chapelles dont cinq sont pourvues d'un autel. Sur les cinq autels, trois sont consacrés.

Nous suivrons, pour l'indication de ces huit chapelles, l'ordre adopté pour les chapelles de la crypte.

1° Le maître-autel, au chœur, a été bénit par Mgr Fruchaud, le 26 juin 1869.

2° La grande chapelle absidale est dédiée à Notre-Dame de la Treille. C'est sur l'autel de cette chapelle qu'a été placée la Statue Miraculeuse, le 21 septembre 1872, lors de sa translation dans la Basilique. Elle a ensuite été placée sur le maître-autel. C'est sur le maître-autel qu'elle a été replacée, après la grande solennité du Couronnement sur la place en face de la nouvelle Préfecture, et qu'elle doit rester jusqu'au moment où, la grande chapelle absidale étant entièrement terminée, elle prendra définitivement possession de cette chapelle. Cette prise de possession sera accompagnée des plus grandes solennités : elles seront comme la suite et comme la clôture des fêtes du Couronnement dont elles auront à reproduire la splendeur.

La chapelle dédiée à Notre-Dame de la Treille a un autel *consacré*. Il l'a été, le 3 juillet 1869, par Mgr D'Herbomez, évêque *in partibus* de Melitopolis, vicaire apostolique de la Colombie britannique (Amérique septentrionale).

Les deux chapelles de l'abside placées du côté où se lit l'évangile, sont dédiées :

3° La plus rapprochée de la grande chapelle absidale, à saint Thomas de Cantorbéry.

4° Celle qui vient ensuite du même côté, à saint Bernard.

5° Puis, en suivant du même côté, la chapelle latérale dédiée à Saint Pierre.

Les chapelles correspondantes de l'autre côté, celui

où se lit l'épitre, sont, à partir de la grande chapelle absidale :

6° Celle dédiée à saint Louis, roi de France.

7° Celle dédiée à saint Vincent Ferrier.

8° Celle dédiée à saint Joseph.

Les cinq chapelles pourvues d'un autel sont :

1° La grande chapelle absidale dédiée à Notre-Dame de la Treille.

2° La chapelle dédiée à Saint Pierre.

3° La chapelle dédiée à saint Joseph.

4° Le maître-autel.

5° La chapelle dédiée à saint Louis.

De ces cinq chapelles, trois ont un autel consacré :

1° La grande chapelle absidale dédiée à Notre-Dame de la Treille, dont l'autel a été consacré par Mgr D'herbomez, le 3 juillet 1869.

2° La chapelle latérale dédiée à Saint Pierre, dont l'autel a été consacré par Mgr Forcade, évêque de Nevers, le 3 juillet 1869.

3° La chapelle latérale dédiée à saint Joseph, dont l'autel a été consacré par Mgr Lequette, évêque d'Arras, le 3 juillet 1869.

XIV. *Tableau synoptique des Recettes effectuées pendant les deux premières périodes décennales 1853-1863 et 1864-1876.*

NATURE DES RECETTES	ANNÉES													TOTAUX	Rappel de la 1re période décennale.	TOTAUX GÉNÉRAUX	OBSERVATIONS
	1864	1865	1866	1867	1868	1869	1870	1871	1872	1873	1874	1875	1876 (1er semestre)				
Produit des souscriptions	38,324 50	33,511 30	21,404 30	25,852 90	22,963 82	21,971 50	21,158 »	21,215 »	21,830 »	20,047 »	4,820 »	317 »	10 »	238,688 »	168,153 90	727,011 90	
Produit des dons	8,711 74	6,427 53	9,424 »	11,709 49	12,613 »	17,677 50	4,630 »	15,056 »	8,100 »	11,520 41	22,743 24	258,073 24	12,193 24	366,453 21	105,338 26	412,191 73	
Intérêts du fonds placés	. . .	. . .	112 »	. . .	. . .	63 »	. . .	80 25	50 »	15 »	. . .	1,850 08	651 09	2,819 73	1,643 21	4,111 94	
Produit des troncs et quêtes	1,168 26	291 61	101 50	70 81	3 78	2 06	600 27	111 »	499 12	761 00	1,353 37	811 47	014 14	6,712 69	11,678 49	21,610 25	
Produit de médailles commémoratives	. . .	. . .	. . .	. . .	. . .	. . .	. . .	. . .	691 »	. . .	861 »	. . .	. . .	1,428 »	427 53	1,884 25	
Produit des titres de Roubaiden	. . .	. . .	. . .	460 »	. . .	200 »	6,215 50	894 »	402 30	160 »	74 »	212 50	. . .	8,672 30	47,801 70	56,676 00	
Produit des pierres commémoratives	17,813 77	12,518 »	35,310 29	51,303 »	31,160 »	22,141 50	61,515 15	37,870 »	10,076 10	4,930 40	32,921 »	6,802 13	1,100 »	345,792 27	11,303 »	560,097 27	
Sommes accordées par le chemin de fer sur le transport des pierres	. . .	. . .	. . .	44 »	. . .	. . .	. . .	1,307 81	. . .	. . .	. . .	. . .	. . .	1,507 81	167,111 12	167,384 12	
Extraction de la pierre de Lezennes	. . .	. . .	. . .	. . .	. . .	. . .	. . .	. . .	450 »	. . .	205 25	150 »	. . .	81 »	3,131 01	3,870 69	
Loyers de locaux	680 »	232 90	. . .	125 »	125 »	153 »	. . .	. . .	. . .	. . .	. . .	. . .	. . .	2,319 05			
Recettes imprévues : Vente de vieux matériaux, etc.	11,828 »	13,337 50	10,812 50	18,425 »	18,625 »	8,291 63	1,917 50	1,917 30	3,063 30	8,627 50	6,414 68	7,779 92	1,100 13	102,701 62	67,630 33	160,331 95	
Legs	395 10	. . .	117 10	160 72	430 40	10,077 73	187 75	. . .	150 00	842 62	126 25	. . .	. . .	13,850 78	3,179 74	16,036 11	
Cotisations pour fête religieuse	. . .	. . .	. . .	450 »	. . .	. . .	1,500 »	1,900 »	3,000 »	. . .	. . .	1,000 »	. . .	13,450 »	. . .	13,150 »	
Sommes afférentes au gros mobilier de l'église	. . .	. . .	. . .	. . .	500 »	. . .	13,000 »	6,308 32	1,000 »	700 »	. . .	3,916 »	. . .	32,351 25	. . .	32,351 27	
Versement sur les actions de la société	. . .	. . .	. . .	. . .	. . .	. . .	. . .	. . .	. . .	. . .	. . .	14,500 »	5,500 »	20,000 »	. . .	20,000 »	
Chapelle	. . .	. . .	. . .	. . .	. . .	. . .	. . .	. . .	. . .	. . .	3,970 »	. . .	. . .	3,970 »	. . .	3,970 »	
TOTAUX DES RECETTES	78,538 07	73,905 16	81,531 99	107,630 78	86,160 76	79,780 26	112,510 01	04,240 03	37,511 83	40,601 58	110,509 97	197,970 17	31,003 01	1,152,410 54	907,613 53	2,060,034 01	

17

XIV. Tableau synoptique des Dépenses effectuées pendant les deux premières périodes décennales 1853-1863 et 1864-1876.

N° d'ordre	NATURE DES DÉPENSES	1864	1865	1866	1867	1868	1869	1870	1871	1872	1873	1874	1875	1876 (1er semestre)	TOTAUX	Rappel de la 1re période décennale	TOTAUX GÉNÉRAUX
1	ACQUISITIONS D'IMMEUBLES — Principal												47,600 »	50,260 »	117,860 »	200,000 »	317,860 »
	— Intérêts	3,000 »	3,000 »	3,000 »	3,000 »	3,000 »	3,000 »	3,000 »	3,000 »	3,000 »	3,000 »	3,000 »	3,000 »	1,551 13	37,551 13	11,500 »	49,051 13
	— Frais et honoraires						187 55	58 25					8,425 93	10,705 73	19,173 87	22,948 33	42,122 20
2	Sondage du terrain et levée des plans.													511 10	511 10	150 »	661 10
3	Pose de la première pierre.															981 07	981 07
4	Frais du concours archéologique de 1856.															20,131 31	20,131 31
5	Frais de premier établissement.															373 »	373 »
6	Frais d'impressions.	2,111 50		7 70	33 50	513 »	93 »	548 »		1 »	337 »	6 50	71 60	24 »	3,793 10	3,274 »	7,067 10
7	Menues dépenses et frais de bureau.	829 »	563 13	733 10	1,312 16	111 30	1,367 89	515 25	316 »	681 73	1,018 65	351 75	409 50	39 »	8,414 79	2,585 30	10,999 09
8	Intérêts de fonds empruntés.		258 27			972 35		812 53	1,750 »	9,721 05	528 40		173 61	1 30	13,619 31	11,981 41	25,621 78
9	Contributions, frais d'assurance et canons d'arrentement.	3,188 62	3,121 51	3,881 11	4,916 33	4,083 90	3,875 70	3,358 05	1,113 92	4,137 17	3,071 01	3,069 07	4,510 50	315 25	50,277 37	25,117 23	75,394 60
10	Honoraires de l'architecte.	4,903 93	4,793 90	5,016 56	3,890 »	5,733 71	7,296 63	1,606 60	1,201 21	747 68	478 60	4,613 31	1,174 38		35,831 71	21,810 61	59,113 32
11	Forages des fondations, puits, pour pieux, etc.			120 »								2,818 12	3,317 18		6,315 61	1,192 85	7,508 46
12	Terrassements et Bétons.							5,126 10				1,700 91	288 21		7,124 42	104,011 16	111,135 38
13	Maçonnerie, pose de pierres.	9,116 40	8,003 10	4,819 57	6,814 78	9,014 29	11,701 01		1,777 92			20,000 »	3,172 52		81,083 57	35,280 03	116,363 60
14	Charpente et Quincaillerie.	3,449 51	3,823 58	9,069 74	4,763 40	5,029 68	19,135 01	10 25	1,216 12	54 21	192 05	11,510 81	10,190 51		73,424 77	26,509 71	99,934 48
15	Serrurerie.	91 40	781 98	3,170 80	651 87	2,249 13	2,073 70	90 25	154 80			1,013 41	283 30		10,602 97	5,563 22	16,170 19
16	Plomb.		189 13		501 35	983 11	129 35		93 94						1,900 18	1,368 05	3,268 23
17	Ferblanterie, zingage.	276 96	2,028 38	279 »	12,388 10	306 63	347 »						6,191 76		21,918 87	3,811 23	25,728 80
18	Vitrerie.			178 25	587 77	413 39	1,113 60					118 »			2,155 01	987 11	3,142 13
19	Peinture.				182 36		1,574 24						503 32		2,260 91	1,860 11	4,121 03
20	Plafonnage et Enduits.	18 53		10 90	161 63	1,228 58	3,066 61		1,919 »						6,165 53	3,434 63	9,600 16
21	Couverture des travaux.	30 »	98 86		136 68	12 »		13 »					607 30		897 84	2,453 93	3,341 77
22	Taille et sciage de pierres.	10,818 07	16,327 17	19,714 59	17,191 01	31,877 11	19,121 09	1,619 41	178 91	217 65			479 81		122,995 28	94,338 51	217,333 79
23	Sculpture.	6,000 »	2,581 36	1,250 »	6,139 35	22,150 27	21,972 45	7,881 16	9,272 12	7,319 48	7,722 »				80,110 53	36,796 »	117,906 73
24	Gresserie.				6,000 »	3,708 90					1,000 »				10,708 90	32,900 »	43,608 90
25	Sable.	617 »	585 »		313 50	218 23	119 62		15 »						2,209 37	3,812 70	6,022 07
26	Chaux.	3,032 50	950 »	337 20	687 15	976 50	693 10		87 50	38 »					7,114 15	9,298 31	16,412 79
27	Briques.	5,570 10	1,394 87		738 13	2,166 23	33 20	1,016 73	131 73						11,359 33	32,913 95	47,273 30
28	Pierres bleues.	1,215 31	8,121 22	12,619 63	9,658 17	17,283 31	11,187 64	4,150 91	1,181 06						64,278 53	63,562 59	131,841 11
29	Pierres blanches.	3,039 34	1,743 76	2,708 03	1,349 12	1,138 80	600 »						2,312 60		17,922 65	45,172 70	63,195 37
30	Bois.		622 11	16,215 31	1,109 89	1,117 30		1,119 51	732 15			4,090 30	1,316 88		27,937 58	22,316 57	50,284 31
31	Chapelle provisoire, hangar, maison du concierge, ameublement de l'église, les frais de décoration, de cérémonies religieuses, etc.	616 30	503 60	570 10	2,832 13	1,223 18	23,912 07	23,607 38	4,135 50	1,915 50	6,631 38	19,106 50	1,618 »	1,166 33	99,811 77	10,131 69	110,293 16
32	Matériel, engins et dépenses pour les ateliers.	50 75	118 33	808 17	129 50	1,317 69	631 22	321 75	165 50	15 50	122 85		37 50		3,582 26	2,454 16	6,039 12
33	Frais de transport, de camionnage et de déchargement.	5,401 86	3,550 77	1,801 11	3,907 03	7,020 21	5,615 16	939 67	137 30	31 98					31,782 19	28,878 69	60,661 88
34	Garde des travaux.	1,218 70	1,191 50	1,211 35	1,111 10	1,033 »	1,223 75	1,381 87	1,071 40	550 25	370 »	513 »	463 90	180 60	11,392 92	5,529 »	17,141 92
35	Extraction de la pierre de Lezennes.	201 »	203 20	203 20	203 20	203 20	203 20	203 20	203 24	201 25	201 25	203 25	203 25		2,438 10	5,116 37	7,854 77
36	Entretien des bâtiments d'habitation, cours et passages.	2,180 30	1,663 35	1,039 07	3,715 38	816 51	1,318 33	2,975 23	382 05	763 01	492 61	243 53	7,311 17	6,381 15	25,870 79	7,935 59	33,805 78
37	Titres de fondation.			900 »				79 83							979 83	12,031 63	13,011 58
38	Pierres commémoratives.	1,573 30	1,619 86	3,750 85	5,534 59	4,894 13	1,693 07	6,073 02	4,299 93	1,510 18	2,117 50	19 50			34,187 72	5,219 16	39,406 88
39	Établissement d'appareils pour l'éclairage au gaz.				1,291 55		2,878 15								4,169 70	1,374 25	5,543 95
40	Dallage en marbre noir.						3,036 »								3,036 »		3,036 »
41	Frais de médailles commémoratives et lingerie.									2,317 »		3,000 70			5,317 70		5,317 70
42	Fêtes religieuses.											43,410 90	890 45		44,301 35		44,301 35
43	Frais relatifs à la constitution de la société.												1,971 63		1,971 63		1,971 63
44	Abonnement au timbre pour les actions.												60 50	60 50	121 »		121 »
	TOTAUX DES DÉPENSES.	70,137 37	69,289 73	103,892 68	100,891 11	131,493 87	156,551 46	69,612 88	36,081 97	38,833 91	33,318 19	119,171 97	137,706 66	101,313 61	1,160,910 81	917,193 50	2,078,104 31

OBSERVATIONS

La somme de 1,160,910 fr. 81 c. des dépenses pendant la période [...] et celle de 2,078,104 fr. 31 c., [...] total des dépenses depuis l'o[...] l'œuvre jusqu'au 30 juin 1876, [...] nent la valeur :

1° Des matériaux, pierres, bo[...] non employés, existant dans les [...]

2° Des échafaudages, ponts, [...]

3° Des constructions diverses [...] liers couverts ;

4° Des ustensiles, engins, [...] matériel de toute nature ;

5° De tous les modèles, reliefs [...]

6° De tous les objets servant [...]

Il a paru nécessaire et suffisant [...] cette indication, sans faire re[...] total de ces diverses valeurs d[...] sera déterminé par l'inventaire [...] cembre 1876 et figurera comme [...] au compte définitif qui sera [...] époque.

XV. — Texte de la supplique adressée à Sa Sainteté Pie IX, le 3 février 1877, par le Conseil d'administration de l'Œuvre de Notre-Dame de la Treille et Saint-Pierre, à l'occasion du renouvellement de la souscription décennale.

« Très-Saint Père,

» Les abondantes et précieuses bénédictions que Votre
» Sainteté a daigné répandre sur l'Œuvre de Notre-
» Dame de la Treille et Saint-Pierre, à Lille, ont été
» pour Elle une source de vie et de développement.
» C'est aussi de la même et féconde influence que
» sont issues depuis vingt ans, à Lille, tant d'œuvres
» de foi et d'édification, parmi lesquelles l'Université
» Catholique, la plus récente, occupe la première place.
» C'est encore une de ces bénédictions efficaces que
» nous osons respectueusement supplier Votre Sainteté
» d'accorder à l'Œuvre de Notre-Dame de la Treille et
» Saint-Pierre, au moment de faire un nouvel appel à
» l'inépuisable générosité de nos religieuses populations,
» sous la forme d'une troisième souscription décennale,
» afin que la protection d'En-Haut la fasse fructifier et
» en accroisse les ressources dans la mesure de nos
» besoins et de nos espérances.
» Humblement prosternés aux pieds de Votre Sainteté,
» Vos fils respectueux et soumis, au nom du Comité

» de l'Œuvre de Notre-Dame de la Treille et Saint-
» Pierre,

» Le Secrétaire,   Le Vice-Président,
   Ch. Verley.   H. Bernard.

» Rome, le 3 février 1877. »

11 *Benedicat vos Deus et dirigat Corda Vestra,*
Pius PP. IX

Cette supplique à Sa Sainteté Pie IX, rédigée par M. Kolb-Bernard, Président de l'Œuvre de Notre-Dame de la Treille et Saint-Pierre, au nom du Conseil d'administration, fut portée à Rome par M. Henri Bernard-Charvet, Vice-Président, et M. Charles Verley-Liénart, Secrétaire de la même Œuvre, lors du voyage qu'ils firent, en leur qualité de Président et de secrétaire de la Commission administrative de l'Université Catholique de Lille, pour remercier Sa Sainteté de l'érection canonique de l'Université, dont la solennité eut lieu le 18 janvier 1877, et de la nomination de Mgr de Lydda comme Chancelier.

MM. Henri Bernard et Charles Verley furent reçus en audience par Sa Sainteté, le samedi 3 février, et eurent le bonheur d'assister à sa messe le lendemain. Toutefois, la supplique ne fut apostillée et signée par Sa Sainteté que le Dimanche 11 février. Le Saint-Père, par une de ces attentions délicates dont il a si bien le secret, conserva dans la supplique la date du jour de l'audience si précieuse pour l'Œuvre de Notre-Dame de la Treille et pour l'Université, et ajouta de sa main la date du 11, non moins précieuse par la bénédiction qu'il accordait à l'Œuvre de Notre-Dame de la Treille et Saint-Pierre à l'occasion du renouvellement de la souscription décennale.

PIÈCES ANNEXÉES

COURONNEMENT

DE

NOTRE-DAME DE LA TREILLE

MÈRE DE GRACE

PATRONNE DE LILLE

PROCESSION GÉNÉRALE

21 juin 1874

PROGRAMME

DE LA

PROCESSION GÉNÉRALE

DU DIMANCHE 21 JUIN 1874

La procession est générale.

Elle se compose de trois parties.

Chacune de ces parties comprend un certain nombre de groupes distincts, formés soit par une paroisse, soit par une communauté religieuse ou une association de piété.

La première partie rappelle, par les différents vocables des anciennes Vierges vénérées à Lille, quelle était *autrefois* la dévotion de ses habitants envers la Mère de Dieu. C'est *Lille, Cité de la Vierge*, en 1634, date de sa consécration solennelle à Notre-Dame de la Treille.

Voici ces vocables :

Notre-Dame de Lorette,
Notre-Dame d'Assistance,
Notre-Dame de Miséricorde,
Notre-Dame de Bénédiction,
Notre-Dame des Affligés,
Notre-Dame des Sept-Douleurs,

Notre-Dame de Fives,
Notre-Dame de la Barrière,
Notre-Dame de Consolation,
Notre-Dame de Loos,
Notre-Dame des Ardents,
Notre-Dame de Réconciliation.

Les écrivains du temps n'ont pas hésité à donner le nom de *miraculeuses* à ces douze images de la sainte Vierge. Les sanctuaires qui gardaient ces précieux trésors étaient comme autant de bastions solidement établis pour protéger la place contre les assauts de l'ennemi des âmes. Notre-Dame de la Treille, située au centre de ces forts spirituels, en était comme la citadelle inexpugnable ; et toute la ville, ainsi gardée par Marie, en avait pris cette sorte de devise nobiliaire, que les générations se léguaient avec un saint orgueil : *Lille, Cité de la Vierge.* La première partie de la procession justifie cette appellation pour *les temps passés.*

———

La seconde partie montre que Lille n'a point dégénéré de son antique amour pour sa *noble Dame.* Elle le montre par l'exposé des différentes formes qu'a prises *de nos jours* la dévotion à Marie. Voici les vocables modernes :

Notre-Dame de la Plaine (N.-D. des Vertus),
Notre-Dame des Anges,
Notre-Dame du Perpétuel-Secours,
Notre-Dame du Rosaire,
L'Immaculée Conception,
Notre-Dame du Sacré-Cœur,
Le Saint Cœur de Marie,

Notre-Dame de Lourdes,
Notre-Dame du Mont-Carmel,
Notre-Dame de Bon-Secours,
Notre-Dame de Tongres,
Notre-Dame des Malades,
Notre-Dame de Grâce.

C'est, on peut le dire, la même dévotion, avec un épanouissement rajeuni seulement dans des détails extérieurs qui modifient l'expression du culte sans rien changer à sa substance. C'est le même système de défense spirituelle de cette place de Lille. L'éclatante protection accordée par Marie dans ces derniers temps à nos personnes et à nos biens l'a surabondamment prouvé. Et Lille, en 1874 comme en 1634, se glorifie de la vieille devise de ses pères : *Cité de la Vierge*. Au centre des nouveaux sanctuaires, continue d'apparaître radieuse la Dame des jours anciens; et pressés aux pieds de Notre-Dame de la Treille au jour du *Couronnement*, comme l'étaient nos ancêtres au jour de la *Consécration*, tous, d'une même voix et d'un même cœur, nous nous écrions : *Hæc est spes nostra :* Elle est notre espérance !

La troisième partie forme le cortège proprement dit de Notre-Dame de la Treille. Elle s'ouvre par trois groupes formés autour des Reliques des trois saints missionnaires à qui cette contrée est redevable du bienfait de la foi : saint Eubert, saint Piat et saint Chrysole. Puis viennent les députations de pèlerins envoyés par les villes voisines pour faire une escorte d'honneur à la Reine de la contrée. — Notre-Dame de le Treille, portée sur les épaules d'ouvriers chrétiens, élite de la vieille population lilloise et héritiers de la foi généreuse de nos anciennes corporations, marche environnée d'une escorte de prêtres, enfants de la cité.

Après elle, viennent le clergé en habit de chœur, et les prélats accompagnés de leur chapelle épiscopale.

Les éminents Cardinaux terminent la procession.

A leurs côtés, des places d'honneur sont offertes aux autorités.

La procession parcourra l'itinéraire suivant :

Rue Masurel,
Rue des Prêtres,
Petite Place,
Rue de Paris,
Rue du Molinel,
Place de Béthune,
Place de la Nouvelle-Préfecture,
Boulevard de la Liberté,
Rue Nationale,
Grand'Place,
Rue Esquermoise,
Rue Royale,
Rue Négrier,
Rue Saint-Pierre,
Rue de la Monnaie,
Place Saint-Martin,
Place du Lion-d'Or,
Rue des Chats-Bossus,
Rue Basse,
Rue du Cirque.

Le samedi 20, à six heures su soir, la sonnerie solennelle de toutes les paroisses aura annoncé la grande fête du Couronnement.

COMMENCEMENT DE LA PROCESSION
Défilé. — Marche. — Ordre général.

A une heure et demie, toutes les cloches de la ville annoncent le départ immédiat de tous les groupes pour le point du rendez-vous qui a été assigné à chacun d'eux par leur maître de cérémonies respectif. — A deux heures et demie précises, la croix paroissiale de Saint-Etienne, déjà arrivée en face de l'église Saint-Maurice, se met en marche, et le défilé s'effectue sans interruption.

En arrivant sur la place de la Nouvelle-Préfecture, chacun prend, à droite et à gauche de l'estrade réservée aux évêques, la place qui lui est indiquée par les commissaires spécialement chargés de ce soin.

La première partie de la procession occupe la droite de l'estrade; la seconde occupe la gauche, c'est-à-dire le côté de la fontaine Vallon. La troisième partie se tiendra dans le milieu, autour du trône sur lequel reposera Notre-Dame de la Treille, c'est-à-dire vers le milieu de la Place, entre la Préfecture et l'estrade des prélats. — Des barrières marquent la séparation de ces différentes parties. Et il importe que cet ordre soit scrupuleusement respecté par tous, afin de rendre moins difficile les mouvements que nécessiteront, après la cérémonie du Couronnement, la reprise de la marche de la procession et le défilé de tous les groupes devant Nos Seigneurs les évêques.

LILLE		LILLE
CITÉ DE LA VIERGE	ESTRADE	CITÉ DE LA VIERGE
1634		1874

Prélats. Nos Seigneurs les Evêques. Prélats.

Pensionnat des Frères. Sociétés de S. Joseph. *Cercles d'Ouvriers.*

Officiers sacrés. Doyens et Curés de Lille. Chanoines. Officiers sacrés.

Enfants de chœur.   Enfants de chœur.

S. Joseph.   *Commission de N.-D. de la Treille*   Groupe d'honneur.   *Autorités.*   S. Pierre.

N.-D. de Lorette. 1	○ St-Eubert.	St-Piat. ○	I N.-D. de la Plaine.
N.-D. d'Assistance. 2			II N.-D. des Anges.
N.-D. de Miséricorde. 3	○ St-Chrysole.	St-Vital. ○	III N.-D. du Perpétuel-Secours.
N.-D. de Bénédiction. 4		○ St-Vincent de Paul.	IV N.-D. du Rosaire.
N.-D. des Affligés. 5	○ St-Louis.	St-Calixte. ○	V N.-D. de l'Immaculée-Conception.
N.-D. des Sept-Douleurs. 6			VI N.-D. du Sacré-Cœur, nouvelle paroisse; et Saint-Cœur de Marie, Wazemmes.
N.-D. de Fives. 7	○ Arras.	Tournay. ○	VII N.-D. de Lourdes, Sainte-Catherine.
N.-D. de la Barrière. 8		Congrégation de N.-D. de Lille.	VIII N.-D. du Mont-Carmel, Saint-André.
N.-D. de Consolation. 9	*Religieuses de la Sagesse.*		IX N.-D. de Bon-Secours, La Madeleine.
N.-D. de Loos. 10		Vraie Croix.	X N.-D. de Tongres, Saint-Sauveur.
N.-D. des Saints-Suffrages. 11		*Religieuses de N.-D. de la Treille.*	XI N.-D. des Malades, Saint-Maurice.
N.-D. de Réconciliation. 12			XII N.-D. de Grâce, Saint-Etienne.

Notre-Dame de la Treille.

Clergé.   Clergé.

PROCESSION

Défilé. – Marche. – Ordre général.

Demi-escadron de cavalerie.
Dix-huit clairons.
Dix-huit tambours.
Un bataillon de chasseurs et sa fanfare.

La croix paroissiale de Saint-Etienne, paroisse de la Basilique.

Relique de la vraie Croix. — Ce précieux trésor provient de l'insigne Collégiale et Basilique de Saint-Pierre de Lille.

La relique est entourée de cierges allumés.

NOTRE-DAME DE LORETTE
(Hôpital Saint-Sauveur.)

L'image miraculeuse de Notre-Dame de Lorette, autrefois honorée au couvent de l'Abbiette (rue de Tournai), a échappé au fléau destructeur de la Révolution. Elle est aujourd'hui confiée à la piété des religieuses Augustines de l'hôpital Saint-Sauveur. L'administration des hospices, appréciant ce trésor, a voulu contribuer pour une large part à la décoration du brancard qui porte la sainte image.

Le groupe est ainsi formé :

Pensionnat de la Mère de Dieu, de Lambersart, vierge et bannières de la maison. L'une de ces bannières représente la *Santa-Casa*, la sainte maison dans laquelle le Verbe s'est fait chair, et qui a été transportée par les anges d'Orient en Occident. — On sait que les religieuses de la Mère de Dieu ont fait bâtir près de leur établissement une chapelle qui rappelle exactement, par ses dimensions et sa forme, la *Santa-Casa* telle qu'on la voit à Lorette.

Bannière de Notre-Dame de Nazareth, portée par des demoiselles de la paroisse de Lambersart.

Notre-Dame de Lorette, entourée par les religieuses Augustines, soit de Lille, soit des autres maisons du diocèse.

Ce groupe devra être rendu, à deux heures un quart, rue de Paris, entre le parvis de Saint-Maurice et la rue des Ponts-de-Comines.

NOTRE-DAME D'ASSISTANCE
(Bon-Pasteur.)

Notre-Dame d'Assistance est une statue du xvi° siècle. Elle fut d'abord placée sur la voie publique, dans l'enfoncement d'une muraille. En 1640, l'affluence des fidèles engagea à lui élever, sur la rive de la Deûle, une élégante chapelle, qui a été en partie démolie et en partie convertie en magasin. L'image miraculeuse se conserve au monastère du Bon-Pasteur, rue de la Préfecture.

Ce groupe est ainsi composé :

Bannière du Bon-Pasteur.
Ecusson d'argent portant en lettres d'or le vocable de Notre-Dame d'Assistance.
Deux autres écussons d'azur avec inscription en lettres d'argent.

Notre-Dame d'Assistance

portée sur un brancard couvert de fleurs en plumes au feuillage d'or. — Elle est entourée de quarante jeunes filles parmi lesquelles quatre anges tiennent des couronnes.

Ce groupe doit être rendu, à deux heures un quart, rue de Paris, à l'angle de la rue des Ponts-de-Comines.

NOTRE-DAME DE MISÉRICORDE
(Stappaert.)

Banière de la maison.
Groupe d'orphelines.
Statue de Notre-Dame de Miséricorde.
L'image miraculeuse, qui était autrefois honorée sous ce vocable au couvent des Augustins, a disparu ; mais la dévotion est demeurée, et Lille a toujours sa *Notre-Dame de Miséricorde*. C'est la petite statue qu'on voit en la paroisse de Saint-André, rue de Voltaire, près de la

cour des Trois-Anguilles. Les habitants de ce quartier, qui professent un tendre attachement pour leur Madone, ont été heureux de la confier aux orphelines de Stappaert, pour lui procurer les honneurs de cette marche triomphale.

Ce groupe devra se rendre rue de Ban-de-Wedde, à deux heures un quart.

NOTRE-DAME DE BÉNÉDICTION
(Paroisse de Saint-Vincent de Paul.)

Bannière de Saint-Vincent de Paul.

Écussons rappelant les principales circonstances de sa vie.

Les emblèmes du Saint-Sacrement portés sur un brancard.

Groupe d'enfants portant des gerbes, des raisins, des fleurs des champs.

Bannière du très-saint Sacrement. (Elle appartient à la paroisse de Saint-Étienne et a été prêtée pour cette solennité.)

Statue de Notre-Dame de Bénédiction.

Cette section stationne entre le Théâtre et la Bourse, et devra être rendue sur ce point à deux heures un quart.

NOTRE-DAME DES AFFLIGÉS
(Hospice-Général.)

Bannière de la maison.

Enfants de Marie.

Institution de Saint-Gabriel des Sourds-Muets et des Aveugles (Ronchin).

Notre-Dame des Affligés.

Musique des Aveugles.

Ce groupe devra être rendu, à deux heures un quart, près de la Bourse, à l'angle de la rue des Sept-Agaches, près du Théâtre.

NOTRE-DAME DES SEPT-DOULEURS

(Maison-Mère de l'Enfant-Jésus et paroisse du Saint-Sépulcre.)

Bannière de la paroisse de Canteleu.

Groupe formé par la paroisse.

Enfant-Jésus, Titulaire des Filles de l'Enfant-Jésus.

Bannière du Pensionnat.

Religieuses de l'Enfant-Jésus.

Image de Notre-Dame des Sept-Douleurs, portée par les jeunes filles de l'ouvroir de la rue du Metz.

Cette section stationne, à partir de deux heures un quart, à l'entrée de la rue des Prêtres.

NOTRE-DAME DE FIVES

Bannière de Notre-Dame de Fives.

Groupe de jeunes filles.

Statue de Notre-Dame de Fives, environnée de fleurs et de cierges.

Cette section stationne, à partir de deux heures un quart, rue des Ponts-de-Comines, du côté des numéros pairs.

NOTRE-DAME DE LA BARRIÈRE
(Saint-André lez-Lille.)

Bannière de la paroisse.
Groupe de demoiselles de la paroisse.
Image de Notre-Dame de la Barrière.
Les Frères de Saint-Jean de Dieu.

Cette section stationne, à partir de deux heures un quart, rue des Prêtres.

NOTRE-DAME DE CONSOLATION
(Vauban.)

Douze enfants de chœur.
Petits marins portant le navire de Messire de Hocron, bouleversé par la tempête, en 1515. (Vœu de ce seigneur, etc.)
Quatre bannières : des Enfants de Marie ;
de Saint-Joseph ;
de la Sainte-Enfance ;
de Notre-Dame de Consolation.
Statue de Notre-Dame de Consolation, portée par trente-deux jeunes filles de la paroisse.

Cette section stationne rue des Manneliers, à partir de deux heures un quart.

NOTRE-DAME DE LOOS

Bannière de la paroisse.
Groupe de jeunes filles.

Fac-similé de l'image miraculeuse de Notre-Dame de Grâce, portée par les demoiselles de Loos.

Musique du pensionnat des Frères de Saint-Gabriel.

Cette section stationne sur la Grand'Place, près de la Bourse, à partir de deux heures un quart.

NOTRE-DAME DES SAINTS-SUFFRAGES

Bannière de la paroisse Saint-Maurice (faubourg).
Bannières du pensionnat Saint-Gabriel.
Pensionnat et écoles. Musique.
Bannière de la Sainte-Vierge.
Les jeunes filles de la paroisse.
Statue de Notre-Dame des Saints-Suffrages.

Ce groupe stationne rue des Ponts-de-Comines, à partir de deux heures un quart, du côté des numéros impairs.

NOTRE-DAME DE RÉCONCILIATION
(Paroisse Saint-Martin à Esquermes.)

Les élèves de l'École communale, tenue par les Frères Maristes (formant la haie).
Bannière de Saint-Martin et
Statue de Saint-Martin.
Pensionnat des Frères Maristes.
Œuvre de la Sainte-Enfance. — Bannière de l'Enfant-Jésus.
Œuvre de Saint-Louis de Gonzague. — Bannière de ce saint.

Œuvre de la Propagation de la foi. — Bannière de la Croix.

Fanfare du Pensionnat des Frères Maristes.

Les Frères Maristes de Lille et de Beaucamps.

Orphelinat de jeunes filles, dirigé par les Sœurs de la Charité.

Deux groupes avec la bannière de Saint-Vincent de Paul et celle de l'Immaculée Conception.

Réunion dominicale des jeunes filles de la paroisse Saint-Martin, tenue par les Dames Bernardines.

Bannière indiquant les grandes époques de la dévotion à Notre-Dame de Réconciliation : 1014, 1085, 1853.

Groupe avec la bannière des Enfants de Marie.

Groupe avec la bannière de l'Immaculée Conception.

Groupe avec la bannière de Notre-Dame de Réconciliation.

Groupe marchant avant Notre-Dame de Réconciliation, portant des branches de roses.

Statue de Notre-Dame de Réconciliation, entourée d'un rosaire de roses blanches, porté par quinze jeunes filles.

Ce groupe devra être rendu, à deux heures un quart, sur la Grand'Place, entre la rue des Sept-Agaches et le marché aux Fromages.

SAINT-PIERRE

(Second titulaire de la Basilique.)

Magnifique statue de Saint-Pierre, en *Sedia*. Elle est

portée par les membres des Cercles d'ouvriers. Elle est abritée sous un dais à la romaine.

Musique du 43ᵉ régiment de ligne.

NOTRE-DAME DE LA PLAINE
(Bernardines d'Esquermès.)

Bannière de Notre-Dame des Vertus. — Quatre rubans.

Dix élèves l'entourent, portant des petits étendards en moire bleue, avec les noms des dix principales vertus de la sainte Vierge.

Groupe de vingt-quatre élèves rangées par quatre, toutes en robe blanche, avec une large ceinture bleue.

Bannière de Notre-Dame de la Plaine, portée par d'anciennes élèves. Elle est suivie par un groupe de vingt-huit anciennes élèves.

Cette section stationne, à partir de deux heures un quart, rue des Sept-Agaches.

NOTRE-DAME DES ANGES
(Récollets.)

Ce groupe est formé par la section des femmes de l'œuvre dite *Sainte-Famille des Flamands*, qui a son siége dans l'église des PP. Récollets, rue Mazagran (Wazemmes).

Cette section marche divisée en trois catégories, et chaque catégorie entoure la bannière qui lui est spéciale ; d'abord les filles vêtues de blanc, puis les femmes.

Viennent ensuite les chanteuses de la Congrégation, et enfin l'image de Notre-Dame des Anges, patronne de tout l'ordre séraphique. Elle est portée par un Récollet. Les Pères de la résidence, accompagnés des Pères de la maison de Roubaix, terminent ce groupe.

Ce groupe devra être rendu, à deux heures un quart, rue des Prêtres. Il stationnera dans cette rue, du côté droit, entre la rue du Curé-Saint-Etienne et la rue Basse.

NOTRE-DAME DE PERPÉTUEL SECOURS
(Rédemptoristes.)

Groupe de la Sainte-Famille, — section des hommes. — Les trois statues de Jésus, Marie, Joseph, sur un brancard.

Bannière de la Sainte-Famille, — section des femmes.

Notre-Dame de Perpétuel-Secours (tableau *fac-simile* de celui de Rome), portée par les demoiselles de la Congrégation.

Les RR. PP. Rédemptoristes.

Cette section stationne, à partir de deux heures un quart, rue de Paris, du côté des numéros pairs, à partir de la jonction de la rue de Paris et de la rue du Molinel.

NOTRE-DAME DU ROSAIRE
(Dominicains.)

Ce groupe est formé par les Associés du Rosaire, dévotion dont le siége est de droit dans l'église des PP. Dominicains, rue Notre-Dame (Wazemmes).

Il se compose de quinze sections qui rappellent les quinze mystères du Rosaire. Chaque section porte une oriflamme représentant un mystère ; et de cette oriflamme descend un rosaire dont les extrémités sont tenues par deux associés.

L'image de Notre-Dame du Rosaire apparaît dans une riche bannière que suivent les PP. Dominicains de la résidence de Lille.

Ce groupe devra être rendu, à deux heures un quart, rue Basse, à l'angle de la rue Basse et de la rue des Prêtres.

IMMACULÉE CONCEPTION

Dès sa première entrée à Lille, en 1592, la Compagnie de Jésus s'efforça de promouvoir le culte de l'Immaculée Conception et de Notre-Dame de la Treille.

L'Immaculée Conception était le vocable de l'église de l'ancien collége des Jésuites ; et l'an 1634, quand la cité se consacra solennellement à Notre-Dame de la Treille, les écoliers des Pères ne manquèrent pas de s'associer à ce grand acte. « Vêtus d'habits magnifiques,
» tenant à la main des écussons artistement travaillés et
» tout resplendissants d'or, ils se rendirent en bel ordre
» à la chapelle de Marie ; là, ils firent, en leur nom
» et au nom de leurs parents, l'offrande de leurs écus-
» sons, qu'ils laissèrent suspendus aux murs du sanc-
» tuaire. » (P. VINCART.)

S'inspirant de ce souvenir, les élèves du nouveau collége Saint-Joseph s'avanceront en trois *bataillons*, représentant, par trois groupes de personnages historiques, le culte de Notre-Dame de la Treille aux époques principales de son histoire.

L'époque Mérovingienne est représentée par le 1er *bataillon*, marchant sous la conduite de *Lydéric*, premier Forestier de Flandre. Entouré de la jeune noblesse du pays, il va rendre ses hommages à la Vierge dont le secours lui a permis de terrasser l'oppresseur d'Hermengarde, sa mère.

Le 2° *bataillon* figure le moyen âge, résumé en deux personnages illustres :

Bauduin V, comte de Flandre, fondateur de la Collégiale de Saint-Pierre et de la chapelle de Notre-Dame de la Treille (1066); et *saint Louis*, dont le séjour à Lille, 1255, augmenta beaucoup la dévotion à Marie. « On peut
» dire, ajoute le P. Vincart, que sa présence y a semé
» des lys de piété, puisque la ville en retient encore un
» dans ses armes. »

Le 3° *bataillon*, qui escorte la statue de l'Immaculée Conception, mène au triomphe de Notre-Dame de la Treille trois hommes qui, dans les temps modernes, ont jeté un grand éclat sur son sanctuaire.

C'est d'abord le bon *duc Philippe de Bourgogne*, qui, le 29 novembre 1430, vint mettre ses nouveaux chevaliers de la Toison-d'Or au service et sous la protection de Notre-Dame de la Treille.

C'est ensuite Messire *Jean Le Vasseur*, cet admirable Mayeur, qui, en 1634, consacra sa Cité à Marie.

C'est enfin *Louis XIV*, qui, devenu maître de Lille, en 1667, jura, devant l'autel de la Vierge, de maintenir « les lois, usages, franchises et coutumes de la ville. »

Ainsi les siècles passés pourront-ils s'associer à ce dernier triomphe de Marie, qui couronne tous les autres.

Ce groupe devra être rendu, rue du Curé-Saint-Etienne, à deux heures un quart.

NOTRE-DAME DU SACRÉ-CŒUR

(Nouvelle paroisse.)

Bannière de la paroisse — entourée des enfants de chœur.

Bannières rappelant la fondation de la paroisse.

Groupe formé par les jeunes enfants de la maison des Sœurs de la Providence.

Orphelinat de garçons de Sainte-Gabrielle et sa bannière.

Sainte-Union.

Pensionnat des Dames de la Sainte-Union de la rue Jean-Sans-Peur, et députation de la maison-mère de Douai.

Au milieu du groupe marche la bannière de la Sainte-Union des Sacrés-Cœurs.

Bannière de Notre-Dame du Sacré-Cœur.

Statue de Notre-Dame du Sacré-Cœur.

Communauté de Marie Auxiliatrice et sa bannière.

Cette section devra être rendue au Marché-aux-Fromages, vers deux heures un quart.

SAINT-CŒUR DE MARIE

(Paroisse Saint-Pierre et Saint-Paul.)

Bannière des saints Patrons, portée par un groupe de jeunes gens.

Chœur du Patronage de Saint-Léonard, établi dans la paroisse, rue du Faubourg-Notre-Dame, en face de l'église.

Bannière du pensionnat des Dames de la Sainte-Union.

Bannière de la Congrégation.

Bannière des Enfants de Marie et de la réunion dominicale.

Ex-voto de la paroisse à Notre-Dame de la Treille.

Les armoiries de Wazemmes, en argent repoussé.

Corbeille de fleurs et guirlandes.

Le Saint-Cœur de Marie.

Très-belle statue de Marie Immaculée, portée par vingt-quatre demoiselles de la paroisse.

Cette partie de la procession se formera à Wazemmes; elle devra être arrivée, vers deux heures un quart, au Marché-aux-Fromages (entrée de la Petite Place), côté des débris Saint-Etienne.

NOTRE-DAME DE LOURDES

(Sainte-Catherine.)

Bannière de Sainte-Catherine, tenue par les demoiselles du Catéchisme de persévérance et entourée de jeunes filles portant sur des coussins les insignes de la sainte Martyre.

Statue de Sainte-Catherine, entourée par les élèves des Filles de la Sagesse. Ces enfants tiennent en main des palmes.

Les Membres de l'Apostolat de la prière avec leur bannière.

Bannière de Notre-Dame de Lourdes.

Elle est entourée de plusieurs groupes de jeunes filles rappelant plusieurs circonstances de l'Apparition et portant des emblèmes ou des fleurs.

Ce groupe stationnera rue Basse, vers deux heures et demie, sur le côté des numéros impairs.

Musique de la Maison de Notre-Dame de la Tombe (Belgique.)

NOTRE-DAME DU MONT-CARMEL
(Saint-André.)

Bannière de Saint-André, patron de la paroisse.

Six bannières rappelant les vocables sous lesquels la sainte Vierge est honorée dans les différentes rues de la paroisse.

Maîtrise paroissiale.

Série de bannières rappelant les principaux faits de la dévotion à la Mère de Dieu sous le vocable du *Carmel*, depuis le prophète Élie jusqu'à Simon Stock.

Ex-voto de la paroisse à Notre-Dame de la Treille, un cœur en or porté par un groupe de jeunes enfants.

Statue de Notre-Dame du Mont-Carmel portée par les demoiselles de la paroisse. Elle est suivie des Sourdes-Muettes de la Maison des Filles de la Sagesse.

Cette section de la procession sera rendue rue Masurel, vers deux heures et demie.

NOTRE-DAME DE BON-SECOURS
(la Madeleine.)

Bannière blanche portant le vocable de la sainte Vierge, spécial à la paroisse de la Madeleine.

L'Ange de la paroisse.

Trois groupes symbolisant l'Eglise en prière.

Sainte Marie-Madeleine, patronne de la paroisse.

Cinq groupes symbolisant l'Eglise exaucée après la prière et triomphante après l'épreuve.

Notre-Dame de Bon-Secours. Elle est précédée d'oriflammes et de bannières qui rappellent *les Madones des rues de la paroisse.*

Cette partie de la procession se rend rue du Cirque, où elle stationne à partir de deux heures un quart.

Chœur de Notre-Dame de Roubaix.

NOTRE-DAME DE TONGRES
(Saint-Sauveur.)

Bannière de Notre-Dame de Tongres, suivie des vieillards des Petites-Sœurs des pauvres.

Bannière des Enfants de Marie.

Oriflamme rappelant l'origine de la Confrérie.

Le livre des Associés.

Oriflamme rappelant le prodige de la translation de l'Image de Notre-Dame de Tongres dans le jardin du seigneur Hector.

Groupe d'anges.

Autre oriflamme rappelant la construction du premier sanctuaire. — Nouveau groupe d'anges.

Série d'oriflammes portant les principales dates et les principaux faits de l'histoire de Notre-Dame de Tongres.

Notre-Dame de Tongres.

Elle est précédée du chœur des chanteuses et accompagnée des Petites-Sœurs des pauvres.

Ce groupe, formé dans la paroisse Saint-Sauveur, doit être rendu, à deux heures un quart, à la jonction de la rue de Ban-de-Wedde et de la rue de Paris.

NOTRE-DAME DES MALADES
(Saint-Maurice.)

Drapeau de Saint-Maurice avec ces inscriptions :

> *Regina Martyrum.*
> *Legio Thebæa.*
> *Melius est obedire Deo.*

Relique de Saint-Maurice entourée d'enfants portant des palmes.

Patronage de Saint-Maurice avec sa bannière.

Deuxième division de la Réunion dominicale avec sa bannière des saints Anges.

Enfants de Marie de la Réunion dominicale avec leur bannière de la sainte Vierge.

Groupe de chanteuses.

Ex-voto de la paroisse à Notre-Dame de la Treille, patronne de Lille : un cœur d'or porté sur un brancard au milieu des fleurs.

Groupe des demoiselles de la paroisse.

Oriflamme avec cette inscription : Notre-Dame des Malades, priez pour nous.

Groupe de fleuristes.

Statue de Notre-Dame des Malades.

Ce groupe fera sa jonction avec la procession générale, rue de Paris, en face de l'église de Saint-Maurice.

NOTRE-DAME DE GRACE

(Saint-Etienne.)

La bannière de saint Etienne.

La statue du saint Patron, entourée de jeunes gens portant des palmes.

Musique du Lycée.

Les bannières des Confréries de la paroisse.

Cinq groupes de jeunes filles, placées entre les bannières, portant des fleurs et différents emblèmes pieux.

Un autre groupe est formé autour d'un cœur en or, *ex-voto* de la paroisse à Notre-Dame de la Treille, patronne de Lille.

La bannière de la sainte Vierge.

Notre-Dame de Grâce, portée par les demoiselles de

la paroisse et accompagnée par les religieuses de Bon-Secours.

Cette section devra être rendue, rue Basse, du côté des numéros pairs, à deux heures un quart.

Clairons des pompiers.

Pensionnat Notre-Dame de la Treille et Saint-Pierre.
Statue de saint Joseph.
Musique de l'Etablissement.
Chœurs et fanfares.
Relique de saint Joseph. Enfants de chœur.
Les chers Frères de la Maison et les chers Frères venus en pèlerinage des autres maisons de l'Institut.

SAINT EUBERT. — La statue du saint Apôtre de Lille et ses reliques sont portées par les Frères de la maison de la rue de l'Hôpital-Militaire, et escortées par un choix d'enfants appartenant aux écoles chrétiennes de la ville.

La châsse de SAINT PIAT. — Elle est portée par les paroissiens de Seclin, et suivie d'une députation des notables de la ville.

Point de jonction : *rue des Trois-Mollettes, à deux heures un quart.*

La châsse de SAINT CHRYSOLE. — Elle est portée par les paroissiens de Comines et suivie d'une députation des notables de la ville. — Quelques paroissiens de Verlinghem sont joints à ce groupe.

Point de jonction : *rue des Trois-Mollettes, à deux heures un quart.*

SAINT-VITAL

Bannière de saint Vital.

Un groupe de jeunes filles portant les attributs du saint martyr.

La châsse qui contient ses précieuses reliques.

Musique d'Haubourdin.

Cette section stationnera rue du Cirque.

Relique de saint Calixte et députation de la paroisse de Lambersart.

La précieuse et insigne relique de saint Louis, roi de France et pèlerin de Notre-Dame de la Treille. — Le même reliquaire contient des parcelles des reliques des trois autres grands pèlerins de la Vierge de Lille : saint Thomas de Cantorbéry, saint Bernard et saint Vincent Ferrier.

Les Bleuets.

Ce groupe sort de Comtesse, à deux heures un quart, et arrive au Pont-de-Roubaix par la rue des Vieux-Murs, etc.

LA BASSÉE. — Groupe de vingt-cinq jeunes filles, portant sur un brancard un magnifique calice, *ex-voto* à Notre-Dame de la Treille.

Bannière du collège de Marcq.

Musique du pensionnat des Frères de Saint-Omer.

Cette section stationnera à l'angle de la rue du Cirque et de la rue Basse, dans la rue Basse.

Les pèlerins d'Arras. — Ils portent leur bannière des pèlerinages.

Une oriflamme, sur laquelle on lit CereVM, et qui rappelle ainsi la date de l'origine merveilleuse de la sainte Chandelle.

La sainte Chandelle elle-même, renfermée dans sa magnifique custode du xiii° siècle.

Amenés aux pieds de Notre-Dame de la Treille par leur vénérable évêque, Mgr Lequette, les pèlerins d'Arras ont offert, à l'auguste Patronne de Lille, un cierge dans la composition duquel on a fait entrer quelques gouttes de la cire de leur sainte Chandelle.

DÉPUTATION DE LA BELGIQUE
de Gand.

Une bannière.

de Tournai.

1. La bannière de Notre-Dame de la Treille, entourée d'un groupe de jeunes filles de la paroisse de Sainte-Marguerite, siége de la confrérie. Un petit groupe d'honneur portera l'*ex-voto* de la ville de Tournai à la Vierge de Lille.

2. Une nombreuse députation de la confrérie de Notre-Dame de la Treille, sise à Sainte-Marguerite.

3. Une députation des Conférences de Saint-Vincent de Paul, escortant la châsse.

4. La châsse des Damoiseaux, renfermant des reliques de saint Piat, de saint Eleuthère et de saint Vincent de Paul, entourée de douze grands bouquets portés par des enfants, et de douze lanternes en argent portées par des hommes.

5. Un groupe de chantres.

6. La fanfare du Cercle de Saint-Joseph, pour accompagner les chants.

Ex-voto. — Selon l'antique coutume, si heureusement restaurée parmi nous, les pèlerins offriront à Notre-Dame de la Treille un don, qui consistera en un cœur en vermeil de grande dimension, porté sur un coussin en velours aux couleurs de la Vierge par le groupe de Sainte-Marguerite. Les noms des donateurs seront inscrits dans l'intérieur.

Ces députations se rendront, pour deux heures un quart, place du Lion-d'Or.

Musique des canonniers.

GROUPE D'ÉCRIVAINS CATHOLIQUES. — Ils entourent l'étendard de la Croix, que le Souverain-Pontife a désigné comme le signe de ralliement pour tous ceux qui ont entrepris de coopérer à la régénération sociale. Cet étendard, appelé à demeurer le drapeau du monde entier, sans distinction de nationalité ni de race, ne porte aucun autre signe que le signe du salut, avec cette parole, que la voix du Pape a jetée aux quatre coins de l'univers : *Servire Domino Christo.*

La châsse de saint Vincent de Paul. — Elle est suivie par les membres des Conférences de la ville de Lille et par les députations des diverses Conférences de la province ecclésiastique.

Le titre de *Mère de Grâce* donné à Marie émane du Calvaire et a toujours fait l'espoir et la consolation des *disciples* du Sauveur. Il a été particulièrement célébré par saint Bernardin de Sienne, saint Anselme et Benoît XIV. En France, le vénérable P. de Montfort lui a presque consacré tout un livre. Les Filles de la *Sagesse*, fondées par ses soins, proclament par leur présence le titre de *Mère de Grâce*, dont Sa Sainteté Pie IX a récemment décoré Notre-Dame de la Treille.

Point de stationnement : *rue Basse, à la suite de la paroisse de Sainte-Catherine.*

Congrégation des Enfants de Marie, dite de *Notre-Dame de Lille*, et Communauté des Religieuses de Notre-Dame de la Treille.

Première division de la Congrégation — *Saint-Joseph* et la *Bonne-Mort* : deux bannières.

Groupe de Congréganistes portant des fleurs.

Riche reliquaire en forme de tour, et contenant les reliques des saints principalement honorés dans la Congrégation.

Autre groupe de Congréganistes portant différents emblèmes.

La Vierge de la Congrégation, dite Notre-Dame des Flandres.

Groupe de jeunes filles.

Bannière de Notre-Dame de la Treille.

Quatrième groupe, entourant le reliquaire des *Cheveux* de la sainte Vierge.

Cinquième groupe, composé des demoiselles de l'Association pieuse dite des *Demoiselles du Commerce.*

Elles tiennent en main des banderolles sur lesquelles on lit différents vocables de Marie, Mère de Grâce.

La Communauté des Religieuses de Notre-Dame de la Treille.
Cette section se forme au couvent, rue d'Angleterre, et y attend le signal du départ.

Douze enfants portant, sur un brancard, au milieu des fleurs, la couronne et le sceptre de Notre-Dame de la Treille.

Groupe d'honneur recruté parmi les familles de toutes les paroisses, et composé de demoiselles, Enfants de Marie. Elles précèdent immédiatement la sainte Image.

L'Image miraculeuse de NOTRE-DAME DE LA TREILLE, MÈRE DE GRACE, patronne de Lille. — Elle est portée par vingt-quatre membres des Cercles catholiques d'ouvriers. — Elle est abritée par un dais *à la romaine*, en souvenir de la tradition qui voulait que l'Administration municipale offrît un drap d'or pour ce dais, lorsque Notre-Dame de la Treille sortait de Saint-Pierre pour les solennités jubilaires. — Elle est environnée d'une couronne de prêtres, enfants de Lille, en habits sacerdotaux. — Tout autour, les enfants de chœur de la Basilique tiennent des corbeilles de fleurs.

Douze gendarmes.

Le clergé, en habit de chœur, formant la haie et marchant dans l'ordre indiqué par les statuts diocésains.

MM. les Doyens et Curés de Lille, en chape rouge, marchant sur un seul rang, suivent la sainte Image.

Les Prélats de la Maison de Notre Saint-Père le Pape, portant le costume de leur office.

Les Révérends Abbés mitrés.

Nos Seigneurs les Evêques, accompagnés chacun de deux chanoines, de deux ecclésiastiques et de quatre clercs formant chapelle.

La croix archiépiscopale.

Son Eminence Mgr l'Archevêque de Cambrai, en *cappa magna*, accompagné des membres présents du vénérable chapitre métropolitain, et suivi de sa chapelle cardinalice. — Cette chapelle est formée par des professeurs et des élèves du collége de Marcq.

Les membres de la Commission centrale de l'Œuvre de Notre-Dame de la Treille et Saint-Pierre.

Les Autorités.

Musique des pompiers.

Demi-escadron de cavalerie.

Cette dernière section se forme à la Basilique.

SOCIÉTÉ ANONYME
DE
L'ŒUVRE DE N.-D. DE LA TREILLE ET SAINT-PIERRE

STATUTS

SOCIÉTÉ ANONYME

DE

L'ŒUVRE DE N.-D. DE LA TREILLE ET SAINT-PIERRE

STATUTS

Par-devant M° HERBOUT et l'un de ses collègues, notaires à Lille, soussignés,

Ont comparu :

1° Monsieur l'abbé Charles-Joseph BERNARD, vicaire-général de Son Eminence le cardinal-archevêque de Cambrai, archidiacre de Lille ; membre de la Commission centrale de l'Œuvre de Notre-Dame de la Treille et Saint-Pierre de Lille, demeurant à Cambrai ;

2° Monsieur Charles-Louis-Henri KOLB-BERNARD, propriétaire, député à l'Assemblée nationale, officier de l'ordre de la Légion-d'Honneur, commandeur de l'ordre de Pie IX ; Président de la Commission centrale de l'Œuvre de Notre-Dame de la Treille et Saint-Pierre, demeurant à Lambersart-lez-Lille ;

3º Monsieur Anatole-Louis-Joseph comte DE MELUN, propriétaire, député à l'Assemblée nationale, chevalier des ordres de la Légion-d'Honneur et de Léopold de Belgique ;

> Vice-Président de la Commission centrale de l'Œuvre de Notre-Dame de la Treille et Saint-Pierre, demeurant à Paris ;

4º Monsieur Henri-Octave BERNARD, négociant, président de la Chambre de commerce de Lille, chevalier des ordres de la Légion-d'Honneur et de Saint-Grégoire-le-Grand ;

> Vice-Président de la Commission centrale de l'Œuvre de Notre-Dame de la Treille et Saint-Pierre ;

5º Monsieur Louis-Charles-Anatole comte DE CAULAINCOURT, propriétaire, conseiller général de l'Orne ;

> Secrétaire de la Commission centrale de l'Œuvre de Notre-Dame de la Treille et Saint-Pierre ;

6º Monsieur l'abbé Désiré-Louis DE MARBAIX, du clergé de la basilique de Notre-Dame de la Treille et Saint-Pierre ;

> Secrétaire et archiviste de la Commission centrale de l'Œuvre de Notre-Dame de la Treille et Saint-Pierre ;

7º Monsieur Félix-Etienne-Marie-Joseph DEHAU, propriétaire, maire de Bouvines ;

> Trésorier de la Commission centrale de l'Œuvre de Notre-Dame de la Treille et Saint-Pierre ;

8º Monsieur l'abbé Désiré-Joseph DENNEL, archiprêtre, doyen-curé de la paroisse Saint-André de Lille, chanoine honoraire de la métropole de Cambrai ;

9° Monsieur Clément-Joseph-Léon comte Le Bègue de Germiny, propriétaire;

10° Monsieur Henri-Aimé-Antoine Boutry Van Isselsteyn, négociant;

11° Monsieur François-Adolphe Akermann, trésorier-payeur général du département du Nord, régent de la Banque de France, officier de l'ordre de la Légion-d'Honneur;

12° Monsieur Louis-Bernard Desrousseaux, propriétaire, juge honoraire, notaire honoraire, conseiller général du Nord, chevalier des ordres de la Légion-d'Honneur, de Saint-Grégoire-le-Grand et de Léopold de Belgique, officier d'Académie;

13° Monsieur le chevalier Charles-Léopold-Marie de La Chaussée, propriétaire;

14° Monsieur Désiré Scrive-Bigo, manufacturier, membre de la Chambre de commerce de Lille, chevalier de l'ordre de la Légion-d'Honneur;

15° Monsieur Jean-Baptiste-Auguste-Eustache-Marie Scalbert-Charvet, banquier;

16° Monsieur Pierre-Charles Droulers, manufacturier;

17° Monsieur Alexandre Jonglez de Ligne fils, propriétaire, maire de Liévin;

18° Monsieur Prosper Derode, négociant, président du tribunal de commerce de Lille, chevalier de la Légion-d'Honneur;

19° Monsieur Louis Delcourt-Meurisse, manufacturier, juge au tribunal de commerce de Lille;

20° Monsieur Emile Vandame-Meurisse, brasseur;

21° Monsieur Charles Bailleu d'Avrincourt, écuyer, propriétaire;

22° Monsieur Charles-Philippe Verley-Liénart, banquier ;

23° Monsieur Philibert-Louis-Jules Vrau, manufacturier ;

24° Monsieur Camille-Edouard Féron-Vrau, manufacturier ;

> Les dix-sept derniers comparants, tous membres de la Commission centrale de l'OEuvre de Notre-Dame de la Treille et Saint-Pierre, demeurant à Lille ;

25° Monsieur Alexandre-Joseph Jonglez de Ligne père, propriétaire ;

26° Monsieur André-Joseph-Henri Bernard-Tilloy, manufacturier, demeurant à Courrières (Pas-de-Calais) ;

27° Monsieur Hippolyte-Marie-Ghislain-Antoine comte Le Bègue de Germiny, capitaine d'état-major, chevalier des ordres de la Légion-d'Honneur et de Notre-Dame de Gouadaloupé (Mexique) ;

28° Monsieur Maurice-Louis-Marie Scalbert-Decoster, banquier ;

29° Monsieur Alfred-Jules-Marie Scalbert-Bernard, banquier ;

30° Monsieur Ernest-Joseph Delcourt-Roquette, manufacturier ;

31° Monsieur Gustave-Charles-Antoine-Jean-Baptiste Théry-Delcourt, avocat ;

32° Monsieur Félix-Marie-Joseph Delcourt-Decoster, manufacturier ;

33° Monsieur Camille Rémy-Richebé, juge suppléant au tribunal civil de Lille ;

34° Monsieur Gustave-Emile-Joseph Decoster-Verley, négociant ;

35° Monsieur Auguste-Constant-Philippe Masquelier, négociant, membre de la Chambre de commerce, chevalier de l'ordre de la Légion-d'Honneur ;

36° Monsieur Alphonse-Charles-Auguste Delesalle, manufacturier ;

37° Monsieur Louis Dubois-Boutry, négociant ;

38° Monsieur Alfred-Alexandre Masse-Meurisse, brasseur ;

39° Monsieur Urbain Virnot-Derode, négociant ;

40° Monsieur Maurice-Charles-Henri-Marie Bernard, manufacturier ;

41° Monsieur Georges Bernard-Demesmay, manufacturier, maire de Santes ;

42° Monsieur Théodore-Joseph Bernard, banquier, ancien président du tribunal de Commerce de Lille ;

43° Monsieur Paul Verley-Delesalle, négociant ;

44° Monsieur Charles-Joseph-Alfred comte Le Mesre de Pas, propriétaire ;

45° Monsieur Maurice-Félix Gonnet, avocat ;

46° Monsieur Eugène-Jacques-Désiré-Joseph Dubrulle-Gonnet, avocat ;

47° Monsieur Henri Hovelacque-Mahy, propriétaire ;

48° Monsieur Achille Mathon-Cuvelier, négociant ;

49° Monsieur Ernest-Julien Descamps-Dujardin, manufacturier ;

50° Monsieur Edmond-Jules Descamps-Groulois, manufacturier ;

Et 51° Monsieur Eugène Loncke-Masquelier, directeur de la Compagnie d'Assurances générales à Lille ;

Les vingt-cinq derniers comparants tous demeurant à Lille.

1° Monsieur l'abbé BERNARD ici représenté par M. Henri BERNARD, ci-dessus comparant en son propre nom,

> En vertu des pouvoirs que ce dernier en a reçus aux termes d'une procuration sous signature privée en date à Lille du deux mars présent mois.

2° M. KOLB-BERNARD et M. le comte de MELUN ici représentés par M. Henri BERNARD, ci-dessus comparant en son propre nom,

> En vertu des pouvoirs que ce dernier en a reçus aux termes de leur procuration collectivement donnée par acte sous signatures privées, en date à Paris du six mars présent mois.

3° M. le comte de CAULAINCOURT, ici représenté par M. le comte de GERMINY père, ci-dessus comparant en son propre nom,

> En vertu des pouvoirs qu'il en a reçus aux termes d'une procuration sous signature privée, en date à Lille du huit mars présent mois.

Et 4° M. le comte LE MESRE DE PAS, ici représenté par M. l'abbé DE MARBAIX, ci-dessus comparant en son propre nom,

> En vertu des pouvoirs que ce dernier en a reçus aux termes d'une procuration sous signature privée, en date à Lille du cinq mars mil huit cent soixante quinze.

> Desquelles procurations les quatre originaux demeureront ci-annexés après avoir été certifiés véritables par les mandataires et

après que dessus mention de l'annexe aura été faite par les notaires soussignés, pour être présentés à l'enregistrement en même temps que les présentes.

Lesquels ont dit et arrêté ce qui suit :

TITRE PREMIER

Formation de la Société. — Son objet. — Sa dénomination. Son siége. — Sa durée.

Article I. — Il est formé entre les comparants une Société anonyme ayant pour objet l'érection, soit par la Société elle-même, soit par d'autres, d'une église sous le vocable de Notre-Dame de la Treille et Saint-Pierre ; l'utilisation de cette église, ou sa location ou sa vente, même avant son complet achèvement.

Art. II. — La Société prend la dénomination de : Société anonyme de l'Œuvre de Notre-Dame de la Treille et Saint-Pierre.

Art. III. — La Société aura son siége à Lille, rue du Cirque, numéro deux.

Art. IV. — La durée de la Société est fixée à cinquante années qui commenceront à courir le jour de la constitution définitive de la Société.

La durée de la Société pourra être prorogée une ou plusieurs fois, par terme de dix années, par décision de l'assemblée générale ordinaire, sans que cette prorogation puisse être considérée comme une modification aux présents statuts.

Toutefois ces différentes prorogations ne pourront porter l'existence de la Société à plus de cent années.

TITRE DEUXIÈME

Fonds social. — Apport. — Actions.

Art. V. — Le capital social est fixé à DEUX CENT MILLE FRANCS.

Il se divise en quatre cents actions de cinq cents francs chacune.

Art. VI. — M. l'abbé Bernard apporte et met en société :

Premièrement : La propriété dite du Cirque, sise à Lille, rue du Cirque, avec les maisons, bâtiments et constructions qui existent dessus, ensemble toutes ses circonstances et dépendances, rien excepté, ni réservé, et telle au surplus que M. l'abbé Bernard la possède lui-même

Comme lui provenant aux termes de trois actes passés, les deux premiers devant Mes Desrousseaux et Pajot, notaires à Lille, les trente juin mil huit cent cinquante-quatre et vingt-neuf juin mil huit cent cinquante-neuf, et le troisième devant Mes Piat et Herbout, notaires à Lille, le sept février mil huit cent soixante-dix.

Deuxièmement : Tous les revenus que cette propriété produit, avec toutes les charges y attachées à compter de ce jour.

Et troisièmement : Enfin, tous les travaux effectués sur

ladite propriété et les matériaux de toute nature existant dans les chantiers, ainsi que tous les plans et projets s'il en existe.

En compensation de cet apport, il est alloué à M. l'abbé Bernard DEUX CENT SOIXANTE-HUIT ACTIONS libérées de la somme de cinq cents francs chacune.

Les cent trente-deux autres actions représentant soixante-six mille francs, formant le complément du capital social, seront fournies en numéraire par les autres comparants souscripteurs.

La Société ne sera définitivement constituée qu'après le versement, par chaque actionnaire, du quart au moins du montant de chaque action par lui souscrite.

Art. VII. — Les actionnaires seront tenus de satisfaire aux appels de fonds que le Conseil d'administration pourra leur faire jusqu'à concurrence du montant de leurs actions; les appels de fonds ne pourront être supérieurs par année au dixième du solde dû par chaque action, après le versement du premier quart. Toutefois, les actionnaires auront à toute époque la faculté de libérer leurs actions en partie ou en totalité.

Art. VIII. — Les actions seront exclusivement nominatives.

Art. IX. — A toute époque, le Conseil d'administration aura le droit d'acheter à tout actionnaire, pour le prix de cinq cents francs l'une, les actions par lui possédées, sans que l'actionnaire puisse s'y refuser.

Le Conseil d'administration devra rechercher de nouveaux titulaires pour les actions achetées par lui en vertu des dispositions du présent article.

Art. X. — Les actions seront extraites d'un registre à

souche, numérotées, signées par deux administrateurs et frappées du timbre de la Société.

Le transfert des actions ne peut avoir lieu par endossement.

Il s'effectue sur un registre spécial de la Société par une déclaration signée du cédant et du cessionnaire.

En aucun cas, et pour quelque cause que ce soit, aucun transfert ne sera valable, s'il n'a été consenti par le Conseil d'administration.

Art. XI. — Les représentants ou créanciers d'un actionnaire ne peuvent, sous quelque prétexte que ce soit, provoquer l'apposition des scellés sur les biens et valeurs de la Société, en demander le partage ou la licitation, ni s'immiscer en aucune manière dans son administration.

Ils devront, pour l'exercice de leurs droits, s'en rapporter aux inventaires sociaux, aux délibérations de l'assemblée et aux présents statuts.

Art. XII. — Les actionnaires ne sont engagés que jusqu'à concurrence du montant de chaque action.

Art. XIII. — Pendant le cours de la Société, il ne sera distribué aux actionnaires aucun intérêt, ni dividende ; le droit de chacun des actionnaires se bornera à toucher, lors de la liquidation de la Société, la part revenant à chacune des actions dans l'actif social, s'il en existe.

TITRE TROISIÈME

Administration de la Société.

Art. XIV. — La Société est administrée par un Conseil composé de neuf membres nommés par l'Assemblée générale des actionnaires.

Art. XV. — Les administrateurs doivent être propriétaires chacun de quatre actions au moins.

Ces actions sont déposées dans la caisse de la Société pour demeurer affectées à la garantie des actes de la gestion, conformément à l'article vingt-six de la loi du vingt-quatre juillet mil huit cent soixante-sept.

Ces actions sont inaliénables pendant la durée des fonctions de l'administrateur qui en est propriétaire.

Art. XVI. — Les administrateurs sont nommés pour six années.

Ils se renouvelleront par tiers, tous les deux ans; l'ordre de sortie résultera d'un premier tirage au sort une fois établi.

Le premier renouvellement partiel aura lieu dans deux ans.

Les membres sortants peuvent toujours être réélus.

En cas de décès, de démission, d'absence dans l'acception légale, ou d'incapacité d'un ou de plusieurs administrateurs, il sera procédé à son ou à leur remplacement par les administrateurs en exercice.

L'administrateur nommé en remplacement d'un autre avant le renouvellement normal, ne demeurera en fonctions que pendant le temps qui restera à courir de l'exercice de son prédécesseur.

Art. XVII. — Les fonctions d'administrateur sont gratuites.

Les administrateurs ne sont responsables que du mandat qu'ils ont reçu.

Ils ne contractent à raison de leur gestion aucune obligation personnelle ni solidaire relativement aux engagements de la Société.

Art. XVIII. — A leur entrée en fonctions, les administrateurs nomment parmi eux un Président, un Vice-Président, un Secrétaire et un Trésorier qui peuvent être indéfiniment réélus à ces fonctions.

Art. XIX. —- Les administrateurs fixent eux-mêmes leur règlement intérieur.

Ils se réunissent au siége social aussi souvent que les intérêts de la Société l'exigent.

Ils doivent être au nombre de cinq, pour que leurs délibérations soient valables.

Les délibérations sont prises à la majorité des voix des membres présents.

En cas de partage, la voix du Président est prépondérante.

Les délibérations sont constatées par des procès-verbaux inscrits sur un registre tenu au siège de la Société, et signé conformément au règlement intérieur.

Les copies et extraits des procès-verbaux à produire en justice ou ailleurs, sont certifiés par le Président ou par le Vice-Président, ou par un administrateur délégué à cet effet par le Conseil d'administration de la Société.

Art. XX. — Le Conseil d'administration est investi des pouvoirs les plus étendus de gestion et d'administration, sans aucune limitation et sans aucune réserve; il prend et exécute toutes décisions, et statue sur toutes questions autres que celles réservées expressément par la loi à l'assemblée générale des actionnaires.

Il fait et autorise les actes de toute nature que peuvent nécessiter les affaires sociales, notamment toutes acquisitions et aliénations de meubles et d'immeubles, tous emprunts avec ou sans hypothèques; donne quittance et consent toutes mainlevées d'inscriptions, saisies ou autres empêchements et tous désistements de priviléges, hypothèques et actions résolutoires, le tout avec ou sans paiement; il peut traiter, transiger et compromettre, il peut même vendre l'immeuble en construction ou terminé, pour un prix inférieur au capital social, mais en tout cas au moins égal au passif de la Société.

Le Conseil d'administration arrête les comptes qui doivent être soumis à l'assemblée générale, et fait un rapport à l'assemblée générale des actionnaires sur les comptes et la situation des affaires sociales.

Le Président du Conseil d'administration représente la Société en justice tant en demandant qu'en défendant; en conséquence, c'est à sa requête ou contre lui que doivent être intentées toutes actions judiciaires.

Art. XXI. — Le Conseil d'administration peut déléguer partie de ses pouvoirs pour un but déterminé, soit à l'un, soit à plusieurs de ses membres, soit à des tiers.

Le Président ou son délégué, nommé à cet effet par le Conseil, a pouvoir d'accepter les legs et dons faits à la Société, toutefois après y avoir été autorisé par le Conseil d'administration.

TITRE QUATRIÈME

Des Commissaires de surveillance.

Art. XXII. — Il est nommé chaque année en assemblée générale des actionnaires, un ou trois commissaires associés ou non, chargés de remplir la mission de surveillance prescrite par la loi.

Ces commissaires vérifient l'état qui doit être dressé chaque semestre de la situation active et passive de la Société.

Ils font un rapport à l'assemblée générale sur la situation de la Société, sur le bilan et les comptes présentés par les administrateurs.

TITRE CINQUIÈME

Des Assemblées générales.

Art. XXIII. — L'assemblée générale régulièrement constituée représente l'universalité des actionnaires; les délibérations prises conformément aux statuts de la Société obligent tous les actionnaires, même absents ou dissidents.

Art. XXIV. — Il est tenu une assemblée générale ordinaire chaque année dans le courant du mois de mars, au jour et au lieu désignés par les administrateurs.

L'assemblée générale peut aussi être convoquée extraordinairement par le Conseil d'administration, et en cas d'urgence par les commissaires.

Dans l'un comme dans l'autre cas, les actionnaires seront convoqués huit jours au moins à l'avance par lettre chargée.

Art. XXV. — Les assemblées générales se composent de tous les actionnaires.

Nul ne peut se faire représenter à l'assemblée générale, si ce n'est par un mandataire, membre de l'assemblée.

Les assemblées générales sont régulièrement constituées lorsqu'elles réunissent le quart des actions émises, sauf dans les cas prévus par les articles trente-trois et trente-quatre des statuts.

Si cette condition n'est pas remplie sur une première convocation, il est fait immédiatement une seconde convocation.

Dans ce cas, le délai entre le jour de la convocation et le jour de la réunion pourra être réduit à cinq jours. Les membres présents à la seconde réunion délibèrent valablement, quel que soit le nombre des actions représentées, mais seulement sur les objets à l'ordre du jour de la première.

Art. XXVI. — Les assemblées générales sont présidées par le Président du Conseil d'administration et, à son défaut, par un administrateur désigné par le Conseil.

Les deux plus forts actionnaires présents, ou, sur leur refus, ceux qui viennent après eux, jusqu'à acceptation, sont appelés à remplir les fonctions de scrutateurs.

Le bureau ainsi constitué désigne le secrétaire.

Art. XXVII. — L'ordre du jour est arrêté par les administrateurs, sauf dans les cas de convocation par les commissaires.

Aucun autre objet que ceux à l'ordre du jour ne peut être mis en délibération.

Art. XXVIII. — Dans toutes les assemblées générales, les décisions sont prises à la majorité des voix.

Aucun actionnaire, quel que soit le nombre de ses actions, ne possède plus d'une voix ; mais il peut être le mandataire de quatre autres actionnaires, et réunir cinq voix sans que ce nombre puisse être dépassé.

Art. XXIX. — L'assemblée générale annuelle entend le rapport des administrateurs sur les affaires sociales.

Elle entend également le rapport des commissaires sur la situation de la Société, sur le bilan et sur les comptes présentés par les administrateurs.

Elle nomme les administrateurs toutes les fois qu'il y a lieu de les remplacer.

Elle choisit les commissaires chargés de faire le rapport à l'assemblée générale de l'année suivante et de remplir les fonctions déterminées par la loi.

Elle délibère sur les propositions portées à l'ordre du jour.

Enfin, elle prononce souverainement sur tous les intérêts de la Société, et confère au Conseil d'administration les pouvoirs supplémentaires qui seraient reconnus utiles.

Art. XXX. — Les délibérations de toutes les assemblées générales sont constatées par des procès-verbaux inscrits sur un registre spécial et signés par les membres composant le bureau.

Une feuille de présence énonçant les noms et domiciles des actionnaires et le nombre d'actions représentées par chacun d'eux, soit comme propriétaire, soit comme mandataire, demeure annexé à la minute du procès-verbal.

Art. XXXI. — La justification à faire vis-à-vis des tiers des délibérations de l'assemblée, résulte de copies ou extraits certifiés conformes par le Président du Conseil d'administration ou l'administrateur appelé à le remplacer.

TITRE SIXIÈME

Etats de situation. — Inventaire.

Art. XXXII. — L'année sociale commence le premier janvier et finit le trente-un décembre.

Par exception, le premier exercice comprendra le temps écoulé entre la constitution définitive de la Société et le trente et un décembre mil huit cent soixante-quinze.

Le Conseil dresse chaque semestre un état sommaire de la situation active et passive de la Société.

Il est en outre établi, à la fin de chaque année sociale, un inventaire contenant l'indication des valeurs mobilières et immobilières, et de toutes les dettes actives et passives de la Société.

TITRE SEPTIÈME

Modifications et additions aux statuts.

Art. XXXIII. — L'assemblée générale peut, sur la proposition des administrateurs, apporter aux présents statuts les modifications et additions de toute nature que l'expérience démontrerait utiles; décider notamment l'augmentation du fonds social, la transformation de la Société, sa dissolution avant terme.

Art. XXXIV. — Lorsque l'assemblée générale sera appelée à voter sur les matières mentionnées à l'article précédent, la délibération ne sera valable qu'autant que la moitié des actions émises se trouvera représentée.

TITRE HUITIÈME

Dissolution. — Liquidation.

Art. XXXV. — A l'expiration de la Société, ou en cas de dissolution anticipée, l'assemblée générale règle, sur la proposition des administrateurs, le mode de liquidation ; et nomme un ou plusieurs liquidateurs qui peuvent être choisis par les administrateurs.

La nomination des liquidateurs met fin aux pouvoirs des administrateurs et de tous les mandataires.

Pendant le cours de la liquidation, l'assemblée générale des actionnaires conserve tous ses pouvoirs comme pendant l'existence de la Société.

Elle a notamment le droit d'approuver les comptes de la liquidation et d'en donner toutes décharges.

TITRE NEUVIÈME

Dispositions transitoires. — Publication.

Art. XXXVI. — La souscription de la totalité du capital social et le versement du quart au moins seront constatés par une déclaration que feront les comparants devant notaires.

A cette déclaration seront annexés la liste des actionnaires et l'état des versements effectués.

Cette déclaration avec les pièces à l'appui sera soumise à la première assemblée générale, qui en vérifiera la sincérité. La même assemblée fera apprécier la valeur de l'apport de M. l'abbé Bernard.

Une deuxième assemblée sera convoquée pour approuver, s'il y a lieu, la valeur de l'apport de M. l'abbé Bernard, et nommer les administrateurs et les commissaires.

L'article trente de la loi du vingt-quatre juillet mil huit cent soixante-sept détermine la composition et le mode de votation de ces assemblées antérieures à la constitution définitive.

Art. XXXVII. — Dans le mois de la constitution de la Société, les administrateurs déposeront au greffe de la justice de paix dans le ressort du siége social et au tribunal de commerce de Lille une expédition de l'acte de société, une expédition de l'acte notarié constatant la souscription du capital et le versement du quart, une copie certifiée des délibérations prises par l'assemblée générale dans les cas prévus par les articles quatre et vingt-quatre de la loi du vingt-quatre juillet mil huit cent soixante-sept, et une copie certifiée de la liste nominative des souscripteurs contenant les noms, prénoms, qualités et demeures, et le nombre d'actions de chacun d'eux.

Dans le même délai d'un mois, un extrait des actes et délibérations sus-énoncés contenant les indications prescrites par les articles cinquante-sept et cinquante-huit de la loi du vingt-quatre juillet mil huit cent soixante-sept, sera inséré dans un des journaux d'annonces légales.

Art. XXXVIII. — Tous pouvoirs sont donnés au porteur des pièces pour le dépôt et les publications dont il est parlé ci-dessus.

Dont acte :

Fait et passé à Lille, rue du Cirque, numéro deux, au siége de la Commission de Notre-Dame de la Treille, sauf pour les vingt-sixième, trentième, trente-deuxième et quarante-septième comparants, en l'étude et en leurs demeures respectives pour les huitième, onzième, dix-huitième, vingt-unième, vingt-quatrième, trente-quatrième, trente-cinquième, trente-sixième, trente-septième, trente-huitième, quarante-sixième, quarante-neuvième, cinquantième et cinquante et unième comparants;

L'an mil huit cent soixante-quinze, les treize, quinze, seize et dix-sept mars.

Lecture faite, les comparants ont signé avec les notaires.

(*Suivent les signatures.*)

Enregistré à Lille, le vingt-trois mars mil huit cent soixante-quinze, folio quatre-vingt-neuf, recto case cinq. Reçu trois francs, décimes, soixante-quinze centimes.

Signé : FOURDINIER.

LES CLOCHES DE LA BASILIQUE

DE

N.-D. DE LA TREILLE & SAINT-PIERRE

COMMÉMORATIVES DU COURONNEMENT

bénites le 21 Juin 1876

EXPLICATION

DES

FIGURINES, ARMOIRIES ET INSCRIPTIONS

LES CLOCHES DE LA BASILIQUE

DE

N.-D. DE LA TREILLE ET SAINT-PIERRE

COMMÉMORATIVES DU COURONNEMENT

bénites le 21 Juin 1876

Le 21 juin 1876, anniversaire du couronnement de la statue miraculeuse de N.-D. de la Treille, Patronne de Lille, a eu lieu, dans la Basilique de N.-D. de la Treille et Saint-Pierre, la bénédiction solennelle des cloches commémoratives. Cette cérémonie a été présidée par Mgr Delannoy, évêque de Saint-Denis (île de la Réunion). Elle fut suivie d'une allocution faite par Sa Grandeur et terminée par la bénédiction du très-saint Sacrement.

Au moment où les cloches commémoratives du couronnement de Notre-Dame de la Treille vont lancer dans les airs leurs joyeuses et sonores volées (1), quelques explications paraissent nécessaires pour donner aux nombreux visiteurs, qui les ont admirées dans la Basilique, et aux habitants de la Cité de la Vierge l'intelligence complète de cette magnifique sonnerie artistique. Destinée à

(1) La présente notice devait être publiée au moment même de la bénédiction des cloches. Des circonstances particulières en ayant ajourné la publication, on l'a annexée au Compte-rendu de l'Œuvre de Notre-Dame de la Treille pour la période 1861-1876.

célébrer à jamais les louanges de la Patronne de Lille, cette sonnerie doit être considérée sous le rapport musical, artistique et historique.

Cette étude appellera nécessairement l'explication des figurines, armoiries et inscriptions qui décorent la chape des cloches et la description des cloches elles-mêmes. Elle sera complétée par quelques indications sur le mouvement de l'horloge et celui du carillon.

Un aperçu historique montrera le rôle des cloches de la Basilique dans la restauration de l'OEuvre de la Collégiale de Saint-Pierre.

CHAPITRE I

Les cloches de la Basilique de Notre-Dame de la Treille et Saint-Pierre considérées au point de vue musical, artistique et historique.

I. — PARTIE MUSICALE

La Basilique de Notre-Dame de la Treille et Saint-Pierre représente, pour le passé, la Collégiale de Saint-Pierre dont elle est la restauration et la continuation : elle possède la statue miraculeuse de la Patronne de Lille qu'elle a pour devoir et pour mission de faire vénérer et aimer. A ces gloires, Dieu ajoutera d'autres gloires dans l'avenir au moment et à l'heure dont il se réserve le secret. En présence de ces grandes choses du passé, du présent et de l'avenir qui font battre nos cœurs et passionnent saintement nos âmes, comment la

Basilique resterait-elle silencieuse et muette ? Et comment parlerait-elle si la voix, sans laquelle elle ne peut exprimer ces grandes choses, lui était refusée? Pour les exprimer dignement, une voix ordinaire ne pourrait suffire. Qui oserait affirmer le contraire dans cette région où des villes, moins importantes que Lille, telles que Gand, Bruges, Anvers, Malines, possèdent des sonneries magistrales auxquelles la capitale de la Flandre ne saurait, sans déchoir, céder le pas. Assurément le temps doit parfaire toute chose, mais pour donner actuellement à la Basilique une sonnerie complète bien que restreinte, il fallait avant tout considérer la sonnerie définitive dans son ensemble, s'arrêter ensuite à un choix selon les ressources du moment et laisser à l'avenir le soin de compléter et d'achever. Hâtons-nous de dire que dans cet ensemble, la partie réalisée en ce moment est, de beaucoup, la plus considérable, et que les généreux donateurs anonymes n'ont laissé à l'avenir qu'un travail complémentaire d'une importance secondaire.

Une sonnerie complète, telle que la Basilique est appelée à la posséder un jour, se compose de trois éléments, ayant pour point de départ la cloche représentant le LA du diapason normal :

1° La *sonnerie* proprement dite, comprenant les cloches sonnant à la volée et dont la fonction, dans le chant général du carillon, est de former les notes d'accompagnement. Elles s'étendent du LA du diapason au LA de l'octave inférieure.

2° Le *carillon* proprement dit, comprenant les cloches fixes ne sonnant pas à la volée. Elles forment le chant proprement dit du carillon et s'étendent du LA du diapason au LA de la troisième octave supérieure.

3° Les *bourdons* venant s'harmoniser avec la sonnerie proprement dite. Ils commencent au LA de l'octave inférieure au LA du diapason et ne descendent guère plus bas, pour ne parler que des principaux bourdons de France, qu'au FA ou au MI.

Dans cet ensemble général, il fallait choisir un point de départ et former une sonnerie restreinte, mais complète. Grâce au concours de généreux donateurs, la Basilique possédera deux sonneries complètes ; la première comprenant une tierce formée du LA de l'octave inférieure au LA du diapason, du SI et du DO dièze ; la seconde, comprenant l'accord formé du même LA et du même DO dièze auxquels viennent se joindre le MI et le LA du diapason. Ces deux sonneries comprennent cinq notes auxquelles vint s'ajouter le SOL dièze suivant immédiatement le LA du diapason.

II. — PARTIE ARTISTIQUE

La partie musicale était déterminée dans son ensemble général et dans le choix de six cloches : il fallait aborder l'exécution. Dans une œuvre essentiellement artistique comme celle de la Basilique de Notre-Dame de la Treille et Saint-Pierre, cette exécution devait nécessairement revêtir le même caractère. Pour la réaliser, un triple concours artistique était indispensable, celui du fondeur, du dessinateur et du graveur.

Un appel fut fait aux principaux fondeurs de la France et de l'étranger. Renseignements pris et documents fournis, M. Paul Drouot, fondeur à Douai, fut choisi comme le plus capable de mener à bonne fin cette œuvre artistique si complexe. Ce choix fut pleinement justifié par l'intelligence et le dévouement apportés par M. Paul Drouot dans l'accomplissement de sa mission. Peu d'artistes ont en leur vie une occasion de produire leur talent comme celle donnée par l'exécution du carillon de Notre-Dame de la Treille. M. Paul Drouot fut à la hauteur de son œuvre : elle restera son meilleur titre de gloire et sa plus sérieuse recommandation.

M. le baron Béthune, de Gand, voulut bien se charger de la partie artistique du dessin des figurines, lettres et armoiries. Nous ne nous permettrons pas de parler du talent du restaurateur du dôme d'Aix-la-Chapelle et de l'auteur de tant d'autres travaux admirés de l'Europe entière, mais nous remercierons le grand chrétien qui consacre son talent, sa fortune, sa santé, sa vie au triomphe et à la diffusion de l'art chrétien au xiiie siècle ; nous le remercierons du concours si complet et si dévoué qu'il veut bien accorder à l'Œuvre de Notre-Dame de la Treille dans notre bonne ville de Lille à laquelle le rattachent d'ailleurs tant de liens de parenté et d'amitié.

Sous cette direction si sûre et si compétente, la forme et l'ornementation des cloches furent déterminées. La forme générale fut conservée dans ses conditions ordinaires. Il eût été imprudent de la modifier : toute modification, en effet, aurait eu pour conséquence de changer les conditions géométriques de la cloche, desquelles dépendent ses conditions acoustiques.

Chaque cloche devait recevoir pour ornements huit figurines surmontées d'armoiries. Au haut de la cloche régnerait l'inscription composée de cinq lignes de texte.

Les admirables dessins de M. le baron Béthune, avant d'être livrés au graveur, devaient être passés au trait. Ce travail difficile, surtout lorsqu'il s'agit de cartons de maître, fut confié à un dessinateur de talent, M. Mortreux de Douai. En donnant satisfaction au graveur, M. Mortreux sut conserver à ses reproductions toute la délicatesse des dessins originaux.

Restait la confection de la gravure en creux sur buis, nécessaire pour obtenir les reliefs en cire. Ce fut la partie laborieuse. En vain un appel fut fait et répété à Paris aux artistes s'occupant de la gravure artistique, industrielle, commerciale : aucun n'osa entreprendre le travail. Un seul consentit à se charger d'une figurine à l'essai ; mais son travail sans relief et sans ton ne put être accepté. — Ce que Paris ne put nous donner, l'Alsace nous le fournit. Un paysan, s'ignorant lui-même, mais artiste émérite, fut signalé par le fondeur, M. Drouot, pour lequel il avait gravé diverses figurines. Les dessins lui furent confiés : le travail réussit au-delà même de ce qu'avait osé espérer le créateur des cartons originaux. Aussi eu égard à cette pénurie absolue d'artistes et pour profiter du talent de celui-là seul que la divine Providence, dans sa sollicitude pour l'OEuvre, avait mis à notre disposition, le travail des buis a été continué : il sera poursuivi, sans relache, jusqu'à l'entier achèvement de toutes les gravures indispensables pour compléter le carillon général, bourdons compris. L'ensemble des buis nécessaires pour que les quatorze paroisses de Lille soient représentées dans le carillon, est actuellement terminé. Le désir si vif et si généralement exprimé depuis la bénédiction des six cloches, dans le sens de l'achèvement immédiat de la partie chantante du carillon, prouve que ce travail des buis, nécessité d'ailleurs d'une manière impérieuse par les circonstances, loin d'être trop hâté, répond à un besoin de la situation, à un besoin général, donner à la Basilique les voix avec lesquelles elle chantera les louanges de la Patronne de Lille et redira ses bienfaits.

III. — PARTIE HISTORIQUE

La partie musicale du carillon était déterminée dans son ensemble général et dans le choix de six cloches. La partie artistique était assurée. Restait la partie historique et littéraire.

Pour des cloches ordinaires, même pour un ensemble de cloches harmonisées, il suffit qu'elles soient marquées du signe de leur consécration et de l'image du saint dont elles portent le nom. Pour un carillon artistique, comme celui de la Basilique de Notre-Dame de la Treille, les cloches ne doivent pas seulement sonner et chanter, elles doivent parler. Elles doivent retracer sur leur chape de bronze l'histoire de la cité, l'histoire du pays à travers une longue suite de siècles.

Avant de faire parler ainsi chacune des six cloches récemment bénites et lui assigner sa page d'histoire à écrire, il fallait considérer le carillon dans une vue d'ensemble. Un carillon artistique est un poëme : une pensée principale doit y présider. Pour le carillon de la Basilique, cette pensée principale sera de perpétuer, avec le souvenir du Jubilé de 1854, celui du Couronnement de Notre-Dame de la Treille : aussi toutes les cloches qui le composent porteront le souvenir et la date du couronnement. A vrai dire, il n'y a qu'une cloche, celle du

Couronnement rappelant en même temps Notre-Dame de la Treille, la douce Patronne de Lille et le bien-aimé Pie IX : *Marie-Pie de Notre-Dame de la Treille couronnée.* Les autres cloches ne viennent en quelque sorte que pour lui faire cortége et l'accompagner.

Dans ce concert de voix s'élevant pour célébrer les louanges de Notre-Dame de la Treille, il fallait suivre un ordre. Il fallait, dans cette harmonie générale, donner à chaque cloche non-seulement son nom et sa fonction, mais son chant et sa page d'histoire à écrire. Considéré au point de vue historique, le carillon général peut se diviser, comme pour la partie musicale, en trois parties :

La première, comprenant les cloches allant du LA du diapason au LA de l'octave inférieure.

La seconde, comprenant les cloches allant du LA du diapason au LA de la troisième octave supérieure.

Enfin les bourdons.

Les bourdons ont été l'objet d'une étude spéciale sur laquelle il n'y a pas lieu de s'arrêter en ce moment.

Le carillon proprement dit, composé de trois octaves et formant le chant, représentera les paroisses de Lille et les ordres religieux qui viendront saluer la Patronne de Lille couronnée, en disant : *Ave Maria.* Cette partie du carillon est la plus laborieuse au point de vue du travail, par suite de la difficulté de donner la note exacte à des cloches dont le diamètre se restreint successivement de $0^m\ 90^{cm}$ à $0^m\ 10^{cm}$ sur une série de trois octaves ou trente-six cloches. Toutefois la quantité de métal qu'elle exige est très-limitée et la dépense relativement peu considérable : aussi cette partie formant le chant, le carillon proprement dit, pourrait-elle être exécutée dans un avenir non éloigné, que la difficulté du travail ne peut cependant faire considérer comme immédiat.

La sonnerie proprement dite, composée d'une octave et formant ordinairement l'accompagnement dans le carillon, représentera les saints particulièrement honorés dans la Basilique et dans le pays. Les cloches qui la composent forment, pour ainsi dire, le cortége d'honneur de Notre-Dame de la Treille couronnée, venant à la suite des paroisses et des ordres religieux. C'est dans cet ordre d'idées que les cloches actuellement bénites, dont le choix, au point de vue musical, était nécessité pour obtenir une double sonnerie, la tierce et l'accord, reçurent leurs noms et leurs fonctions dans l'harmonie générale.

La première : **Marie-Pie de Notre-Dame de la Treille couronnée**, — commémorative du couronnement de la Statue Miraculeuse et de Pie IX, le Pape de la définition du dogme de l'Immaculée Conception et de l'Infaillibilité du Souverain-Pontife, qui a voulu couronner la Patronne de Lille, après avoir demandé à Gaëte à Son Eminence le cardinal Giraud, de relever la Collégiale de Saint-Pierre sous le vocable de Notre-Dame de la Treille et Saint-Pierre, — et en mémoire de Notre-Dame du Saint-Rosaire, miraculeuse dans le couvent des Frères Prêcheurs, cette terre royale et dominicaine sur laquelle s'élève la Basilique de Notre-Dame de la Treille.

La seconde : **Marie de Saint-Pierre**, — commémorative de l'insigne et vénérable Collégiale de Saint-Pierre et de son titulaire l'apôtre saint Pierre.

La troisième : **Marie de Saint-Joseph**, — commémorative du Patron de l'Eglise universelle, saint Joseph, auquel sont dédiés deux autels consacrés dans la Basilique ;

le premier, dans la Crypte, en 1859 ; le second, dans l'église supérieure, en 1869, en mémoire et par reconnaissance de la lettre que, le 19 mars 1849, Sa Sainteté Pie IX remettait aux mains du vénérable cardinal Giraud, lui demandant la restauration de la Collégiale.

La quatrième : **Marie des Pèlerins**, — commémorative des saints et saintes, bienheureux et bienheureuses, qui sont venus vénérer Notre-Dame de la Treille, spécialement saint Thomas de Cantorbéry, saint Louis, roi de France, saint Bernard, saint Vincent Ferrier ; — et en mémoire du mouvement des pèlerinages qui, à la voix de Pie IX, s'est manifesté dans le monde entier pour le salut de l'Eglise et fut étendu, dans notre pays, au salut de la France.

La cinquième : **Marie de Saint-Dominique**, — commémorative de l'ancien couvent et de l'église des Frères Prêcheurs, de cette terre royale et dominicaine sur laquelle s'élève la Basilique de Notre-Dame de la Treille.

La sixième : **Marie du Repos de Notre-Dame**, — commémorative de la prise de possession de la Basilique par la statue vénérée de Notre-Dame de la Treille qui, après avoir daigné honorer de sa présence pendant des siècles l'insigne Collégiale de Saint-Pierre, et pendant trois quarts de siècle l'église paroissiale de Sainte-Catherine, a voulu enfin avoir sa demeure, le lieu de son Repos, dans cette Ile, sanctifiée par le très-saint Rosaire et dont la possession l'a rendue à un double titre Dame et Maîtresse de Lille (1).

Ces vocables, on l'aura sans doute observé, répondent d'ailleurs aux vocables des autels de la Basilique.

(1) Voir la note mise au bas de la page 349.

Marie-Pie de Notre-Dame de la Treille couronnée et *Marie du Repos de Notre-Dame* répondent à l'autel consacré, dédié à Notre-Dame de la Treille, dans la chapelle absidale où la Statue Miraculeuse trouvera un jour le lieu de son Repos.

Marie de Saint-Pierre répond à l'autel consacré, dédié à Saint-Pierre, dans la chapelle latérale du côté de l'évangile.

Marie de Saint-Joseph répond à l'autel consacré, dédié à Saint-Joseph, dans la chapelle absidale de la Crypte et à l'autel consacré, dédié au même saint, dans la chapelle latérale du côté de l'épître.

Marie des Pèlerins répond aux quatre autels dédiés, dans les chapelles de l'abside, à saint Thomas de Cantorbéry, saint Louis, roi de France, saint Bernard et saint Vincent Ferrier.

Marie de Saint-Dominique ne répond à aucun autel encore existant, mais la reconnaissance tiendra à élever un jour cet autel à saint Dominique sur cette terre dominicaine tout embaumée des Roses du saint Rosaire, jardin fermé où fut le berceau de Lille et que Notre-Dame choisit pour y placer sa Treille sur le Lys de Lille dans la Rose Dominicaine (1).

CHAPITRE II

Nomenclature générale et explication des figurines, armoiries et inscriptions.

Avant de décrire chacune des six cloches en particu-

---

(1) L'un des emblèmes légendaires de Notre-Dame de la Treille représente

lier, il paraît nécessaire de donner la nomenclature générale de toutes les figurines et armoiries qui se trouvent sur les cloches, avec un mot d'explication sur chacune d'elles, et de faire connaître l'harmonie générale des inscriptions et les éléments qui les composent. Nous reprendrons ensuite chaque cloche en particulier, en donnant son inscription avec la nomenclature de ses figurines et armoiries.

I. — FIGURINES.

Les figurines, placées sur les six cloches bénites le 21 juin 1876, forment la nomenclature générale suivante. Nous donnerons, avec leurs noms, un mot d'explication sur chacune d'elles.

1. — Le Christ.

2. — Notre-Dame de la Treille sur le Lys dans la Rose.

Ces deux figurines se trouvent sur *les six cloches* et sur toutes les cloches du carillon, même celles qui n'ont pas de figurines. — Au-dessus de la figurine du Christ se trouvent, sur toutes les cloches à figurines, les armes de son Vicaire, Sa Sainteté Pie IX, et au-dessus de la figurine de Notre-Dame de la Treille, les armes de la Collégiale. La Basilique n'est, en effet, que la Collégiale restaurée, avec Notre-Dame de la Treille pour premier Titulaire et Saint-Pierre pour second Titulaire.

3. — Saint Pierre.

La figurine de saint Pierre, rappelant le Titulaire de la Col-

la patronne de Lille assise dans sa Treille et formant, avec elle, le nœud d'une Fleur de Lys placée sur une Rose. — Voir la note mise au bas de la page 319.

légiale, se trouve sur *les six cloches* et sur toutes les cloches du carillon ayant d'autres figurines que le Christ et Notre-Dame de la Treille. — Au-dessus de cette figurine se trouvent toujours les armes de Bauduin V, fondateur de la Collégiale.

4. — Saint Joseph.

La figurine de saint Joseph rappelle le patronage particulier de saint Joseph sur la Basilique, dont il est en quelque sorte le promoteur. C'est, en effet, du 19 mars 1849 qu'est datée la lettre que Pie IX remit, à Gaëte, au vénérable cardinal Giraud, par laquelle le Saint-Père demande la restauration de l'insigne Collégiale de Saint-Pierre sous le titre de Basilique de Notre-Dame de la Treille et Saint-Pierre. C'est pour cette raison que généralement les armes du cardinal Giraud se trouvent au-dessus de la figurine de saint Joseph.

La figurine de Saint-Joseph se trouve naturellement sur la cloche de l'*Ave Maria*, *Marie-Pie de Notre-Dame de la Treille couronnée*, et sur les cloches *Marie de Saint-Pierre* et *Marie de Saint-Joseph*, dont il est le titulaire. Sur ces cloches, elle se trouve à la place d'honneur, à droite de la figurine de Notre-Dame de la Treille, qui donne la gauche sur la première et la troisième cloche à Saint-Gabriel, et sur la troisième à Saint-Eubert, apôtre de Lille.

Sur la cloche *Marie des Pèlerins* on a conservé, pour les figurines des saints, l'ordre et la disposition des autels qui leur sont dédiés dans la Basilique. Il y a lieu d'observer toutefois que la forme circulaire de la cloche, obligeant de mettre les figurines du Christ et de Notre-Dame de la Treille dos à dos, aux places d'honneur occupant les deux points-centre de la cloche, et la figurine du Christ, commandant l'ordre général des figurines à sa droite et à sa gauche, comme celui des autels dans la Basilique, la figurine de Notre-Dame de la Treille donnera forcément la gauche aux saints dont les autels sont à sa droite dans la Basilique, et *vice-versâ*. — Cette observation faite, étant donnée la figurine du Christ représentant sur la cloche le maître-autel et commandant l'ordre général des figurines, celle de Notre-Dame de la Treille, représentant la chapelle absidale qui lui est dédiée, a, sur la cloche à sa gauche (qui est sa droite dans la Basilique), les figurines de Saint-Thomas de Cantorbéry, Saint-Bernard et de Saint-Pierre qui se trouve à la droite de la figurine du Christ comme son autel est à la droite du maître-autel dans la Basilique, — et à sa droite (qui est sa gauche dans la basilique) les figurines de Saint-Louis, roi de France, Saint-Vincent Ferrier et de Saint-Joseph, qui se trouve à la gauche de la figurine du Christ comme son autel est à la gauche du maître-autel de la Basilique.

Le grand nombre de figurines de saints de l'Ordre de Saint-Dominique ayant leur place obligée sur la cloche de **Marie de Saint-Dominique**, n'a pas permis d'y placer la figurine de Saint-Joseph.

La figurine de Saint-Joseph devait être placée sur la cloche **Marie du Repos de Notre-Dame**, au-dessous des armes de Mgr Giraud, au lieu de la figurine de Saint-Louis, en mémoire de la lettre de Pie IX à Mgr Giraud, datée du 19 mars 1849, et rappelée d'ailleurs par les armes du vénérable Cardinal, maintenues au-dessus de la figurine de Saint-Louis, qui, cependant, appelait les armes royales. La lettre du 19 mars, en effet, en déterminant la restauration de la Collégiale, a donné à Notre-Dame de la Treille, dans la Basilique, le lieu de son Repos. Une erreur du graveur a obligé, au moment de la fonte de la cloche, de substituer à la figurine de Saint-Joseph, celle de Saint-Louis. Saint Louis, avait d'ailleurs sa place marquée sur la cloche **Marie du Repos de Notre-Dame** comme roi de France et comme neveu de la comtesse Jeanne, fondatrice de l'abbaye de Marquette, où était vénérée Notre-Dame du Repos.

5. — Notre-Dame des Sept-Douleurs.

Cette figurine rappelle *Notre-Dame des Sept-Douleurs* qui était très-honorée dans la chapelle de Notre-Dame de la Treille à la Collégiale : un autel principal lui sera dédié dans la Crypte, au bras du transept du côté de l'épître. — Philippe le Bon avait une dévotion particulière à Notre-Dame des Sept-Douleurs : il fit don à la Collégiale, en 1450, d'une statue de la *Mater Dolo-*

rosa, qui fut placée et vénérée d'un culte particulier dans la chapelle même de Notre-Dame de la Treille (1).

Le chapitre de la Collégiale de Saint-Pierre dédia, aux douleurs de la Sainte Vierge, le vendredi de la semaine de la Passion. Ainsi commença la *Fête de Notre-Dame des Sept-Douleurs* ou de la *Transfixion de la Bienheureuse Vierge Marie*. L'office que le chapitre de Saint-Pierre récitait en ce jour fut approuvé par les Souverains-Pontifes Alexandre VII et Clément IX. Cette fête et son office, propres d'abord à la Collégiale, furent ensuite étendus à l'Eglise universelle. Aussi les armes de Philippe le Bon sont-elles placées au-dessus de la figurine de *Notre-Dame des Sept-Douleurs*.

En souvenir de ces grandes choses, réalisées dans la Collégiale, la figurine de *Notre-Dame des Sept-Douleurs* est placée sur la cloche *Marie de Saint-Pierre*, sous les armes de Philippe le Bon.

6. — Saint-Michel archange.
7. — Saint-Gabriel.
8. — Saint-Raphaël.

La figurine de Saint-Michel archange rappelle le culte spécial qui était rendu à cet archange dans la Collégiale de Saint-Pierre; une statue de Saint-Michel archange était très-vénérée dans le cimetière de Saint-Pierre. — Aussi la figurine de Saint-Michel est-elle placée sur la cloche *Marie de Saint-Pierre*. — Elle est aussi placée sur la cloche *Marie de Saint-Joseph*, à la droite de la figurine du Christ

La figurine de Saint-Gabriel devait nécessairement se trouver sur la cloche de l'*Ave Maria*, *Marie-Pie de Notre-Dame de la Treille* couronnée et sur la cloche *Marie de Saint-Joseph*. Elle occupe sur ces deux cloches la gauche de la figurine de Notre-Dame de la Treille qui donne la droite à celle de Saint-Joseph.

La figurine de Saint-Raphaël, patron des voyageurs, se trouve naturellement sur les cloches *Marie de Saint-Joseph* et *Marie*

(1) Voir à la nomenclature générale des armoiries : 6. — Philippe le Bon, page 339.

du Repos de Notre-Dame. Elle est placée sur cette dernière cloche sous les armes de Mgr Delannoy.

Les trois archanges figurent naturellement, comme on vient de le voir, sur la cloche *Marie de Saint-Joseph*.

9. — Saint-Marcellin.
10. — Saint-Eubert.

La figurine de Saint-Marcellin rappelle que c'est, vraisemblablement, le pape saint Marcellin qui, sous Dioclétien, nous a envoyé nos premiers apôtres : saint Eubert, saint Piat et saint Chrysole. Aussi la figurine de Saint-Marcellin est-elle placée sur la cloche *Marie de Saint-Pierre*, à la gauche de la figurine du Christ qui donne la droite à celle de Saint-Pierre.

La figurine de Saint-Eubert rappelle que saint Eubert nous a apporté la foi et qu'il est l'apôtre de Lille. — Une relique de saint Eubert est vénérée à la Basilique, à laquelle elle fut donnée par le chapitre de la cathédrale de Bruges, par l'intervention gracieuse de Mgr Béthune. — La figurine de Saint-Eubert avait sa place marquée sur la cloche *Marie de Saint-Pierre*, où elle occupe sous les armes de Lille, la gauche de la figurine de Notre-Dame de la Treille qui donne la droite à celle de Saint-Joseph, et sur la cloche *Marie de Saint-Joseph* où elle est placée entre les figurines de Saint-Michel et de Saint-Gabriel.

11. — Saint-Dominique.
12. — Saint-Thomas d'Aquin.

La figurine de Saint-Dominique rappelle l'église et le couvent des Frères Prêcheurs, rue Basse, anciennement rue des Dominicains, où était vénérée l'image miraculeuse de Notre-Dame du Saint-Rosaire. C'est sur l'emplacement des jardins du couvent des PP. Dominicains que s'élève la Basilique de Notre-Dame de la Treille. La figurine de Saint-Dominique, qui a institué le Saint-Rosaire, devait nécessairement se trouver sur la cloche de l'*Ave Maria, Marie-Pie de Notre-Dame de la Treille couronnée*, et sur la cloche *Marie de Saint-Dominique*, dont il est titulaire.

La figurine de Saint-Thomas d'Aquin avait, pour les mêmes raisons, sa place marquée sur la cloche *Marie de Saint-Dominique*; saint Thomas est d'ailleurs le titulaire du nouveau couvent des PP. Dominicains, rue Notre-Dame.

13. — Saint-Thomas de Cantorbéry.
14. — Saint-Louis, roi de France.
15. — Saint-Bernard.
16. — Saint-Vincent Ferrier.

Les figurines de Saint-Thomas de Cantorbéry, Saint-Louis, roi de France, Saint-Bernard, Saint-Vincent Ferrier, sont placées sur la cloche *Marie des Pèlerins*, parce qu'ils sont venus vénérer Notre-Dame de la Treille. Beaucoup d'autres saints et bienheureux sont venus vénérer Notre-Dame de la Treille, tels que le bienheureux Benoît XI, pape; le bienheureux Alain de la Roche et la plupart des saints ou saintes, des bienheureux ou bienheureuses, originaires du pays ou qui y sont venus et y ont séjourné dans la suite des siècles.... Mais il fallait se borner à mettre sur la cloche *Marie des Pèlerins* les saints pèlerins de Notre-Dame de la Treille qui seuls, jusqu'à ce jour, ont un culte dans la Basilique. Ces quatre saints ont leur autel dans les quatre chapelles de l'abside contiguës à la chapelle absidale dédiée à Notre-Dame de la Treille. Leurs figurines sont placées sur la cloche dans le même ordre que leurs autels dans la Basilique (1).

Saint Thomas de Cantorbéry séjourna à Lille pendant son exil : on voit encore, rue d'Angleterre n° 8, la maison où il habitait.

Saint Louis est spécialement honoré dans la Basilique, qui possède une relique insigne, donnée par le R. P. d'Halluin, oblat de Marie Immaculée. — La figurine de Saint-Louis se trouve encore sur la cloche *Marie du Repos de Notre-Dame*. Cette place, il est vrai, devait être occupée, au-dessous des armes de Mgr Giraud, par la figurine de Saint-Joseph, en mémoire de

(1) Voir, au sujet de l'ordre dans lequel les figurines des quatre saints sont placées sur la cloche, l'observation faite plus haut à la figurine 4 — Saint-Joseph. 3e alinéa, page 320.

la lettre de Pie IX à Mgr Giraud, datée du 19 mars 1849 et rappelée d'ailleurs par les armes du vénérable Cardinal maintenues au-dessus de la figurine de Saint-Louis, qui, cependant, appelait les armes royales. La lettre du 19 mars, en effet, en déterminant la restauration de la Collégiale, a donné à Notre-Dame de la Treille, dans la Basilique, le lieu de son Repos. Une erreur du graveur a obligé, au moment de la fonte de la cloche, de substituer, à la figurine de Saint-Joseph, celle de Saint-Louis. Saint Louis avait d'ailleurs sa place marquée sur la cloche *Marie du Repos de Notre-Dame*, comme roi de France et comme neveu de la comtesse Jeanne, fondatrice de l'abbaye de Marquette où était vénérée Notre-Dame du Repos.

Saint Bernard rappelle l'abbaye fondée par le saint à Loos et le monastère des Dames Bernardines d'Esquermes qui fit don à la Basilique de la cloche de *Marie des Pèlerins*, saint Bernard et les autres saints.

Saint Vincent Ferrier rappelle le passage à Lille, dans la Collégiale, du thaumaturge du xve siècle, cet Ange prédit par saint Jean dans l'Apocalypse, pour annoncer le Jugement, et qui, pour prouver cette mission, ressuscitait à Salamanque une pauvre femme morte depuis plusieurs jours. Aussi *la caractéristique des saints* lui donne-t-elle des ailes. La bulle de canonisation reconnut cette mission et admit le miracle. — La figurine de Saint-Vincent Ferrier se trouve encore sur la cloche *Marie de Saint-Dominique*, sur laquelle elle trouve naturellement sa place comme figurine d'un saint de l'Ordre.

17. — Bienheureux Benoît XI, pape.
18. — Bienheureux Alain de la Roche.

Le bienheureux Benoît XI, de l'ordre des Frères-Prêcheurs, est peut-être le seul Pape qui soit venu à Lille vénérer Notre-Dame de la Treille avant son élévation sur la chaire de Saint-Pierre. C'est à ce titre et comme bienfaiteur insigne de Lille (1)

(1) Frère Nicolas de Trévise, depuis Pape sous le nom de Benoît XI, prit l'habit de saint Dominique au couvent de Saint-Jean et Saint-Paul à Venise. Ses éminentes vertus le firent choisir pour maître-général de son Ordre, puis

que sa figurine est placée sur la cloche de l'*Ave Maria, Marie-Pie de Notre-Dame de la Treille couronnée*, et sur la cloche, *Marie de Saint-Dominique*, sur laquelle sa place était d'ailleurs marquée comme figurine d'un Bienheureux de l'Ordre.

Le Bienheureux Alain de la Roche, de l'ordre des Frères-Prêcheurs, fut choisi par la très-sainte Vierge pour la grande restauration du saint Rosaire au xv⁰ siècle (1). Si le Midi avait

créer cardinal par le pape Boniface VIII, auquel il succéda en 1303, à l'unanimité du Sacré-Collège. A la suite du chapitre général de son Ordre, tenu à Lille en 1293, il fut élu maître-général. C'est pendant l'exercice de cette charge qu'il négocia, en 1297, entre Philippe le Bel et Guy, comte de Flandre, la trêve qui épargna à Lille les horreurs du pillage et de l'incendie. Philippe le Bel, en effet, irrité contre le comte de Flandre qui, non content d'avoir donné la plus jeune de ses filles en mariage au prince de Galles, fils d'Edouard, roi d'Angleterre, à l'insu du roi de France, son suzerain, lui avait encore déclaré la guerre; Philippe le Bel vint mettre le siége devant Lille, le 24 juin 1297, avec une puissante armée. Tous les faubourgs furent réduits en cendres, ainsi qu'une partie de la ville, qui ne se rendit qu'après onze jours de résistance héroïque. Le pacificateur, devenu Pape, réconcilia Philippe le Bel avec l'Eglise. Son culte fut approuvé par Clément XII.

(1) Le bienheureux Alain de la Roche, originaire de la Basse-Bretagne, entra très-jeune encore dans l'ordre de Saint-Dominique, dont il prit l'habit au couvent de Dinan, diocèse de Saint-Malo. Après sa profession, il fut envoyé à Paris pour y faire ses études. En 1459, le chapitre général, tenu à Nimègue, le désigna pour expliquer, en 1461, le *Maître des sentences* et y prendre le bonnet de docteur; mais, instruit de l'étroite régularité qui était observée dans le couvent de Lille, il obtint d'y venir demeurer en 1460. — La dévotion envers la très-sainte Vierge fut le trait caractéristique de sa vie, et les faveurs extraordinaires qu'il en reçut le firent appeler par les auteurs du temps dans leur naïf langage : le *Mignon de Notre-Dame*. Ce fut à son autel que ce dévoué serviteur de la Vierge de Lille, sur une révélation extraordinaire de la sainte Vierge, commença à prêcher la dévotion du très-saint Rosaire, qui, de Lille, devait se répandre dans le monde entier. Cette dévotion était tellement tombée, que le Bienheureux ne la prêcha d'abord qu'avec grande répugnance, et en la prêchant, disent les auteurs du temps, il passa pour un novateur et un fanatique. Mais on changea bientôt d'avis en voyant, en moins d'un an, le Cambraisis, l'Artois et le diocèse entier de Tournai complétement transformés. — Rappelé à Paris en 1461 pour y enseigner la théologie, comme l'avait réglé le chapitre-général tenu à Nimègue, il eut à peine enseigné pendant un an, qu'impatient de retourner au couvent de Lille, il obtint

vu l'institution du très-saint Rosaire prêchée par saint Dominique, avec des fruits merveilleux de salut, le Nord devait voir sa restauration au xve siècle prêchée par le bienheureux Alain de la Roche avec des fruits non moins merveilleux. Ce fut à Lille que cette restauration commença pour se répandre ensuite dans le monde entier. Aussi la figurine du bienheureux Alain de la Roche devait nécessairement se trouver sur la cloche de *l'Ave Maria; Marie-Pie de Notre-Dame de la Treille couronnée*, et sur la cloche, *Marie de Saint-Dominique*.

19. — Notre-Dame du Repos.
20. — Bienheureuse Berthe.
21. — Sainte-Catherine.

Trois abbayes cisterciennes étaient consacrées dans notre région à la très-sainte Vierge et portaient son nom. L'honneur de Notre-Dame, *Honor Mariæ*, à Flines, près Douai; la louange de Notre-Dame, *Laus Mariæ*, à Loos, et le Repos de Notre-Dame, *Reclinatorium B. M. V.*, à Marquette, près Lille. Notre-Dame de la Treille était particulièrement honorée dans cette dernière abbaye. Le souvenir de la seconde abbaye, *Laus Mariæ*, est rappelé avec saint Bernard sur la cloche de *Marie des Pèlerins*. Le souvenir de la troisième, *Reclinatorium B. M. V.*, est rappelé avec Notre-Dame du Repos et la bienheureuse Berthe, première abbesse, sur la cloche *Marie du Repos de Notre-Dame*.

des supérieurs la permission de s'y faire agréger. Il y revint donc le 22 avril 1462, et ne cessa d'en faire partie jusqu'à sa mort, arrivée au couvent de Zwol en 1475. C'est de Lille, comme de son centre, qu'il partit, et parcourut successivement la Flandre, la Picardie, l'Ile de France, la Bretagne et l'Allemagne, prêchant partout, avec de merveilleux fruits pour les âmes, la dévotion au saint Rosaire, qui par les religieux de son Ordre fut portée dans le monde entier. — Etant à Lille pour assister au Chapitre de son Ordre, en 1475, il travailla à une apologie de la dévotion du saint Rosaire qu'il adressa à Mgr Ferrier de Clugny, évêque de Tournai, qui fut ensuite cardinal. Il laissa sur la dévotion au saint Rosaire plusieurs écrits qui, divisés en cinq livres, parurent sous ce titre : *Beatus Alanus de Rupe redivivus, de Psalterio et Rosario Christi et Mariæ*.

Sainte Catherine se trouve sur la même cloche comme ayant partagé, avec la Collégiale de Saint-Pierre, l'honneur de donner l'hospitalité à la Patronne de Lille.

II. — Armoiries.

Les armoiries placées sur les six cloches bénites le 21 Juin 1876, forment la nomenclature générale suivante. Nous donnerons, avec leurs noms, un mot d'explication sur chacune d'elles.

1. — Pie IX.

Les armes de Pie IX se trouvent sur *les six cloches* et sur toutes les cloches du carillon ayant des figurines. Elles sont toujours placées au-dessus du Christ dont le Souverain-Pontife est le Vicaire. — Les armes de Pie IX devaient nécessairement se trouver sur les cloches : elles fixent leur date en indiquant le Souverain-Pontife régnant : elles rappellent Pie IX demandant, en 1849, à Gaëte, au vénérable Cardinal Giraud, la restauration de la Collégiale de Saint-Pierre, sous le vocable de la Basilique de Notre-Dame de la Treille et Saint-Pierre; accordant le Jubilé séculaire de 1854 et couronnant la Statue Miraculeuse en 1874. — Une raison particulière et de haute convenance réclamait les armes de Pie IX sur la cloche principale, dont le Saint-Père a daigné accepter le haut patronage en permettant de lui donner son nom auguste et béni : *Marie-Pie de Notre-Dame de la Treille Couronnée.*

2. — Collégiale.

Les armes de la Collégiale se trouvent sur *les six cloches* et sur toutes les cloches du carillon, même sur celles qui n'ont pas de figurines. — Sur les cloches à figurines elles sont placées au-dessus de la figurine de Notre-Dame de la Treille : la Basilique n'est, en effet, que la Collégiale restaurée et continuée avec Notre-Dame de la Treille pour premier titulaire et Saint-Pierre pour second titulaire. — Les armes de la Collégiale, devenues celles de la Basilique, affirment l'origine et la propriété des cloches : toutes appartiennent à la Basilique de Notre-Dame de la Treille et Saint-Pierre.

3. — Lille.

Les armes de Lille se trouvent sur *les six cloches* et sur toutes les cloches à figurines. Elles sont toujours placées au-dessus de la figurine la plus rapprochée de celle de Notre-Dame de la Treille, lui donnant ordinairement la droite. Cette place d'honneur appartenait sans conteste aux armes de la *Cité de la Vierge* : elles affirment d'ailleurs le lieu où est vénérée la Patronne de Lille.

4. — Bauduin V.

Les armes de Bauduin V se trouvent sur *les six cloches* et sur toutes les cloches à figurines. Elles sont toujours placées au-dessus de la figurine de Saint-Pierre. Une raison de haute convenance réclamait les armes de Bauduin V sur cette figurine : Bauduin V est, en effet, le fondateur de la Collégiale de Saint-Pierre, et ses armes font d'ailleurs partie de celles de la Collégiale.

5. — Comtesses Jeanne et Marguerite.

Les armes de la comtesse Jeanne et de la comtesse Marguerite (armes de Flandre : nouveau) se trouvent sur les cloches à figurines autant que l'ont permis les exigences particulières et les convenances de chaque cloche. Cette place d'honneur leur était due à cause des bienfaits sans nombre que la Collégiale et Lille ont reçus de Jeanne et de Marguerite. — Leurs armes figurent spécialement sur les cloches *Marie de Saint-Pierre* et *Marie de Saint-Joseph* pour rappeler que la célèbre *Confrérie de Notre-Dame de la Treille*, instituée en 1237 sous le nom de CHARITÉ DE NOTRE-DAME sur l'initiative de la comtesse Jeanne, a été érigée et confirmée canoniquement, à la suite des miracles dont la Collégiale a été témoin en 1254, par le Pape Alexandre IV, à la demande de la comtesse Marguerite, —

nous en célébrions le sixième centenaire lors du mémorable Jubilé séculaire de 1854 en posant la première pierre de la Basilique — et pour rappeler encore que la célèbre *Procession de Notre-Dame de la Treille*, dite *Procession de Lille*, a été instituée, en 1269, par la comtesse Marguerite pour rehausser l'éclat de la *Festivité nouvelle*, la FESTIVITÉ DE NOTRE-DAME, créée en mémoire des miracles de 1254, et dont nous célébrions le sixième centenaire lors des Fêtes séculaires de 1869, en prenant possession de l'église supérieure de la Basilique.

Leurs armes figurent encore sur la cloche *Marie de Saint-Dominique* pour rappeler que ce fut à la prière de la comtesse Jeanne que saint Dominique accueillit, en 1219, la demande de Guillaume du Plouick, Prévôt de la Collégiale, à l'effet d'obtenir du saint Patriarche de l'ordre naissant des Frères-Prêcheurs quelques-uns de ses enfants pour Lille ; — enfin sur la cloche *Marie du Repos de Notre-Dame*, en mémoire des bienfaits accordés par la comtesse Jeanne à la célèbre abbaye Cistercienne de Marquette dont elle fut la fondatrice.

6. — Philippe le Bon.

Les armes de Philippe-le-Bon se trouvent nécessairement sur toutes les cloches du carillon où sera placée la figurine de *Notre-Dame des Sept-Douleurs*. Nul n'ignore, en effet, que le Culte de *Notre-Dame des Sept-Douleurs* si particulièrement honorée dans la Collégiale et qui, de la Collégiale, se répandit ou plutôt se raviva, sous une forme particulière et nouvelle, dans le monde entier, est dû spécialement à la dévotion de Philippe-le-Bon aux douleurs de la sainte Vierge.

Cette dévotion avait son principe dans le sentiment de tristesse qui remplissait l'âme chevaleresque et chrétienne de Philippe-le-Bon à la pensée des grands désastres de l'Orient. Constantinople venait de tomber aux mains des musulmans remplissant du bruit de sa chute l'Europe entière. Le Pape Pie II avait appelé les nations chrétiennes à une croisade générale pour arracher des mains de Mahomet II Jérusalem, avec le tombeau de Notre-Seigneur, et Constantinople le Boulevard de l'Europe chrétienne. Le Pape avait désigné Philippe-le-Bon comme chef de la Croisade et lui avait envoyé un Légat à Lille même. Philippe promit aussitôt son concours et convoqua ses chevaliers. Mais l'Europe s'épuisait en luttes stériles. La France avait à reconquérir le sol de ses ancêtres contre l'Angleterre aux prises elle-même avec les factions de Lancastre et d'York. Philippe-le-Bon était enchaîné dans ses Etats par des guerres incessantes, par les révoltes des villes de Bruges et de Gand toujours armées contre lui et par la crainte de voir ses Etats tomber aux mains de la France ou de l'Angleterre. L'impuissance de répondre aux vœux et à l'appel du Souverain-Pontife, la vue des maux sans nombre de l'Eglise accablée par ses ennemis et délaissée par ses propres enfants, concentrait dans l'âme de Philippe-le-Bon un sentiment de tristesse qu'il porta toute sa vie. Cette tristesse, ravivée sans cesse au souvenir de Jérusalem et du tombeau de Notre-Seigneur, reportait son âme au Calvaire et le fit associer ses douleurs à celles de la Mère du Sauveur.

Telle fut l'origine de la dévotion de Philippe-le-Bon aux Douleurs de la sainte Vierge : telle fut l'origine, dans la Collégiale de Saint-Pierre de Lille, du Culte de *Notre-Dame des Sept-Douleurs*, que Dieu suscita sans doute pour réparer les outrages sacrilèges de l'hérésie, au xve siècle, contre la très-sainte Vierge; de Jean Huss, dont les partisans, dans leur rage de destruction, s'attachaient de préférence, aux Images de la *Mater Dolorosa*.

La restauration du Culte de *Notre-Dame des Sept-Douleurs*, par Philippe-le-Bon, qui devait être suivie, dix ans plus tard, de la restauration du très-saint Rosaire, par le Bienheureux Alain de la Roche, restera, dans l'histoire religieuse de Lille et dans les annales de l'Eglise au xve siècle, une gloire pour Lille, la *Cité de la Vierge*, et le gage le plus assuré et le plus consolant pour elle, de la sollicitude maternelle et de la protection spéciale de la sainte Vierge.

Philippe-le-Bon avait fait placer, en 1450, une statue de la *Mater Dolorosa* dans la chapelle même de Notre-Dame de la Treille. On y plaça ensuite sept tableaux ou stations représentant les principales douleurs, les Sept Douleurs de la sainte Vierge. — La fête de *Notre-Dame des Sept-Douleurs* fut fixée au vendredi de la semaine de la Passion, et un office fut composé en son honneur. Approuvé par les Souverains-Pontifes Alexandre VII et Clément IX, et récité d'abord comme office propre par le chapitre de la Collégiale, cet office fut bientôt étendu, avec la fête elle-même, à l'Eglise entière. — C'est en mémoire de ces faits si glorieux pour la Collégiale et pour Philippe-le-Bon que la figurine de *Notre-Dame des Sept-Douleurs* est placée sur la cloche *Marie de Saint-Pierre*, et que les armes de Philippe-le-Bon ont été mises au-dessus de cette figurine.

Une autre raison de haute convenance appelait d'ailleurs ces armes sur la cloche *Marie de Saint-Pierre* spécialement commémorative de la Collégiale. Philippe-le-Bon fut, en effet, le restaurateur de la Collégiale. En 1430, il la relevait de ses ruines : par ses soins s'élevait la splendide chapelle dans laquelle fut vénérée jusqu'à la Révolution la statue miraculeuse de Notre-Dame de la Treille, et il instituait, sous les auspices de la Patronne de Lille, l'Ordre si célèbre de la *Toison d'or* dont les hauts faits répandirent dans l'Europe entière, avec le nom, le culte de Notre-Dame de la Treille. Philippe-le-Bon avait inscrit dans les statuts de son Ordre que *cet Ordre était dévoué à la vénération de la glorieuse Vierge Marie* : aussi voulut-il que le premier chapitre général de l'ordre, tenu en 1431, fût réuni dans la Collégiale, en présence et sous les regards mêmes de Notre-Dame de la Treille.

7. — Saint Louis, roi de France.

Les armes de saint Louis avaient leur place marquée sur les cloches de la Basilique, comme roi de France, et spécialement comme pèlerin de Notre-Dame de la Treille. — Elles se trouvent sur la cloche de *Marie des Pèlerins* au-dessus de la figurine de saint Louis, et sur la cloche de *Marie de Saint-Joseph* au-dessus de la figurine de l'Archange saint Michel.

Les armes de saint Louis devaient naturellement se trouver au-dessus de la figurine du saint qui est placée sur la cloche **Marie du Repos de Notre-Dame**. Toutefois la figurine de saint Louis se trouvant sur cette cloche pour substituer celle de saint Joseph qu'une erreur du graveur ne permettait pas d'y placer au moment de la fonte, on a maintenu les armes de

Mgr Giraud au-dessus de la figure de saint Louis appelant naturellement les armes royales, pour rappeler la lettre de Pie IX à Mgr Giraud, datée du 19 mars, qui, en déterminant la restauration de la Collégiale, a donné à Notre-Dame de la Treille, dans la Basilique, le lieu de son Repos

8. — Ordre de Citeaux.

Les armes de Citeaux se trouvent au-dessus de la figurine de saint Bernard sur la cloche *Marie des Pèlerins*. — Elles rappellent les trois abbayes Cisterciennes : La louange de Notre-Dame, *Laus Mariæ*, à Loos, près de Lille; le Repos de Notre-Dame, *Reclinatorium B. M. V.*, à Marquette près Lille, et l'honneur de Notre-Dame, *Honor Mariæ*, à Flines près Douai. — Elles rappellent aussi, que la cloche *Marie des Pèlerins*, saint Bernard, saint Louis roi de France, saint Thomas de Cantorbéry et saint Vincent Ferrier, a été donnée par les Dames Bernardines du monastère d'Esquermes.

9. — Ordre des Frères-Prêcheurs.

Les armes des Frères-Prêcheurs ou de l'Ordre de Saint-Dominique devaient nécessairement se trouver sur les cloches du carillon de la Basilique, la Basilique s'élevant dans l'enclos même de l'ancien couvent des PP. Dominicains (1). — Elles se trouvent sur la cloche principale, *Marie-Pie de Notre-Dame de la Treille Couronnée*, la cloche de l'*Ave Maria*, au-dessus de la figurine de saint Dominique qui, au XIIIe siècle, institua le très-saint Rosaire ; — sur la cloche *Marie de Saint-Dominique*, au-dessus de la figurine du même saint et à côté de la figurine de Notre-Dame de la Treille; — et sur la cloche *Marie des Pèlerins* au-dessus de la figurine de saint Vincent Ferrier, l'un des saints pèlerins de la Patronne de Lille.

(1) Voir la note mise au bas de la page 349.

10. — Son Eminence le Cardinal Giraud.
11. — Son Eminence le Cardinal Régnier.
12. — Sa Grandeur Mgr Delannoy.

Les armes du vénérable Cardinal Giraud avaient leur place marquée sur les cloches de la Basilique. — Elles sont placées, ordinairement au-dessus de la figurine de saint Joseph, comme on peut le voir sur les cloches *Marie-Pie de Notre-Dame de la Treille Couronnée, Marie de Saint-Pierre* et *Marie de Saint-Joseph*, pour rappeler la lettre que le Saint-Père remit, à Gaëte, aux mains du Cardinal Giraud, le jour même de la fête de saint Joseph, 19 mars 1849, par laquelle Pie IX demandait la restauration de la Collégiale sous le vocable de Notre-Dame de la Treille et Saint-Pierre. — Elles se trouvent aussi sur la cloche *Marie du Repos de Notre-Dame*, au-dessus de la figurine de saint Louis, pour rappeler que le vénérable Cardinal Giraud, sous l'épiscopat duquel a commencé, en 1842, la restauration du culte de Notre-Dame de la Treille, en accueillant à Gaëte, des mains du Saint-Père, la lettre du 19 mars 1849, a été le promoteur de l'œuvre de la Basilique : Sanctuaire définitif dans lequel Notre-Dame de la Treille, après avoir reçu pendant des siècles l'hospitalité dans la Collégiale, puis dans l'église paroissiale de Sainte-Catherine, a enfin trouvé le lieu de son Repos.

Les armes de S. E. le Cardinal Régnier sont placées sur *les six cloches* bénites le 21 juin 1876, d'abord pour donner à chacune des cloches la date par celle de l'épiscopat de l'Evêque régnant, puis pour rappeler que c'est sous l'épiscopat de Son Eminence que se sont accomplis les faits principaux relatifs à la Basilique naissante : le Jubilé séculaire de 1854 et la pose de la première pierre de la Basilique; la Consécration du premier autel de la Crypte, dédié à Saint-Joseph, dans la chapelle absidale, en 1859; la prise de possession de l'église supérieure et la Consécration de l'autel de Notre-Dame de la Treille dans la chapelle absidale, et des autels de Saint-Pierre et de Saint-Joseph dans les chapelles latérales en 1869; enfin, en 1872, la

Translation de la Statue Miraculeuse dans la Basilique et son Couronnement en 1874.

Les armes de S. E. le Cardinal Giraud et celles de S. E. le Cardinal Régnier sont placées spécialement sur la cloche *Marie du Repos de Notre-Dame*, pour rappeler la part si considérable prise par les deux Eminents Prélats pour préparer et donner à la Statue Miraculeuse de N.-D. de la Treille le lieu de son Repos : — Mgr Giraud, en accueillant la demande de Pie IX de restaurer l'OEuvre de la Collégiale, — Mgr Régnier, en posant la première pierre de la Basilique et en pourvoyant d'abord à la Bénédiction de l'Eglise supérieure, puis à la Consécration, dans la chapelle absidale, de l'autel dédié à N.-D. de la Treille, sur lequel sera placée un jour la Statue Miraculeuse.

Les armes de Mgr Delannoy, Evêque de Saint-Denis (Ile de la Réunion), depuis Evêque d'Aire et de Dax, sont placées sur la cloche *Marie de Saint-Dominique*, et spécialement sur celle de *Marie du Repos de Notre-Dame* pour rappeler les sympathies, si dévouées et si efficaces, témoignées par Sa Grandeur à l'OEuvre de Notre-Dame de la Treille particulièrement à l'occasion de la Translation de la Statue Miraculeuse dans la Basilique.

13. — Maréchal de Mac-Mahon.

Les armes du Maréchal de Mac-Mahon, duc de Magenta, Président de la République Française, jointes aux armes de Castries, sont placées sur la cloche principale *Marie-Pie de Notre-Dame de la Treille Couronnée*. Elles rappellent le parrainage de cette cloche que Madame la maréchale de Mac-Mahon a bien voulu accepter. — Les armes portent cette magnifique devise : *Sic nos, sic sacra tuemur*.

III. — INSCRIPTIONS.

Les figurines et les armoiries des six cloches bénites le 21 juin 1876, nous sont connues dans leur nomenclature générale. Avant de donner le texte et la traduction des inscriptions de chacune de ces cloches, il paraît nécessaire de faire connaître l'harmonie générale des inscriptions et les éléments qui les composent.

Or, dans chacune des inscriptions des cloches du carillon, nous trouvons les indications qui suivent :

1. — La dédicace de la cloche : dédicace générale et particulière,
2. — La date,
3. — Le nom de la cloche,
4. — Sa fonction,
5. — Son chant dans l'harmonie générale,
6. — Enfin les noms de ses parrain et marraine.

Nous donnerons un mot d'explication sur chacune de ces indications.

§ I. — Dédicace des cloches

Toutes les cloches sans exception ont une dédicace générale, elles sont dédiées à Notre-Dame de la Treille, Patronne de Lille, Mère de grâce, couronnée : *Ad honorem almae Insularum Patronae, B. M. V. Cancellatae, Matris gratiae, coronatae;* — En l'honneur de l'auguste Patronne de Lille, la bienheureuse Vierge Marie, Mère de grâce, couronnée.

A cette dédicace générale se joint une dédicace particulière qui, presque toujours, donne à la cloche son nom propre.

1. — Marie-Pie de Notre-Dame de la Treille couronnée.

La cloche du Couronnement et de l'*Ave Maria* est dédiée à Notre-Dame du très-saint Rosaire : — *Necnon sub titulo Sacratissimi Rosarii in hâc Sancti Dominici sede olim acclamatae;* —

et acclamée autrefois sous le titre de Notre-Dame du très-saint Rosaire, en ce lieu même, consacré jadis à saint Dominique.

2. — Marie de Saint-Pierre.

Elle est dédiée à saint Pierre : — *Atque Invictissimi Sanctae Ecclesiae Principis, Beati Petri Apostoli;* — et de l'invincible Chef de la sainte Eglise, le Bienheureux Pierre, Apôtre.

3. — Marie de Saint-Joseph.

Elle est dédiée à saint Joseph : *Atque vigilantissimi universalis Ecclesiae Patroni, Beatissimi Joseph;* — et du très-vigilant Patron de l'Eglise universelle, le Bienheureux Joseph.

4. — Marie des Pèlerins.

Elle est dédiée à la Patronne de Lille, secourable dans sa Treille ; *Auxilium Christianorum : — Sed et per saecula jàm octo, assiduis innumerabilium clientum precibus indulgere dignatae;* — de cette Vierge qui, depuis huit siècles, a daigné se montrer favorable aux prières sans cesse renouvelées d'innombrables fidèles.

5. — Marie de Saint-Dominique.

Elle est dédiée à saint Dominique : — *Atque Apostolici Patris Beati Dominici;* — et de l'Apostolique Père le Bienheureux Dominique.

6. — Marie du Repos de Notre-Dame.

Elle est dédiée à Notre-Dame du Repos : — *Necnon sub titulo Reclinatorii in antiquo Marketae coenobio olim Reclinantis;* — et autrefois honorée sous le titre de Notre-Dame du Repos dans l'antique abbaye de Marquette.

§ II. — **Date des cloches.**

Toutes les cloches du carillon porteront une même date, 21 juin 1874, car toutes sont commémoratives du couronnement de Notre-Dame de la Treille, et elles rappellent l'anniversaire du couronnement de Pie IX, 21 juin 1846 ; Pie IX le Pontife du couronnement de Notre-Dame de la Treille, déléguant à cet effet l'éminent Cardinal Régnier : *Hac die XXI Junii, Pontificis Coronati anniversariâ, a Pio PP. IX, Illustrissimum ac Eminentissimum Patrem Renatum Franciscum Cardinalem Regnier, Archiepiscopum Cameracensem delegante, coronatae ;* — Notre-Dame de la Treille, couronnée en ce jour, 21 Juin, anniversaire du couronnement du Souverain-Pontife, par le Pape Pie IX, déléguant l'Illustrissime et Eminentissime Père en Dieu, Réné François Cardinal Régnier, Archevêque de Cambrai. — Le nom de Père est réservé et indique l'Evêque diocésain. — Le millésime, l'année du couronnement, est désigné à la fin de l'inscription : A. D. MDCCCLXXIV; l'an du Seigneur 1874.

§ III. — **Noms des cloches.**

Toutes les cloches ont un nom général, toutes s'appellent *Marie*, et un second nom qui les distingue et les différencie entre elles, un nom propre. Ce nom est en général celui du saint particulier auquel la cloche est dédiée. — Une exception a dû être faite pour la cloche principale, commémorative du couronnement : *Marie-Pie de Notre-Dame de la Treille couronnée.* Il était de toute convenance que la cloche particulièrement destinée à rappeler le couronnement, fût dédiée à Notre-Dame de la Treille couronnée et au Souverain-Pontife Pie IX, qui avait daigné en accepter le haut patronage et lui donner son nom. Cette exception est toutefois plus apparente que réelle, car *Notre-Dame du Très-Saint-Rosaire* reprend son nom dans la fonction et le chant de la cloche, comme on le verra plus loin au § IV et au § V, en invitant les habitants de la Cité de la Vierge à saluer trois fois le jour, avec l'Ange, leur Souveraine et leur Mère, en disant : *Ave Maria.* — *Hujus Civitatis Virginis habitatores trina per diem vice monebo ut cum Angelo Dominam suam ac Matrem salutent dicendo :* Ave Maria.

Les six cloches bénites le 21 juin 1876 portent les noms qui suivent :

1. — Marie-Pie de Notre-Dame de la Treille couronnnée.

Moi, Marie-Pie, honorée du nom et du patronage de la Bienheureuse Vierge Marie à la Treille couronnée, et du très-glorieux Pontife-Romain, qui s'est plu à enrichir cette Basilique de la Vierge Immaculée de tant et de si précieux témoignages de sa piété filiale ; — *Ego, Maria Pia, B. M. V. Cancellatae Coronatae atque gloriosissimi Romani Pontificis, qui hanc Immaculatae Virginis Basilicam tantis suae pietatis testimoniis insignivit, nomine et patrocinio insignita.*

2. — Marie de Saint-Pierre.

Moi, Marie, placée sous les auspices du Patron de l'antique Collégiale de Lille ; — *Ego, Maria, sub auspiciis antiquae Collegiatae Ecclesiae Patroni posita.*

3. — Marie de Saint-Joseph.

Moi, Marie, honorée du nom béni du Très-Virginal Epoux

de la Mère de Dieu, promoteur de la nouvelle Basilique de Lille, et titulaire du premier autel construit et consacré dans sa Crypte; — *Ego, Maria, inclyto ejusdem integerrimi Deiparae Sponsi, recentioris Insulensis Basilicae fautoris, primoque altari in Cryptâ exstructo ac consecrato donati, nomine insignita.*

4. — Marie des Pèlerins.

Moi, Marie, ayant pour Patrons les glorieux serviteurs de la Vierge à la Treille, qui les a associés à sa céleste béatitude, Bernard, Louis, Thomas et Vincent; — *Ego, Maria, gloriosos Virginis Cancellatae cultores, quos coelestis Beatitudinis Consocios elegit, Bernardum, Ludovicum, Thomam et Vincentium patronos adepta.*

5. — Marie de Saint-Dominique.

Moi, Marie, placée sous les auspices de l'Instituteur du très-saint Rosaire qui, dans cette royale demeure, aux Lys unissant les Roses (1), orna dès les siècles passés des couronnes

(1) Le sol sur lequel s'élevait le couvent des PP. Dominicains était vraiment une *terre Royale*. En effet, le couvent des PP. Dominicains ne comprenait pas seulement leur église se développant le long de la rue Basse et le couvent, proprement dit, se développant le long de la rue du Cirque jusqu'au canal de la Monnaie, mais encore les terrains sur lesquels était située la *Motte-Madame* et s'élevait autrefois le palais du Châtelain. Là fut le berceau de Lille, le château du Buc, la demeure des Châtelains de Lille. Les rois de France, devenus Châtelains de Lille en la personne de Henri IV, laissèrent aux Enfants de Saint-Dominique, la jouissance de cette terre seigneuriale et royale. Elle devait recevoir sa consécration définitive en devenant la demeure royale de Notre-Dame de la Treille qui voulut y élever sa Basilique.

Les *Lys* représentent ici, non-seulement la Maison de France, portant trois fleurs de lys d'or sur champ d'azur, et dont les rois, devenus châtelains de Lille, avaient le domaine de la *Motte du Châtelain*, la *Motte-Madame* où fut le berceau de Lille; mais surtout Lille elle-même dont les armes portent une fleur de lys d'argent sur champ de gueules, armes seules reconnues pour Lille dans la science héraldique.

Les *Roses* du très-saint Rosaire que saint Dominique avait fait éclore, au

du Rosaire la Mère de Dieu, qui devait y être couronnée un jour; — *Ego, Maria, sub auspiciis Sacratissimi Rosarii Institutoris qui in hac regali sede, Liliis Rosas miscens, posteá coronandam, jam tum Rosariis Deiparam decoravit coronis, posita.*

6. — Marie du Repos de Notre-Dame.

Moi, Marie du Repos de Notre-Dame, la Bienheureuse Vierge Marie; — *Ego, Maria a Reclinatorio B. M. V.*

§ IV. — **Fonction des cloches.**

§ V. — **Chant des cloches dans l'harmonie générale.**

Un carillon artistique est un poëme, chaque cloche a son action particulière : cette action se résume en une fonction et un chant. Toutes les cloches doivent proclamer la gloire de Notre-Dame de la Treille et saluer, en chantant, la Patronne de Lille couronnée. Si, par exception, quelques cloches dédiées à Notre-Seigneur ou à un saint principal de la Basilique, comme saint Pierre, saint Joseph, et portant leur nom, ont une fonction et

xiiie siècle, sur le sol du midi de la France, et que le Bienheureux Alain de la Roche, au xve siècle, avait fait refleurir, au nord, sur le sol même de Lille pour les répandre ensuite sur l'Europe entière, — les Roses du Très-Saint Rosaire furent particulièrement cultivées et fleurirent merveilleusement au couvent de Lille; cette terre par excellence Dominicaine, Lilloise et Royale où Notre-Dame du Saint-Rosaire avait voulu être miraculeuse.

C'est en ce sens que saint Dominique fit fleurir les *Roses* du Très-Saint Rosaire et les unit aux *Lys* de Lille et de la Maison de France sur cette *terre Royale*, doublement consacrée par les origines de Lille, dont elle fut le berceau, et par la couronne de France. Notre-Dame de la Treille vint en prendre possession pour y élever sa Basilique, et, à la suite des royautés humaines jugées dignes et heureuses de lui préparer les voies, y recevoir, avec la couronne, le titre de Châtelaine, Dame et Maîtresse de Lille : *Insula Civitas Virginis;* — Lille Cité de la Vierge.

un chant particuliers, l'harmonie générale n'en est nullement rompue. La cloche, en effet, ne remplit cette fonction et ne chante ce chant que *Cancellata jubente*, sur l'invitation même de la Vierge à la Treille. La louange donnée à saint Pierre, à saint Joseph, à Notre-Seigneur, loin de diminuer l'harmonie de ce concert de louanges, ne fait que l'augmenter, et on peut dire de la louange de la sainte Vierge ce qui est dit accommodativement de son vêtement : *Astitit Regina a dextris tuis in vestitu deaurato, circumdata varietate*, la variété en fait ressortir la richesse et la beauté.

Toutes les cloches formant le chant proprement dit du carillon, et représentant dans ce concert général les paroisses de Lille et les communautés religieuses, salueront Notre-Dame de la Treille couronnée en chantant : *Ave Maria.*

Les six cloches, bénites le 21 Juin 1876, nous disent elles-mêmes, sur leur chape de bronze, la fonction et le chant qui leur sont attribués dans cette action et cette harmonie générale.

1. — Marie-Pie de Notre-Dame de la Treille couronnée.

Trois fois le jour j'inviterai les habitants de cette cité de la Vierge à saluer avec l'Ange leur Souveraine et leur Mère, en disant : *Ave Maria* ; — *Hujus Civitatis Virginis habitores, trina per diem vice monebo, ut cum Angelo Dominam suam ac Matrem salutent dicendo :* Ave Maria.

2. — Marie de Saint-Pierre.

Pour redire par quels liens d'amour et de reconnaissance sont unis à la Chaire sacrée de Pierre les habitants de cette cité de la Vierge, docile à la Vierge à la Treille, je chanterai à jamais :

Tu es Petrus ; — *Quibus dilectionis gratitudinisque ergà Sanctissimam Petri Sedem hujus Civitatis Virginis incolae adnectantur, Cancellatâ jubente, perenni praedicabo voce cantando :* Tu es Petrus.

3. — Marie de Saint-Joseph.

Pour redire par quels liens d'amour et de filiale confiance sont unis à ce Père bien-aimé, à travers les périls de la vie et aux suprêmes angoisses de la mort, les habitants de cette cité de la Vierge, docile à la Vierge à la Treille, je chanterai à jamais : *Ite ad Joseph ;* — *Quibus dilectionis et fidei ergà hunc piissimum Patrem vinculis, hujus civitatis Virginis incolae, vitae in periculis, mortis in angustiis positi, adnectantur, Cancellatâ jubente, perenni praedicabo voce cantando :* Ite ad Joseph.

4. — Marie des Pèlerins.

J'exciterai de ma voix joyeuse les foules pieuses qui viendront ici pour obtenir le triomphe de la Religion et de la Patrie (1), afin que, de même qu'en entrant dans ce temple rééedifié en l'honneur de la Mère de Dieu, de même au terme de leur exil terrestre, entrant dans les parvis éternels, ils saluent leur Souveraine et leur Mère, en chantant : *Salve Regina ;* — *Devotas quae pro Fidei et Patriae obtinendâ salute accedent turbas laetâ voce excitabo, ut quomodo Dominam suam ac Matrem reaedificatum hîc Deiparae templum intrantes, itâ et exacto terrestris exilii itinere aeterna aggredientes limina salutent cantando :* Salve Regina.

5. — Marie de Saint-Dominique.

Au retour de chaque heure et à jamais, j'inviterai les habitants de cette cité de la Vierge à saluer par de nouvelles couronnes de Roses leur Souveraine et leur Mère couronnée, en disant : *Ave Maria ;* — *Hujus Civitatis Virginis incolas, recurrente horâ perenniter monebo ut Dominam suam ac Matrem Coronatam novis Rosarum coronis salutent dicendo :* Ave Maria.

(1) En mémoire et pour rappeler le mouvement extraordinaire des pèlerinages qui, à la voix de Pie IX, s'est manifesté dans le monde entier pour le salut de l'Eglise et a été étendu, dans notre pays, au salut de la France.

6. — Marie du Repos de Notre-Dame.

Je rappellerai sans cesse l'entrée bénie et la douce et bienfaisante présence de l'Image vénérée de la Vierge à la Treille, qui, dans cette Basilique, a trouvé désormais et pour toujours le lieu de son Repos, la saluant de ma voix claire et joyeuse en chantant : *Salve Regina*; — *Venerandam Cancellatae Imaginem quae in hâc Basilicâ perenne nunc obtinet Reclinatorium annuntiabo, clarâ meâ et laetâ voce cantando : Salve Regina.*

§ VI. **Noms des parrains et marraines.**

Les noms des Parrains et Marraines des six cloches bénites le 21 Juin 1876, gravés sur leur chape de bronze, nous seront dits joyeusement par les cloches elles-mêmes.

1. — Marie-Pie de Notre-Dame de la Treille couronnée.

Me reçurent, comme parrain et marraine, très-éminent Baron Le Guay (1), Préfet de ce département, et très-haute Dame Elisabeth de la Croix de Castries, épouse de l'illustre Maréchal de Mac-Mahon, Duc de Magenta (2), Président de la République Française ; — *Susceperunt me praecellens vir Baron Le Guay, hujus Provinciae Praefectus, et illustris Domina Elisabeth de la Croix de Castries, conjux inclyti Marescalli de Mac-Mahon, ducis de Magenta, Rei Publicae Gallicae Praesidis.*

2. — Marie de Saint-Pierre.

Me reçurent, comme parrain et marraine, très-honoré André Catel-Béghin, Maire de la ville de Lille, et noble Dame Henriette

---

(1) M. le baron Le Guay, représenté par M. Cleenewerck de Crayencourt, vice-président du Conseil de Préfecture du département du Nord.
(2) Madame la maréchale de Mac-Mahon, représentée par madame la générale Colson.

de Milly, épouse du vaillant général Clinchant, commandant supérieur du premier corps d'armée du pays ; — *Susceperunt me honorandus vir Andreas Catel-Béghin, civitatis Insulensis Major, et praeclara Domina Henrica de Milly, uxor strenui viri Clinchant, summi in hâc regione militum Praefecti.*

3. — Marie de Saint-Joseph.

Me reçurent, comme parrain et marraine, très-éminent Charles Louis Henri Kolb-Bernard (1), Président de la Commission établie pour construire la Basilique, et très-honorée Dame Philippine Sophie Verley-Liénart, Présidente des pieuses Dames dévouées à la même OEuvre ; — *Susceperunt me praecellens vir Carolus Ludovicus Henricus Kolb-Bernard, Concilii ad aedificandam Basilicam instituti Praeses, et honoranda Domina Philippina Sophia Verley-Lienart, piarum eidem operi addictarum mulierum Praeses.*

4. — Marie des Pèlerins.

Me reçurent, comme parrain et marraine, Révérendissime Maître Charles Joseph Bernard (2), Vicaire général de Cambrai et Archidiacre de Lille, et très-bienfaisante Dame Elisabeth Casteleyn ; — *Susceperunt me RR. DD. Carolus Joseph Bernard, Vicarius generalis Cameracensis atque Archidiaconus Insulensis, et generosa Domina Elisabeth Casteleyn.*

5. — Marie de Saint-Dominique.

Me reçurent, comme parrain et marraine, André Félix Chrysostôme Joseph Gennevoise (3), homme au cœur apostolique,

(1) M. Kolb-Bernard, représenté par M. Henri Bernard, vice-président du Conseil d'administration de l'Œuvre de Notre-Dame de la Treille et Saint-Pierre.

(2) M. l'abbé Bernard, vicaire général de Cambrai, archidiacre de Lille, représenté par M. l'abbé Charles Bernard, son neveu, professeur de Philosophie à l'Institution libre de Marcq-en-Barœul.

(3) Le R. P. Dom Félix Gennevoise, représenté par M. Henri Gennevoise, son frère.

dévoué à la Vierge à la Treille, religieux de la Chartreuse, et Dame Marie Lucie Charlotte Féron-Vrau, dévouée à la Vierge; — *Susceperunt me Cancellatae datus vir apostolicus Carthusianus Andreas Felix Chrysostomus Joseph Gennevoise et Virgini devota mulier Maria Lucia Carola Feron-Vrau.*

6. — Marie du Repos de Notre-Dame.

Ne reçurent, comme parrain et marraine, Félix Etienne Marie Joseph Dehau et Dame Emilie Dominiquine de Marbaix, tous deux donnés et dévoués à la Vierge à la Treille; — *Susceperunt me Cancellatae datus vir Felix Stephanus Maria Joseph Dehau et Virgini devota Domina Æmilia Dominica de Marbaix.*

CHAPITRE III

Description des six cloches bénites le 21 juin 1876.

Les figurines et armoiries des six cloches bénites le 21 juin 1876, nous sont connues dans leur nomenclature générale. Nous avons fait connaître l'harmonie générale des inscriptions avec les éléments qui les composent. Il nous reste à donner la description des cloches.

Pour décrire une cloche d'une manière exacte et complète, il faut la considérer dans les éléments qui lui donnent son existence propre et la différencient des autres cloches. Nous aurons atteint ce but en donnant sur chaque cloche les indications suivantes :

1. — Dimensions de la cloche,

2. — Son poids,

3. — Sa note musicale,

4. — Les ornements qui décorent sa chape consistant en figurines, armoiries et inscriptions.

Nous n'avons pas à entrer ici dans le détail des cloches du carillon et à les décrire dans les éléments ci-dessus indiqués qui constituent leur individualité. Cette individualité, avec ses éléments constitutifs, a dû nécessairement être précisée dans l'étude générale des cloches dont le carillon est composé : elle pourra faire un jour l'objet d'une note complémentaire au moment de la fonte de ces cloches. Il suffit actuellement de donner la description des six cloches bénites le 21 juin 1876.

I. — DIMENSIONS DES CLOCHES

Les limites imposées à ce travail ne permettent pas d'entrer dans l'étude très-intéressante, dans ses résultats, des courbes et des épaisseurs donnant à la cloche sa forme particulière et déterminant ses conditions acoustiques. Le but proposé est, d'ailleurs, plutôt de donner une indication sommaire sur la dimension des cloches que d'en décrire la forme géométrique : il sera atteint en donnant la hauteur de la cloche, anse comprise, son diamètre à la base extérieure de sa chape et la circonférence prise à la base extérieure et au sommet de la chape à la hauteur où se lit l'inscription.

Pour simplifier nous donnerons une seule indication, celle du diamètre de la cloche, pris à sa base extérieure, en faisant observer que ce diamètre est égal à la hauteur de la cloche, anse comprise, et que la circonférence prise à la base extérieure de la cloche mesure, en chiffres ronds, trois fois le diamètre. La circonférence prise au haut de la cloche où se lit l'inscription mesure, en chiffres ronds, les trois cinquièmes de la circonférence prise à la base. — Une cloche d'un diamètre de 1^m à sa base, aura donc 1^m de hauteur, anse comprise ; 3^m environ de circonférence à sa base ; et 1^m 80^{cm} environ de circonférence à son sommet où se lit l'inscription.

Cette explication donnée, il suffira, pour apprécier les dimensions complètes des six cloches bénites le 21 juin 1876, de donner le diamètre pris à la base extérieure de leur chape.

1. — Marie-Pie de Notre-Dame de la Treille couronnée mesure 1 m. 80 cm. de diam.
2. — Marie de Saint-Pierre. . . . . 1 m. 60 cm.
3. — Marie de Saint-Joseph. . . . . . . 1 m. 45 cm.
4. — Marie des Pèlerins. . . . . 1 m. 16 cm.
5. — Marie de Saint-Dominique. . . . . 0 m. 95 cm.
6. — Marie du Repos de Notre-Dame. . . . 0 m. 90 cm.

II. — POIDS DES CLOCHES

On peut dire d'une manière générale que si rien n'est plus facile que de déterminer le poids d'une cloche même de dimensions considérables, rien n'est plus difficile que d'avoir des données exactes sur le poids des cloches existantes. Il se fait à cet égard comme une conspiration d'exagération telle que la réalité devient impossible à constater. La moindre exagération consiste à doubler le poids de la cloche en transformant les livres en kilogrammes. Les rivalités de clochers expliquent sans doute bien des choses ; hâtons-nous de dire à leur décharge, sans vouloir les innocenter, que la même exagération existe pour les cloches qui n'ont pas de clocher ! — Nous pourrions citer la lettre d'un vénérable archiprêtre d'une de nos cathédrales de France les mieux dotées en bourdons, auquel nous nous étions adressés, ainsi qu'à plusieurs autres, afin d'obtenir les renseignements nécessaires pour déterminer les conditions du carillon de la Basilique de Notre-Dame de la Treille. Dans le désir d'être utile en restant exact, le vénérable archiprêtre, avec une impartialité complète, donnait les appréciations de sept auteurs qui avaient décrit les cloches de la cathédrale, et il constatait que pour ces cloches dont le diamètre accuse un maximum de 11 à 14,000 kilog. (nos bourdons les plus importants de France ne dépassent guère 13,000 kilog.), les auteurs différaient entre eux de 6,000 kilog. pour le premier bourdon, et de 6,500 kilog. pour le second !

Il eût été intéressant, cependant, de donner ici une double nomenclature des cloches les plus considérables et des carillons les plus puissants et les plus complets qui existent dans le monde entier ; les cloches et le carillon de la Basilique de Notre-Dame de la Treille étant appelés à occuper une place d'honneur dans ce concert général. Les renseignements, pris aux sources les plus autorisées, sont tellement contradictoires qu'il a fallu y renoncer au moins pour le moment. La nomenclature des cloches importantes de la région n'a pas eu plus de succès.

La constatation du poids d'une cloche, même suspendue, n'est cependant pas chose inabordable : c'est une étude de courbes et d'épaisseurs qui détermine géométriquement le cube de la cloche et en donne le poids après avoir constaté la densité du métal. — Sans avoir recours aux calculs géométriques qui donnent avec précision le poids d'une cloche, un fondeur ou toute personne quelque peu expérimentée, peut le déterminer approximativement en connaissant le diamètre de la cloche pris à sa base et l'épaisseur prise perpendiculairement au haut de la chape près de l'anse. La preuve est fournie par la note musicale dans laquelle il faut observer surtout la qualité du son, sa puissance et son ampleur.

Le moyen le plus sûr et le plus élémentaire pour obtenir le poids exact des cloches non suspendues, est de les peser avant de les suspendre. Cette pesée a été faite officiellement, pour les six cloches de la Basilique bénites le 21 juin 1876.

Ces explications ont paru nécessaires, eu égard à l'exagération habituelle dans l'appréciation du poids des cloches. Le mystère dont on cherche à l'entourer, pour l'exagérer, ne pouvait être accepté pour les cloches de la Basilique. En donnant leur poids exact constaté officiellement, nous exprimons le vœu que l'exemple donné pour les cloches de la Basilique de Notre-Dame de la Treille, soit suivi pour les autres sonneries importantes, et qu'on arrive ainsi à avoir des données certaines sur les sonneries vraiment magistrales : la vérité et l'art ont tout à y gagner.

Le procès-verbal de la pesée officielle constate les poids (1) suivants pour les six cloches bénites le 21 juin 1876.

(1) Dans le poids indiqué ci-après pour les cloches, ne figure pas le poids du battant qui n'est pas en métal de cloche, mais en fer battu. On ne compte que le métal de la cloche qui est composé de 78 parties de cuivre rouge et de 22 parties d'étain fin d'Angleterre.

1. — Marie-Pie de Notre-Dame de la Treille couronnée pèse 3,594 kilogr.
2. — Marie de Saint-Pierre.. 2,548
3. — Marie de Saint-Joseph. 1,780
4. — Marie des Pèlerins. 942
5. — Marie de Saint-Dominique. 519
6. — Marie du Repos de Notre-Dame. 421

III. — NOTE MUSICALE DES CLOCHES

Les explications données dans la première partie de ce travail sur *les cloches de la Basilique de Notre-Dame de la Treille et Saint-Pierre considérées au point de vue musical*, nous dispensent d'entrer dans de nouveaux détails. Il suffira donc de rappeler la note musicale donnée par chacune des six cloches bénites le 21 juin 1876.

Cette note, il est facile de la préciser, mais la qualité incomparable des sons des cloches de la Basilique, comment l'exprimer ? Comment exprimer cette sonorité, cette ampleur et surtout cette harmonie merveilleuse des trois cloches principales donnant la tierce : LA, SI et DO dièze de l'octave inférieure au LA du diapason ? Elle forme, au dire des personnes les plus compétentes, l'une des plus belles sonneries de la France entière en attendant que le carillon et les bourdons assignent à la sonnerie magistrale de la Basilique de Notre-Dame de la Treille et Saint-Pierre, dans le concert général des sonneries de premier ordre, la place d'honneur que réclament la louange de la Patronne de Lille et la reconnaissance de la glorieuse Cité de la Vierge.

Les six cloches bénites le 21 juin 1876 nous disent joyeusement elles-mêmes la note qu'elles chantent dans l'harmonie générale :

1. — Marie-Pie de Notre-Dame de la Treille couronnée : LA.
de l'octave inférieure du LA du diapason (1)
2. — Marie de Saint-Pierre. . . . . SI.
3. — Marie de Saint-Joseph. . . . . DO dièze.
4. — Marie des Pèlerins. . . . . . MI.
5. — Marie de Saint-Dom[...] . . . . SOL dièze.
6. — Marie du Repos de N[otre-D]ame. . . . LA du diapason.

IV. — ORNEMENTS DÉCORANT LES CLOCHES : FIGURINES, ARMOIRIES, — INSCRIPTIONS.

Nous avons donné au chapitre II page 327 et suivantes, avec la nomenclature générale des figurines, armoiries et inscriptions, l'explication nécessaire sur cha-

(1) Les principales cloches de Lille, *Marie-Pie de Notre-Dame de la Treille couronnée*, de la Basilique, celle de Saint-Sauveur et celle de Saint-Maurice, auxquelles on peut joindre la principale cloche de Saint-Martin de Roubaix, sont sœurs. Elles donnent la même note, le LA de l'octave inférieure au LA du diapason : elles sont de même dimension, mesurant 1 m. 80 cm. de diamètre à la base extérieure de leur chape, et de même poids, pesant, avec quelques variantes inévitables, 3,500 kilog. — Ces variantes viennent surtout du plus ou moins de métal que le fondeur met sur le haut de la chape, près de l'anse, afin d'obtenir des qualités différentes de son en conservant la même note. En mettant, en effet, plus de métal sur le haut de la chape, on obtient un son moins vibrant et plus sourd qui donne à la cloche une apparence de bourdon. Lorsque la chape, au contraire, n'a reçu dans sa partie supérieure que le métal exigé par les conditions géométriques de la cloche, le son se dégage avec la même ampleur, mais dans des conditions de sonorité bien supérieure et beaucoup plus puissante. Ces qualités sont indispensables dans toutes les cloches d'une sonnerie harmonisée pour laquelle il faut, non-seulement la note musicale voulue pour leur accord, mais ce qui est beaucoup plus difficile à obtenir, la même qualité de son. — Elle est remarquable dans la sonnerie de la paroisse Sainte-Catherine, donnant la tierce avec le DO, le RÉ et le MI. — C'est surtout cette qualité identique dans les sons que le fondeur s'est efforcé d'obtenir pour la sonnerie de la Basilique. Il l'a réalisée d'une manière merveilleuse : la tierce formée du LA de l'octave au LA du diapason, du SI et du DO dièze est l'objet de l'admiration générale. Elle fait désirer par tous le complément du carillon.

cune d'elles. Il suffira donc pour la description des cloches bénites le 21 juin 1876, de donner pour chaque cloche la nomenclature particulière des figurines et armoiries qui, avec l'inscription, décorent sa chape.

Nous ferons observer que les figurines sont indiquées, dans cette nomenclature particulière, dans l'ordre où elles sont placées sur la cloche en commençant par le Christ et en suivant par la figurine placée à la gauche du Christ. — Les armoiries indiquées en regard des figurines, sont disposées dans l'ordre et à la place qu'elles occupent sur la cloche au-dessus des figurines. — L'inscription est donnée telle qu'elle se trouve sur la chape de la cloche avec ses abréviations; elle est suivie de la traduction en français et du texte latin complet.

Il sera facile, pour avoir l'intelligence complète des figurines, armoiries et inscriptions de chaque cloche, de recourir à la table qui renverra, pour chacune des indications désirées, à la nomenclature générale en donnant les explications nécessaires.

Nous terminons donc la discription des six cloches bénites le 21 juin 1876 en indiquant, pour chaque cloche, la nomenclature de ses figurines et armoiries : nous donnons ensuite l'inscription telle qu'elle se trouve sur la chape de la cloche avec ses abréviations en la faisant suivre de la traduction en français et du texte latin complet.

§ I. — Marie-Pie de Notre-Dame de la Treille couronnée.

Figurines :	Armoiries :
LE CHRIST (1).	PIE IX.
Bienheureux Benoît XI.	Mgr Régnier.
Saint-Dominique.	Frères-Prêcheurs.
Saint-Joseph.	Mgr Giraud.
N.-D. DE LA TREILLE (2).	COLLÉGIALE.
Saint-Gabriel.	Lille.
Bienheureux Alain de la Roche.	Maréchal de Mac-Mahon.
Saint-Pierre.	Bauduin V.

Inscription.

✠ AD : HONOR : ALMAE : INSULARUM : PATRONAE : B : M : V : CANCELLATAE : MATRIS : GRATIAE : HAC : DIE : XXI : JUN : PONT : CORON : ANNIV : A : PIO : PP : IX : ILLMUM : AC : EMUM : PATREM : REN : FR : CARD : REGNIER : ARCHIEP : CAMERAC : DELEGANTE : CORONATAE : NECNON : SUB : TIT : SS : ROSARII : IN : HAC : S : DOMINICI : SEDE : OLIM : ACCLAMATAE : EGO : MARIA : PIA : B : M : V : CANCELLATAE : CORONATAE : ATQUE : GLORSSMI : ROM : PONT : QUI : HANC : IMM : V : BASILICAM : TANTIS : SUAE : PIETATIS : TESTIM : INSIGNIVIT : NOM : ET : PATROCINIO : INSIGNITA : HUJUS : CIVIT : VIRGINIS : HABITATORES : TRINA : PER : DIEM : VICE : MONEBO : UT : CUM : ANGELO : DNAM : SUAM : AC : MATREM : SALUTENT : DICENDO : AVE : MARIA. ⁓ SUSCEPERUNT : ME : PRAECELL : VIR : BARO : LE : GUAY : HUJUS : PROVINC : PRAEF : ET : ILL : DNA : ELISABETH : DE : LA : CROIX : DE : CASTRIES : CONJ : INCLYTI : MARESCALLI : DE : MAC : MAHON : DUC : DE : MAGENTA : REI : PUBL : GALL : PRAES. ⁓ A : D : MDCCCLXXIV.

✠ *En l'honneur*
De l'auguste Patronne de Lille, la Bienheureuse Vierge Marie à la Treille, Mère de grâce, couronnée en ce jour 21 juin, anni-

(1) Au bas de la figurine du Christ on lit : P : DROUOT : DUACI.
(2) Au bas de la figurine de Notre-Dame de la Treille on lit : D : F : F : P.

versaire du couronnement du Souverain-Pontife, par le Pape Pie IX, déléguant l'Illustrissime et Éminentissime Père en Dieu, Réné François Cardinal Régnier, archevêque de Cambrai,

Et acclamée autrefois sous le titre de Notre-Dame du très-saint Rosaire, en ce lieu même consacré jadis à saint Dominique,

Moi, Marie-Pie, honorée du nom et du patronage de la Bienheureuse Vierge Marie à la Treille couronnée et du très-glorieux Pontife-Romain, qui s'est plu à enrichir cette Basilique de la Vierge Immaculée de tant et de si précieux témoignages de sa piété filiale,

Trois fois le jour j'inviterai les habitants de cette cité de la Vierge à saluer, avec l'Ange, leur Souveraine et leur Mère, en disant : Ave Maria.

Me reçurent, comme parrain et marraine, très-éminent Baron Le Guay, Préfet de ce département, et très-haute Dame Elisabeth de la Croix de Castries, épouse de l'illustre Maréchal de Mac-Mahon, Duc de Magenta, Président de la République Française.

L'an du Seigneur 1874.

✠ Ad honorem Almae Insularum Patronae, B. M. V. Cancellatae, Matris Gratiae, hac die XXI Junii, Pontificis coronati anniversaria, à Pio PP. IX, Illustrissimum ac Eminentissimum Patrem Renatum Franciscum Cardinalem Regnier, Archiepiscopum Cameracensem delegante, coronatae, necnon sub titulo sacratissimi Rosarii in hac Sancti Dominici sede olim acclamatae, Ego Maria Pia B. M. V. Cancellatae Coronatae atque gloriosissimi Romani Pontificis qui hanc Immaculatae Virginis Basilicam tantis suae pietatis testimoniis insignivit, nomine et patrocinio insignita, hujus Civitatis Virginis habitatores trina per diem vice monebo ut cum Angelo Dominam suam ac Matrem salutent dicendo : Ave Maria. Susceperunt me praecellens vir Baron Le Guay hujus provinciae praefectus et illustris Domina Elisabeth de la Croix de Castries conjux inclyti Marescalli de Mac-Mahon, ducis de Magenta Rei Publicae Gallicae Praesidis. A. D. MDCCCLXXIV.

§ II. — Marie de Saint-Pierre.

Figurines :	Armoiries :
LE CHRIST (1).	PIE IX.
Saint-Marcellin.	Mgr Régnier.
N.-D. des Sept-Douleurs.	Philippe-le-Bon.
Saint-Joseph.	Mgr Giraud.
N.-D. DE LA TREILLE (2).	COLLÉGIALE.
Saint-Eubert.	Lille.
Saint-Michel.	Jeanne et Marguerite.
Saint-Pierre.	Bauduin V.

Inscription.

✠ AD : HONOR : ALMAE : INSULARUM : PATRONAE : B : M : V : CANCELLATAE : MATRIS : GRATIAE : HAC : DIE : XXI : JUN : PONT : CORON: ANNIV : A : PIO : PP : IX : ILLMUM : AC : EMUM : PATREM : REN : FR : CARDIN : REGNIER : ARCHIEP : CAMERAC : DELEGANTE : CORONATAE : ATQUE : INVICTISSIMI : S : ECCLAE : PRINCIPIS : B : PETRI : AP : EGO : MARIA : SUB : AUSPICIIS : ANTIQUAE : INSULENS : COLLEGIATAE : ECCLAE : PATRONI : POSITA : QUIBUS : DILECTIONIS : GRATITUDINISQUE : ERGA : SSAM : PETRI : SEDEM : VINCULIS : HUJ : CIVITATIS : VIRGINIS : INCOLAE : ADNECTANTUR : CANCELLATA : JUBENTE : PERENNI : PRAEDICABO : VOCE : CANTANDO : TU : ES : PETRUS. ⚜ SUSCEPERUNT : ME : HONORANDUS : VIR : ANDREAS : CATEL-BEGHIN : CIVIT : INSULEN : MAJOR : ET : PRAECLARA : DNA : HENRICA : DE : MILLY : UXOR : STRENUI : VIRI : CLINCHANT : SUMMI : IN : HAC : REGIONE : MILITUM : PRAEFECTI. ⚜ A : INCARNATI : DOMINI : N : JESU-CHRISTI : MDCCCLXXIV.

✠ *En l'honneur*
De l'auguste Patronne de Lille, la Bienheureuse Vierge Marie à la Treille, Mère de grâce, couronnée en ce jour 21 juin, anni-

(1) On lit au bas de la figurine du Christ : P : DROUOT : DUACI.
(2) On lit au bas de la figurine de Notre-Dame de la Treille : INSULENSES.

versaire du couronnement du Souverain-Pontife, par le Pape Pie IX, déléguant l'Illustrissime et Éminentissime Père en Dieu, René François Cardinal Régnier, archevêque de Cambrai,

Et de l'invincible Chef de la sainte Église, le Bienheureux Pierre, Apôtre,

Moi, Marie, placée sous les auspices du Patron de l'antique Collégiale de Lille,

Pour redire par quels liens d'amour et de reconnaissance sont unis à la chaire sacrée de Pierre les habitants de cette cité de la Vierge, docile à la Vierge à la Treille, je chanterai à jamais : Tu es Petrus.

Me reçurent, comme parrain et marraine, très-honoré André Catel-Béghin, maire de la ville de Lille, et noble dame Henriette de Milly, épouse du vaillant général Clinchant, commandant supérieur du premier corps d'armée du pays.

L'an du Seigneur 1874.

✠ Ad honorem Almae Insularum Patronae, B. M. V. Cancellatae, Matris Gratiae, hac die XXI Junii, Pontificis coronati anniversaria, à Pio PP. IX, Illustrissimum ac Eminentissimum Patrem Renatum Franciscum Cardinalem Regnier, Archiepiscopum Cameracensem deleganto, coronatae, atque Invictissimi Sanctae Ecclesiae Principis Beati Petri Apostoli, Ego Maria sub auspiciis antiquae Insulensis Collegiatae Ecclesiae Patroni posita, quibus dilectionis gratitudinisque ergà Sanctissimam Petri Sedem vinculis hujus Civitatis Virginis incolae adnectantur, Cancellatà jubente, perenni praedicabo voce cantando : Tu es Petrus : Susceperunt me honorandus vir Catel-Beghin, Civitatis Insulensis Major et praeclara Domina Henrica de Milly, uxor strenui viri Clinchant, summi hac Regione militum Praefecti. A. Incarnati Domini Nostri Jesu Christi MDCCCLXXIV.

§ III. — **Marie de Saint-Joseph.**

Figurines :	Armoiries :
LE CHRIST (1).	PIE IX.
Saint-Pierre.	Bauduin V.
Saint-Raphaël.	Saint-Louis.
Saint-Joseph.	Mgr Giraud.
N.-D. DE LA TREILLE (2).	COLLÉGIALE.
Saint-Gabriel.	Lille.
Saint-Eubert	Mgr Régnier.
Saint-Michel	Jeanne et Marguerite.

Inscription.

✠ AD : HONOR : ALMAE : INSULARUM : PATRONAE : B : M : V : CAN-
CELLATAE : MATRIS : GRATIAE : HAC : DIE : XXI : JUN : PONT : CORON :
ANNIV : A : PIO : PP : IX : ILLMUM : AC : EMUM : PATREM : R : FR : CARD :
REGNIER : ARCHIEP : CAMERAC : DELEG : CORONATAE : ATQUE : VIGILS-
MI : UNIVERS : ECCLAE : PATRONI : BSMI : JOSEPH : EGO : MARIA : IN-
CLYTO : EJUSD : INTEGERMI : DEIPAR : SPONSI : RECENTIORIS : INSUL :
BASILICAE : FAUTORIS : PRIMOQUE : ALTARI : IN : CRYPTA : EXSTRU-
CTO : AC : CONSECR : DONATI : NOM : INSIGNITA : QUIBUS : DILECTIO-
NIS : ET : FIDEI : ERGA : HUNC : PIISSIMUM : PATREM : VINCULIS : HUJ :
CIVIT : VIRGIN : INCOLAE : VITAE : IN : PERIC : MORTIS : IN : ANGUST :
POSITI : ADNECTANTUR : CANCELLATA : JUB : PERENNI : PRAEDICABO :
VOCE : CANTANDO : ITE : AD : JOSEPH. ⁓ SUSCEPERUNT : ME :
PRAECELL : VIR : CAROL : LUD : HENR : KOLB-BERNARD : CONCILII :
AD : AEDAM : BASILIC : INSTIT : PRAES : ET : HONORANDA : DNA : PHI-
LIP : SOPH : VERLEY-LIENART : PIARUM : EID : OPERI : ADDICT : MU-
LIERUM : PRAES. ⁓ A : D : MDCCCLXXIV.

✠ *En l'honneur*
De l'auguste Patronne de Lille, la Bienheureuse Vierge Marie

(1) On lit au bas de la figurine du Christ : P : DROUOT : DUACI.
(2) On lit au bas de la figurine de Notre-Dame de la Treille : INSULENSES.

à la *Treille*, *Mère de grâce*, couronnée en ce jour 21 juin, anniversaire du couronnement du *Souverain-Pontife*, par le Pape *Pie IX*, déléguant l'Illustrissime et Éminentissime Père en Dieu, *Réné François Cardinal Régnier*, archevêque de Cambrai,

Et du très-vigilant Patron de l'Eglise universelle, le Bienheureux Joseph,

Moi, *Marie*, honorée du nom béni du très-virginal Epoux de la Mère de Dieu, promoteur de la nouvelle Basilique de Lille et titulaire du premier autel construit et consacré dans sa Crypte,

Pour redire par quels liens d'amour et de filiale confiance sont unis à ce Père bien-aimé, à travers les périls de la vie et aux suprêmes angoisses de la · mort, les habitants de cette cité de la *Vierge*, docile à la Vierge à la Treille, je chanterai à jamais : Ite ad Joseph.

Me reçurent, comme parrain et marraine, très-éminent Charles Louis Henri *Kolb-Bernard*, Président de la Commission établie pour construire la Basilique, et très-honorée dame Philippine Sophie *Verley-Liénart*, Présidente des pieuses dames dévouées à la même Œuvre.

L'an du Seigneur 1874.

☩ Ad honorem Almae Insularum Patronae, B. M. V. Cancellatae, Matris Gratiae, hac die XXI Junii, Pontificis coronati anniversaria, à Pio PP. IX, Illustrissimum ac Eminentissimum Patrem Renatum Franciscum Cardinalem Regnier, Archiepiscopum Cameracensem delegante, coronatae, atque vigilantissimi Universalis Ecclesiae Patroni, Beatissimi Joseph, Ego Maria, inclyto ejusdem integerrimi Deiparae Sponsi, recentioris Insulensis Basilicae fautoris, primoque Altari in Criptà exstructo ac consecrato donati, nomine insignita, quibus dilectionis et fidei erga hunc piissimum Patrem vinculis, hujus Civitatis Virginis incolae, vitae in periculis, mortis in angustiis positi, adnectantur, Cancellatà jubente, perenni praedicabo voce cantando : Ite ad Joseph. Susceperunt me praecellens vir Carolus Ludovicus Henricus Kolb-Bernard, Concilii ad aedificandam Basilicam instituti Praeses, et honoranda Domina Philippina Sophia Verley-Lienart piarum eidem operi addictarum mulierum Praeses. A. D. MDCCCLXXIV.

§ IV. — Marie des Pèlerins.

Figurines :	Armoiries :
LE CHRIST (1).	PIE IX.
Saint-Joseph.	Mgr Régnier.
Saint-Vincent Ferrier.	Frères-Prêcheurs.
Saint-Louis.	Saint-Louis.
N.-D. DE LA TREILLE (2).	COLLÉGIALE.
Saint-Thomas de Cantorbéry.	Lille.
Saint-Bernard.	Citeaux.
Saint-Pierre.	Bauduin V.

Inscription.

✠ AD : HON : ALM : INSUL : PATRON : B : M : V : CANCELL : MATR : GRAT : HAC : DIE : XXI : JUN : PONT : CORON : ANNIV : A : PIO : PP : IX : ILLM : AC : EM : PATREM : R : FR : CARD : REGNIER : ARCHIEP : CAMERAC : DELEG : CORONAT : SED : ET : PER : SAEC : JAM : OCTO : ASSID : INNUM : CLIENT : PREC : INDULGERE : DIGNAT : EGO : MARIA : GLORIOS : V : CANCEL : CULTORES : QUOS : COELEST : BEATIT : CONSOC : ELEGIT : BERNARD : LUDOV : THOM : ET : VINCENT : PATRON : ADEPTA : DEVOTAS : QUAE : PRO : FID : ET : PATRI : OBTINENDA : SALUTE : ACCEDENT : TURBAS : LAETA : VOCE : EXCITABO : UT : QUOMODO : DNAM : SM : AC : MATR : REAEDIF : HIC : DEIP : TEMPL : INTRANTES : ITA : ET : EXACTO : TERRESTR : EXIL : ITIN : AETERNA : AGGRED : LIMINA : SALUTENT : CANTANDO : SALVE : REGINA. ⸎ SUSCEPER : ME : R : D : CAR : JOS : BERNARD : V : G : CAMERAC : ATQUE : ARCHID : INSUL : ET : GENEROSA : DNA : ELIS : CASTELEYN. ⸎ A : D : MDCCCLXXIV.

✠ *En l'honneur*
De l'auguste Patronne de Lille, la Bienheureuse Vierge Marie à la Treille, Mère de grâce, couronnée en ce jour 21 juin, anniversaire du couronnement du Souverain-Pontife, par le Pape

(1) On lit au bas de la figurine du Christ : P : DROUOT : DUACI.
(2) On lit au bas de la figurine de Notre-Dame de la Treille : MONAST : S : BERNARDI : INSUL.

Pie IX, déléguant l'Illustrissime et Éminentissime Père en Dieu, Réné François Cardinal Régnier, archevêque de Cambrai,

De cette Vierge qui, depuis huit siècles, a daigné se montrer favorable aux prières sans cesse renouvelées d'innombrables Fidèles,

Moi, Marie, ayant pour Patrons les glorieux serviteurs de la Vierge à la Treille, qui les a associés à sa céleste béatitude, Bernard, Louis, Thomas et Vincent,

J'exciterai de ma voix joyeuse les foules pieuses qui viendront ici pour obtenir le triomphe de la Religion et de la Patrie, afin que, de même qu'en entrant dans ce temple réédifié en l'honneur de la Mère de Dieu, de même, au terme de leur exil terrestre, entrant dans les parvis éternels, ils saluent leur Souveraine et leur Mère, en chantant : Salve Regina.

Me reçurent, comme parrain et marraine, Révérendissime maître Charles Joseph Bernard, vicaire général de Cambrai et archidiacre de Lille, et très-bienfaisante dame Elisabeth Casteleyn.

L'an du Seigneur 1874.

✠ Ad honorem Almae Insularum Patronae, B. M. V. Cancellatae, Matris Gratiae, hac die XXI Junii, Pontificis coronati anniversaria, à Pio PP. IX, Illustrissimum ac Eminentissimum Patrem Renatum Franciscum Cardinalem Regnier, Archiepiscopum Cameracensem delegante, coronatae, sed et per saecula jam octo, assiduis innumerabilium clientum precibus indulgere dignatae, Ego Maria, gloriosos Virginis Cancellatae cultores quos coelestis Beatitudinis consocios elegit, Bernardum, Ludovicum, Thomam et Vincentium, Patronos adepta, devotas quae pro Fidei et Patriae obtinenda salute accedent turbas, laetâ voce excitabo, ut quomodo Dominam suam ac Matrem reaedificatum hic Deiparae templum intrantes, itâ et exacto terrestris exilii itinere aeterna aggredientes limina salutent cantando : Salve Regina. Susceperunt me RR. DD. Carolus Joseph Bernard, vicarius generalis Cameracensis atque archidiaconus Insulensis, et generosa Domina Elisabeth Casteleyn. A. D. MDCCCLXXIV.

§ V. — **Marie de Saint-Dominique.**

Figurines :	Armoiries :
LE CHRIST (1).	PIE IX.
Bienheureux Benoît XI.	Comtesse Jeanne.
Bienheureux Alain de la Roche·	Mgr Delannoy.
Saint-Thomas d'Aquin.	Lille.
N.-D. DE LA TREILLE (2).	COLLÉGIALE.
Saint-Dominique.	Frères-Prêcheurs.
Saint-Vincent Ferrier.	Mgr Régnier.
Saint-Pierre.	Bauduin V.

Inscription.

✠ AD : HON : ALMAE : INSULARUM : PATRONAE : B : M : V : CANCEL-LATAE : MATRIS : GRATIAE : HAC : DIE : XXI : JUN : PONT : CORON : ANNIV : A : PIO : PP : IX : ILLMUM : AC : EMUM : PATREM : REN : FR : CARD : REGNIER : ARCHIEP : CAMERAC : DELEGANTE : CORONATAE ATQUE : APOSTOLICI : PATRIS : B : DOMINICI : EGO : MARIA : SUB : AUSP : SS : ROSARII : INSTITUTORIS : QUI : IN : HAC : REGALI : SEDE : LILIIS : ROSAS : MISCENS : POSTEA : CORONANDAM : JAM : TUM : RO-SARIIS : DEIPARAM : DECORAVIT : CORONIS : POSITA : HUJ : CIVIT : VIRG : INCOLAS : RECURRENTE : HORA : PERENNITER : MONEBO : UT : DNAM : SUAM : AC : MATREM : CORONATAM : NOVIS : ROSARUM : CORO-NIS : SALUTENT : DICENDO : AVE : MARIA. ⁂ SUSCEPERUNT : ME : CANCELLATAE : DATUS : VIR : APOSTOLICUS : CARTHUSIANUS : ANDR : FELIX : CHRYSOST : JOS : GENNEVOISE : ET : VIRGINI : DEVOTA : MU-LIER : MARIA : LUCIA : CAR : FERON-VRAU. ⁂ A : D : MDCCCLXXIV.

✠ *En l'honneur*
De l'auguste Patronne de Lille, la Bienheureuse Vierge Marie à la Treille, Mère de grâce, couronnée en ce jour 21 juin, anniversaire du couronnement du Souverain-Pontife, par le Pape Pie IX,

(1) On lit au bas de la figurine du Christ : P : DROUOT : DUACI.
(2) On lit au bas de la figurine de Notre-Dame de la Treille : D : F : F : P.

déléguant l'Illustrissime et Éminentissime Père en Dieu, Réné François Cardinal Régnier, archevêque de Cambrai,

Et de l'apostolique Père le Bienheureux Dominique,

Moi, Marie, placée sous les auspices de l'Instituteur du très-saint Rosaire, qui, dans cette Royale demeure, aux Lys unisssant les Roses (1), orna dès les siècles passés des couronnes du Rosaire la Mère de Dieu qui devait y être couronnée un jour,

Au retour de chaque heure et à jamais, j'inviterai les habitants de cette cité de la Vierge à saluer par de nouvelles couronnes de roses leur Souveraine et leur Mère couronnée, en disant : Ave Maria.

Me reçurent, comme parrain et marraine, André Félix Chrysostôme Joseph Gennevoise, homme au cœur apostolique, dévoué à la Vierge à la Treille, religieux de la Chartreuse, et dame Marie Lucie Charlotte Féron-Vrau, dévouée à la Vierge.

L'an du Seigneur 1874.

✠ Ad honorem Almae Insularum Patronae, B. M. V. Cancellatae, Matris Gratiae, hac die XXI Junii, Pontificis coronati anniversaria, à Pio PP. IX, illustrissimum ac Eminentissimum Patrem Renatum Franciscum Cardinalem Regnier, Archiepiscopum Cameracensem delegante, coronatae, atque Apostolici Patris Beati Dominici, Ego Maria, sub auspiciis Sacratissimi Rosarii Institutoris qui, in hac Regali Sede, Liliis Rosas miscens, posteà Coronandam, jam tum Rosariis Deiparam decoravit Coronis, posita; hujus Civitatis Virginis incolas, recurrente horâ, perenniter monebo ut Dominam suam ac Matrem Coronatam novis Rosarum Coronis salutent dicendo : Ave Maria. Susceperunt me Cancellatae datus vir apostolicus Carthusianus Andreas Felix Chrysostomus Joseph Gennevoise et Virgini devota mulier Maria Lucia Carola Feron-Vrau. A. D. MDCCCLXXIV.

(1) Voir la note mise au bas de la page 349.

§ VI. — Marie du Repos de Notre-Dame.

Figurines :	Armoiries :
LE CHRIST (1).	PIE IX.
Notre-Dame du Repos.	Mgr Régnier.
Saint-Louis.	Mgr Giraud.
Saint-Pierre.	Bauduin V.
N.-D. DE LA TREILLE (2).	COLLÉGIALE.
Sainte-Catherine.	Lille.
Saint-Raphaël.	Mgr Delannoy.
Bienheureuse Berthe.	Comtesse Jeanne.

Inscription.

✠ AD : HONOREM : ALMAE : INSULARUM : PATRONAE : B : M : V : CANCELLATAE : MATRIS : GRATIAE : HAC : DIE : XXI : JUNII : PONTIFICIS : CORON : ANNIV : A : PIO : PP : IX : ILLMUM : AC : EMUM : PATREM : RENATUM : FR : CARDINALEM : REGNIER : ARCHIEPISCOPUM : CAMERACENSEM : DELEGANTE : CORONATAE : NECNON : SUB : TITULO : RECLINATORII : IN : ANTIQUO : MARKETAE : COENOBIO : OLIM : RECLINANTIS : EGO : MARIA : A : RECLINATORIO : B : M : V : VENERANDAM : CANCELLATAE : IMAGINEM : QUAE : IN : HAC : BASILICA : PERENNE : NUNC : OBTINET : RECLINATORIUM : ANNUNTIABO : CLARA : MEA : ET : LAETA : VOCE : CANTANDO : SALVE : REGINA. ⚬⚭ SUSCEPERUNT : ME : CANCELLATAE : DATUS : VIR : FELIX : STEPH : MARIA : JOS : DEHAU : ET : VIRGINI : DEVOTA : DNA : AEMILIA : DOMINICA : DE : MARBAIX. ⚬⚭ A : D : MDCCCLXXIV.

✠ *En l'honneur*
De l'auguste Patronne de Lille, la Bienheureuse Vierge Marie à la Treille, Mère de grâce, couronnée en ce jour 21 juin, anniversaire du couronnement du Souverain-Pontife, par le Pape Pie IX,

(1) On lit au bas de la figurine du Christ : P : DROUOT : DUACI.
(2) On lit au bas de la figurine de Notre-Dame de la Treille : D : F : F : P.

déléguant *l'Illustrissime et Eminentissime Père en Dieu, Réné François Cardinal Régnier, archevêque de Cambrai,*

Et autrefois honorée sous le titre de Notre-Dame du Repos dans l'antique abbaye de Marquette,

Moi, Marie du Repos de Notre-Dame, la Bienheureuse Vierge Marie,

Je rappellerai sans cesse l'entrée bénie et la douce et bienfaisante présence de l'Image vénérée de la Vierge à la Treille, qui, dans cette Basilique, a trouvé désormais et pour toujours le lieu de son Repos, la saluant de ma voix claire et joyeuse, en chantant : Salvo Regina.

Me reçurent, comme parrain et marraine, Félix Etienne Marie Joseph Dehau et dame Emilie Dominiquine de Marbaix, tous deux donnés et dévoués à la Vierge à la Treille.

L'an du Seigneur 1874.

✠ Ad honorem Almae Insularum Patronae, B. M. V. Cancellatae, Matris Gratiae, hac die XXI Junii, Pontificis coronati anniversaria, à Pio PP. IX, Illustrissimum ac Eminentissimum Patrem Renatum Franciscum Cardinalem Regnier, Archiepiscopum Cameracensem delegante, coronatae, necnon sub titulo Reclinatorii in antiquo Marketae Coenobio olim Reclinantis, Ego Maria à Reclinatorio B. M. V., Venerandam Cancellatae Imaginem quae in hâc Basilicâ perenne nunc obtinet Reclinatorium annuntiabo, clarâ meâ et laetâ voce cantando : Salvo Regina. Susceperunt me Cancellatae datus vir Felix Stephanus Maria Joseph Dehau et Virgini devota Domina Æmilia Dominica De Marbaix. A. D. MDCCCLXXIV.

CHAPITRE IV

Sonnerie des cloches. — Mouvements de l'horloge et du carillon. — Cadrans et tour.

Les cloches du carillon de la Basilique de Notre-Dame de la Treille nous sont connues sous le rapport musical, artistique et historique ; nous avons parcouru la nomenclature de leurs figurines, armoiries et inscriptions en donnant sur chacune d'elles les explications nécessaires ; nous avons considéré les six cloches bénites le 21 juin 1876, dans leurs éléments constitutifs de forme, de poids et de son, et nous avons admiré leurs chapes magnifiques avec leurs figurines, leurs armoiries et leurs inscriptions. Il nous reste à les entendre. Mais qui leur donnera le mouvement et la vie ?

Dieu s'est réservé le *spiraculum vitæ*. Quand il crée dans sa puissance souveraine, il communique en même temps la vie ; et la vie continue dans l'objet par lui créé jusqu'au moment où sa volonté suprême la retire. C'est ce qui caractérise son haut domaine et différenciera à jamais les œuvres de Dieu de celles de l'homme.

Les œuvres de l'homme sont inertes : elles sortent de ses mains sans mouvement et sans vie, et la vie factice qu'il leur communique et qui n'est que le prolongement de sa propre vie, ne dure que la durée même de l'effort de l'homme pour leur communiquer sa vie.

Si une exception avait pu être faite, ne semble-t-il

pas qu'elle l'eut été en faveur du son? Toutes les œuvres de Dieu et de l'homme doivent porter l'homme à Dieu ; mais y a-t-il dans la nature quelque chose qui parle à l'âme et la porte plus à Dieu que le son ? C'est par le son de la voix que Dieu s'est mis en rapport avec l'homme à l'origine des temps. Quand il donna sa loi à Moïse, ce fut au milieu des sons terribles du tonnerre que sa voix se fit entendre ; et c'est encore par le son de la voix que Notre-Seigneur s'est manifesté à l'homme et l'a attiré à lui.

Et parmi les sons en est-il, après la voix humaine, qui porte plus l'homme à Dieu que celui de la cloche ? Avant même qu'il puisse l'entendre, elle salue son entrée dans la vie. Comme une amie fidèle, elle chantera ses joies et pleurera ses douleurs ; et, au moment du départ, quand l'homme, à la limite du temps, sera seul à seul avec Dieu, elle lui dira encore le pardon et l'espérance. Sur sa dépouille, elle proclamera les droits imprescriptibles de la justice de Dieu, qui frappe et vivifie ; mais, en attendant les chants de triomphe et de résurrection, elle dira à Dieu de donner à l'âme le repos éternel et de faire luire à ses yeux la lumière qui ne finira jamais.

Comment la cloche exprimera-t-elle ces grandes choses? Qui lui donnera la vie? Pour la faire vibrer, parler et chanter, l'homme lui communiquera son âme : il lui donnera le mouvement par l'effort même de ses membres ou par celui de son génie au moyen de mécanismes merveilleux. Considérons ce double effort, ce double mouvement, au point de vue de la sonnerie générale du carillon de la Basilique.

Les cloches doivent *sonner*, *indiquer l'heure* et *chanter*. Elles sonneront au moyen de la *pédale ;* elles indiqueront l'heure et elles chanteront au moyen des forces, soit isolées, soit combinées, du *double mouvement de l'horloge* et du *mouvement du carillon*.

Nous compléterons cette étude sur les mouvements des cloches par quelques indications sur les cadrans de la tour provisoire et sur la tour elle-même.

I. — SONNERIE DES CLOCHES

Les cloches peuvent être *sonnées à la volée* ou *tintées*.

On peut obtenir de grands effets par le *tintement* des cloches, surtout dans les tons graves pour exprimer la douleur et le deuil ; mais c'est dans la *sonnerie à la volée* que la cloche acquiert toute sa puissance de son. Cette puissance elle-même grandira dans des proportions extraordinaires si, à elle, vient se joindre la puissance d'autres cloches harmonisées entre elles. Il se fait alors, par le contraste des sons et leur harmonie, une puissance totale de sons étonnante qui se développe d'une manière admirable dans de merveilleux accords.

Le mouvement de cette harmonie est réservé à l'homme : il doit lui communiquer ce qu'aucun mécanisme, si perfectionné qu'il soit, ne lui communiquera jamais, l'âme et la vie. Aussi le sentiment religieux et musical est-il indispensable pour obtenir d'un ensemble de cloches harmonisées, et dans toute sa puissance, ce qu'il peut et doit donner : élever l'âme et la porter à Dieu.

Que deviendra une sonnerie, fut-elle magnifique et magistrale, entre les mains d'hommes dénués du double sentiment musical et religieux, et dont l'unique préoccupation est de terminer au plus vite leur besogne et de toucher leur salaire ! — Malheureusement c'est la condition générale, et elle restera sans doute la même jusqu'au moment où seront restaurées, avec beaucoup d'autres choses, nos anciennes corporations.

Pour ne parler que de la Basilique, faisons des vœux pour que les anciennes confréries, qui rendaient le chant si puissant et la sonnerie si majestueuse à la Collégiale de Saint-Pierre de Lille, soient restaurées un jour, et que ces confréries, comptant, comme à la Collégiale, leurs associés par centaines, et désignant, comme alors, quarante de leurs membres pour les offices ordinaires du dimanche, donnent aux offices de la Basilique la splendeur des anciens jours et à sa sonnerie magistrale toute la puissance et l'harmonie qu'elle comporte et que réclame la louange de la Patronne de Lille.

II. — MOUVEMENTS DE L'HORLOGE ET DU CARILLON

Cette excursion faite dans le domaine de la *pédale*, arrivons aux *mouvements de l'horloge* et *du carillon*.

Hâtons-nous de dire qu'ils font le plus grand honneur à notre concitoyen, M. Corbu, homme modeste, mais très-intelligent et d'un rare mérite, plus soucieux de satisfaire ses nombreux clients dans nos départements du Nord de la France que d'étendre au loin son nom et sa clientèle. Ce choix est d'autant plus honorable pour M. Corbu, qu'il n'a eu lieu qu'après renseignements pris et documents fournis par les maisons les plus renommées pour l'horlogerie : il a été déterminé surtout, avec l'honorabilité de M. Corbu et ses connaissances spéciales, théoriques et pratiques, par la simplicité extraordinaire du mécanisme des mouvements qui en fait la perfection. Ce choix a été pleinement justifié, et il était important. Il ne s'agissait pas, en effet, de doter la Basilique d'une horloge provisoire, mais des mouvements définitifs de l'horloge et du carillon qui prendront place un jour dans les tours de la Basilique achevée. Ces mouvements sont très-remarquables et très-appréciés des connaisseurs, par la simplicité sans pareille de leur mécanisme et par l'ingénieuse application du remontoir d'égalité à l'horloge.

Avant d'examiner séparément le mouvement de l'horloge et celui du carillon, il faut observer que si les deux mécanismes sont indépendants, c'est de leur action commune combinée et mise en œuvre par les transmissions, que résulte tout le jeu du carillon appliqué à l'heure et à ses divisions. Le mouvement de l'horloge indique l'heure sur les cadrans et annonce les heures et les demi-heures pleines au moyen de deux marteaux qu'il fait lever sur deux cloches de poids différents; mais le mouvement du carillon est nécessaire pour annoncer les autres subdivisions de l'heure et pour tout le chant du carillon appliqué à l'heure et à ses divisions.

Nul n'ignore que le chant du carillon séparé et indépendant des heures, est obtenu par un *clavier à transmissions* en correspondance avec les cloches par des marteaux.

§ I. — Mouvements de l'horloge.

Les mouvements de l'horloge sont placés sur une plate-forme en fonte d'une seule pièce, mesurant $1^m 50^{cm}$ de longueur sur $0^m 60^{cm}$ de largeur.

Le mécanisme se compose de deux mouvements :

1° Le *mouvement des heures* qui comprend deux parties distinctes :

La première donnant le *mouvement aux aiguilles*, par la puissance de son poids moteur,

La seconde faisant marcher le balancier de l'horloge par un ressort en spirale dont la tension est uniformément entretenue par le tirage de ce même poids moteur : c'est cette seconde partie du mouvement des heures que l'on nomme *remontoir d'égalité*;

2° Le *mouvement de la sonnerie* formé de rouages, détentes et leviers faisant fonctionner, au moyen d'un poids spécial, les deux marteaux frappant les heures et demi-heures pleines sur les bourdons disposés à cet effet.

Considérons successivement chacun de ces mouvements.

1. — Mouvement des aiguilles et remontoir d'égalité.

Le *mouvement des aiguilles* a une première roue, de 0^m 33^{cm} de diamètre, faisant un tour par deux heures.

Ce mouvement, qui est la partie délicate de l'horloge, a été particulièrement soigné. Tous les rouages sont en cuivre poli, les tiges et fuseaux de lanternes sont d'acier fondu : chaque pivot tourne sur collets percés en bronze et fixés à vis sur les coquerets en fer poli. L'échappement est à chevilles avec balancier lourd suspendu sur lame en acier et battant la seconde. Un *compensateur métallique* en règle la longueur pour toutes les températures et assure la marche régulière de l'horloge dont les variations ne sauraient être de plus de deux à trois minutes par mois.

Le nombre des dents des engrenages de ce mouvement se chiffre de la manière suivante :

La première roue a 120 dents et engrène à un pignon de 10 dents.

La deuxième roue a 90 dents et engrène à un pignon de 9 dents.

La roue d'échappement a 30 chevilles.

D'où il résulte :

120 : 10 = 12 × 90 = 1,080 : 9 = 120 × 30 = 3,600 × 2 = 7,200 coups par deux heures ou un coup par seconde.

On remarquera que le nombre 3,600, produit de 120 tours par 30 chevilles, est multiplié par 2, parce que chaque cheville produit, à son passage sur le compas d'échappement, 2 oscillations du balancier représentant 2 secondes.

Le *remontoir d'égalité* se compose d'une roue supplémentaire pareille à la seconde roue du mouvement — 90 dents — portant une douille en cuivre s'ajustant sur l'axe de cette même seconde roue. Sur la douille est fixée une étoile de 15 dents donnant un mouvement de *va et vient* à 2 roulettes fixées sur une pièce à fourche en cuivre. Le nombre 15 de l'étoile correspond, d'après le calcul des engrenages, à un repos de la marche des aiguilles par chaque intervalle de 20 secondes.

Ainsi la seconde roue du mouvement, qui est de 90 dents, engrène à un pignon de 12 dents dont l'axe porte une roue de champ sur laquelle sont fixés 4 taquets en acier. Ces taquets vont se placer alternativement sur le bout garni d'acier de la pièce en cuivre qui produit son *va et vient* par portions de 20 secondes.

La roue de champ avance par quart de tour en faisant

tourner le *volant modérateur* et, par ce mouvement de quart de tour, compense la dépression du ressort qui s'est détendu sur l'échappement pendant les 20 secondes de repos du mouvement des aiguilles.

D'où l'on peut conclure que les oscillations du *pendule* demeurent indépendantes de la force qui fait mouvoir les aiguilles et ne sauraient être troublées par la tension plus ou moins considérable qu'exigent ces dernières par rapport à l'état atmosphérique ; ladite tension ne pouvant réagir que sur le poids moteur.

2. — Mouvement de la sonnerie.

Le *mouvement de la sonnerie* se compose d'une première roue, de $0^m 60^{cm}$ de diamètre, portant 144 dents à sa circonférence et 12 galets ou levées de marteaux sur chacune de ses faces. Elle engrène à un pignon de 12 dents qui porte sur son axe une roue de 96 engrenant à un pignon de 8 fixé sur une tige portant le *volant modérateur*. On a donc :

144 : 12 = 12 × 96 = 1152 : 8 = 144 tours du volant pour un tour de la première roue ou 12 tours pour un coup frappé.

Si l'on additionne les nombres de 1 à 12 on obtient 78, nombre représentant la somme des coups que l'horloge doit sonner pendant 12 heures de marche : les demi-heures pleines demandant le même nombre de coups que les heures, on a 78 + 78 = 156 coups à frapper par 12 heures.

En divisant le nombre 156 par 12 (galets ou levées de marteaux de la première roue) on a 156 : 12 = 13, nombre représentant la quantité de tours que fait la première roue par 12 heures.

Et comme il faut, pour compter les heures et les demi-heures pleines, une roue faisant un tour par 156 coups frappés, on obtiendra le nombre de cette roue en multipliant le nombre 13 (somme des tours que fait la première roue en 12 heures) par le nombre de dents à donner au pignon conducteur de cette roue, soit un pignon de 8 dents, soit

$13 \times 8 = 104$ nombre de la roue portant celle appelée *roue de compte*.

Le pignon de 8 dents est fixé sur l'axe de la première roue du côté du volant. La *roue de conduite* de 104 dents est placée de façon à engrener à ce pignon et la roue de compte est fixée par 4 vis sur la roue de conduite et conséquemment tourne comme elle.

La roue de compte est divisée en 24 coches, 2 par 2, égales et graduées comme suit :

Les deux premières coches qui font sonner midi 1/2 et 1 heure, soit 2 coups, prennent $\frac{2}{156}$ de sa circonférence ; les 2 secondes, 1 heure 1/2 et 2 heures, 4 coups, $\frac{4}{156}$ et ainsi de suite jusqu'à 11 heures 1/2 et midi, 24 coups $\frac{24}{156}$.

Ce mouvement sonne les heures et les demi-heures pleines sur 2 cloches et avec 2 marteaux de poids différents. Il est de force à frapper sur une cloche de 10,000 kilogrammes.

§ II. — Mouvement du carillon.

Le *mouvement du carillon* est établi sur un bâti en fonte de 3^m 38^{cm} de longueur sur 1^m 30^{cm} de largeur.

Le *tambour* a 2^m 24^{cm} de longueur sur 0^m 92^{cm} de diamètre. Il est percé, dans sa longueur, de 90 rainures, comptant chacune 106 trous destinés à recevoir les touches pour les levées des 53 batteries doubles, soit $106 \times 90 = 9,540$ trous dont le tambour est percé. Ces 53 batteries doubles correspondent aux 53 cloches du carillon, bourdons compris, qui doivent être placées dans la tour. Les batteries sont doubles afin de pouvoir obtenir sur chaque cloche, en temps utile, la levée de deux marteaux destinés à donner, au besoin, la double croche.

La grande roue du tambour a $0^m\,95^{cm}$ de diamètre. Elle est divisée en 180 dents et engrène à un pignon de 16 dont l'axe porte une autre roue de 160 dents. Cette seconde roue imprime, à l'aide d'un pignon de 20 dents et de 2 engrenages coniques pareils, le mouvement au *volant modérateur*. On a donc :

$180 : 16 = 11\frac{1}{4} \times 160 = 1800 : 20 = 90$, nombre de tours que fait le volant pour un tour du tambour. Ainsi, en prenant les $\frac{3}{5}$ de la circonférence de ce dernier pour l'air de l'heure, $\frac{1}{5}$ pour l'air de la demi-heure et $\frac{1}{10}$ pour chaque quart d'heure, on aura :

Heure   demi-heure   1er quart   2e quart.

$\frac{6}{10} + \frac{2}{10} + \frac{1}{10} + \frac{1}{10} = 1$

tour ou bien pour l'air de l'heure, 54 tours du volant; pour celui de la demi-heure, 18 tours; pour celui du 1er quart, 9 tours, et pour celui du 2e quart, 9 tours = 90 tours.

Un *plateau compteur* placé sur l'axe du tambour, porte 4 coches ou entailles divisant la circonférence par $\frac{6}{10}$, $\frac{1}{10}$, $\frac{2}{10}$ et $\frac{1}{10}$, soit heure, 1er quart, demi-heure, 2e quart. Ces coches servent au départ et à l'arrêt de chaque air pointé sur le tambour.

2 chevilles sont en outre fixées sur le plateau compteur. L'une d'elle fait partir la sonnerie de l'horloge après

la fin de l'air annonçant les heures; l'autre produit le même effet après l'air annonçant les demi-heures.

Sur la longueur du tambour est établi le *clavier mécanique* du carillon. Ce clavier se compose de 106 leviers correspondant aux trous du tambour pris dans le sens longitudinal et circonférenciel. Les leviers ont 0^{m}66^{cm} de longueur. Une extrémité de ces leviers (celle qui est près du tambour) est recourbée et aciérée ; le centre et l'autre extrémité sont percés pour recevoir, d'une part, l'axe qui les supporte tous, de l'autre, le fil de fer servant à transmettre aux marteaux des batteries le mouvement qui se produit par le passage des touches dont est garni le tambour, sur les parties recourbées et aciérées des leviers du clavier.

§ III. — Durée des mouvements.

La *durée* effective du temps de marche *des mouvements de l'horloge et du carillon* dépend nécessairement de la hauteur que peuvent parcourir les poids moteurs. Ces hauteurs, qu'on nomme *chutes*, sont restreintes au strict nécessaire dans la tour actuelle ; mais il n'en sera pas de même dans les tours de la Basilique, dont la hauteur sera nécessairement en harmonie avec les vastes dimensions de sa nef.

1. — Dans la tour actuelle.

HORLOGE. — Le mouvement des aiguilles avec le remontoir d'égalité peut marcher pendant 4 jours sans être remonté : le mouvement de la sonnerie pendant 2 jours.

CARILLON. — Le mouvement du carillon doit être remonté tous les jours.

2. — Dans les tours de la Basilique.

Horloge. — Le mouvement des aiguilles avec le remontoir d'égalité pourra marcher pendant 8 à 10 jours sans être remonté. Le mouvement de la sonnerie pourra marcher aussi pendant 8 à 10 jours sans être remonté.

Carillon. — Le mouvement du carillon devra être remonté tous les jours.

Ce qui différencie le *remontoir d'égalité qui règle l'horloge de la Basilique toutes les 20 secondes*, ne consiste pas seulement en ce qu'il est monté à ressort tandis que les autres sont généralement montés sur pivot avec contrepoids, mais surtout dans la durée beaucoup plus longue de la marche de son mouvement. Dans les autres horloges, en effet, on n'était pas arrivé jusqu'à présent, à appliquer le remontoir d'égalité à des mouvements marchant plus de 24 heures. Dans l'horloge de la Basilique, au contraire, M. Corbu est parvenu à trouver des combinaisons, aussi habiles qu'ingénieuses, rendant possible la marche de son horloge à remontoir d'égalité pendant 4 jours dans la tour actuelle, et pendant 8 à 10 jours dans les tours de la Basilique où elle doit être un jour transférée.

III. — CADRANS ET TOUR

Les cloches de la Basilique nous sont connues dans leur ensemble général dont la réalisation totale formera le carillon de Notre-Dame de la Treille, et dans les six cloches bénites le 21 juin 1876 ; nous avons examiné les mouvements qui leur communiquent la vie et animent leurs grandes voix pour parler à l'homme et l'élever à Dieu. Il nous reste à considérer les cadrans et la tour.

§ I. — **Cadrans.**

Parmi les conceptions et les créations de l'homme, toujours défectueuses et bornées, aucune ne réalise peut-être les conditions de l'être organisé et vivant comme la tour de l'église chrétienne. Elle a les organes de la vie : en elle est le mouvement, l'œil, la voix. Si sa masse, qui s'élève vers les cieux, figure en elle, le corps, les mouvements qui, sous l'impulsion première de l'homme, lui font mesurer le temps et l'indiquer, ne sont-ils pas sa vie ? Et si la cloche est sa voix, ne peut-on pas dire que les cadrans sont, en quelque sorte, ses yeux ? Œil, sans doute, qui reflète la vie sans avoir conscience de cette vie ; mais la nature finie de l'homme lui assigne, dans ses créations, des bornes qu'il ne peut franchir. Dieu seul, en créant, donne la vie et peut réaliser ce que le P. Lacordaire disait d'une manière si saisissante de l'œil de l'homme : « Il ouvre les yeux ; c'est un esprit qui vous regarde. » Mais tout imparfait que soit cet organe dans la tour, s'il n'a pas conscience de la vie, il la reflète. Il reflète la vie en mesurant, à travers l'espace, et en indiquant le temps qui va à l'éternité, et pour l'habitant de Lille, il reflètera encore la vie, du haut de la tour de la Basilique, en reflétant la douce image de Notre-Dame de la Treille figurée par l'un de ses emblèmes légendaires.

Il eût été difficile de reproduire sur les cadrans actuels l'emblème représentant Notre-Dame de la Treille formant, avec sa Treille, le nœud de la Fleur de Lys sur la Rose. Le jeu des aiguilles y mettait obstacle. L'emblème de l'Etoile sur la Rose se prêtait mieux aux exigences des cadrans. Leurs glaces représentent, au centre, l'Etoile d'Or sur l'Etoile d'Argent plus grande, placée elle-même sur la Rose entourée du Disque d'azur encadré de perles. Au delà du Disque règnent les Douze Médaillons d'argent, encadrés de perles, au centre desquels sont placés les chiffres en or bordés d'un filet noir, représentant les Heures.

Les cadrans sont formés par une armature en fer forgé, de forme circulaire, divisée par compartiments, dans lesquels sont enchâssées les glaces par fragments séparés. Les cadrans mesurent 2^m 80^{cm} de diamètre.

L'heure est marquée sur les quatre cadrans de la tour actuelle. Elle est indiquée sur chaque cadran par deux aiguilles dorées, mesurant du centre du pivot à leur extrémité fleuronnée de la Fleur de Lys de Lille, l'une 1^m 14^{cm}, l'autre 0^m 86^{cm}. Elles sont de forme gothique comme tous les ornements des cadrans.

Le 1er cadran regarde le transept de la Basilique, et dans le prolongement, le grand Patronage de la rue de la Monnaie, la communauté des Sœurs de Notre-Dame de la Treille et la porte Saint-André.

Le cadran opposé regarde la maison de l'Œuvre de Notre-Dame de la Treille et Saint-Pierre, siége de son administration, et les églises Saint-Maurice et Saint-Sauveur.

Le 3e cadran regarde la maison-mère des Filles de l'Enfant-Jésus et la porte de Gand.

Le 4° cadran, enfin, regarde l'Université catholique qui va s'élever sur le boulevard Vauban.

§ II. — Tour.

La tour actuelle a été bâtie en 1874, à l'époque du

couronnement de la statue miraculeuse de Notre-Dame de la Treille.

Elle est isolée de toute construction et située sur le flanc méridional de la Basilique, en parallèle avec son axe longitudinal et à la hauteur du transept. Les parallèles formées par l'axe longitudinal de la Basilique et l'axe central de la tour sont à 46^m de distance. Les parallèles formées par l'axe du transept de la Basilique et l'axe central de la tour, perpendiculaire au premier axe, sont à 0^m 15^{cm} de distance, la tour étant placée à 0^m 15^{cm} en arrière du côté des tours de la Basilique.

Sa superficie forme un carré parfait dont les côtés mesurent : pour les fondations prises au sol, 10^m 50^{cm} ; pour la tour prise à sa base, 9^m 50^{cm}, contreforts compris, et 8^m 20^{cm} déduction faite des contreforts, avec 5^m 25^{cm} à l'intérieur de la chambre du rez-de-chaussée.

Sa hauteur, limitée au strict nécessaire, mesure 35^m 50^{cm} comprenant un rez-de-chaussée avec quatre chambres superposées et une galerie supérieure. Son couronnement est formé par les quatre pignons terminant chacune de ses faces et dont les extrémités sont reliées entre elles par les arrêtes des toitures. Elles supportent au centre, une plate-forme de 4^m 15^{cm} de côté, entourée d'une balustrade de 1^m 25^{cm} de hauteur qui forme une galerie supérieure. — Sur le côté de la tour regardant le nord-est, s'élève une tourelle de forme circulaire dont moitié est enchâssée dans l'épaisseur de la muraille et l'autre moitié fait saillie sur le flanc de la tour. Elle s'élève jusqu'à la hauteur du plancher de la seconde chambre. Dans la tourelle se développe l'escalier, dont les marches en pierre blanche arrivent à mi-hauteur entre la première et la seconde chambre : l'escalier est continué ensuite à l'intérieur de la tour au moyen de marches en bois jusqu'à la galerie supérieure qui couronne le clocher. Il compte en tout 172 marches. — La tour est appuyée, à chacun de ses angles, sur deux contreforts faisant rentrée à la hauteur de chaque étage et au milieu de celle du troisième étage.

Destinée à recevoir les cloches et le carillon en attendant les tours de la Basilique, la tour est bâtie tout entière en briques et relevée, seulement à son sommet, par un cordon en pierre blanche arrêtant les maçonneries des pignons. Les encadrements circulaires pour recevoir les cadrans sont aussi en pierre blanche. — Le beffroi intérieur ou bâti des cloches, placé dans la chambre du troisième étage, est complétement isolé et indépendant des maçonneries de la tour : il est appuyé sur deux autres bâtis superposés placés dans les chambres du premier et du second étages et s'appuyant eux-mêmes sur les maçonneries du rez-de-chaussée. Les deux bâtis inférieurs sont en sapin rouge : le beffroi ou bâti supérieur qui porte les cloches, est en orme.

Le *rez-de-chaussée* mesure 5^m 25^{cm} de côté à sa superficie et 6^m 90^{cm} de hauteur. Il a deux ouvertures en forme de portes élevées de très-grande dimension, livrant à travers la tour un *large passage* dans le sens de l'axe du transept. Les deux autres côtés font muraille : sur le côté nord-est s'ouvre la porte de l'escalier qui se développe dans la tourelle.

La *chambre du premier étage* mesure 5^m 75^{cm} de côté à sa superficie, et 5^m 66^{cm} d'élévation ; elle est éclairée, sur chacune de ses faces, par deux fenêtres. Dans cette chambre, servant de *salle d'attente*, se trouve le premier bâti, remarquable par sa force et son admirable structure.

La *chambre de l'Horloge*, au second étage, mesure 5ᵐ 75ᶜᵐ de côté à sa superficie, et 5ᵐ 12ᶜᵐ d'élévation ; elle est éclairée, sur chacune de ses faces, par deux fenêtres géminées. Dans cette chambre se trouvent le second bâti et le mouvement de l'horloge placé dans une vitrine sur le côté de la tour regardant la Basilique.

Nous arrivons à la *chambre des cloches*, au troisième étage. Elle mesure 6ᵐ 40ᶜᵐ de côté à sa superficie, et 9ᵐ 93ᶜᵐ d'élévation ; elle est éclairée sur chacune de ses faces, par deux larges et hautes ouvertures en forme de fenêtres, dans lesquelles sont placés les abat-sons, mesurant 1ᵐ 40ᶜᵐ de largeur. Ils sont au nombre de sept par chaque fenêtre.

Le beffroi intérieur ou bâti des cloches, très-remarquable par la puissance et le parfait ordonnancement de sa structure, mesure à sa base 6ᵐ 10ᶜᵐ de côté sur 7ᵐ 60ᶜᵐ de hauteur. Il est à deux étages et peut recevoir, non-seulement les six cloches bénites le 21 juin 1876, mais encore toutes les cloches principales formant l'accompagnement dans le carillon, y compris l'un des bourdons. La place de ce bourdon est réservée au premier étage du bâti, dans la partie centrale, de manière à ce qu'il décrive sa courbe en parallèle avec la Basilique.

Les trois cloches principales, qui sont actuellement dans la tour, sont placées au second étage du bâti et décrivent leur courbe en parallèle avec le transept. *Marie-Pie de Notre-Dame de la Treille couronnée* est placée sur le côté du clocher, regardant l'arsenal et la porte Notre-Dame ; *Marie de Saint-Pierre* occupe le centre, de l'autre côté est placée *Marie de Saint-Joseph*, sur la face de la tour, regardant la porte de Gand. — Les trois autres cloches sont placées au premier étage du bâti. Cet étage est divisé en trois compartiments en parallèle, dans le sens de leur longueur, avec la Basilique. La partie centrale mesurant 2^m 60^{cm} de largeur sur toute la profondeur de la tour à cet étage, soit 6^m 40^{cm}, est réservée à l'un des bourdons. Dans le compartiment du côté de la Basilique, à l'angle regardant l'emplacement des tours, est placée *Marie des Pèlerins*, et à l'angle opposé regardant l'abside, est placée *Marie de Saint-Dominique*. Dans l'autre compartiment, du côté de la rue Basse, à l'angle regardant la Maison de l'OEuvre, est placée *Marie du Repos de Notre-Dame*. L'autre angle, regardant la place Saint-Martin, est occupé par l'escalier qui conduit à la chambre des cadrans et du mouvement du carillon. Les explications qui précèdent ont suffisamment indiqué que ces trois dernières cloches décrivent leur courbe en parallèle avec la Basilique.

Nous sommes arrivés à la *chambre des cadrans et du mouvement du carillon* au quatrième et dernier étage. Elle mesure 6^m 40^{cm} de côté à sa superficie, et 6^m 65^{cm} d'élévation ; elle est éclairée, sur chacune de ses faces, par les larges ouvertures circulaires, bordées de pierre blanche, qui reçoivent les cadrans de l'horloge. Ces ouvertures, mesurant, comme les cadrans, 2^m 80^{cm} de diamètre, sont couronnées à l'extérieur par les pignons, garnis de pierre blanche, qui terminent les côtés de la tour. — Cette chambre pourrait, au besoin, recevoir les appareils nécessaires pour éclairer les cadrans de l'horloge.

Le mouvement du carillon aurait pu occuper la chambre du premier étage où il eût été mieux placé pour la convenance des visiteurs. L'étage supérieur a été préféré afin d'obtenir, d'une part, plus de hauteur pour la *chute* des poids moteurs et, d'autre part, de diminuer la course des transmissions et de donner ainsi, par une tension plus rigide, plus de précision et de puissance au jeu du carillon.

Dans la partie centrale de la chambre, se trouve l'escalier qui conduit à la galerie supérieure de la Tour.

CHAPITRE V

Les cloches de la Basilique saluent la restauration de l'Œuvre de la Collégiale de Saint-Pierre par l'Œuvre de Notre-Dame de la Treille et Saint-Pierre.

APERÇU HISTORIQUE

La description des cloches bénites le 21 juin 1876 et l'étude plus large du carillon de la Basilique de Notre-Dame de la Treille et Saint-Pierre, considéré dans son ensemble, avec ses quatre octaves et ses bourdons, appelaient nécessairement, comme complément, les détails qui précèdent concernant la sonnerie des cloches, les mouvements de l'horloge et du carillon, les cadrans et la Tour.

Cette étude intéressante, mais naturellement un peu aride, nous a conduits à la chambre des cadrans et du mouvement du carillon. Ne regrettons pas les détails techniques que notre ascension a rendus nécessaires, nous en serons dédommagés, en montant à la galerie supérieure, par le panorama qui se déroule de tous côtés à nos regards. C'est une circonférence immense, ayant Lille pour centre et dont le rayonnement se prolonge à travers les villes et les villages, dont apparaissent les clochers, aussi loin que la vue peut atteindre. Ce vaste panorama est encadré à l'est par le mont de la Trinité, au sud par les collines de l'Artois, et à l'ouest par le mont Noir, le mont des Cats et le mont de Cassel.

A la vue de ce vaste horizon, où le regard domine les habitations des hommes, qui bientôt disparaissent par l'éloignement pour ne laisser apercevoir que les tours et les clochers des Maisons de Dieu, la pensée se dégage sans effort et s'élève au-dessus des bruits de la terre. La voix grave de l'horloge dit les heures qui passent et vont à l'éternité. Elle reporte la pensée vers les temps qui ne sont plus et, remontant d'âge en âge à travers les siècles, la fait assister à la naissance de Lille et lui montre son berceau à l'endroit même où la Tour est élevée. Là s'élevait autrefois, dans l'îlot formé par les deux bras de la Deûle, le château-fort qui tirait, de sa position au milieu des eaux, son nom de *Château de l'Ile*, Castellum Insulense; et, de sa situation au milieu d'une population qui vivait en ces lieux depuis un temps immémorial, son nom de *château du Burg* ou *du Buc*. L'enceinte, qui garantissait le château et la population du Burg, fut élargie par Bauduin V. Il en augmenta les moyens de défense, se construisit une résidence féodale, le palais de la Salle, et éleva la splendide Collégiale de Saint-Pierre avec son Cloître et son Chapitre.

I. — LA COLLÉGIALE DE SAINT-PIERRE DE LILLE FONDÉE PAR BAUDUIN V. — SA DÉDICACE, — SA MISSION, — SA DESTRUCTION.

Ces agrandissements purent mériter à Bauduin V le titre de Fondateur de Lille. Toutefois, ce ne fut pas en agrandissant Lille qu'il la fonda, mais en la dotant de l'insigne Collégiale de Saint-Pierre. Pour donner à son Œuvre les conditions des choses durables, il voulut l'asseoir sur le roc même de l'Eglise : la Collégiale dépendra directement du Saint-Siége, et il la protégera contre les destructions de l'erreur et de l'hérésie par le culte de Celle qui a brisé la tête du serpent et qui avait présidé à la naissance même de Lille. Ce double sceau, cette double empreinte, la Collégiale la conservera à jamais et à travers les vicissitudes des temps, elle passera d'âge en âge en affirmant le dévouement de Lille au Saint-Siége et sa dévotion singulière à la Sainte Vierge, qui lui méritera le nom glorieux de *Cité de la Vierge*.

Le 2 août 1066, la Collégiale de Saint-Pierre était consacrée en présence de Bauduin V et du roi de France, Philippe Ier ; de la France à laquelle, six siècles plus tard, sous Louis XIV, Lille devait être définitivement réunie. Lille était fondée.

La Collégiale sera la providence et la mère de Lille : le Cloître et le Collége de Saint-Pierre lui donneront la science en lui conservant la foi. La Collégiale et Lille grandiront ensemble, l'une en étendant sa juridiction, l'autre en élargissant ses remparts.

La Collégiale étendra successivement sa juridiction sur la vénérable église de Saint-Etienne qui, seule, existait d'abord à Lille ; puis sur les églises de Saint-Maurice, Saint-Sauveur, Sainte-Catherine, Saint-André et la Madeleine, lors des agrandissements successifs de Lille ; et elle conservera une haute suprématie sur toutes les églises de Lille jusqu'au moment de la Révolution.

La Révolution sonna le glas funèbre de la Collégiale. La Collégiale tomba, et avec elle la grande OEuvre de Bauduin V ; mais dans sa chute, que de ruines morales et matérielles elle entraîna !...

Dans ce vaste panorama qui se déroule à nos regards, en vain nous cherchons l'ancienne église de Saint-André : elle a été détruite et remplacée par une église de religieux, les Carmes, à laquelle elle a donné son nom. Les églises de Sainte-Catherine et de Saint-Sauveur nous montrent leurs tours mutilées, demandant une restauration qui paraît ne devoir plus se faire attendre. L'église de Saint-Maurice restaurée nous laisse regretter son ancienne tour du haut de laquelle sa puissante sonnerie se faisait entendre de la ville entière et au loin dans la campagne. Qu'est devenue la vénérable église de Saint-Etienne ? Elle est tombée glorieusement pendant le dernier siége de la ville ; mais ses ruines elles-mêmes ont disparu avec la place qu'elle occupait. Une église de religieux, les Jésuites (1), l'a remplacée en prenant son nom. Que sont devenues toutes ces communautés religieuses, asiles de la prière, de la charité, de la science, du dévouement ? Où est le Collége de Saint-Pierre ? le Cloître

---

(1) L'Eglise du Collége des Jésuites était alors sous le vocable de l'Immaculée Conception et se trouvait sur la paroisse de Sainte-Catherine.

de Saint-Pierre? Leurs ruines elles-mêmes ont disparu, comme celles de la Collégiale, et on cherche en vain la place qu'ils ont occupée. C'en est fait de la pensée de Bauduin V, il n'est plus trace de sa grande Œuvre.

II. — RESTAURATION DE L'ŒUVRE DE LA COLLÉGIALE PAR L'ŒUVRE DE LA BASILIQUE DE NOTRE-DAME DE LA TREILLE ET SAINT-PIERRE.

Mais Bauduin V, en jetant les fondements de son Œuvre, y avait fait entrer deux éléments qui devaient en assurer la perpétuité : la dévotion à la Sainte Vierge, le dévouement au Saint-Siége : germes impérissables, gages de résurrection.

Un prêtre vénérable, enfant de Lille (1), prendra un jour de la cendre de la Collégiale et en fera jaillir l'étincelle d'un feu nouveau. En 1842, il rétablira le culte de Notre-Dame de la Treille. La sainte Vierge, qui avait présidé à la naissance de Lille et à celle de la Collégiale, devait présider encore à cette restauration de l'Œuvre de Bauduin V, cette seconde naissance de Lille et de la Collégiale.

Pie IX, le Pontife de l'*Immaculée-Conception* et de l'*Infaillibilité*, renouera la chaîne des temps et rattachera Lille et la Collégiale au Saint-Siége, en demandant, le 19 mars 1849, à Gaëte, au vénérable cardinal Giraud, la restauration de l'antique Collégiale.

Lille a entendu cette voix du Pontife Suprême et elle

(1) M. l'abbé Bernard, vicaire-général de Cambrai, archidiacre de Lille, à cette époque, 1842, doyen-curé de l'église paroissiale de Sainte-Catherine.

l'a reconnue. Le 1ᵉʳ juillet 1854, au jour anniversaire six fois séculaire, des miracles sans nombre accomplis dans la Collégiale et de l'érection de la célèbre Confrérie de Notre-Dame de la Treille ; la veille du Jubilé séculaire à jamais mémorable de 1854, elle pose la première pierre de la Collégiale nouvelle, de la Basilique de Notre-Dame de la Treille et Saint-Pierre, et sur sa place d'Armes, elle acclame de nouveau Notre-Dame de la Treille pour sa Patronne et sa Souveraine.

L'Œuvre de la Collégiale est restaurée. Lille en a tressailli, et dans sa joie, elle reprend avec la Basilique naissante, le cours interrompu de ses agrandissements. Elle renverse ses anciens remparts pour les reporter au loin et, glorieuse de sa nouvelle Basilique, elle nous montre joyeusement entrées dans sa nouvelle enceinte, les églises de Saint-Martin d'Esquermes, de Saint-Pierre et Saint-Paul de Wazemmes, de Saint-Vincent de Paul de Moulins-Lille et de Notre-Dame de Consolation de Vauban; — auxquelles ont voulu se joindre les églises *extra muros* de Notre-Dame de Fives et de Saint-Maurice-lez-Lille; — auxquelles viennent bientôt se joindre les églises naissantes du Sacré-Cœur, de Saint-Joseph, qui appellent celles de Saint-Eubert, de Saint-Jean et beaucoup d'autres.

Les communautés religieuses reviennent en grand nombre et saluent à l'envi la Basilique naissante. Ce sont les Dominicains, les Récollets, les Jésuites, les Rédemptoristes, les Frères des Ecoles chrétiennes, les Petits-Frères de Marie de Beaucamps, les Frères de Saint-Vincent de Paul, auxquels vont se joindre les religieux de Saint-Camille de Lellis. — Ce sont les Augustines, les Dames Bernardines d'Esquermes, les Sœurs de Notre-

Dame de la Treille, les Filles de l'Enfant-Jésus, les Franciscaines, communautés dont les Maisons-Mères sont à Lille ou dans le diocèse ; ce sont les Dames du Sacré-Cœur, les Filles de la Charité, dites Sœurs de Saint-Vincent de Paul, les Sœurs de Bon-Secours, de Paris; les Dames du Bon-Pasteur, d'Angers; les Filles de la Sagesse, les Petites-Sœurs des Pauvres, les Carmélites, les Clarisses, les Dames de Saint-Maur, les Dames de l'Adoration-Réparatrice, les Sœurs de la Charité Maternelle, de Metz; les Sœurs de la Providence, de Portieux ; les Dames de la Sainte-Union des Sacrés-Cœurs, les Religieuses de la Congrégation de la Mère de Dieu, de Paris; les Sœurs de la Sainte-Enfance, de Sens ; les Servantes du Sacré-Cœur, les Filles de la Croix, dites de Saint-André ; les Filles de Marie, auxquelles vont se joindre les Dames de la Retraite de Paris, et les Religieuses Franciscaines de Lyon.

En entendant cette longue énumération de corporations religieuses, on croit assister au défilé d'une vaste procession. Ces corporations religieuses, l'esprit du mal avait voulu les détruire ; mais, comme la Collégiale, elles renaissent de leurs cendres, car elles sont nécessaires à la société chrétienne, et leur place est à jamais marquée là où il y aura à consoler, à instruire et à faire aimer Dieu. Elles viennent travailler à la restauration de la grande Œuvre de Bauduin V, et reprendre leur place et leur part de travail pour aider la Collégiale, devenue Basilique, dans sa mission de restauration et de régénération chrétienne.

III. — ACTION DE LA PROVIDENCE DANS LE CHOIX DES LIEUX OU SE FAIT LA RESTAURATION DE L'ŒUVRE DE LA COLLÉGIALE PAR L'ŒUVRE DE LA BASILIQUE DE NOTRE-DAME DE LA TREILLE.

Et ici, qui n'admirerait l'action de la Providence dans le choix des lieux où se fera cette restauration de la Collégiale. L'Œuvre de la Collégiale se composait de trois éléments : la Collégiale, le Cloître de Saint-Pierre et le Collége de Saint-Pierre.

Le Collége de Saint-Pierre, devenu la proie de l'esprit du mal qui y avait établi son siége sous la forme d'une loge maçonnique, est choisi par Dieu pour devenir le centre du mouvement religieux d'où sortira la restauration de la Collégiale, et cet épanouissement, cette efflorescence incomparable d'œuvres sans nombre qui lui prépareront les voies : l'Œuvre de la Basilique de Notre-Dame de la Treille et Saint-Pierre, la Société de Saint-Joseph, les Conférences de Saint-Vincent de Paul avec leurs œuvres de la Visite des pauvres à domicile, le Secrétariat des pauvres, l'Œuvre des militaires, le Patronage des écoles chrétiennes, le Grand et les Petits Patronages ; — la Bibliothèque catholique populaire, le Cercle de Saint-Augustin, l'Œuvre de l'Adoration nocturne, le Cercle catholique avec ses œuvres : l'Association de prières pour la ville de Lille, l'Œuvre des nouvelles églises, la Société d'éducation et d'enseignement, la Commission pour la fondation de l'Université Catholique de Lille ; — le Comité catholique et ses œuvres : l'Œuvre du Contentieux, celle des Pèlerinages, Œuvres de Prières (Œuvres de zèle pour le culte du Saint-Sacrement, Adoration nocturne, Confréries paroissiales); Œuvres de l'Aumônerie militaire, du Vœu national du Sacré-Cœur; Société de Saint-Charles Borromée (propagande de bons livres), Œuvre des vieux papiers, Œuvre de Notre-Dame du Salut; — Œuvre des Cercles catholiques d'ouvriers, des Conférences et des Retraites aux ouvriers; — Œuvre de la Résidence épiscopale, sortie de l'Œuvre de Notre-Dame de la Treille. — Et pendant que Dieu opère ces merveilles à l'emplacement même du Collége de Saint-Pierre, sa Providence paternelle consacre à jamais ces lieux et leur donne leur destination définitive en y établissant la Maison-Mère des Sœurs de Notre-Dame de la Treille (1).

Le Cloître de Saint-Pierre où résidaient les membres du Chapitre de la Collégiale; l'emplacement même où était la Résidence du Prévôt deviendra la Résidence épiscopale.

La Collégiale ne fournira pas le sol de la Basilique à laquelle Dieu réserve un lieu privilégié; mais sur son emplacement, s'élèvera le sanctuaire de la Justice, où réside, dans son tabernacle, Celui qui juge les justices elles-mêmes. — L'emplacement de la Collégiale où résida et où fut vénérée pendant tant de siècles la statue miraculeuse de Notre-Dame de la Treille est encore occupée par une destination profane, le Concert; mais ne semble-t-il pas qu'en faisant résonner, au moment du Couronnement de Notre-Dame de la Treille, dans ces lieux déshérités, la parole si profondément chrétienne de M. le comte de Mun, la Providence ait, sur eux aussi,

---

(1) Cette nomenclature est loin de donner l'énumération des œuvres existantes à Lille. Elle donne seulement l'énumération des œuvres écloses sur l'emplacement de l'ancien Collége de Saint-Pierre, situé rue des Ecoles (depuis nommée rue du Glan et enfin rue de la Préfecture) et rue d'Angleterre.

des vues particulières et les réserve à une destination religieuse pour la moralisation des classes ouvrières sous le patronage de Notre-Dame de la Treille.

Mais la Basilique, quel sol privilégié doit donc la recevoir ? La Collégiale de Saint-Pierre n'est plus ; elle ressuscitera sous une forme nouvelle qui la transformera, la complétera et lui donnera, avec son couronnement, sa consécration définitive. Saint Pierre continuera son patronage huit fois séculaire et sera titulaire de la Basilique comme il était titulaire de la Collégiale ; mais, dans cette restauration, la part devait être faite à la Patronne de Lille. Elle était réclamée par les bienfaits continués depuis la naissance de Lille, à laquelle Elle avait présidé ; par les miracles sans nombre accomplis en 1254, 1519 et 1634 dans sa chapelle même à la Collégiale ; par la prédilection particulière qu'Elle avait témoignée à Lille, et la gloire insigne qu'Elle lui avait accordée, vis-à-vis de l'Eglise entière, en la choisissant comme le lieu privilégié pour la grande restauration du culte de Notre-Dame des Sept-Douleurs et du très-saint Rosaire au xve siècle ; par la consécration de la ville et le vœu de 1634 ; par les souvenirs impérissables du Jubilé séculaire à jamais mémorable de 1854, où Elle fut acclamée par Lille sur sa Place d'Armes, comme sa Patronne et sa Souveraine ; par la proclamation même du Dogme de son Immaculée-Conception, qui réclamait des honneurs particuliers ; enfin par le titre, si glorieux pour Lille, de *Cité de la Vierge*, qui ne permettait pas de différer davantage d'élever à sa Patronne une église monumentale, Notre-Dame de Lille. Aussi Dieu lui avait-il réservé un lieu providentiel pour élever sa Basilique. Ce fut cette Ile privilégiée, berceau sacré de Lille ; cette terre seigneuriale et royale, base féodale de la châtellenie de Lille qui, après avoir passé par les Maisons princières de Luxembourg, de Bourgogne et de Bourbon, devait entrer enfin dans la Maison royale de France en la personne de Henri IV; terre royale des Lys et des Roses (1), où la Rose du très-saint Rosaire devait voir éclore la Rose Mystique Elle-même, et l'éclat des Lys de Lille et de la Maison de France être rehaussé par l'éclat incomparable du Lys de la Virginité de la Mère de Dieu. Elle vint sur cette terre royale déposer un jour sa couronne, la seule qui pût y remplacer la Couronne de France, la plus belle après celle du Ciel et, comme Dieu lui-même, en prenant possession du temple élevé en son honneur par Salomon, elle dit : « *J'ai choisi ce lieu pour ma demeure et je l'ai sanctifié afin que mon nom soit ici pour toujours et que mes yeux et mon cœur y demeurent à jamais.* »

IV. — NOTRE-DAME DE LA TREILLE, TRANSFÉRÉE DANS SA BASILIQUE, EST ACCLAMÉE A LOURDES, VÉNÉRÉE DANS SON NOUVEAU SANCTUAIRE ET COURONNÉE PAR PIE IX.

Aussi la Vierge de Lille avait-elle hâte d'élever et de venir habiter son sanctuaire, la Basilique. La première pierre en était posée pendant les fêtes séculaires du Jubilé à jamais mémorable de 1854, et le plan élaboré à la suite du concours archéologique incomparable de 1856. Trois ans plus tard, la partie de la crypte comprenant tout le développement de l'abside était bénite et

(1) Voir la note mise au bas de la page 349.

livrée au culte, et le premier autel était consacré dans la chapelle absidale et dédié à saint Joseph. Dix ans après, en 1869, la Basilique elle-même, dans la partie correspondante à la crypte, était bénite et livrée au culte : trois autels étaient consacrés, celui dédié à Notre-Dame de la Treille dans la chapelle absidale, et les autels dédiés à Saint-Pierre et à Saint-Joseph, dans les chapelles latérales.

L'inauguration de la Basilique naissante eut lieu avec une solennité extraordinaire. Elle ne se fit pas sans doute, comme la Dédicace de la Collégiale de Saint-Pierre, en présence de Bauduin V et de Philippe Ier, roi de France, mais le Saint-Siége lui-même voulut la présider. Le 4 juillet 1869, le Nonce du Pape, Mgr Chigi, venait inaugurer la Basilique naissante et renouer ainsi la chaîne des temps, en consacrant de nouveau l'union si intime de Lille et de la Collégiale au Saint-Siége. Au milieu de ces fêtes splendides et de l'attente générale, le moment paraissait arrivé où Notre-Dame de la Treille viendrait prendre possession de son nouveau sanctuaire ; mais ce grand jour devait être différé, il ne se réalisa que trois ans plus tard.

Le 21 septembre 1872, Notre-Dame de la Treille venait prendre possession de sa Basilique.

En quittant son sanctuaire de l'église de Sainte-Catherine pour monter dans sa Basilique, Notre-Dame de la Treille, Elle aussi, ne voulut pas laisser orphelins les enfants qui, pendant de si longues années, l'avaient entourée de leur dévouement et de leur amour. Sa bonté maternelle ne pouvait laisser sans honneur et sans consolation la place qu'elle avait occupée, et c'est par une solennelle et miraculeuse manifestation qu'Elle voulut y maintenir sa protection puissante sous un autre vocable, celui-là même qu'avait proclamé Pie IX et qu'Elle proclamait Elle-même à Lourdes lorsqu'Elle faisait entendre ces paroles : « *Je suis l'Immaculée-Conception.* »

Lourdes devait se montrer reconnaissante de ces honneurs rendus à Lille à sa Vierge miraculeuse ; et quand, dans le grand pèlerinage national de 1872, la bannière monumentale de Notre-Dame de la Treille y parut, elle fut acclamée par la France entière et placée ensuite dans le sanctuaire de Notre-Dame de Lourdes, derrière l'autel, entre les bannières voilées de crêpes de l'Alsace et de la Lorraine.

Qui n'admirerait ces grandes choses et pourrait méconnaître l'action de la Providence dans ces deux faits se répondant aux extrémités de la France : Notre-Dame de la Treille, inaugurant, à Lille, dans son ancien sanctuaire, Notre-Dame de Lourdes et son culte ; Notre-Dame de Lourdes, honorant à Lourdes, Notre-Dame de la Treille devant la France entière et plaçant sa bannière dans son sanctuaire à la place d'honneur, doublement consacrée par le sacrifice de l'autel et par les douleurs de la France, représentées par les bannières voilées de crêpes de l'Alsace et de la Lorraine.

Pendant que Notre-Dame de la Treille donnait à la paroisse de Sainte-Catherine des marques si particulières de sa bonté maternelle ; pendant qu'Elle était acclamée à Lourdes par l'Église et la France entière, de grands faits s'accomplissaient dans la Basilique et consacraient à jamais son double vocable, son double titre de Notre-Dame de la Treille et Saint-Pierre. — Pie IX qui, à Gaëte, demandait au vénérable Cardinal Giraud la restauration de la Collégiale et voulait, en 1869, prendre possession de la Basilique en la personne du Nonce; Pie IX voulut rendre le premier ses hommages à Notre-Dame de la Treille, transférée dans son nouveau sanctuaire. Le Nonce, Mgr Chigi, vint en son nom, y vénérer la Statue Miraculeuse et, entouré de nombreux évêques, réunis pour le sacre de Mgr Delannoy, présider le premier pèlerinage solennel fait en son honneur dans la Basilique.

Ces honneurs rendus par la Papauté à la Vierge de Lille, avaient sans doute pour effet de nous rendre plus chers et plus précieux le culte et la dévotion à Notre-Dame de la Treille, mais ils resserraient en même temps et rendaient plus étroits que jamais les liens qui nous unissent à la Papauté. C'est ainsi qu'étaient inaugurées et continuées dans la Basilique les grandes traditions de la Collégiale : la dévotion à la Vierge de Lille, le dévouement au Saint-Siège.

En entrant dans la Basilique, Notre-Dame de la Treille devait les faire briller d'un plus vif éclat et leur donner leur consécration définitive. Elle voulut rendre à Pie IX ce que Pie IX avait fait pour elle. Dans ce mouvement unique peut-être dans les annales de l'Eglise, dans cet élan de piété filiale et de dévouement qui porta la catholicité et le monde entier vers le Souverain-Pontife, vers Pie IX abandonné, délaissé des puissants de la terre, et qui fut comme les prémices magnifiques de la proclamation du dogme de l'Infaillibilité, qui donc a devancé Lille par le dévouement et la générosité ? Le monde entier cite son nom avec admiration; et, au milieu de ce concert général de louanges et de bénédictions, comment pourrions-nous ne pas rappeler le nom de ce prêtre modeste, mais zélé et dévoué, de cet enfant de Lille (1), qui prit une part si large à ce mouvement. En fondant la *Semaine Religieuse* du diocèse, qu'il sut mettre dès l'abord à la tête des autres revues du même genre, en s'entourant de collaborateurs pleins de science et de talent, il créa à Lille un centre pour les Œuvres Pontificales. Le *Denier de Saint-Pierre* fut organisé : l'*Œuvre des Zouaves Pontificaux* suivit avec les *Etrennes au Saint-Père*. Sans doute ce mouvement fut général, et tous ont droit à la reconnaissance, mais il restera toujours à Lille la gloire d'avoir pris l'initiative de ce mouvement et d'y avoir contribué pour la meilleure part.

La gloire de Lille est la gloire de Notre-Dame de la Treille; elle a été la véritable initiatrice. Pie IX l'a bien compris : aussi, après avoir opéré la restauration de la Collégiale en la demandant ; après avoir, dans la personne du Nonce, Mgr Chigi, pris possession de la Basilique à peine commencée, et vénéré, avant tout autre, Notre-Dame de la Treille transférée dans son nouveau sanctuaire, il voulut la couronner. Ce ne fut pas une concession gracieuse faite à une demande formulée : Pie IX en prit l'initiative, et, le 24 avril 1873, Lille apprenait que le Saint-Père, par un mouvement spontané de sa volonté souveraine, *proprio motu*, voulait couronner Notre-Dame de la Treille.

Le Couronnement eut lieu le 21 juin 1874 au milieu de fêtes splendides, qui rappelaient celles du Jubilé séculaire de 1854. Les limites de cet aperçu ne permettent point de décrire ces solennités à jamais mémorables. Elles font partie de la grande histoire religieuse de Lille,

(1) M. l'abbé Clarisse, aumônier de l'hôpital militaire de Lille.

qui en a recueilli précieusement les actes pour les transmettre aux générations futures. Notons seulement un fait étrange, le choix du lieu où s'est réalisé le Couronnement. Ce n'est pas à la Basilique, dans sa chapelle absidale, que Notre-Dame de la Treille a été couronnée, comme le réclamaient les convenances et la dignité de la Vierge de Lille et de la Basilique, non moins que les exigences particulières du Cérémonial pour le Couronnement, qui doit avoir lieu *intra Missarum solemnia*. Ces exigences sont telles que la cérémonie du Couronnement opérée sur la place publique était considérée à Rome comme revêtant un caractère profane. Peut-être y eut-il dans ce fait une disposition particulière de la Providence. En se faisant couronner sur la place principale de Lille, entre la ville ancienne et la ville nouvelle (1), Notre-Dame de la Treille a voulu prendre possession de la ville entière et montrer qu'Elle étend, avec son sceptre, sa protection maternelle sur tous ses enfants. Un jour sans doute Lille voudra honorer le lieu où Notre-Dame de la Treille a été couronnée, et pour en perpétuer la mémoire, élever un monument à sa Patronne, à l'endroit même du Couronnement. Alors serait réalisée la parole de M. l'abbé Combalot, dans l'église de Sainte-Catherine, demandant, avec l'érection de la Basilique, qu'une colonne soit élevée sur l'une des places principales de Lille en l'honneur de Notre-Dame de la Treille, qui serait placée au sommet entourée de lumières figurant douze étoiles. — Laissons au temps le soin de restaurer toutes choses, et continuons à considérer l'action providentielle de Notre-Dame de la Treille dans la restauration de la grande œuvre de Bauduin V, la Collégiale.

(1) La place de la République située vis-à-vis de la nouvelle Préfecture.

V. — ACTION PROVIDENTIELLE DE NOTRE-DAME DE LA TREILLE DANS LA RESTAURATION DE LA COLLÉGIALE.

§ I. — **Notre-Dame de la Treille pose les fondements de l'Œuvre de la Collégiale nouvelle, l'Œuvre de la Basilique : la dévotion à la Sainte Vierge et le dévouement au Saint-Siége.**

La Basilique, continuant la Collégiale, devait recevoir les mêmes fondements qui en assureraient la perpétuité : la dévotion à Notre-Dame de la Treille, le dévouement au Saint-Siége. A peine entrée dans sa Basilique, Notre-Dame de la Treille posait ce dernier fondement, en suscitant parmi nous, nous venons de le voir, ce mouvement extraordinaire de dévouement au Souverain-Pontife, pour lequel un mot nouveau, étrange, a dû être créé, *la dévotion au Pape*; mouvement tel que les siècles précédents n'en avaient peut-être jamais vu de comparable. Pie IX y répondait en mettant, par le Couronnement, le dernier sceau au culte et à la dévotion envers Notre-Dame de la Treille (1).

Après avoir ainsi jeté les fondements de l'Œuvre de la Collégiale nouvelle, Notre-Dame de la Treille voulut reprendre elle-même l'Œuvre de Bauduin V, en y apportant les modifications que le temps et les circonstances réclamaient pour la continuer, la compléter et la couronner.

L'Œuvre de la Collégiale, nous l'avons vu, comprenait trois éléments : la Collégiale, le Cloître de Saint-Pierre et le Collège de Saint-Pierre. L'Œuvre de la Basilique comprendra les mêmes éléments, mais transformés et

(1) Voir plus haut, page 405 et suivantes.

agrandis : la Basilique-cathédrale, l'Evêché de Lille, l'Université catholique de Lille.

§ II. — Notre Dame de la Treille relève le Collége de Saint-Pierre et le transforme en l'Université catholique de Lille.

Pour suivre l'ordre indiqué par la Providence elle-même, qui voulut commencer la restauration de l'Œuvre de Bauduin V dans le Collége de Saint-Pierre dont est sortie, nous l'avons vu plus haut, la pensée première de la restauration de la Collégiale et cette germination incomparable d'Œuvres de tout genre et de tout nom, spécialement l'Œuvre de la restauration du Collége Saint-Pierre par l'Œuvre de l'Université catholique de Lille, qui donc a pris l'initiative de l'Œuvre de l'Université catholique de Lille, œuvre immense qui appelle le concours, la générosité, la persévérance de tous ?

Assurément il faut laisser à tous ceux qui y ont contribué le mérite de leur concours, s'en réjouir et en appeler avec instance la continuation dévouée. Il faut laisser leur mérite personnel aux initiatives et aux libéralités particulières, auxquelles Dieu a déjà donné une première et inestimable récompense, en les portant à s'ignorer elles-mêmes et à se laisser ignorer des autres pour rapporter tout à Dieu seul et à sa gloire. Mais, cette part légitime faite avec bonheur au dévouement et au sacrifice, qui donc ne reconnaîtrait l'action providentielle de la Vierge de Lille dans la création et le développement de cette grande Œuvre.

Destinée à continuer, en le complétant, l'enseignement donné à Lille pendant huit siècles par la Collégiale, c'est à l'emplacement même du Collége Saint-Pierre que vient la première pensée et l'initiative. Elle portera l'empreinte des œuvres de la Collégiale, le dévouement au Saint-Siége, de préférence et au-dessus de toutes les autres Universités naissantes, au point de mériter d'être appelée par Pie IX lui-même l'*Université Pontificale ;* ses statuts seront donnés pour modèle aux autres Universités par le Saint-Siége qui, plein de confiance dans son orthodoxie, témoignera le désir de la voir se développer et se compléter par la création de la principale faculté, celle de Théologie, pour la donner elle-même en exemple et comme modèle aux autres Universités. Son Chancelier sera nommé directement par le Saint-Siége.

Notre-Dame de la Treille transférée dans sa Basilique, l'Université prend son développement, mais dans des conditions telles que ceux même qui ont à en diriger la marche, reconnaissent une main supérieure qui, au milieu d'obstacles indicibles, lui donne des accroissements inespérés, inattendus, en forçant les hésitations et devançant les prévisions de la sagesse humaine qui, se trouve déconcertée, mais forcée et entraînée. Aussi le monde ne s'y trompe pas : dans son admiration pour ce mouvement incomparable d'œuvres de tout genre, spécialement celle de l'Université catholique, il ne considère que le centre d'où il émane, et dans son étonnement et sa reconnaissance, il nomme Lille, qui est la *Cité de la Vierge.*

Et pour montrer, dans ce travail de restauration de l'Œuvre de la Collégiale, l'esprit qui y préside et la connexité, l'union intime de la Basilique et de l'Université catholique de Lille, la forme extérieure des constructions de l'une et de l'autre sera identique, et elle sera chrétienne. La restauration de l'idée chrétienne ne se réalisera jamais avec les éléments du paganisme et la forme païenne. Le paganisme s'adresse aux sens de l'homme pour les flatter et les corrompre ; le christianisme s'adresse à l'âme pour l'élever, la porter à Dieu et l'unir à lui. Aussi, pour accomplir son œuvre de régénération chrétienne, la Basilique a-t-elle revêtu la forme des grands siècles chrétiens, celle qui, par excellence, élève l'âme et la porte à Dieu, la forme gothique. L'Université catholique, associée à la même œuvre de régénération, revêtira la même forme. Sous l'habile direction de l'éminent artiste et du grand chrétien (1) qui consacre son talent et sa vie à la restauration de l'art gothique au XIIIe siècle, cette forme ne réalisera pas seulement cet ensemble harmonieux, résultant de la pureté et de la beauté des lignes architecturales, mais elle s'inspirera surtout des grandes traditions des siècles de foi.

Les temps modernes ne trouvent plus la place de Dieu dans la société. Cette place doit être refaite partout, et elle doit être la première. C'est celle qui a été faite à Dieu dans le vaste ensemble des constructions de l'Université catholique, dont le premier devoir est d'affirmer sa foi. Au centre de la façade principale, s'élevant sur le boulevard Vauban, elle nous montrera sa chapelle représentée, non par le portail comme le voudraient les exigences modernes, mais par l'abside, parce que l'abside abrite le Tabernacle. Le Tabernacle, l'abside qui l'abrite, la flèche qui la couronne et l'annonce au loin, voilà l'église et toute l'église, parce que c'est là que réside Notre-Seigneur. Le reste du vaisseau, le prolongement de la nef n'existe pour ainsi dire que parce que Notre-Seigneur a voulu faire une place dans sa maison à ceux

(1) M. le baron Béthune d'Ydewalle, de Gand.

qui viennent le visiter et auxquels il a dit : « Je ne vous
» appellerai plus désormais mes serviteurs, mais mes
» amis : *jàm non dicam vos servos sed amicos.* »

Dans cette demeure de Dieu assurément le lieu le
moins digne est la porte : aussi pour y arriver, le vaisseau de l'église qui a reçu à l'abside toute son ampleur,
se rétrécira. Le portail pourra être magnifique, car c'est
la porte de la Maison de Dieu, mais l'abside revêtira
toutes les splendeurs de l'art, parce que c'est là qu'Il
demeure. Les grands siècles avaient l'intelligence des
choses de la foi. L'Université catholique nous montrant à
la place d'honneur l'abside et le Tabernacle, ce n'est pas
seulement une affirmation solennelle de sa foi et de sa
mission de régénération chrétienne, c'est encore le retour aux traditions des siècles de foi, aux grandes traditions de l'esthétique chrétienne.

L'Eglise vit de traditions. La Collégiale, comme l'Eglise,
a vécu de traditions : ce sont les traditions qui la font
revivre aujourd'hui dans l'Œuvre de la Basilique de
Notre-Dame de la Treille et Saint-Pierre. Et parmi ces
traditions, en est-il de plus vivace et qui tienne plus
au cœur des populations que le nom, le vocable des
œuvres avec lesquelles elles ont vécu et passé à travers
les siècles? C'est la raison d'être du nom de la Basilique,
unissant, sous un double vocable, Notre-Dame de la
Treille, Patronne de la *Cité de la Vierge*, et Saint-Pierre,
titulaire de la vénérable et insigne Collégiale.

Le respect des traditions qui sont une des forces vives
de l'Eglise et des œuvres qui s'abritent sous son égide,
comme celle de la Basilique continuant la Collégiale, ne
semble-t-il pas indiquer et proclamer même le vocable

qui, dans le travail de restauration de l'Œuvre de la Collégiale, s'impose non-seulement à la Basilique de Notre-Dame de la Treille et Saint-Pierre, mais aux autres œuvres connexes qui ont pour mission de l'aider dans cette restauration? Comment l'Université catholique de Lille, œuvre traditionnelle par excellence, pourrait-elle se soustraire à ce respect des traditions et comment accorderait-elle ce respect aux traditions en prenant un autre vocable, un autre haut patronage que celui de Notre-Dame de la Treille et Saint-Pierre? Ce haut patronage n'est-il pas d'ailleurs réclamé par le nom même de l'Université qui, officiellement, est appelée l'Université catholique de Lille : *Lille* est la *Cité de la Vierge*; n'est-il pas réclamé par la mission même de l'Université, qui est appelée à concourir à la restauration de l'Œuvre de la Collégiale : la Collégiale s'appelait Saint-Pierre de Lille.

Pie IX n'a pas cru que ces grandes choses pussent être scindées, et dans sa mémorable lettre, en date du 19 mars 1849, par laquelle Sa Sainteté demande au vénérable Cardinal Giraud, la restauration de l'Œuvre de la Collégiale, Pie IX « se réjouit et dit avoir éprouvé un
» véritable bonheur à entendre parler du zèle ardent des
» habitants de Lille qui, non-seulement veulent relever
» de ses ruines un sanctuaire antique et cher à leurs
» aïeux, renversé pendant les jours lamentables de la
» Révolution du siècle dernier, mais qui travaillent
» aussi et avec ardeur à réparer et à faire oublier les
» maux innombrables dont fut inondée leur patrie à la
» suite de cette destruction déplorable : *Gavisi profecto*
» *fuimus in egregio hoc eorumdem hominum studio, qui*
» *non solum ab oblivione patrum et insigne templum vin-*
» *dicare contendunt, quod superiori aetate in luctuosis-*

» *sima rerum publicarum conversione destructum fuit, sed*
» *damna praeterea reparare ac sancire conantur quae,*
» *ipso everso, in patriam suam plurima et gravissima re-*
» *dundârunt.* »

Pie IX s'est réjoui et a éprouvé un véritable bonheur en voyant que la restauration de la Collégiale ne serait pas scindée et que les œuvres comprises dans la grande Œuvre de la Collégiale seraient restaurées avec la Collégiale elle-même. Ne serait-ce pas une nouvelle joie pour Pie IX et n'éprouverait-il pas un nouveau et véritable bonheur, lui gardien vigilant des grandes traditions de l'Eglise, en voyant les traditions continuées et restaurées dans la Collégiale, et les œuvres comprises dans la grande Œuvre de la Collégiale, restaurées et transformées, saluer et bénir, avec la Basilique, le haut et bien-aimé patronage de Notre-Dame de la Treille et Saint-Pierre ?

La Basilique ne pouvait oublier la lettre du 19 mars 1849. Avec Lille elle bénira à jamais le nom de Pie IX et celui du vénérable Cardinal Giraud, et elle dédiera le premier autel consacré dans la crypte à Saint-Joseph, qu'elle fêtera comme son Promoteur et son Protecteur particulier. Et quand l'église supérieure sera livrée au culte, et qu'en présence du Nonce, Mgr Chigi, représentant Pie IX, elle aura à désigner d'une manière définitive ses Patrons ; en attendant la consécration du Maître-Autel, l'Autel du Sacrifice, qui appartient à Dieu seul, elle consacrera trois autels et, fidèle à la tradition, elle donnera le premier à Notre-Dame de la Treille, dans sa chapelle absidale, et les deux autres à saint Pierre et à saint Joseph, dans les chapelles latérales. Cet ordre traditionnel, indiqué par la Basilique, ne convient-il pas qu'il soit suivi par les œuvres appelées avec elle à restaurer la grande Œuvre de la Collégiale ? Les traditions le réclament dans une même pensée de respect et d'unité. Ne mutilons pas l'œuvre des siècles en voulant la restaurer; respectons-la et ne scindons pas ce que Dieu a fait pour être uni à jamais.

Les traditions mieux connues seront mieux appréciées, et elles amèneront l'unité. Nous en avons le gage dans la composition elle-même des armoiries de l'Université. Elles rappellent, avec les armes de Flandre et celles d'Artois, les armes de la Collégiale et celles particulières de l'Université. Elles sont surmontées et couronnées par la figurine de Notre-Dame de la Treille.

L'écu est écartelé en quatre blasons différents.

Le premier quartier offre un *champ de gueules avec deux clefs d'or en sautoir*. Ce sont les armes du Saint-Siège et celles de la Collégiale de Saint-Pierre de Lille devenues les armes de la Basilique. Elles témoignent de la manière la plus parfaite, jusqu'à l'identité, de l'union de la Basilique et de l'Université entre elles et de leur union avec le Saint-Siège.

Le second quartier offre un *champ d'hermine au livre d'argent ouvert*. Ce sont les armes particulières de l'Université. L'hermine est l'ornement caractéristique des docteurs, et le livre d'argent ouvert indique la science largement distribuée par les maîtres de l'Université. C'est l'*accipe librum apertum* du Prophète; c'est aussi une allusion au *liber argenteus* de la Collégiale de Saint-Amé de Douai, et qui rappelle l'Université fondée à Douai il y a trois siècles.

Le troisième quartier offre un *champ d'or au lion de sable armé et lampassé de gueules*. Ce sont les armes des comtes de Flandre dont la domination s'étendait sur l'ensemble des contrées formant actuellement le diocèse de Cambrai.

Le quatrième quartier offre un *champ d'azur semé de fleurs de lys d'or au lambel de gueules à trois pendants chargés chacun de trois châteaux d'or*. Ce sont les armes formées par Robert, premier comte d'Artois, dont la domination s'étendait sur l'ensemble des contrées formant actuellement le diocèse d'Arras, Boulogne et Saint-Omer (1).

(1) La Collégiale de Saint-Pierre de Lille et Arras ont toujours été unis par les liens de la plus étroite amitié. Aussi lors du rétablissement du Siége d'Arras, qui était uni à celui de Cambrai depuis le temps de saint Vaast, le clergé et le peuple s'adressèrent au Chapitre de la Collégiale de Saint-Pierre de Lille pour le prier de déléguer quelques-uns de ses membres pour assister à l'élection du nouvel évêque et la présider. Le Chapitre envoya Lambert de Guines, qui faisait partie du Chapitre depuis sa fondation et avait été remarqué par le pape saint Grégoire VII qui, en 1079, le chargeait d'une mission particulière pour le Saint-Siége. — Lambert, arrivé à Arras, se vit promu, malgré lui, à l'évêché vacant. Pour vaincre ses résistances et le forcer à accepter un fardeau qu'il jugeait au-dessus de ses forces, le pape Urbain II dut intervenir. Le Pape, l'ayant fait venir ensuite à Rome, essaya de le fixer près de lui en le nommant à l'évêché d'Ostie; mais Lambert ne voulut pas se séparer de l'Eglise d'Arras. — Il assista au Concile de Clermont et recueillit les décrets de cette assemblée illustre où fut prêchée la première croisade.

En 1105, lorsque sévissait dans l'Artois et les provinces voisines le fléau connu sous le nom de *mal des ardents*, le 21 mai, Lambert fut témoin de cette apparition célèbre où la Sainte Vierge remit aux mains des deux ménestrels, Norman et Itier, le Cierge vénéré sous le nom de *la Sainte Chandelle d'Arras*, dont quelques gouttes fondues et versées dans l'eau guérissaient les malades du *mal des ardents*. — Lambert n'avait pas oublié Lille et la Collégiale. Aussi voulut-il les faire participer les premiers au présent qu'il avait reçu de la Sainte Vierge elle-même. Il envoya au Chapitre de la Collégiale un cierge formé, en partie, de gouttes de cire extraites du Cierge d'Arras. Ce cierge fut reçu à Lille avec les plus grandes marques de reconnaissance et de piété : il fut exposé à la vénération des fidèles dans une chapelle adjacente à l'église de

Ces armes peuvent être résumées en disant que l'Université catholique de Lille a pour principes la foi et la science, figurées par les armes du Saint-Siége, qui sont celles de la Collégiale de Saint-Pierre de Lille et celles particulières de l'Université, et qu'elle s'appuie sur l'union des deux diocèses de Cambrai et d'Arras, formant la province ecclésiastique et figurés par les armes de Flandre et d'Artois.

Les armes de l'Université catholique de Lille sont supportées par deux palmes figurant les palmes académiques et ornées d'une banderolle avec la devise : *Sedes sapientiæ*. Elles sont surmontées, comme couronnement, par la figurine de Notre-Dame de la Treille, la glorieuse Patronne de Lille, de la Basilique, et, les armes elles-mêmes le proclament, de l'Université.

Ces armes ont été gravées sur une bague magnifique qui a été offerte à Pie IX lors du Jubilé demi-séculaire de son épiscopat, 3 juin 1877. En la recevant des mains

---

Saint-Etienne, la chapelle de Notre-Dame des Ardents, qui subsista jusqu'à la Révolution.

En 1874, à l'occasion du Couronnement de Notre-Dame de la Treille, un cierge nouveau a été donné à la Basilique par Mgr Lequette, évêque d'Arras, qui, continuant les traditions inaugurées par Lambert de Guines, ne cesse de témoigner à la Basilique les marques les moins équivoques de sa bienveillance. — En 1869, Sa Grandeur consacrait l'autel dédié à Saint-Joseph dans l'église supérieure de la Basilique. Evêque assistant lors du sacre de Mgr de Saint-Denis (île de la Réunion), Sa Grandeur venait, en 1872, vénérer Notre-Dame de la Treille, transférée dans son nouveau sanctuaire; et lors du Couronnement, en 1874, elle célébrait, en lieu et place du Cardinal Régnier, la première messe devant la Statue Miraculeuse couronnée. — En 1875 et 1877, Sa Grandeur officiait lors de l'inauguration de l'Institut, puis de l'Université catholique de Lille; et chaque année, à l'occasion des Réunions générales des Conférences de Saint-Vincent de Paul de la province ecclésiastique, des Œuvres catholiques ou de l'Université catholique, Sa Grandeur vient officier à la Basilique et y vénérer la Patronne de Lille.

de Sa Grandeur Mgr de Lydda, Chancelier de l'Université catholique de Lille, Pie IX ne l'a pas seulement accueillie avec bienveillance, mais il a encore témoigné la volonté de la porter. Il y a là pour Lille et pour l'Université catholique un bonheur et une joie, et la marque la moins équivoque et la plus consolante de leur union intime avec le Saint-Siége.

§ III. — **Notre-Dame de la Treille relève la Collégiale et le Cloître de Saint-Pierre et les transforme en la Basilique-Cathédrale de Notre-Dame de la Treille et Saint-Pierre et l'Evêché de Lille.**

Pendant que Notre-Dame de la Treille, transférée dans sa Basilique, reprenant elle-même l'Œuvre de Bauduin V, l'Œuvre de la Collégiale, faisait revivre le Collége de Saint-Pierre en le transformant magnifiquement en l'Université catholique de Lille, sa sollicitude maternelle ne s'étendait pas avec moins d'amour sur la restauration de la Collégiale et du Cloître Saint-Pierre qu'elle transformera en la Basilique-Cathédrale de Notre-Dame de la Treille et Saint-Pierre et l'Evêché de Lille.

En prenant possession de la Basilique, Notre-Dame de la Treille devait avant tout rentrer officiellement dans ses prérogatives de Patronne, de Reine et de Mère de la cité. Elle avait été acclamée par Lille sur sa place d'Armes, lors du Jubilé séculaire à jamais mémorable de 1854. Après de longs jours d'absence et de deuil, Lille avait tressailli sous le regard maternel de son antique Patronne, et elle s'était retrouvée toujours la *Cité de la Vierge*. Ces hommages devaient être renouvelés dans la Basilique. Aussi, à peine Notre-Dame de la Treille avait-elle pris possession de son nouveau sanctuaire, pendant qu'à Lourdes elle était acclamée par l'Eglise et la France entière, Lille, à la suite du Nonce, Mgr Chigi, représentant Pie IX, venait solennellement dans la Basilique reconnaître sa Patronne, lui rendre hommage et se donner de nouveau à elle. Pie IX voulut consacrer ce patronage huit fois séculaire, et au nom de l'Eglise, en un jour à jamais mémorable, il déposa sur le front de Notre-Dame de la Treille la couronne qu'il tint à bénir lui-même et que Lille voulut donner comme gage de sa piété filiale, de sa reconnaissance et de son inviolable attachement à sa Souveraine, à sa Patronne et à sa Mère.

Après être rentrée dans ses droits séculaires et avoir reçu, avec la couronne, les hommages du successeur de Pierre et de ses propres enfants, Notre-Dame de la Treille affirma sans retard sa présence dans la Basilique. Avant de donner à son Œuvre, si justement appelée l'Œuvre de Notre-Dame de la Treille, les développements désirés et vivement attendus par tous, elle voulut l'asseoir sur des bases larges et solides, et assurer son avenir en constituant d'une manière définitive son existence intime et sa propriété : deux grands faits, dont l'importance capitale peut échapper au regard distrait de plusieurs, mais qui se révèle providentiellement par l'impuissance même dont a été frappée, pendant plus de vingt ans, à cet égard, l'action la plus active et la plus dévouée.

L'Œuvre de Notre-Dame de la Treille sera constituée d'une manière définitive en adoptant une forme, la seule possible dans ces temps troublés où les institutions religieuses ne rencontrent qu'obstacles pour naître et subsister à cause du but même qu'elles poursuivent, la forme de société. Après vingt ans de sollicitudes et d'efforts, après huit ans d'études, sous le regard de Notre-Dame de la Treille, cette constitution se dégagera comme par enchantement, sans effort et sans peine ; et, comme tout ce que Dieu touche, elle deviendra féconde : elle servira de forme pour constituer beaucoup d'œuvres qui, jusqu'alors, avaient cherché en vain une existence même précaire. Le prêtre vénérable (1) qui, en 1854, ne craignait pas d'engager sa responsabilité en se laissant charger du lourd fardeau de la propriété de l'Œuvre, sera dégagé de sollicitudes bien grandes et bien pesantes, et l'Œuvre elle-même, libre des préoccupations qu'elle portait depuis si longtemps, pourra songer à assurer son avenir en acquérant la propriété des terrains sur lesquels s'élève la Basilique.

Les terrains, en effet, sur lesquels s'élevait la Basilique, n'étaient pas la propriété de l'Œuvre de Notre-Dame de la Treille : elle n'avait sur eux qu'un droit de jouissance emphytéotique, qui devait prendre fin en 1899. La propriété appartenait aux Hospices civils de Lille : elle ne s'étendait pas seulement aux terrains occupés par l'Œuvre, mais encore à tous les terrains compris dans l'enclos de l'ancien couvent des PP. Dominicains. Cette seconde partie était nécessaire pour y élever un jour les bâtiments dépendant de la Basilique.

Qui n'admirerait ici l'action providentielle de Notre-Dame de la Treille, disposant les événements, inclinant les volontés et réalisant merveilleusement en un jour ce

(1) M. l'abbé Bernard, vicaire-général de Cambrai, archidiacre de Lille.

que l'action la plus suivie et la plus dévouée n'avait pu accomplir en vingt ans d'efforts !... L'Œuvre constituée en société, l'acquisition des terrains devient possible; un magnifique don anonyme de 150,000 francs, permet et oblige, selon la volonté expresse du généreux donateur, d'acquérir la totalité des terrains de l'ancien couvent des PP. Dominicains; l'administration des Hospices consent; les riverains intéressés, co-arrentataires des Hospices, s'effacent avec un désintéressement et une abnégation dont Dieu leur tiendra compte, devant Notre-Dame de la Treille et son Œuvre; le Maire (1) saisit avec empressement le Conseil Municipal du contrat en projet avec les Hospices; le Conseil Municipal approuve à l'unanimité; le Préfet (2), qui avait signé comme témoin avec le Maire, l'acte du Couronnement, tient à honneur, au moment de quitter Lille, d'approuver le contrat. Le contrat est signé. Le 6 mai 1876, Notre-Dame de la Treille reçoit des mains de Lille les titres de propriété du lieu qu'elle a choisi pour sa demeure; et à l'emplacement même où fut le berceau de Lille et le palais de ses châtelains, sur cette terre seigneuriale et royale, honorée par la Maison de France et sanctifiée par le très-saint Rosaire, elle élèvera sa Basilique.

1. — Achèvement de la chapelle absidale de Notre-Dame de la Treille et translation solennelle de la Statue Miraculeuse.

Tel est le passé, quel sera l'avenir ?

Lille se souviendra de son glorieux titre de *Cité de la Vierge*.

(1) M. Catel-Béghin.
(2) M. le baron Le Guay.

Elle se souviendra qu'en 1854, lors du Jubilé séculaire, sur sa place d'Armes, elle remettait le sceptre aux mains de Notre-Dame de la Treille et l'acclamait de nouveau pour sa Patronne.

Elle se souviendra qu'en 1874, lors des fêtes du Couronnement, sur la place située au centre de Lille agrandie, lorsqu'au nom de Pie IX, le vénérable Cardinal Régnier déposait la couronne sur le front de Notre-Dame de la Treille, elle l'acclamait pour sa Souveraine.

Elle se souviendra que, dans la Basilique, Notre-Dame de la Treille n'a pas où déposer son sceptre et sa couronne.

Elle se souviendra de la chapelle de Notre-Dame de la Treille de la Collégiale et de huit siècles de bienfaits, de miracles et d'amour maternel, et elle donnera à Notre-Dame de la Treille sa chapelle dans la Basilique. Elle continuera la chapelle absidale et l'achèvera. Elle la décorera d'une manière splendide à l'envi et au-delà de ses demeures ; et en un jour qui sera à jamais mémorable, faisant écho au Jubilé séculaire de 1854 et aux fêtes du Couronnement de 1874, lorsque Notre-Dame de la Treille prendra solennellement possession de son nouveau sanctuaire, après l'avoir acclamée pour sa Patronne et sa Souveraine, elle l'acclamera pour sa Mère. Reprenant alors dans la Basilique, comme dans la Collégiale, le cours non interrompu de ses bienfaits, de ses miracles et de son amour maternel, Notre-Dame de la Treille reconnaissante, dira à Lille : « *J'ai choisi ce lieu pour ma* » *demeure et je l'ai sanctifié, afin que mon nom soit ici* » *pour toujours, et que mes yeux et mon cœur y demeurent* » *à jamais.* »

2. — Achèvement du transept de la Basilique et prise de possession solennelle de la Basilique-Cathédrale.

Notre-Dame de la Treille, glorifiée par Lille, glorifiera Lille.

Notre-Dame de la Treille se souviendra que Lille est la *Cité de la Vierge*.

Elle se souviendra qu'en 1854, lors du Jubilé séculaire, la première pierre de la Basilique était posée par notre vénérable Archevêque, Mgr Régnier, assisté de huit évêques, et que le lendemain, 2 juillet, la Procession Jubilaire était présidée par l'Eminent Cardinal de Reims (1) assisté de onze archevêques et évêques.

Elle se souviendra qu'en 1869, lors de la prise de possession de l'église supérieure, le culte fut inauguré dans la Basilique, en présence de notre vénérable Archevêque, Mgr Régnier, par son Excellence le Nonce du Pape, Mgr Chigi, assisté de sept évêques et de nombreux prélats.

Elle se souviendra qu'en 1872, lors du sacre de Mgr de Saint-Denis (2), la Statue Miraculeuse, transférée dans la Basilique, fut solennellement inaugurée, en présence de notre vénérable Archevêque, Mgr Régnier, par Son Excellence le Nonce du Pape, Mgr Chigi, assisté de six archevêques et évêques et de nombreux prélats.

Elle se souviendra qu'en 1874, lors de son Couronnement, la couronne fut déposée sur son front par notre

(1) Son Eminence le Cardinal Gousset, Archevêque de Reims, Primat de la Gaule-Belgique.
(2) Mgr Victor Delannoy, évêque de Saint-Denis (Ile de la Réunion).

Eminent Archevêque, délégué par le Souverain-Pontife Pie IX, le Cardinal Régnier, assisté de onze archevêques et évêques et de très-nombreux prélats.

Elle se souviendra qu'en 1877, lors de l'inauguration de l'Université catholique de Lille, la cérémonie d'installation à l'occasion de l'érection canonique de l'Université catholique de Lille était présidée par notre Eminent Archevêque, le Cardinal Régnier, et l'Eminent Archevêque de Malines, le Cardinal Deschamps, assistés de six évêques et de plusieurs prélats.

Elle se souviendra de ces réunions d'Evêques et de Prélats qui, depuis 1869, viennent chaque année présider les réunions générales des conférences de Saint-Vincent de Paul des diocèses de Cambrai et d'Arras, et d'autres Œuvres, officier dans la Basilique et vénérer la Statue Miraculeuse.

Elle se souviendra de la joie de Lille, lorsqu'en 1867, notre vénérable Archevêque, Mgr Régnier, consentit à ce qu'une Résidence épiscopale fut disposée dans ses murs et manifesta la volonté de venir y séjourner tous les ans une partie de l'année.

Elle se souviendra du Cloître de Saint-Pierre qui, pendant huit siècles, fut la providence et la gloire de Lille, et du Prévôt de la Collégiale, qu'elle se plaît à nous montrer de nouveau au lieu même de son antique demeure et à faire revivre, sous les traits vénérés de notre Eminent Archevêque : et après avoir, par ces réunions incessantes de Princes de l'Eglise, d'Evêques et de Prélats; par le séjour de notre Eminent Archevêque et de son vénéré Auxiliaire, fait de Lille une ville vraiment épiscopale, Elle lui confirmera ce titre en lui donnant l'Evêché de Lille et sa Cathédrale.

En ouvrant les larges flancs du transept, elle donnera à la Basilique ses vastes dimensions de Cathédrale. Elle continuera le transept dans ses fondations, sa crypte et l'église supérieure dans ses conditions actuelles d'élévation ; et, sans attendre l'achèvement plus complet de la Basilique, à laquelle son transept aura donné désormais les vastes dimensions de nos plus grandes cathédrales, elle donnera, espérons-le, à la Basilique devenue Cathédrale, son Evêque dans la personne du premier Evêque de Lille.

Fasse Notre-Dame de la Treille, pour la consolation et la gloire de Lille, que ce titre se réalise dans la personne du vénérable et Eminent Prélat qui a présidé à la naissance de l'OEuvre de Notre-Dame de la Treille et l'a suivie dans ses développements. Puisse Son Eminence, après avoir béni la première pierre de la Basilique et consacré le premier autel de la crypte ; après avoir présidé, avec Son Excellence le Nonce Apostolique, Mgr Chigi, la prise de possession de l'église supérieure en 1869 et l'inauguration solennelle de la Statue Miraculeuse transférée dans la Basilique en 1872 ; puisse-t-elle, après avoir, au nom de Pie IX, déposé la Couronne sur le front de Notre-Dame de la Treille, recevoir de la Vierge de Lille, par les mains de Pie IX, ce titre qui, en donnant à Lille sa couronne, serait le couronnement glorieux d'une grande et admirable vie.

Alors en un jour à jamais mémorable, faisant écho aux fêtes de la prise de possession de l'église supérieure de 1869, présidées par le Nonce du Pape, Mgr Chigi, et aux fêtes de 1872, présidées de nouveau par le Nonce Apostolique, qui suivirent la translation de la Statue Miraculeuse de Notre-Dame de la Treille, et le sacre de Mgr de Saint-Denis; lorsque le vénéré et Eminent Prélat prendrait, à un titre nouveau, solennellement possession de la nouvelle Cathédrale, la Basilique agrandie qu'il viendrait bénir; à ces bénédictions se joindraient celles de Lille qui, aux pieds de Notre-Dame de la Treille, serait heureuse, dans sa reconnaissance, de pouvoir donner, à un titre nouveau, à son ancien et nouvel Evêque, à son vieil Evêque, le nom de Père.

VI. — PIE IX BÉNIT L'OEUVRE DE NOTRE-DAME DE LA TREILLE, RESTAURANT L'OEUVRE DE LA COLLÉGIALE, ET LA NOUVELLE SOUSCRIPTION DÉCENNALE.

La chapelle de Notre-Dame de la Treille terminée et décorée;

Le transept de la Basilique terminé dans ses fondations, sa crypte et l'église supérieure dans ses conditions actuelles d'élévation;

Tel est le champ du travail de la période décennale qui commence; tel est le but proposé à nos efforts et à notre bonne volonté, à notre générosité et à notre piété filiale envers Notre-Dame de la Treille par la souscription nouvelle qui va s'ouvrir (1).

(1) C'est **au siége de l'Administration, rue Basse, 20**, qu'il faut s'adresser pour tout ce qui concerne l'Œuvre de Notre-Dame de la Treille en général, et spécialement pour les **Souscriptions**, les Pierres Commémoratives, les Titres de Fondation et les Dons; les Dons d'objets en nature et quelle que soit leur destination; — pour tout ce qui concerne l'administration proprement dite, la délivrance des mandats et généralement tout ce qui concerne l'Œuvre d'une manière quelconque.

Pour donner plus d'unité à la direction de l'Œuvre et en même temps plus de facilité aux personnes qui auraient à se mettre en rapport avec elle, le

« *Heureux*, s'écriait l'abbé Combalot au début de
» l'OEuvre, dans l'église de Sainte-Catherine, *heureux*
» *ceux qui mettront leur pierre à l'église de Notre-Dame*
» *de la Treille, Patronne de Lille!!!...* »

A vingt ans de distance, Pie IX, qui bénissait l'OEuvre à son début, la bénit de nouveau : « *Que Dieu*, dit le
» Saint-Père, *bénisse vos personnes et qu'il dirige vos*
» *cœurs.... Qu'il bénisse tous ceux qui, dans la ville de*
» *Lille, aiment la beauté de la Maison de Dieu et élèvent*
» *un sanctuaire en l'honneur de la Bienheureuse Vierge*
» *Marie et du Prince des Apôtres ; qu'il les bénisse en leur*
» *donnant la rosée des grâces du ciel et l'abondance des*
» *biens de la terre.... Qu'il leur donne la persévérance,*
» *afin que l'OEuvre commencée soit menée à bonne fin.* —
» BENEDICAT VOS DEUS ET DIRIGAT CORDA VESTRA.... BENEDI-
» CAT DEUS OMNES QUI IN PRAEDICTA CIVITATE (ISLENSI) DILI-
» GUNT DECOREM DOMUS DEI ET LOCUM SANCTUM AEDIFICANT
» IN HONOREM BEATAE MARIAE VIRGINIS ET PRINCIPIS APO-
» STOLORUM : BENEDICAT ILLOS DE RORE COELI ET DE PINGUE-
» DINE TERRAE.... ET DET ILLIS PERSEVERANTIAM UT OPUS
» INCOEPTUM SIT COMPLETUM. »

Trésorier a élu le domicile de ses fonctions au siège de l'Administration. C'est donc au siège de l'Administration, et là seulement, que devront être versées toutes les sommes qui pourraient être dues ou destinées à l'OEuvre et que seront payées toutes les sommes qui pourraient être dues par elle.

Adresser les lettres à **M. l'abbé de Marbaix, administrateur de l'Œuvre de Notre-Dame de la Treille et Saint-Pierre, rue Basse, 20, Lille.**

VII. — Les cloches de la basilique saluent la restauration de l'œuvre de la Collégiale par l'œuvre de la basilique de Notre-Dame de la Treille et Saint-Pierre.

La bénédiction de Pie IX a toujours été sur l'Œuvre de Notre-Dame de la Treille et sur la *Cité de la Vierge*. En elle est le secret de cette fécondité et de cette efflorescence merveilleuse des Œuvres parmi lesquelles s'épanouit celle de Notre-Dame de la Treille. Pie IX est le véritable promoteur de la restauration de l'Œuvre de la Collégiale. Sa Sainteté posait le fondement de cette restauration par la lettre à jamais mémorable du 19 mars 1849, remise en la fête de Saint-Joseph, à Gaëte, au vénérable Cardinal Giraud. L'importance de cette lettre marque sa place dans cet aperçu, comme dans toute étude sur la restauration de la Collégiale. Nous sommes heureux de la reproduire (1).

« **A notre cher Fils, Pierre Giraud, Cardinal-Prêtre de la
» sainte Eglise romaine, du titre de Sainte-Marie de la Paix,
» Archevêque de Cambrai.**

» **Pie IX Pape.**

» **Bien cher Fils, Salut et Bénédiction Apostolique.**
» **Parmi les consolations qu'est venue Nous apporter votre**

(1) « Dilecto Filio nostro Petro, tituli Sanctae Mariae de Pace Sanctae Romanae Ecclesiae Presbytero Cardinali Giraud Archiepiscopo Cameracensi.

» Pius PP. IX.
» Dilecte Fili noster, Salutem et Apostolicam Benedictionem.
» Ad caetera consolationis argumenta, quae tuus in hanc civitatem adventus

» visite à Gaëte, bien cher Fils, nous aimons à compter ce
» que vous Nous avez dit du projet si plein de foi et si
» digne de toute louange, que les habitants de la grande et
» importante cité de Lille ont de réédifier le temple mémo-
» rable consacré autrefois au Prince des Apôtres (aujourd'hui
» NOTRE-DAME DE LA TREILLE ET SAINT-PIERRE). Nous
» avons éprouvé un véritable bonheur à entendre parler du
» zèle ardent des habitants de cette cité, qui non-seulement
» veulent relever de ses ruines un sanctuaire insigne et
» cher à leurs aïeux, renversé pendant les jours lamentables
» de la Révolution du siècle dernier, mais qui travaillent
» aussi, et avec ardeur, à réparer et à faire oublier les maux
» innombrables dont fut inondée leur patrie à la suite de
» cette destruction déplorable. C'est pourquoi, bien cher
» Fils, au moment où vous retournez dans le diocèse de
» Cambrai, Nous voulons vous mettre en main la présente
» lettre, en signe de l'approbation que Nous donnons au
» projet de ces bons habitants de Lille, et comme le gage
» de l'affection particulière que leur porte Notre cœur pa-
» ternel. Ayez-en la certitude, la bienheureuse Vierge Marie
» sera avec ce peuple qui lui est si dévoué, et lui prêtera
» son concours le plus efficace, pour que ce monument
» impérissable de sa piété filiale et de sa foi s'élève sans
» retard, selon les vœux de tous, au milieu de l'attente
» générale, et, ce qui est l'essentiel, qu'il obtienne lui-

» Nobis attulit, dilecte Fili noster, illud etiam accessit pium sane omnique
» laudum praedicatione dignissimum consilium, quod in satis amplâ magnoque
» civium numero refectâ Islensium urbe vigere intelleximus ad templum in
» honorem Principis Apostolorum iterum aedificandum. Gavisi profecto fuimus
» in egregio hoc corumdem hominum studio, qui non solum ab oblivione
» patrum et insigne templum vindicare contendunt, quod superiori aetate in
» luctuosissimâ rerum publicarum conversione destructum fuit, sed damna
» praetereà reparare ac sarcire conantur, quae, ipso everso, in patriam suam
» plurima et gravissima redundârunt. Hinc tibi ad Cameracensem Ecclesiam
» revertenti hanc dare volumus epistolam, dilecte Fili noster, quâ meritas
» egregiis iis civibus ob id tribuimus laudes, simulque praecipuam ac vere
» paternam erga ipsos caritatem nostram opportunâ hac occasione declaramus.
» Aderit certe devoto ipsi populo beatissima Virgo Maria validissimo patrocinio
» suo, ut praeclarum filialis huius devotionis, ac religiosi animi monumentum

» même de la divine Bonté des grâces de plus en plus abon-
» dantes. Comme présage de ces faveurs et en témoignage
» de notre paternelle affection pour la ville de Lille, Nous
» vous donnons la bénédiction apostolique dans toute l'effu-
» sion de notre cœur paternel, à Vous, très-cher Fils, aux
» habitants de Lille, puis au clergé, ainsi qu'à tous les
» fidèles du diocèse de Cambrai.
  » Donné à Gaëte, le 19 du mois de mars 1849, la troi-
» sième année de notre Pontificat.

» PIE IX PAPE »

Cette bénédiction de Pie IX devait être féconde. Depuis la lettre du 19 mars, quel merveilleux travail dans cette restauration de l'Œuvre de la Collégiale !...

Le Jubilé séculaire à jamais mémorable de 1854 voit le commencement de cette restauration : la première pierre de la Basilique est posée, et Notre-Dame de la Treille est acclamée de nouveau par Lille, comme sa Patronne.

1869 voit la prise de possession solennelle de l'église supérieure, présidée par S. E. le Nonce du Pape, Mgr Chigi, entouré d'une couronne d'évêques ; et, avec Notre-Dame de la Treille, Pie IX est acclamé.

1872 voit la translation de la Statue miraculeuse de Notre-Dame de la Treille, inaugurée solennellement par S. E. le Nonce du Pape, Mgr Chigi, entouré d'une cou-

---

» citius ex communi voto perficiatur, et quod caput est majora in dies divinae
» benignitatis munera ipse consequatur. Quorum auspicem, simulque nostrae
» in illum paternae eiusdem caritatis testem esse volumus Apostolicam bene-
» dictionem, quam tibi, dilecte Fili noster, et Islensibus ipsis civibus, omni
» denique cui praees Cameracensis Ecclesiae clero, ac fideli populo universo
» intimo paterni cordis affectu peramanter impertimur.
  » Datum Caietae die xix Martii 1849, pontificatûs nostri anno tertio.

» Pius PP. IX. »

ronne d'évêques; et, avec Notre-Dame de la Treille, Pie IX est acclamé.

1874 voit le Couronnement de Notre-Dame de la Treille par S. E. le Cardinal Régnier, délégué par le Souverain-Pontife et entouré d'une couronne d'évêques; et, avec Notre-Dame de la Treille, Pie IX est acclamé.

1875 et 1877 voient l'inauguration de l'Institut catholique et l'installation de l'Université catholique de Lille, canoniquement érigée par le Souverain-Pontife; et Pie IX est de nouveau acclamé.

Et depuis vingt ans, spécialement depuis la création de la Résidence épiscopale, se sont multipliées, presque chaque année, ces réunions de Princes de l'Eglise, d'Evêques et de Prélats, qui sont la joie et la gloire de Lille et la préparent providentiellement à devenir un jour ville épiscopale.

Mais au milieu de ces joies manquait une joie, au milieu de ces acclamations une voix manquait. La Basilique restait silencieuse et muette. Elle avait tressailli cependant en voyant creuser ses fondements pour y déposer sa première pierre, et lors de la bénédiction de la crypte et de l'église supérieure. Elle avait tressailli lors de la translation de la Statue Miraculeuse, et deux ans plus tard, en recevant Notre-Dame de la Treille couronnée. Mais sa joie, comment l'aurait-elle exprimée? Dans ce travail général de restauration, une restauration manquait encore : rendre à la Basilique les grandes voix de la Collégiale, les cloches.

Il fallait donner à la Basilique ces grandes voix par lesquelles elle put se faire entendre et célébrer les louanges de la Vierge de Lille.

Il fallait donner à Notre-Dame de la Treille ces grandes voix de la Basilique par lesquelles elle put parler à la *Cité de la Vierge.*

Honneur à ceux qui ont compris ces choses et ont été assez heureux pour les réaliser. Leurs noms sont connus de Dieu seul, c'est leur première récompense : Dieu leur en accordera une autre en leur montrant la part considérable qu'ils ont prise, par leurs libéralités aussi intelligentes que dévouées, à la restauration de l'Œuvre de la Collégiale.

Nous ne parlerons pas ici de la cérémonie de la Bénédiction des six cloches, qui eut lieu le 21 juin 1876 : on peut en lire les détails dans la première partie de ce travail (1) ; mais nous considérerons le rôle des cloches dans la restauration de l'Œuvre de la Collégiale et la part considérable qui leur est faite dans cette restauration.

Que nous disent ces grandes voix des cloches de la Basilique, si nous les considérons dans leur ensemble ?

Elles rappellent la Collégiale de Saint-Pierre et elles en réclament d'une manière incessante la restauration.

Elles affirment la Basilique où réside la Patronne de Lille et elles prêtent à Notre-Dame de la Treille leurs grandes voix par lesquelles Elle dit à ses Enfants ses bienfaits, son amour maternel et leur parle de son sanctuaire, de sa Basilique dont leur reconnaissance doit hâter le complet achèvement.

Elles affirment la Basilique-Cathédrale et l'Evêché de Lille : bien plus, anticipant sur l'avenir, leur sonnerie magistrale donne dès aujourd'hui à la Basilique naissante une gloire et une primauté dont elle semblait ne devoir obtenir que du temps seul la réalisation. Personne

(1) Voir plus haut, page 75 et suivantes.

ne s'y est mépris; mais, en entendant cette sonnerie magistrale, tous ont compris que la Basilique avait désormais sa place, la place que les siècles lui ont faite et que le temps qui complète toute chose, consacrera.

Tel est le rôle des cloches considérées dans leur ensemble, dans la restauration de l'Œuvre de la Collégiale. Qui ne verrait la part considérable prise par elles dans cette restauration qu'elles appellent sans cesse en même temps qu'elles l'affirment!

Et maintenant quel sera le rôle particulier de chacune des cloches dans ce travail de restauration? La cloche entre dans la vie intime des populations : que disent les cloches de la Basilique aux habitants de la *Cité de la Vierge?*

I. — **Marie de Saint-Joseph** rappellera la lettre du 19 mars, fondement de la restauration de la Collégiale, et unissant dans une même bénédiction les noms de Pie IX et du vénérable Cardinal Giraud promoteurs de la Basilique et de l'Œuvre de N.-D. de la Treille, Elle nous montrera au Ciel, saint Joseph, le véritable promoteur et protecteur de l'Œuvre de N.-D. de la Treille, leur inspirant cette pensée féconde et méritant à jamais la reconnaissance et l'amour de Lille, et Elle dira :

« *Moi, Marie, honorée du nom béni du très-virginal époux de la*
» *Mère de Dieu, promoteur de la nouvelle Basilique de Lille et*
» *titulaire du premier autel construit et consacré dans sa Crypte;*
» *— Pour redire par quels liens d'amour et de filiale confiance sont*
» *unis à ce Père bien-aimé, à travers les périls de la vie et aux su-*
» *prêmes angoisses de la mort, les habitants de cette Cité de la*
» *Vierge, docile à la Vierge à la Treille, je chanterai à jamais :*
» Ito ad Joseph.

» EGO MARIA, INCLYTI EJUSDEM INTEGERRIMI DEIPARAE

» SPONSI, RECENTIORIS INSULENSIS BASILICAE FAUTORIS, PRIMO-
» QUE ALTARI IN CRYPTA EXSTRUCTO DONATI, NOMINE INSIGNITA;
» — QUIBUS DILECTIONIS ET FIDEI ERGA HUNC PIISSIMUM PA-
» TREM VINCULIS, HUJUS CIVITATIS VIRGINIS INCOLAE, VITAE
» IN PERICULIS, MORTIS IN ANGUSTIIS POSITI, ADNECTANTUR,
» CANCELLATA JUBENTE, PERENNI PRAEDICABO VOCE CAN-
» TANDO : *Ite ad Joseph.* »

II. — **Marie de Saint-Dominique** rappellera l'origine Providentielle de cette terre prédestinée de Dieu et choisie par N.-D. de la Treille pour y élever sa Basilique ; de cette terre sacrée où fut le berceau de Lille et la demeure de ses Châtelains ; honorée par la Couronne de France et sanctifiée par le très-saint Rosaire, où N.-D. de la Treille voulut établir sa demeure. Elle nous invitera à saluer la Patronne de Lille Couronnée, par de nouvelles couronnes de roses du Saint-Rosaire, et Elle nous dira :

« *Moi, Marie, placée sous les auspices de l'Instituteur du très-saint*
» *Rosaire, qui dans cette royale demeure, aux Lys unissant les*
» *Roses* (1), *orna dès les siècles passés des Couronnes du Rosaire*
» *la Mère de Dieu qui devait y être Couronnée un jour, — Au*
» *retour de chaque heure et à jamais, j'inviterai les habitants de*
» *cette Cité de la Vierge, à saluer par de nouvelles Couronnes de*
» *roses leur souveraine et leur Mère Couronnée, en disant :* Ave
» Maria.

» EGO MARIA, SUB AUSPICIIS SACRATISSIMI ROSARII INSTI-
» TUTORIS QUI, IN HAC REGALI SEDE, LILIIS ROSAS MISCENS,
» POSTEA CORONANDAM, JAM TUM ROSARIIS DEIPARAM DECORA-
» VIT CORONIS, POSITA; — HUJUS CIVITATIS VIRGINIS INCOLAS,
» RECURRENTE HORA, PERENNITER MONEBO UT DOMINAM SUAM

(1) Voir la note mise au bas de la page 349.

» AC MATREM CORONATAM NOVIS ROSARUM CORONIS SALUTENT
» DICENDO : *Ave Maria.* »

III. — Marie du Repos de Notre-Dame rappellera l'Image Miraculeuse de N.-D. de la Treille prenant possession de la Basilique dans laquelle, après avoir été vénérée pendant des siècles dans la Collégiale de Saint-Pierre et pendant trois quarts de siècle dans l'église paroissiale de Sainte-Catherine, Elle a enfin trouvé le lieu de son Repos, et Elle dira :

« *Moi, Marie du Repos de Notre-Dame, la Bienheureuse*
» *Vierge Marie, — je rappellerai sans cesse l'entrée bénie et la*
» *douce et bienfaisante présence de l'Image vénérée de la Vierge à*
» *la Treille, qui, dans cette Basilique, a trouvé désormais et pour*
» *toujours le lieu de son Repos, la saluant de ma voix claire et*
» *joyeuse, en chantant :* Salve Regina.

» EGO MARIA, A RECLINATORIO B. M. V., — VENERANDAM
» CANCELLATAE IMAGINEM QUAE IN HAC BASILICA PERENNE
» NUNC OBTINET RECLINATORIUM ANNUNTIABO, CLARA MEA ET
» LAETA VOCE CANTANDO : *Salve Regina.* »

IV. — Marie des Pèlerins rappellera huit siècles de bienfaits de la Vierge de Lille. Elle rappelera spécialement les miracles sans nombre opérés dans sa chapelle de la Collégiale en 1254, 1519 et 1634, et nous montrera N.-D. de la Treille, pendant huit siècles se montrant favorable aux vœux incessants d'innombrables fidèles. Elle nous montrera les saints et les personnages illustres se pressant à son autel. — Elle nous rappellera ce mouvement universel, merveilleux et vraiment catholique des Pèlerinages qui, à la voix de Pie IX, se portent à Rome et dans les sanctuaires privilégiés de Notre-

Seigneur, de la sainte Vierge et des saints, pour obtenir le triomphe de la religion et le règne de Notre-Seigneur sur la terre. — Elle appellera les Pèlerins qui, dans la suite des siècles, viendront vénérer N.-D. de la Treille dans son nouveau sanctuaire, et Elle dira :

« *Moi, Marie, ayant pour patrons les glorieux serviteurs de la*
» *Vierge à la Treille, qui les a associés à sa céleste béatitude,*
» *Bernard, Louis, Thomas et Vincent* (1) ; — *J'exciterai de ma*
» *voix joyeuse les foules pieuses qui viendront ici pour obtenir le*
» *triomphe de la Religion et de la Patrie, afin que, de même*
» *qu'en entrant dans ce temple réédifié en l'honneur de la Mère de*
» *Dieu, de même, au terme de leur exil terrestre, entrant dans*
» *les parvis éternels, ils saluent leur souveraine et leur Mère en*
» *chantant* : Salve Regina.

» EGO, MARIA, GLORIOSOS VIRGINIS CANCELLATAE CULTORES
» QUOS COELESTIS BEATITUDINIS CONSOCIOS ELEGIT BERNAR-
» DUM, LUDOVICUM, THOMAM ET VINCENTIUM, PATRONOS ADE-
» PTA, — DEVOTAS QUAE PRO FIDEI ET PATRIAE OBTINENDA SA-
» LUTE ACCEDENT TURBAS, LAETA VOCE EXCITABO, UT QUOMODO
» DOMINAM SUAM AC MATREM, REAEDIFICATUM HIC DEIPARAE
» TEMPLUM INTRANTES, ITA ET EXACTO TERRESTRIS EXILII
» ITINERE AETERNA AGGREDIENTES LIMINA SALUTENT CAN-
» TANDO : *Salve Regina.* »

V. — **Marie de Saint-Pierre** rappellera la Collégiale, qui pendant huit siècles a été la Providence et la Mère de Lille, et son fondateur Bauduin V. Elle rappellera l'antique union et le dévouement de Lille, au Saint-Siége et à travers les luttes incessantes du passé, du présent et de l'avenir, elle nous montrera l'invincible chef de la sainte Église,

---

(1) Saint Bernard, abbé de Clairvaux ; saint Louis, roi de France ; saint Thomas de Cantorbéry et saint Vincent Ferrier, qui sont venus vénérer Notre-Dame de la Treille dans la Collégiale.

le Bienheureux Pierre, apôtre, étendant sur Lille une protection huit fois séculaire et lui conservant l'intégrité de sa foi, et Elle dira :

« *Moi, Marie, placée sous les auspices du Patron de l'antique*
» *Collégiale de Lille,* — *pour redire par quels liens d'amour et*
» *de reconnaissance sont unis à la chaire sacrée de Pierre les*
» *habitants de cette Cité de la Vierge, docile à la Vierge à la*
» *Treille, je chanterai à jamais :* Tu es Petrus.

» EGO, MARIA, SUB AUSPICIIS ANTIQUAE INSULENSIS COLLE-
» GIATAE ECCLESIAE PATRONI POSITA ; — QUIBUS DILECTIONIS
» GRATITUDINISQUE ERGA SANCTISSIMAM PETRI SEDEM VINCULIS
» HUJUS CIVITATIS VIRGINIS INCOLAE ADNECTANTUR, CANCELLATA
» JUBENTE, PERENNI PRAEDICABO VOCE CANTANDO : *Tu es*
» *Petrus.* »

VI. — **Marie-Pie de Notre-Dame de la Treille Couronnée** unira à jamais deux noms que la piété filiale a rendus inséparables : N.-D. de la Treille, la Patronne et la Mère de Lille, et Pie IX, le restaurateur de la Collégiale, le promoteur de la Basilique. — Elle nous dira Notre-Dame de la Treille Couronnée et Pie IX lui donnant la Couronne. — Elle nous rappellera la lettre de Pie IX (1) accueillant avec bonté le haut Patronage de la cloche principale, commémorative du Couronnement, et consentant à ce que son nom auguste et béni y fût placé à côté de celui de Notre-Dame de la Treille. *Marie-Pie de Notre-Dame de la Treille Couronnée*, en nous montrant unis le nom de Pie IX et celui de la Patronne de Lille, dira à jamais l'union de Lille à la sainte Eglise, et nous rappellera sans cesse le dévouement au Saint-Siége et la dévotion à la Sainte Vierge qui sont les fondements de la Basilique comme ils l'étaient de la Collégiale.

(1) Voir ci-dessus, page 80.

Pour perpétuer à jamais cette double dévotion en la rendant inséparable et toujours présente à la pensée et au cœur des Enfants de la *Cité de la Vierge*, Pie IX, con-consacrant la pensée et le désir des généreux donateurs, voulut que la cloche commémorative du Couronnement, *Marie-Pie de Notre-Dame de la Treille Couronnée*, en même temps commémorative de *Notre-Dame du très-saint Rosaire* autrefois miraculeuse dans ce lieu consacré jadis à saint Dominique, indiquât les *heures*, sonnât *l'Angelus* et annonçât les *fêtes* de la Sainte Vierge : aussi Elle dira :

« *Moi, Marie-Pie, honorée du nom et du Patronage de la*
» *Bienheureuse Vierge Marie à la Treille Couronnée et du*
» *très-glorieux Pontife-Romain, qui s'est plu à enrichir cette*
» *Basilique de la Vierge Immaculée de tant et de si précieux*
» *témoignages de sa piété filiale,* — *Trois fois le jour j'inviterai*
» *les habitants de cette Cité de la Vierge à saluer, avec l'Ange, leur*
» *Souveraine et leur Mère, en disant :* Ave Maria.

» EGO MARIA PIA B. M. V. CANCELLATAE CORONATAE ATQUE
» GLORIOSISSIMI ROMANI PONTIFICIS QUI HANC IMMACULATAE
» VIRGINIS BASILICAM TANTIS SUAE PIETATIS TESTIMONIIS INSI-
» GNIVIT, NOMINE ET PATROCINIO INSIGNITA ; — HUJUS CIVITATIS
» VIRGINIS HABITATORES TRINA PER DIEM VICE MONEBO UT
» CUM ANGELO DOMINAM SUAM AC MATREM SALUTENT DICENDO :
» *Ave Maria.*

Notre-Dame de la Treille complètera l'Œuvre des cloches avec celle de la Collégiale devenue Basilique.

Puisse-t-elle, au moment où Elle prendra solennellement possession de la chapelle absidale terminée et splendidement décorée; alors que les paroisses et les communautés religieuses, représentées par les cloches du carillon, viendront la saluer joyeusement en disant toutes : *Ave Maria* ; puisse-t-elle être saluée par le premier bourdon de la Basilique.

Fasse Notre-Dame de la Treille que l'Université catholique de Lille, complétée et achevée, venant chanter le *Te Deum* à la Basilique, soit saluée par le second bourdon.

Fasse Notre-Dame de la Treille que la Basilique, devenue Cathédrale, salue l'entrée de l'Evêque de Lille de son troisième bourdon.

Alors l'Œuvre de la Collégiale sera restaurée, la grande Œuvre de Bauduin V sera refaite.

Et les bourdons de la Basilique de Notre-Dame de la Treille et Saint-Pierre, faisant écho à ceux de la Collégiale, continueront à proclamer d'âge en âge, à travers les siècles, et à affirmer le dévouement de Lille au Saint-Siége et sa dévotion filiale à Notre-Dame de la Treille, qui lui a mérité et lui méritera à jamais le glorieux titre de *Cité de la Vierge*.

TABLE DES MATIÈRES

I. — Compte-rendu 1864-1876.

PREMIÈRE PARTIE

Situation morale de l'Œuvre.

Sa vie religieuse, morale et historique.

CHAPITRE I. Exposition générale de l'Œuvre. — Ses origines. — Son caractère. — La nature de son avenir. 5

§ I. — Caractère traditionnel de l'Œuvre. . . 6

§ II. — Fécondité de l'Œuvre. — Signes de cette fécondité. 10

§ III. — L'Œuvre de Notre-Dame de la Treille est la restauration et la continuation de l'Œuvre de la Collégiale de Saint-Pierre dans ses conditions définitives : la Basilique-Cathédrale, l'Evêché et l'Université catholique. 21

§ IV. — Action de la Providence dans le choix des lieux où se fait la restauration de l'Œuvre de la Collégiale par l'Œuvre de Notre-Dame de la Treille. 26

§ V. — L'Œuvre de Notre-Dame de la Treille est la consécration immédiate du principe de l'Evêché de Lille, dont il assure la réalisation. 31

§ VI. — Résumé. — L'Œuvre de Notre-Dame de la Treille est l'autonomie de la Cité de la Vierge dans les trois termes qui la constituent : la Basilique-Cathédrale de Notre-Dame de la Treille et Saint-Pierre, l'Evêché de Lille et l'Université catholique. 40

CHAPITRE II. Grands faits religieux historiques accomplis depuis l'expiration de la première période décennale. 42

1869. — 26 juin : Prise de possession et bénédiction de l'église supérieure. — 3 juillet : Consécration des autels de Notre-Dame de la Treille, de Saint-Pierre et de Saint-Joseph. — 4 juillet : Offices pontificaux à la Basilique par S. E. Mgr Chigi, Nonce du Pape à Paris. . . . 44

1870. — 24 à 28 octobre : Grands Pèlerinages à la Basilique à l'occasion du renouvellement du Vœu de 1634 et de la consécration de Lille à Notre-Dame de la Treille, pour que Lille et le Pays soient préservés de l'invasion étrangère. 48

1872. — 1er mai : Sacre de Mgr Monnier, évêque de Lydda, auxiliaire de Mgr Régnier, archevêque de Cambrai. . . . 49

1872. — 8 septembre : Guérison miraculeuse de Sophie Druon dans l'Orphelinat des Filles de la Charité, près de l'église Sainte-Catherine, à Lille, par l'intercession de Notre-Dame de Lourdes. — 21 septembre : Translation de la Statue miraculeuse de Notre-Dame de la Treille dans la Basilique. 50

1872. — 6 octobre : Grand Pèlerinage national de France à Notre-Dame de Lourdes. — La bannière monumentale de Notre-Dame de la Treille y est acclamée et placée dans le sanctuaire de Notre-Dame de Lourdes, derrière l'autel, entre les bannières de l'Alsace et de la Lorraine. . 52

1872. — 12 octobre : Sacre de Mgr Delannoy, évêque de Saint-Denis (Ile de la Réunion), dans l'église de Saint-André, à Lille : Procession et pèlerinage du Nonce, des Evêques et du nouveau consacré à la Statue miraculeuse de Notre-Dame de la Treille, récemment transférée dans la Basilique. — 28 octobre : Renouvellement du Vœu de 1634, par Mgr Delannoy, et consécration de Sa Grandeur à Notre-Dame de la Treille. . 56

1873. — 18 mars : Mort de M. l'abbé Combalot, l'un des principaux promoteurs de l'érection de la Basilique de Notre-Dame de la Treille et Saint-Pierre. 61

1873. — 5 août : Bref de S. S. Pie IX autorisant le Couronnement de la Statue miraculeuse de Notre-Dame de la Treille. . . 62

1873. — 18 août : Pèlerinage à Notre-Dame de Grâce à Cambrai. — Bannière de Notre-Dame de la Treille. — 8 septembre : Pèlerinage à Tournai. 64

1874. — 19 avril : Pie IX bénit, au Vatican, les deux couronnes destinées au Couronnement de la Statue miraculeuse de Notre-Dame de la Treille et de l'Enfant-Jésus, et accorde, à l'occasion du Couronnement, que le titre de Mère de Grâce, *Mater Gratiae*, soit désormais ajouté à celui de Notre-Dame de la Treille, Patronne de Lille. . . . 65

1874. — Mai-juin : Exposition artistique d'objets d'art religieux, — Concours de Poésie, — Concours de composition musicale — à l'occasion du Couronnement de Notre-Dame de la Treille. . . . 67

1874. — 15 juin : Bref de S. S. Pie IX accueillant la demande de donner le nom de *Pia* à la cloche principale, commémorative du Couronnement : *Marie-Pie de Notre-Dame de la Treille Couronnée.* . 68

1874. — 21 juin : Couronnement de la Statue miraculeuse de Notre-Dame de la Treille et de l'Enfant-Jésus. . . . . ibid.

1874. — 23 juin : Distribution des prix pour le concours de poésie et de composition musicale. — Cantate du Couronnement de Notre-Dame de la Treille. — Compte-rendu de l'exposition d'objets d'art religieux. 72

1874. — 28 juin : Exécution des chants du xiiie siècle à la Basilique. — Discours de M. le comte de Mun, pour les Cercles catholiques d'ouvriers, à la salle du Concert. . . . . ibid.

1875. — 11 et 12 avril : Prières publiques à la Basilique pour Notre-Saint Père le Pape Pie IX. . . . 73

1875. — 18 novembre : Inauguration solennelle, dans la Basilique, de l'Institut catholique, Université catholique de Lille. . . 74

1876. — 21 juin : Bénédiction solennelle des cloches de la Basilique, commémoratives du Couronnement de Notre-Dame de la Treille, par Mgr Delannoy, évêque de Saint-Denis (Ile de la Réunion). — Allocution de Sa Grandeur. — Bref de S. S. Pie IX accueillant la demande de donner le nom du Saint-Père à la cloche principale, commémorative du Couronnement : *Marie-Pie de Notre-Dame de la Treille Couronnée.* . . 75

CHAPITRE III. Faits religieux concourant journalièrement à développer le culte dans la crypte et dans l'église supérieure. . . . 97

§ I. — Inauguration de la Fête patronale de Notre-Dame de la Treille et Saint-Pierre, avec neuvaine et octave. . . . 98

§ II. — Inauguration des mois de Marie, de saint Joseph et du Sacré-Cœur. 99

§ III. — Inauguration du culte et de la Fête de Notre-Dame des Sept-Douleurs, avec octave. 101

§ IV. Inauguration de fêtes annuelles, avec ou sans *Triduum*. — Adoration perpétuelle et renouvellement du Vœu de 1631. — Saint Eubert. — Saint Michel. — Saint Louis, roi de France. . . . 102

§ V. — Dévotions particulières et exercices de piété à la Basilique. — Prière du matin et du soir. — Baisement du pied de la statue de saint Pierre. — Chemin de la Croix. — Sépulcre de Notre-Seigneur, le Jeudi-Saint. — Station de Carême. — Conférences dogmatiques pour les dames. 104

§ VI. — Œuvres religieuses se rattachant à la Basilique. — Conférences de Saint-Vincent de Paul : Réunions générales des Conférences des diocèses de Cambrai et d'Arras; retraites annuelles. — Inauguration de l'œuvre de Saint-Charles Borromée. — Cercles catholiques d'ouvriers : Conférences, retraites annuelles. — Pèlerinages des congrès des Comités catholiques. — Adoration nocturne, retraite. 106

§ VII. — Erection de la Confrérie de Notre-Dame de la Treille en Archiconfrérie. 109

DEUXIÈME PARTIE

Situation matérielle de l'Œuvre.

Construction et partie archéologique. — Compte financier. — Transformation en société et administration. — Acquisition des terrains dits du Cirque. — Programme de l'avenir pour la troisième période décennale.

CHAPITRE I. Situation de l'Œuvre au point de vue de la construction et de la partie archéologique. — Œuvre des orgues et des cloches. — Construction de la tour. 112

§ I. — Crypte. — Description dans ses conditions actuelles d'avancement. — Pierres commémoratives. — Autels. — Souvenir de la Passion de Notre-Seigneur, des douleurs de la sainte Vierge, de saint Joseph, Patron de la bonne mort, des défunts. 115

§ II. — Eglise supérieure. — Description des autels et du monument dans ses conditions actuelles d'avancement. . . 118

§ III. — Orgues, cloches et tour. . . . 121

CHAPITRE II. Compte financier. 124
§ I. — Recettes. . . . . . ibid.
§ II. — Dépenses. 129

CHAPITRE III. Transformation de l'Œuvre en société. — Son administration. 136
§ I. — Organes légaux de l'Œuvre. . . . 140
1. — Assemblées générales des actionnaires. . 141
2. — Conseil d'administration. . . . ibid.
3. — Conseil de surveillance.. . . . ibid.
§ II. — Organes complémentaires de l'Œuvre. . ibid.
1. — Conseil de direction des travaux. . . 142
2. — Comité actif. 143
3. — Conseil de fabrique. 144
4. — Siége administratif. 145

CHAPITRE IV. Acquisition des terrains (dits du Cirque) nécessaires pour la construction de la Basilique et d'une partie de ses dépendances. . 149

CHAPITRE V. Programme de l'avenir pour la troisième période décennale. 159

CONCLUSION. 163

II. — Pièces et documents à l'appui.

I. — Enumération des Œuvres qui, dans la ville de Lille et dans sa banlieue, concourent à la sanctification des âmes. . . . 177
I. — Congrégations religieuses et leurs Œuvres. . ibid.
1. — Communautés d'hommes. . . . ibid.
2. — Communautés de femmes. . . . 178

§ I. — Communautés ayant leur Maison-Mère dans le diocèse. 178

§ II. — Autres Communautés de femmes. . . 179

II. — Œuvres laïques. 180

§ I. — Hommes. . . . . . ibid.

§ II. — Dames. 182

II. — Allocution de M. l'abbé Bernard aux membres de la Conférence de Saint-Vincent de Paul, le dimanche de Quasimodo, 18 avril 1841. 183

III. — Notes et documents concernant la question de l'Evêché de Lille. 186

IV. — Une guérison dans l'Orphelinat des Filles de la Charité, à Lille. 198

— Inscription de la pierre placée dans la chapelle de l'Orphelinat en mémoire de cette guérison. 201

V. — Renouvellement du Vœu de 1631 par Mgr Delannoy, Evêque de Saint-Denis (Ile de la Réunion), et consécration de Sa Grandeur à Notre-Dame de la Treille, le 28 octobre 1872. . . . 205

VI. — Note relative à M. l'abbé Combalot. — Sa prédication à Sainte-Catherine le 28 mars 1853, en faveur de l'érection de la Basilique de Notre-Dame de la Treille. — Détails sur sa mort. . . . 208

I. — Prédication de M. l'abbé Combalot à Sainte-Catherine, le 28 mars 1853, en faveur de l'érection de la Basilique de N.-D. de la Treille. ibid.

II. — Détails sur la mort de M. l'abbé Combalot. . 210

VII. — Texte et traduction du Bref de Sa Sainteté Pie IX à Sa Grandeur Mgr Régnier, archevêque de Cambrai, en date du 5 août 1873, autorisant le couronnement de la Statue miraculeuse de Notre-Dame de la Treille, Patronne de Lille. 212

VIII. — Lettre pastorale de S. E. le cardinal Régnier, archevêque de Cambrai, en date du 14 mai 1874, au sujet de son voyage à Rome, annonçant le Couronnement de la Statue miraculeuse de Notre-Dame de la Treille, et désignant, pour la présente année, le sanctuaire de Notre-Dame de la Treille, comme but principal des pèlerinages diocésains. . . 217

IX. — Texte et traduction de l'acte du Couronnement de la Statue miraculeuse de Notre-Dame de la Treille, rédigé par Mgr Cataldi, maître des cérémonies de Notre Saint-Père le pape Pie IX, protonotaire apostolique, chargé des cérémonies du Couronnement. 229

X. — Eglise monumentale de Notre-Dame de la Treille. — Fonte d'une cloche, bourdon de Notre-Dame de la Treille, à l'occasion du VIe centenaire de la création de la procession de Notre-Dame de la Treille. — *Procession de Lille*, — et de la prise de possession et de la bénédiction solennelle de l'église de Notre-Dame de la Treille et Saint-Pierre ; juin et juillet 1869. (Pièce publiée en 1869.) 235

XI. — Texte du Bref de S. S. Pie IX à M. de Corcelles, ambassadeur de France à Rome, en date du 15 juin 1871, accueillant la demande de donner le nom du Saint-Père à la principale cloche, commémorative du Couronnement, *Marie-Pie de Notre-Dame de la Treille Couronnée*. . 210

XII. — Note publiée par l'Administration de l'Œuvre de Notre-Dame de la Treille et Saint-Pierre, le 10 juin 1876, à l'occasion de la bénédiction des cloches de la Basilique, commémoratives du Couronnement de la Statue miraculeuse de Notre-Dame de la Treille, le 21 du même mois. . 212

XIII. — Note relative aux progrès de la construction de la Basilique de Notre-Dame de la Treille et Saint-Pierre et au développement du culte. 217

    1. — Crypte. — Chapelles et autels de la crypte. . 219

    2. — Eglise supérieure. — Chapelles et autels de l'église supérieure. 250

XIV. — 1. — Tableau synoptique des recettes effectuées pendant les deux premières périodes décennales 1853-1863 et 1864-1876. . 253

    2. — Tableau Synoptique des dépenses effectuées pendant les deux premières périodes décennales 1853-1863 et 1864-1876. . 254

XV. — Texte de la Supplique adressée à S. S. Pie IX, le 3 février 1877, par le Conseil d'administration de l'Œuvre de Notre-Dame de la Treille et Saint-Pierre, à l'occasion du renouvellement de la souscription décennale. 255

III. — Pièces annexées.

I. — Programme de la Procession générale à l'occasion du Couronnement de Notre-Dame de la Treille, Mère de Grâce, Patronne de Lille, le 21 juin 1874.

    Composition de la Procession en trois parties. . . 261

    Ire Partie. — Les Vocables des Vierges vénérées *anciennement* à Lille . . . . ibid.

II⁰ **Partie.** — Les Vocables des Vierges vénérées *de nos jours* à Lille. 262

III⁰ **Partie.** — Cortège de Notre-Dame de la Treille. 263

Itinéraire de la Procession. 264

Commencement de la procession. — Défilé. — Marche. — Ordre général. 265

Tableau indiquant la place des groupes sur la place vis-à-vis la nouvelle préfecture, au moment du Couronnement. . . . 266

Procession. — Défilé. — Marche. — Ordre général. . 268

La Croix paroissiale de Saint-Etienne, paroisse de la Basilique. ibid.

Relique insigne de la Vraie Croix, venant de la Collégiale de Saint-Pierre de Lille. . . . . . ibid.

Iʳᵉ PARTIE. — Les vocables des Vierges vénérées *anciennement* à Lille.

1. — Notre-Dame de Lorette (Hôpital Saint Sauveur). . 268
2. — Notre-Dame d'Assistance (Maison du Bon-Pasteur). . 269
3. — Notre-Dame de Miséricorde (Hospice Stappaert). . 270
4. — Notre-Dame de Bénédiction (Paroisse de Saint-Vincent de Paul). 271
5. — Notre-Dame des Affligés (Hospice-Général). . ibid.
6. — Notre-Dame des Sept-Douleurs (Maison-Mère des Filles de l'Enfant Jésus et paroisse du Saint-Sépulcre). . . . 272
7. — Notre-Dame de Fives (Paroisse de Notre-Dame de Fives). ibid.
8. — Notre-Dame de la Barrière (Paroisse de Saint-André-lez-Lille). 273
9. — Notre-Dame de Consolation (Paroisse de Notre-Dame de Consolation, de Vauban). . . . . . . ibid.
10. — Notre-Dame de Loos (Paroisse de Loos). . . ibid.
11. — Notre-Dame des Saints-Suffrages (Paroisse de Saint-Maurice-lez-Lille). 274
12. — Notre-Dame de Réconciliation (Paroisse de Saint-Martin, d'Esquermes) . . . . ibid.

Statue de Saint-Pierre en *Sedia*, **second titulaire de la Basilique.** 275

IIe PARTIE. — Les vocables des Vierges vénérées de nos jours à Lille.

1. — Notre-Dame de la Plaine (Monastère des Bernardines d'Esquermes) 276
2. — Notre-Dame des Anges (RR. PP. Récollets). . ibid.
3. — Notre-Dame de Perpétuel secours (RR. PP. Rédemptoristes). 277
4. — Notre-Dame du Rosaire (RR. PP. Dominicains). . ibid.
5. — Immaculée-Conception (RR. PP. Jésuites) . . 278
6. — Notre-Dame du Sacré Cœur (Paroisse du Sacré Cœur). 280
7. — Saint Cœur de Marie (Paroisse de Saint-Pierre et Saint-Paul Wazemmes). 281
8. — Notre-Dame de Lourdes (Paroisse de Sainte-Catherine). ibid.
9. — Notre-Dame du Mont-Carmel (Paroisse de Saint-André). 282
10. — Notre-Dame de Bon Secours (Paroisse de La Madeleine). 283
11. — Notre-Dame de Tongres (Paroisse de Saint-Sauveur). ibid.
12. — Notre-Dame des Malades (Paroisse de Saint-Maurice). 284
13. — Notre-Dame de Grâce (Paroisse de Saint-Etienne). . 285

Statue de Saint-Joseph, Protecteur de l'Œuvre de Notre-Dame de la Treille. 286

IIIe PARTIE. — Cortége de Notre-Dame Treille.

I. — Les saints du pays : 286
    Saint-Eubert, apôtre de Lille — Lille, Frères des Ecoles Chrétiennes. ibid.
    Saint-Piat — paroissiens de Seclin. . . ibid.
    Saint-Chrysole — paroissiens de Comines et Verlinghem. . ibid.
    Saint-Vital — paroissiens de Saint-Vital-lez-Lille. . . 287
    Saint-Calixte, Pape — paroissiens de Lambersart. . ibid.
    Saint-Louis, roi de France — Basilique. — Les Bleuets de l'Hospice Comtesse . . . . ibid.

II. — Les députations des villes :
    La Bassée — un calice en *ex-voto* . . . ibid.

Arras — un cierge en *ex-voto*, dans la composition duquel sont entrées quelques gouttes de la *Sainte-Chandelle*. . . . 288

Gand — une bannière. . . . . . ibid.

Tournai — un cœur en vermeil, c\ *ex-voto*. . . ibid.

Groupe d'écrivains Catholiques. — La bannière avec croix des Pèlerinages et la légende de Pie IX : *Servire Domino Christo*. . 289

Conférences de Saint-Vincent de Paul (Cambrai et Arras). — La chasse de Saint-Vincent de Paul 290

III. — Cortège d'honneur :

Les Sœurs de la Sagesse. . . . . ibid.

Les Religieuses de Notre-Dame de la Treille et les groupes se rattachant à la Congrégation. . . . . . . ibid.

Insignes de Notre-Dame de la Treille : Le sceptre et les deux Couronnes bénites par Pie IX. 291

Groupe des demoiselles d'honneur de Notre-Dame de la Treille. ibid.

Statue miraculeuse de Notre-Dame de la Treille, Mère de Grâce, Patronne de Lille.

Groupe d'honneur des prêtres originaires de Lille . . 292

IV. — La suite d'honneur de Notre-Dame de la Treille. . ibid.

Le clergé . . . . ibid.

Les doyens et curés de Lille. . . . . ibid.

Les prélats de la maison de Notre Saint-Père le Pape. . ibid.

Les RR. Abbés mitrés. . . . . . ibid.

NN. SS. les Evêques accompagnés de leurs chanoines et de leur chapelle. 292

La croix archiépiscopale . . . . . ibid.

Son Eminence le Cardinal Régnier, Archevêque de Cambrai, délégué apostolique pour le Couronnement. . . ibid.

Le chapitre métropolitain et la chapelle cardinalice. . ibid.

Les Membres de la Commission centrale de l'Œuvre de Notre-Dame de la Treille et Saint-Pierre. . . . . ibid.

Les Autorités. . . . . . . ibid.

Demi-escadron de cavalerie. . . . . ibid.

II. — Statuts de la Société anonyme de l'Œuvre de Notre-Dame de la Treille et Saint-Pierre.

Noms des Membres de la Commission centrale de l'Œuvre de Notre-Dame de la Treille et Saint-Pierre et autres Membres, Fondateurs de la Société anonyme de l'Œuvre de Notre-Dame de la Treille et Saint-Pierre, signataires de l'acte de Société en date des 13, 15, 16 et 17 mars 1875. . 295

Titre I. — Formation de la Société. — Son objet. — Sa dénomination. — Son siége. — Sa durée. 301
Titre II. — Fonds social. — Apport. — Actions. . 302
Titre III. — Administration de la Société. . . 305
Titre IV. — Des commissaires de surveillance . . 308
Titre V. — Des Assemblées générales . . . ibid.
Titre VI. — Etats de situation. — Inventaire. . . 311
Titre VII. — Modifications et additions aux statuts. . ibid.
Titre VIII. — Dissolution. — Liquidation. . . 312
Titre IX. — Dispositions transitoires. — Publication. . ibid.

III. — Les cloches de la Basilique de Notre-Dame de la Treille et Saint-Pierre, commémoratives du Couronnement, bénites le 21 juin 1876.

CHAPITRE I. — Les cloches de la Basilique de Notre-Dame de la Treille et Saint-Pierre considérées au point de vue musical, artistique et historique. 318
    I. — Partie musicale. . . . . ibid.
    II. — Partie artistique. 320
    III. — Partie historique 323

CHAPITRE II. — Nomenclature générale et explication des figurines, armoiries et inscriptions. 327
    I. — Figurines. 328
        1. — Le Christ. . . . . ibid.
        2. — Notre-Dame de la Treille sur le Lys dans la Rose. ibid.

3. — Saint-Pierre.	328
4. — Saint-Joseph.	329
5. — Notre-Dame des Sept-Douleurs.	330
6. — Saint-Michel Archange.	331
7. — Saint-Gabriel	ibid.
8. — Saint-Raphaël	ibid.
9. — Saint-Marcellin.	332
10. — Saint-Eubert.	ibid.
11. — Saint-Dominique.	ibid.
12. — Saint-Thomas d'Acquin.	ibid.
13. — Saint-Thomas de Cantorbéry.	333
14. — Saint-Louis, roi de France.	ibid.
15. — Saint-Bernard	ibid.
16. — Saint-Vincent Ferrier	ibid.
17. — Bienheureux Benoît XI, pape.	334
18. — Bienheureux Alain de la Roche.	ibid.
19. — Notre-Dame du Repos.	336
20. — Bienheureuse Berthe.	ibid.
21. — Sainte-Catherine.	ibid.
II. — Armoiries.	337
1. — Pie IX.	ibid.
2. — Collégiale.	ibid.
3. — Lille.	338
4. — Bauduin V.	ibid.
5. — Comtesses Jeanne et Marguerite.	ibid.
6. — Philippe-le-Bon.	339
7. — Saint-Louis, roi de France.	341
8. — Ordre de Citeaux.	342
9. — Ordre des Frères-Prêcheurs.	ibid.
10. — Son Eminence le Cardinal Giraud.	343
11. — Son Eminence le Cardinal Régnier.	ibid.
12. — Sa Grandeur Mgr Delannoy.	ibid.
13. — Maréchal de Mac-Mahon.	344
III. — Inscriptions.	ibid.
§ I. — Dédicace des cloches.	345
§ II. — Date des cloches.	347

§ III. — Noms des cloches. 347
§ IV. — Fonction des cloches. . . . 350
§ V. — Chant des cloches dans l'harmonie générale. ibid
§ VI. — Noms des parrains et marraines. . . 353

CHAPITRE III. — Description des six cloches bénites le 21 juin 1876. 355

I. — Dimensions des cloches. 356
II. — Poids des cloches. 357
III. — Note musicale des cloches . . . 360
IV. — Ornements décorant les cloches : Figurines, — Armoiries, — Inscriptions. 361
   § I. — Marie-Pie de Notre-Dame de la Treille Couronnée. 363
   § II. — Marie de Saint-Pierre. . . . 365
   § III. — Marie de Saint-Joseph. . . . 367
   § IV. — Marie des Pèlerins 369
   § V. — Marie de Saint-Dominique . . . 371
   § VI. — Marie du Repos de Notre-Dame. . . 373

CHAPITRE IV. — Sonnerie des cloches. — Mouvements de l'horloge et du carillon. — Cadrans et tour. 375

I. — Sonnerie des cloches. 377
II. — Mouvements de l'horloge et du carillon. . . 378
   § I. — Mouvements de l'horloge. . . 379
      1. Mouvement des aiguilles et remontoir d'égalité. 380
      2. Mouvement de la sonnerie. . . 382
   § II. — Mouvement du carillon. . . 383
   § III. — Durée des mouvements. . . 385
      1. Dans la tour actuelle. . . . ibid.
      2. Dans les tours de la Basilique. . 386
III. — Cadrans et tour. . . . . ibid.
   § I. — Cadrans. 387
   § II. — Tour. 388

CHAPITRE V. — Les cloches de la Basilique saluent la restauration de l'Œuvre de la Collégiale de Saint-Pierre par l'Œuvre de la Basilique de Notre-Dame de la Treille et Saint-Pierre. 393

APERÇU HISTORIQUE

I. — La Collégiale de Saint-Pierre de Lille fondée par Bauduin V. — Sa dédicace, — Sa mission, — Sa destruction. . . . 395

II. — Restauration de l'Œuvre de la Collégiale par l'Œuvre de la Basilique de Notre-Dame de la Treille et Saint-Pierre. . . 397

III. — Action de la Providence dans le choix des lieux où se fait la restauration de l'Œuvre de la Collégiale par l'Œuvre de la Basilique de Notre-Dame de la Treille et Saint-Pierre. . . . 400

IV. — Notre-Dame de la Treille, transférée dans sa Basilique, est acclamée à Lourdes, vénérée dans son nouveau sanctuaire et Couronnée par Pie IX. 403

V. — Action providentielle de Notre-Dame de la Treille dans la restauration de l'Œuvre de la Collégiale. 409

§ I. — Notre-Dame de la Treille pose les fondements de l'Œuvre de la Collégiale nouvelle, l'Œuvre de la Basilique : la dévotion à la sainte Vierge et le dévouement au Saint-Siége. . . . ibid.

§ II. — Notre-Dame de la Treille relève le Collége de Saint-Pierre et le transforme en l'Université Catholique de Lille. . 410

§ III. — Notre-Dame de la Treille relève la Collégiale et le cloître de Saint-Pierre et les transforme en la Basilique-Cathédrale de Notre-Dame de la Treille et Saint-Pierre et l'Evêché de Lille. . . . 419

1. — Achèvement de la chapelle absidale de Notre-Dame de la Treille et Translation solennelle de la Statue Miraculeuse. . 422

2. — Achèvement du transept de la Basilique et prise de possession solennelle de la Basilique-Cathédrale. . . . 424

VI. — Pie IX bénit l'Œuvre de Notre-Dame de la Treille restaurant l'Œuvre de la Collégiale, et la nouvelle souscription décennale. . 427

VII. — Les cloches de la Basilique saluent la restauration de l'Œuvre de la Collégiale de Saint-Pierre par l'Œuvre de la Basilique de Notre-Dame de la Treille et Saint-Pierre. 429

SOMMAIRE DE LA TABLE

I. — Compte-rendu 1864-1876.

Ire Partie. — Situation morale de l'Œuvre. . . 5
IIe Partie. — Situation matérielle de l'Œuvre. . . 112

II. — Pièces et documents à l'appui.

Les Pièces et documents à l'appui sont au nombre de quinze, voir le détail à la page 175 et suivantes. 175

III. — Pièces annexées.

I. — Programme de la Procession à l'occasion du Couronnement de Notre-Dame de la Treille, Patronne de Lille, le 21 juin 1874. . 259

II. — Statuts de la Société anonyme de l'Œuvre de Notre-Dame de la Treille et Saint-Pierre. 293

III. — Les clochers de la Basilique de Notre-Dame de la Treille et Saint-Pierre, commémoratives du Couronnement, bénites le 21 juin 1876. 315

— Lille Typ. J. Lefort. 1877 —

www.ingramcontent.com/pod-product-compliance
Lightning Source LLC
Chambersburg PA
CBHW070218240426
43671CB00007B/686